시민정치연구소 총서 4

읍면동 민주화

어떻게 이룰 것인가?

시민정치연구소 총서 4

읍면동 민주화 어떻게 이룰 것인가?

1판 1쇄 찍은날 2022년 7월 15일
펴낸날 2022년 7월 20일
지은이 이현출 · 전상직 · 김필두 · 김순은 · 김찬동 · 김흥주
박경하 · 송경재 · 윤준희 · 조성호 · 최인수
펴낸이 전영재
편집/디자인 임경희
펴낸곳 건국대학교출판부
등록 / 제 4-3 호(1971. 6. 21)
주소 / 05029, 서울특별시 광진구 능동로 120
전화 / 편집팀_(02) 450-3891~2 영업팀_(02) 450-3893
팩스 / (02)457-7202
홈페이지 / http://press.konkuk.ac.kr
e-mail / press@konkuk.ac.kr
찍은곳 네오프린텍(주)

정가 20,000원

ISBN 978-89-7107-769-6 93350

시민정치연구소 총서 4

읍면동 민주화

어떻게 이룰 것인가?

이현출·전상직·김필두 편

건국대학교출판부

머리말

1961년 군사정권에 의해서 지방의회가 해산되면서 잠정적으로 중단되어 왔던 지방자치가 1988년 지방자치법의 개정을 통하여 부활의 근거를 마련하게 되었다. 1995년에는 지방자치단체장과 지방의회의원을 전국에서 동시에 선출하는 선거가 치러지면서 우리나라는 본격적인 지방자치의 시대로 돌입하게 되었다.

지방자치를 부활시키기 위한 노력은 1980년대 초부터 활발하게 추진되어 왔는데, 이 시기를 흔히 '민주화 운동' 시기라고 부른다. '민주화(民主化)'라는 말을 글자 그대로 해석해 보자면, "백성(民)이 주인(主)이 되기(化)" 혹은 "백성을 주인으로 만들기"가 된다. 따라서 민주화 운동은 백성을 주인으로 만들기 위한 활동이라고 정의할 수 있다. 『사회계약론』을 저술한 프랑스의 정치철학자인 루소에 의하면, "영국의 국민은 선거 시기에만 주인으로서의 역할을 수행하고, 선거가 끝나면 다시 노예의 상태로 되돌아간다."고 주장하면서 대의민주주의의 한계를 지적하였다. 대의민주주의 체제하에서는 명목상의 주인은 국민이지만, 실질적인 주인은 정권을 차지한 정치권력(정당)이라고 할 수 있다. 국민이 대리인으로 정치인을 내세웠는데, 정치인은 대리인의 직무를 망각하고 주인 위에 군림하면서 주인의 권한을 행사하게 되었다.

국민이 진정한 주인이 되기 위해서는 국민이 주인으로서의 역할을 하지 못하도록 제한하는 제도나 시스템을 바꾸어야 할 것이다. 다시 말하자면, 대의민주주의 제도를 개선하여야 한다. 급격한 체제변화로 인한 혼란을 피하기 위해서는 대의민주주의라는 바탕 위에 참여민주주의와 직접민주주의 요소를 가미하는 것이 바람직할 것이다. 국민이 자신들이 살고 있는 지역의 살림살이에 적극적으로 관여하고 직접적으로 참여하는 것이 가능하도록 제도를 개선하는 것이 필요할 것이다. 국민이 직접 참여하고 관여하기 편한 구역 단위로 읍면동을 들 수 있다. 읍면동 이상의 구역인 시군구나 시도 단위에서는 시간과 비용이 너무 많이 들기 때문에 국민이 직접 참여하기가 어렵다.

주민참여를 통하여 직접민주주의를 실현하기에 적합한 구역인 읍면동은 시군구 등 기초자치단체의 하부행정기관으로 국가-시도-시군구에서 일방적으로 시달해 오는 다양한 시책사업들을 집행하기만 하였다. 이제 주민자치 시대를 맞이하여 읍면동은 행정서비스의 단순 집행기관의 지위에서 주민자치의 허브 기능을 수행하는 주민자치 플랫폼으로 전환되어야 할 시점에 와 있다.

이 책은 주민이 직접적으로 관여하고 참여하기가 쉬운 읍면동을 중심으로 하는 구역 단위에서 이루어지는 "주민을 주인으로 만드는 활동"을 효율적으로 추진하기 위한 대안을 모색하는 〈읍면동 민주화 콜로키움〉에서 발표되고 논의된 자료들을 정리한 것이다.

〈읍면동 민주화 콜로키움〉은 건국대학교 시민정치연구소(소장 이현출)가 기획하고, 한국주민자치중앙회(회장 전상직)가 지원하여 2021년 4월부터 11회에 걸쳐서 개최되었다. 코로나로 인한 불안한 정국임에도 불구하고, 〈읍면동 민주화 콜로키움〉은 발제자와 지정토론자 이외에 전국의 주민자치위원 등 읍면동 민주화에 관심이 있는 많은 분들이 방청객으로 적극적으로 참여하였다. 발제와 지정토론에는 지방자치, 자치분권, 주민자치, 공동체 등의 분야에서 다수의 연구 실적을 가진 행정학자, 정치학자,

역사학자, 사회학자 등이 참여하였다.

제1회 콜로키움에서는 “읍면동은 왜 식민지화되었나?”라는 주제로 진행되었다. 읍면동이 왜 식민지화되었는지에 대하여 논의하고 읍면동의 민주화를 위한 논리로 직접민주주의와 참여민주주의, 사회적 가치와 주민주권 등을 제시하였다. 읍면동 민주화의 길을 모색하기 위하여 사회적 자본의 형성, 국가-시장-사회와 지역사회의 교집합의 형성 등을 제안하였다.

제2회 콜로키움에서는 “읍면동 민주화의 기반 평가”를 주제로 논의를 전개하였다. 행정안전부가 주관하는 주민자치회 시범실시를 중심으로 읍면동 현장에서 이루어지고 있는 민주화 활동을 평가하였다.

제3회에서는 우리나라 주민자치의 역사적 배경을 고찰하였다. 사족의 향촌지배 조직인 향규(향회)와 동계, 수령의 향촌통치로서의 주현향약, 민의 주민자치로서의 촌계 등을 토대로 “조선시대 향약과 읍면동 주민자치”에 대하여 논의하였다.

제4회에서는 “한국지방자치제도의 연혁과 읍면동”에 대하여, 제5회와 제6회에서는 외국 사례로 “일본의 정내회(町內會)”와 “영국의 패리쉬 제도”를 살펴보았다. 제7회에서는 “구 읍면동의 사회적 자본”에 대하여 수원특례시 사례를 중심으로 고찰하였다.

제8회에서는 “주민자치회 · 마을공동체와 읍면동”을, 제9회에서는 “읍면동 민주화를 위한 주민조직의 협력 네트워크 구축방안”에 대하여 논의하였다. 제10회에서는 읍면동 민주화의 실천 사례인 “읍면동장 시민추천제와 직선제”를 세종특별자치시를 중심으로 하여 살펴보았다. 제11회에서는 향후 읍면동 민주화의 완성을 위하여 지방자치 30년 주민자치의 해법은 “읍면 자치 부활”을 대안으로 제시하였다.

읍면동 민주화를 위하여 주민자치회가 구성되고 운영되고 있으나, 읍면동 민주화의 참뜻이 훼손될 우려가 제기되고 있는 시점에서 이책을 통하여 읍면동 민주화가 추구하고자 하는 목적을 다시 한번 상기하고, 주민자치회의 활동이 올바른 방향으로 가기를 희망한다.

끝으로 바쁜 일정에도 불구하고 〈읍면동 민주화 콜로키움〉에서 귀한 발제를 해주시고, 이 책의 완성도를 높이기 위하여 원고를 보완하고 수정해 주신 선생님들께 다시 한번 감사의 말씀을 전하고자 한다. 아울러 읍면동 민주화에 대한 소명을 갖고 해박한 이론과 추진력을 바탕으로 콜로키움을 성공적으로 이끌어주신 전상직 회장님께도 깊은 감사의 인사를 전한다. 특히 주민자치중앙회는 콜로키움 전 과정에 장소를 제공해주시고, 영상을 통하여 관심 있는 분들이 참여할 수 있도록 배려해주었음을 밝히며 백영춘 부회장님을 비롯한 관계자 여러분들의 노고에 심심한 사의를 표하고자 한다. 끝으로 이 책이 출판되기까지 콜로키움 기획과 책의 편집 전 과정에 김필두 박사님께서 보여주신 헌신적인 지원에 감사의 인사를 전한다. 책이 예쁘게 출판될 수 있도록 도와주신 건국대학교출판부 관계자 여러분들에게도 지면을 빌어 감사의 인사를 전한다.

2022. 6.
저자를 대신하여 이현출 씀

차례

4장 한국지방자치제도의 연혁과 읍면동

김필두_건국대학교 행정대학원 겸임교수

5장 일본의 읍면동 자치

김찬동_충남대학교 도시자치융합학과 교수

6장 영국의 패리쉬 제도

김순은_대통령소속 자치분권위원회 위원장, 전 서울대학교 행정대학원 교수

10장 읍면동장 시민추천제와 직선제: 시민추천제 소개와 과제 그리고 직선제 가능성 검토를 중심으로

김흥주_대전세종연구원 책임연구위원

11장 지방자치 30년 주민자치의 해법은 읍면 자치 부활

조성호_경기연구원 선임연구위원

1장
읍면동은 왜 식민지화되었나?

전상직 (사)한국주민자치학회 학회장

1장 읍면동은 왜 식민지화되었나?*

1. 들어가며

주민자치는 당초에 합의된 원리와 원칙에 맞게 추진되어야 한다. 주민자치센터는 주민자치 실시를 위해 해당 기관을 설치·운영하도록 중앙정부가 정책을 입안하여 설립되었다. 그리고 시범사업을 거쳐 마침내 동 단위를 기반으로 전국적으로 확산되었다. 당초 주민자치센터는 1999년 행정자치부가 주민자치를 활성화하고 주민들의 문화 및 복지 활동에 이용할 수 있도록 동사무소에 설치한 시설이다. 이후 주민자치센터는 읍면 지역으로 확산되어 오늘날에 이르고 있다.

읍면동의 주민자치센터를 중심으로 주민자치가 전국적으로 보급된 지 20년이 지났으나 여전히 "주민자치가 무엇입니까?" 혹은 "주민자치에 대하여 알고 계십니까?" 등에 대한 질문을 많이 한다. 그러나 오랜 기간이 지났음에도 단순한 주민자치의 개념에 대하여 질문한다는 것은 무의미하다. 현재 주민자치위원회가 주민자치회로 전환되어 가는 시점에서 필요한 질문은 주민자치회가 제대로 돌아가고 있는지를 살펴보고, 주민자치 활동과 관련된 제도와 주민자치 활동의 질에 관한 원칙적 문제점을 지적해야 할 것이다.

* 이 글은 『시민정치연구』 제2호(2021)에 게재된 원고를 수정보완한 것임.

주민자치의 지역적 기반은 행정구역으로서의 읍면동을 중심으로 하고 있다. 그러나 읍면동이라는 행정구역이 주민자치를 하기에 적합한 것인지는 논란의 여지가 있다. 주민자치 활동은 주민들의 상시적 대면 활동을 근간으로 하기 때문에 읍면동 단위는 효율적 주민자치 활동 측면에서 다소 범위가 넓다. 따라서 주민자치 활동을 하기에 적합한 구역은 통 또는 리 단위이다. 특히, 농어촌 지역에서 이장은 마을의 어른이자 지도자로서의 권위를 인정받고 있기 때문에 이장이 중심이 된 리를 기본 단위로 하는 마을자치가 진정한 주민자치라고 할 수 있다.

읍면동이 주민자치의 기본 단위로서 부적절함에도 불구하고 우리나라의 현 주민자치 정책은 여전히 읍면동을 기본단위로 하고 있다. 그렇다면 현재 우리나라 주민자치 정책의 추진 과정에서 읍면동은 어떤 역할을 하고 있는지 우선적으로 살펴보아야 할 것이다. 또한 읍면동이 주민자치의 토대 역할을 잘 수행하고 있는지도 살펴보아야 할 것이다. 주민자치는 주민의 자발적 참여를 통하여 지역문제를 스스로 처리하는 것을 목적으로 한다. 따라서 주민자치를 실질화하고 활성화하기 위해서 읍면동의 민주화는 필수적 요소이다.

우리나라의 역사를 살펴볼 때, 읍면동 민주화라는 측면에서 정부는 걸림돌이 되었을까? 디딤돌이 되었을까? 결론부터 이야기하자면, 우리 정부는 한 번도 읍면동 민주화의 디딤돌이 되어 준 적이 없다고 해도 과언이 아니다. 오히려 정부는 걸림돌이 되었다. 걸림돌도 큰 걸림돌이 되었다고 하는 것이 옳을 것이다.

이 절에서는 왜 읍면동이 민주화되지 못하고 식민지화하게 되었는지에 대하여 살펴보고, 읍면동 민주화의 바람직한 방향을 모색해 보고자 한다. 2절에서는 주요 학문적 관점에서의 읍면동 민주화 논의를 개관한다. 3절에서는 읍면동 민주화의 실태와 그 배경을 고찰하고자 한다. 4절에서는 우리 역사 속에서 읍면동 민주화의 전통을 살펴본다. 5절에서는 읍면동 민주화의 방향을 제시하고자 한다.

2. 읍면동은 왜 식민지화되었나?

주민자치와 읍면동은 행정학 · 정치학 · 사회학적 시각 중 어떤 시각으로 보느냐에 따라 다르게 해석된다. 읍면동에 대한 행정학적 견해를 정치학적 시각으로 보면 민주화의 역행으로 해석되는 경우가 대부분이고, 행정학적 안목을 가지고 사회학적 시각으로 해석하면 독소로 해석될 확률이 매우 높다.

지금까지 읍면동이라는 단위는 행정기구만으로 존재해 왔다. 행정학적 의미만 있을 뿐 정치적 · 사회적 의미는 유효하지 않았다. 즉, 정치학·사회학 · 인류학 · 경제학 · 교육학적 의미 등을 전부 호환한 종합적 안목으로 읍면동을 살펴야 비로소 '읍면동 민주화'라는 가치를 설계할 수 있을 것이다.

서구가 300년 동안 이룬 성장을 일본은 100년 만에 이루었고 우리나라는 30년 만에 이루었다. 수치로는 대단한 성과이다. 필자가 1983년도에 중동의 사우디아라비아에 갔을 때 한국의 국제적 위상은 후진국 수준이었다. 그런데 지금 대한민국은 어느 나라에 가도 선진국으로 대접받고 있다. 이렇게 우리나라의 위상이 단기간에 달라졌다는 것은 압축성장의 고도화를 보여준다. 특히 경제적 측면에서 폭발적으로 성장하였다. 그렇지만 사회적 · 정치적 성숙은 압축하여 이루어내지 못하였다. 일사불란한 문화 덕분에 실제 압축성장을 이루어냈지만, 그 당시 소외되어 성숙하지 못했던 문제들이 대한민국 사회를 위험사회로 만들었다. 필자는 이것을 압축성장의 복수라고 생각한다. 압축성장은 하면서 압축성숙은 이뤄내지 못했다는 모순이 우리나라에 가져다준 당연한 결과였다고 본다.

압축성장에 필요한 덕목은 효율성이다. 따라서 민주성은 압축성장에는 어울리지 않는 가치이다. 따라서 압축성장을 이룩한 우리나라에서는 민주성보다는 능률성을 강조하게 되고 민주성은 뒷전으로 밀려나게 되었다. 읍면동 행정도 능률성을 강조하다 보니 민주성이 배제된 채 시군구의 하부행정기관(식민지)으로서만 역할을 하게 되었다. 따라서 지금부터는 압축성장에 걸맞은 압축성숙을 진행해야 읍면동의 민주화가 이루어진다고 생각한다.

국가는 경제개발을 선택했고 중화학공업에 집중했다. '선택과 집중' 사이에서 지역사회는 경쟁의 희생양이 되어 배제되었다. 이 과정에서 중화학공업이 발전한 지역으로 인구가 몰리게 되었고 여타 지역사회의 인구는 점차 줄어들게 되었다. 즉, 농촌은 'push factor' 즉 배출요인만 형성되었고, 도시는 'pull factor' 즉 흡수요인이 작동하였다. 결국 농촌은 과소화와 노령화가 촉진되며 공동체가 소멸되고 있다.

서울의 경우, 1960년대까지 240만 명이었던 인구가 1990년대에는 천만 명으로 늘어나면서 신도시들이 계속 건설되기 시작하였다. 신도시에서의 이웃 관계는 시골 마을의 이웃 관계와는 전혀 다르다. 옛날 시골 공동체처럼 성숙화되지 못하였다. 이런 부분이 도시공동체의 가장 큰 문제점이다. 옛날 시골처럼 숙성은 시키지 못하더라도 어느 정도의 사회문제를 해결할 정도로는 성숙시켰어야 했다. 필자는 이를 '사회내파' 현상이라고 정의한다.

압구정동 현대아파트의 경우를 살펴보면, 71동, 72동, 73동 등 3개의 동이 압구정동 1개의 통(제17통)을 구성한다. 주민 중 아무도 자신들의 통장이 누군지 모른다. 통장 또한 주민들 중 친한 사람 이외에는 알 필요가 없다. 통장은 하는 일도 거의 없지만 그냥 존재한다.

압구정동 현대아파트의 경우 한 층이 총 10세대로 구성되어 있다. 그래서 1층부터 7층까지의 70세대가 1반, 7층부터 14층까지의 70세대가

2반으로 구성되어 있다. 통장과 마찬가지로 반장도 특별한 역할을 하지 못하고 있다.

현재 한국의 주거지 중 아파트가 약 63.2%를 차지하고 서울은 거의 80%에 육박한다. 이러한 아파트 지역사회를 공동체화할 수 있는 일들을 하지 않으면 서울시 전체가 공동체화되기 어렵다. 그러나 필자가 보기에는 행정안전부, 서울시, 각 구청장들을 비롯한 공무원들이 이 부분을 거의 신경 쓰지 않고 있다. 그래서 이런 일들은 우리 주민들이 나서서 지역사회 공동체를 살려내야 할 것이다.

아파트 특성에 대해 필자는 '공적 냉소'와 '사적 정열'이라는 상반된 개념으로 설명하였다. 사적 정열은 자신이 살고 있는 아파트에 대한 대단한 자부심으로 나타난다. 아파트 가격을 올리기 위해 이웃과 타협하는 열정까지 보인다. 그러나 아파트의 공동사회나 공동시설에 대해서는 아주 냉랭한 태도, 즉 공적 냉소를 보인다.

개인이 땅을 가지고 있고, 아파트도 개인에게 분양된다. 심지어 아파트 안의 공공시설인 도로, 전기, 상수도, 하수도, 노인정, 어린이집, 놀이터 전부 개인에게 부담해버리고 정부는 손 하나 대지 않는다. 어떻게 보면 뻔뻔한 일인데, 정부는 그것을 당연한 것으로 알고 있다. 이렇게 공적 공공시설까지도 사유재산이 되다 보니 아파트 건설업자는 건설원가를 낮추기 위해 노력한다. 그 방법으로 '공공시설 줄이기'가 나타나는데, 최근 아파트 입구 높이 논란이 이러한 예를 보여 준다. 보통 건물 주차장 입구 높이는 2.3m에서 3.2m 사이로 건설하게 되어 있다. 백화점은 이 높이를 3.2m로 높인지 벌써 20년이 되었다. 그런데 아파트는 원가절감을 위해 최대한 낮게 짓는 것이 문제이다. 그 후유증이 지금 터져 나오고 있다. 진작 이런 것들을 공적 공공화 시켰다면, 고덕동 아파트 택배 논란 같은 문제가 나오지 않았을 것이다.

아파트가 공공성과 사회성 모두에 빈약하다 보니 이웃은 타자화시키고 주거는 은신처화되고 있다. 따라서 개인적 · 집단적 차원의 문제가 발생할 수밖에 없다. 그러나 이 폐쇄적 구조가 개인 이기주의 때문은 아니라고 생각한다. 필자는 정부가 제도를 잘못 시행해서 생긴 요인도 굉장히 크다고 생각한다. 이것을 개인 책임으로 돌린다는 것은 정부의 무책임으로 볼 수 있다.

읍면동의 하위 단위인 통과 리는 주민의 직접적 대면, 상시적 접촉과 교류 등이 가능하기 때문에 읍면동 민주화를 위해서는 통과 리 단위의 공동체 형성과 실질화를 통한 민주화부터 선행되어야 할 것이다.

3. 읍면동 민주화의 뿌리

고려 때부터 유향소를 비롯한 여러 기구가 있지만 향약이 들어오기 이전까지 조선을 다스린 집단은 벼슬아치와 양반 두 계층이었다. 이 두 계층이 서로 다스리는 것을 제도화시킨 것이 조선 중종 때의 사림과 향약이다. 지방 수령은 행정지배를 하고, 재지사족은 도덕교화를 한다는 명분으로 향약이 만들어졌다. 재미있는 것은 향약의 회원인 향원은 양반만 가능하다는 것이다. 주민은 피지배자일 뿐 향약의 구성원이 될 수 없다.

현재 용어로 하면 '주민자치위원'이 전부 양반으로 구성되어 있는 것이다. 정작 주민들은 주민자치위원이 될 수 없고, 그저 양반이 이끄는 주민자치위원회가 하자는 대로 따라야 했다. 시키는 대로 지배를 받는다는 것이다. 이 구조는 현대 한국의 주민자치위원회나 주민자치회의 모습과 같다. 그래서 필자는 행정안전부에서 이러한 자치제도를 담당하는 공무원이 아직도 조선 중종 시대의 원칙에 머물러 있다고 본다. 서울시에서 서울형 주민자치회를 만든 사람도 마찬가지이다.

조선 중기에 율곡 선생이 "향약은 실시하면 안 된다."라고 강하게 주장했다. 주민들은 먹고사는 문제가 가장 시급한데 양반들이 나서서 도덕적인 미풍양속을 강조하면 주민들은 도탄에 빠지게 되고 실생활에는 아무런 도움이 안 된다는 것이다. 따라서 "향약을 하려면 양반들끼리만 하되 주민들에게는 아무런 얘기를 하지 말라."는 의견을 제시한다.

지금의 주민자치위원들 역시 각자 먹고살기에 급급하다. 마을의 일을 할 생각과 여유가 없는 사람들이 대부분이다. 최근 성동구에서는 주민자치사업의 일환으로 마을 조경사업을 시행하고 있었다. 주민자치에 대한 이해가 없으니 그런 일을 할 수밖에 없다. 필자는 그걸 보고 기가 막혔다. 주민자치라는 이름으로 하청업체의 일을 행정서비스로 인식하고 있었다. 이것은 읍면동이 민주화되지 못하고 시군구의 하부행정기관으로 식민지화되었기 때문에 빚어진 촌극이다.

임진왜란이 일어나고 양반이 몰락하였다. 보통 상하합계라고 하는데, 주민이 드디어 향약 안의 멤버로 들어오게 되었다. 그래도 양반들은 끝까지 주민자치회장과 위원까지도 자신들이 하겠다고 주장하였다.

수령이 주도하는 향약을 수령향약이라고 하는데, 1700년대 보은향약이 대표적이다. 군수가 주민자치회장을 겸직하게 된다. 양반, 상민 모두가 수령 밑으로 들어가는 구조다. 요즘 구조로 하면 단체장 밑에 주민자치회 등과 같은 주민조직이 들어가는 것이다.

전라도에서는 농사가 주 생계이다 보니 농업을 통해 주민들이 자율적으로 계를 구성하고 운영하게 되었다. 이를 촌계 또는 두레라고 한다. 벼농사를 지을 때 20개 농가가 각자 노동하지 않고 20명이 공동으로 노동하면 능률이 2배 내지 3배가 오른다. 따라서 공동 노동을 위한 두레가 자연스럽게 형성되었다. 이런 현상은 불문율이 되어 양반이 간섭을 못하였다. 양반들의 간섭이 두려웠던 주민들은 계를 불문율로 숨겼다.

따라서 동네사람들끼리 암묵적으로 아는 것이지 문서로 정해진 바가 없었다. 불문율로 되어 있기 때문에 역사자료 또한 남아있는 것이 없다. 단지 여러 책에서 '이렇게 했다'라는 현상만 나오는데, 최근 제주도에 이에 관한 흔적이 존재한다는 소식이 있어 추후에 조사하려고 한다.

이 촌계는 상당히 민주적이다. 17세부터 50세까지 모여 아주 민주적으로 회장을 선출한다. 필자가 연구하며 느낀 한국 민주주의의 가장 큰 문제점은 회장을 뽑아 놓으면 결국 회장이 자기 마음대로 한다는 것이다. 그래서 필자가 발의한 주민자치회법에는 회장은 총회에서 위임한 일 이외에는 본인이 마음대로 결정할 수 없다고 못을 박아 놓았다.

촌계 구성원은 전부 동네 주민으로 구성되어 수시로 회의를 하였다. 즉, 회의의 의제를 회장의 재량으로 결정하는 것이 아니라 주민들이 공동으로 결정한 것이다. 따라서 촌계는 대한민국의 어느 단체보다도 더욱 민주화되었다. 그래서 아무도 반발하지 않았다. 촌계가 민주적으로 워낙 엄하니 "도덕성을 지키지 못하면 야반도주를 해야 한다."는 이야기가 나올 정도였다. 그만큼 공동체가 끈끈했다는 것을 보여주고, 야반도주 할지언정 결코 반란은 없었다.

정리해 보면, 1517년 시작된 향약은 1747년 보은향약까지 이어진다. 이것은 양반과 수령이 상민들을 지배하는 체계이지 결코 주민자치라고 볼 수 없다. 그런데 촌계나 향회 같은 주민자치의 원형이 드디어 나타났다. 이대로만 해도 정말 좋은 방향이라고 본다. 그런데 일제가 향회를 폐지하고 면과 리를 설치해 면장과 이장을 임명하게 되었다. 지금 우리나라도 통장과 이장을 선출하지만 직선이 아니다. 이런 구조는 결국은 행정체계 복속으로 이어져 사회적 · 정치적 대표로서의 역할을 할 수 없게 된다.

1895년 6월 18일에 공포된 지방제도개혁에 관한 조칙 및 칙령에 의하면, 행정을 효율적으로 운영하기 어려운 대구역주의인 8도제를 폐지하고 소구역주의에 입각하여 한성부(漢城府) · 인천부(仁川府) · 충주부(忠州府) 등의 23부로 편제하였으며, 종래 번잡하게 나뉘어져 있던 부 · 목 · 군 · 현

등을 모두 군으로 단일화하여 총 337군을 23부 아래로 분속시켰다(국회도서관, 1971).

조선시대 지방행정체계는 부·군·현에서 관치행정이, 그리고 그 밑에 면·동 또는 리·통의 3단계의 지방자치단체가 있었다. 면은 지방에 따라 방(坊, 황해도·평안도) 또는 사(使, 함경도 북부)라고도 불렀다. 1개 군 혹은 현은 약 20개 내지 30개의 면으로 분할되었고, 면의 장은 주민의 공선에 의해 선임되었다. 면의 경비는 필요에 따라 면민이 모두 각출하여 재정적 자주성을 확보하였다. 면장의 직무는 관의 감독하에서 조세 및 진상품의 징수독촉과 법령훈유의 전달 등을 하는 외에 독자적으로 소관 면 내 자치행정을 수행하고, 특히 호적 정리와 면민의 소규모 분쟁사건의 재판, 태형을 집행할 권한도 부여되어 있었다.

1895년(고종 32)에 지방제도를 개혁하여 면·방·사의 장을 집강(執綱)으로 통일하였다. 동 또는 이는 지리적·역사적 또는 사회적으로 지연적 공동체 또는 혈연적 공동체를 형성하여 결합력 있는 인보단체인 동시에 견고한 부락 자치제로서 발전하여 왔다. 지방조직의 최말단 조직으로서 오가통제(五家統制)가 있었다. 오가작통(五家作統)은 부락의 5호를 일통으로 연결해 통주 밑에 한 개의 인보단체를 만든 것이다. 『경국대전』에 의하면 주로 호구를 밝혀 중앙의 통제력을 강화하고 인보의 자치조직을 꾀한 것으로서, 원래 이 제도는 주나라의 제도에 연원을 두고 고려시대의 5부 방리제도(五部坊里制度)를 답습한 것이다. 오가통제는 백성들이 근린상호를 감찰하여 간위·사기를 방지하고 아울러 지방행정과 호구조사의 편의를 도모하는 동시에 정치상 연대책임과 공동담보의 활동단위로 형성된 것이었다. 그 조직은 오가 중에서 지위와 연장을 감안하여 통수를 선임하고 통내의 사무를 담당하게 하였다. 지방행정조직에는 이 밖에 지방행정조직과 중앙행정조직을 연결해 주는 경재소(京在所)·경저리(京邸吏)·영저리(營邸吏)가 있다. 이들은 지방의 연고자가 서울 또는 지방관아에 파견주재하며 해당 연고지방을 위하여 관에게 정사에 관한 자문과 중간의 주선 및 연락을 맡아보던 기관이다(한국학중앙연구원, 1998).

관치행정을 담당하고 있던 부 · 군 · 현(1895년 이후 군으로 통일) 밑에 면 · 동 또는 리 · 통은 매우 민주적으로 운영되는 주민자치조직이었다. 1895년 개혁에 의해 향회가 구성되는데 향회는 소회, 중회, 대회 등으로 구성된다. 소회는 리 단위에, 중회는 면 단위에, 대회는 군 단위에 설치하였다. 소회는 매호 1인이 대표가 되어 구성하였다. 면회는 각 리 존위 회장과 그 이회(里會)의 2명을 공동으로 공개 선출해 각 리의 3명이 모여 구성되었다. 군회는 면회마다 3명이 모여 구성하였다. 한편 소회는 요즘 읍면동 사무소에서 하는 일과 거의 비슷한 업무를 하는 행정기구였다.

여기서 존위, 집강인 리 회장과 면 회장은 관이 임명하던 임명제를 폐지하고 존위, 집강은 명예로 하되 '연 삼십 이상', 즉 서른 살 이상으로 하고 '1년으로 체기', 즉 임기를 1년으로 한다고 되어 있다. "공거인이 공동 회의해야 반상을 물지 아니하고 권선된다."는 것은 직선이라는 의미이다. 지금 현재 한국의 주민자치회 제도는 이 발치에도 못 따라간다.

4. 읍면동 민주화의 논리

직접민주주의와 참여민주주의

▌직접민주주의

직접민주제(direct democracy, pure democracy)는 대표자 없이 구성원 전체가 직접정치에 참여하여 의사결정을 하는 민주주의 제도다. 대표자를 선출하는 간접민주제와 대비되는 개념이다. 과거 고대 그리스 아테네에서 시민권을 가진 남자들의 다수결 원칙 아래 정치적 결정에 직접 권한을 행사하는 정부 형태로 실시되었다. 현대에는 이 제도를 그대로 채용하는 국가가 거의 없으며, 직접민주제를 채용하는 국가로는 스위스가 대표적이다. 직접민주제는 대의제의 문제점을 보완하기 위해 도입된 것이다. 직접민주제적 요소로는 국민투표 제도, 국민발안 제도, 국민소환 제도가 있다.

"영국 국민은 자유롭다고 생각한다. 하지만 그들이 자유로운 건 의원을 선출할 때뿐이며, 일단 선출이 끝나면 그들은 노예가 되고 존재하지 않게 된다. 그들이 짧은 기간에 누리는 자유는 딱 자유를 상실하기 합당할 만큼이다."(Rousseau, 1762)

장 자크 루소는 이상과 같은 말로 대의민주주의를 간접적으로 비판했다. 이상적인 정치 모델로 일컬어지던 영국 대의제도의 실상을 꼬집은 것이다.

흔히 직접민주주의는 세 가지 이유로 부인된다. 대의제도가 무력화된다는 것과 고대 그리스처럼 도시국가 수준에서나 가능하다는 것, 즉 중우정치(衆愚政治)로 흐를 가능성이 있다는 것이다. 직접민주주의는 대의제의 대체재가 아니라 보완재다. 직접민주주의의 성공적 모델인 스위스 역시 법률안의 90%를 국회가 발의한다. 국회가 국민의사에 반하는 법률을 만들 때 국민투표로 거부할 수 있고, 국민이 요구하는 법률을 제정하지 않을 때 국민이 직접 발안할 수 있게 할 뿐이다. 이런 장치가 국회에 더욱 책임감을 부여할 것이다. 국회와 국민이 선의의 경쟁자가 되어 민주주의를 완성하는 것이다. 오늘날 유권자가 한자리에 모일 필요는 없다. 한 세기 전까지 상상도 못했던 정보기술(IT)이 온라인 광장과 온라인 투표를 자유롭게 한다. 국민과 경쟁하는 의원이나 정당이라면 최대한의 현안 정보를 제공하며, 국민을 설득하려 나설 것이다. 이런 게 바로 정치 개혁이다. 중우정치보다 더 무서운 건 민심을 거스르는 정치 엘리트들의 오만정치(傲慢政治)임을 우리는 경험했다. 이를 막기 위해서라도 제대로

된 직접민주주의가 필요하다. 루소가 직접민주주의라는 표현을 사용하진 않았지만, 그가 말한 '국민주권'은 참여에 의한 자유 확보로 실현된다. 국민주권의 실현을 위해 직접민주주의가 미래란 말이다.(중앙일보, 2017. 9. 6.)

직접민주제적 요소만으로는 국민의 요구를 정확하게 파악하고, 정책을 파악하는 데 여전히 한계가 있다. 이를 보안하기 위하여 전자민주주의와 숙의민주주의 등이 논의되고 있다. 직접민주주의는 대의민주주의에 맞서는가? 전혀 그렇지 않다. 오히려 동전의 양면과도 같다. 좀 더 정확히 말하면, 직접민주주의와 대의민주주의는 '국민의 정부'를 뜻하는 '민주주의'라는 단어에 농축되어 있는 원칙을 실현시키는 여러 단계의 하나일 뿐이다.(토마스 베네딕토, 2019)

직접민주주의는 더욱 확장된 민주주의의 형태일 뿐이다. 이를 통해 시민들은 그 어떤 중재나 국회의 대리도 없이 직접적으로 입법권을 행사한다. 토마스 베네딕토 박사의 저서에는 직접민주주의의 형태와 방식 및 결과가 자세히 설명되어 있다. 우선, 직접민주주의는 장소와 체제에 따라 다양한 형태로 실시되고 다양한 도구를 통해 구체화된다고 말하는 것으로 시작한다. 제안권을 행사하고 일반법이나 대의기구에서 승인한 법령 거부권에 대해 직접 투표할 권리를 사용하는 것이다. 그러므로 직접민주주의는 대의민주주의를 보완하며 시민들에게 보다 광범위하게 개입할 수 있는 여지를 준다. 성취해 낸 직접민주주의는 이러한 유형의 모델에 내재된 한계를 극복할 수 있는 해결책을 제시한다. 대의민주주의가 통합적인 것이 되고, 말 그대로 민주주의가 되려면 이런 도구들이 필요하다. 이 책은 그것이 어떻게 작동할 수 있을지 이해하는 데 도움을 줄 것이다.(토마스 베네딕토, 2019)

참여민주주의

자유민주주의의 보편적 원칙들이 지켜짐에도 불구하고 민주국가 내

시민들의 공적 제도에 대한 불신과 민주주의에 대한 불만족 정도가 커져가고 있다. 절차적 민주주의(procedural democracy)를 통해 민주주의 가치를 실현할 수 있다는 논리의 타당성이 줄어들고, 실제적 민주주의(substantive democracy)로의 비중이 커지고 있는 것이다.

이러한 변화 속에서 대의민주주의의 한계가 지적된 후 제시된 대표적 대안이 협치 모델과 참여민주주의 혹은 심의민주주의라 할 수 있다. 정부 및 정당에 대한 신뢰 감소와 정치 무관심의 결과로 투표율 하락이라는 정치 불신 현상에 직면하여 시민참여와 대표성 간의 포괄적인 관계를 강화시키고, 정치인과 시민 사이의 간극을 줄일 수 있는 바람직한 제도를 구축하는 방법이 무엇인가에 대한 논의가 관심의 대상이 됐다.(Dalton, 2004) 그리고 대안 모델들은 비판적 시민들의 직접적 정치참여에 주목하기 시작했다.

참여민주주의, 그리고 심의민주주의는 핵심적 내용으로 시민들은 '공공선'이라는 공유된 개념의 범주 내에서 의사결정을 하게 된다는 대전제에서 출발한다. 하버마스는 자유주의로부터 절차적 이념을 차용하였고, 시민적 공화주의로부터 심의적 차원을 받아들였다. 그러나 그는 자유주의의 전략적 시장 모델과 공산사회주의 모델에서의 엄격한 윤리공동체라는 개념은 거부했다.(Hauptmann, 2001)

하버마스는 절차적 심의민주주의를 추구한다. 따라서 실천적 이성은 개인이나 특정한 공동체가 아니라 의사소통의 구조 자체에 의하여 결정된다는 것이다. 그리고 여기에는 개방적이고 논리적인 일관성과 보편성을 기초로 하는 윤리적 성향을 갖춘 시민들의 의식이 전제된다. 그가 주장하는 심의민주주의 규범 내용은 자유주의보다는 강하고, 공산사회주의보다는 약한 개념이다. 공공선에 도달하는 것은 가능하지만 공동체 정신에 의해서 이루어지지는 않는다. 대중의 지배는 다수결에 의한 것이 아니라 숙의의 과정을 지배하는 주관성이 배제된 형태의 의사소통에 의해 이루어져야 하는 것이다. 이러한 논지 속에서 심의민주주의의 목표는 비공식적인 공적 영역과 공식적인 국가기구 사이의 대화를 높은 수준의 상호 주관성(inter-subjectivity)에 이르도록 하는 것이다. 그리고 이를 위해서는 시민사회의 목소리가 정부에 영향을 미칠 수 있는 담론이 합의에 도달하도록 해야 한다.

이러한 특성의 심의민주주의 모델 속에서 시민들 간의 자유롭고 평등하며 이성적인 논의가 이루어지는 공론의 장과, 심의를 통해 만들어진 정치체제 사이의 유대를 강하게 유지할 수 있다. 따라서 진정한 민주적 공론의 장을 유지하기 위해서는 시민들이 다양한 이슈에 관한 공공토론에 자발적이고 적극적으로 참여할 수 있어야 한다. 이러한 조건이 만족되어야 높은 수준의 정통성을 가지는 정부가 만들어질 수 있다. 그 결과 시민들은 시민과 대표자들 사이에 합리적 토론을 통해 만들어진 법이나 정책에 대해 만족하게 된다. 그리고 이러한 과정을 통해 낮은 정부 신뢰를 극복할 수 있다.

시민참여 자체를 우선시하는 참여민주주의와 참여 과정과 조건을 중시하는 심의 민주주의는 공통적으로 좋은 민주주의를 위해서는 대중들이 자신뿐 아니라 타인의 손익을 잘 이해하고, 더 나아가서는 전체 집단의 이익을 배려할 줄 아는 자질을 가져야 한다고 상정하고 있다. 그리고 이 두 가지 이론 모두 다수의 시민들은 그들의 정치적 기여가 중요할 때에는 이성적 태도로 정치에 기여할 수 있다는 점에 동의한다. 그러나 엘리트나 선거 기재들이 시민들의 표출된 선호에 근거하여 정책결정을 할 때 민주주의가 집합적(aggregative)이어야 하는가, 혹은 다원적(pluralist)이어야 하는가에 대해서는 대립적 시각을 보인다.(Johnson and Knight, 1994)

참여민주주의자들에 따르면, 자신과 직접적으로 연관된 영역의 집단 의사결정에 참여하는 시민들이 통합된 도덕적 가치척도가 되어야 한다는 것이다. 또한 정치란 자신의 이익을 반영하기 위해 대중을 동원하는 것인데, 이 과정에서 개인들의 이해관계의 변화뿐 아니라 사회구조 그 자체의 변화가 나타난다. 반면에 심의민주주의론은 동일한 가정하에서도 보다 신중한 결론을 이끌어내고 있다. 이들은 정치가 결코 개인이나 사회적 변화를 가져오지는 않는다고 주장한다. 왜냐하면 사회적 복잡성이 민주정치가 가져올 수 있는 변화의 폭과 정도를 제한하기 때문이다.

심의민주주의론자들은 참여민주주의론자들이 사회의 복잡성을 간과하고 있으며 시민들이 참여를 즐긴다는 가정은 비현실적이라고 비판한다. 사람들은 번거로운 정치결정 과정에 참여하기보다는 참여과정을 통해 정당성을 확보한 권위체에 결정권을 넘기는 것이 일반적이다.(Warren, 1994) 심의민주주의론자들은 참여민주주의가 현대사회를 제대로 이해하지 못함으로써 야기되는 비현실적 가정으로 인해 실패한다는 점을 비판하면서, 심의 민주주의는 개인들에 대하여 비현실적 기대를 하지 않으며, 또한 사회의 복잡성을 간과하지 않고 있다는 점에서 우월성을 갖는다고 주장한다.(이현우, 2012)

마을 민주주의는 주민 자신이 느끼는 생활상의 아쉬움과 절실한 필요사항(보육, 교육, 노후, 안전, 안심 먹거리 등)들을 이웃과 함께 민주주의 방식으로 해결해 나가는 과정을 말한다. 마을 민주주의로 인한 지역사회의 변화는 다음과 같다.(참여사회연구소, 2015)

첫 번째 변화는 참여하는 주민 폭의 확장이다. 성북구는 마을 민주주의의 구체적 목표로 의사결정에 직접 참여하는 주민의 수를 전체 주민의 3%로, 간접 참여층은 30%로 잡고 있다. 이 목표를 달성하기 위해서는 기존에 참여하지 않았던 일반 주민들의 참여가 늘어나야 한다. 이는 주민들에게 제도를 알려 참여 동기를 부여하는 주민참여예산 학교의 수강생을 모집하는 과정부터 고려되어야 가능하다. 주민참여예산 제도의 지역회의는 지역별로 주민들의 필요를 발굴하고 이에 대한 의견을 바탕으로 사업을 제안하는 과정으로, 각 동네별로 필요한 부분에 대한 주민 의견을 받아 마을계획을 세우는 마을 민주주의의 핵심 활동과 같은 역할을 한다. 따라서 예산학교 수강 대상을 모집할 때부터 모든 동이 골고루 참여할 수 있도록 고려하는 것이 중요하다.

두 번째 변화는 공론의 장 다양화다. 이는 참여 폭의 확장에 행동력을 불어넣어 주는 것으로 주민들이 참여할 수 있는 단위인 동네회의(지역회의를 성북구에서 부르는 명칭)를 인적 네트워크와 공간 네트워크로 이원화했다. 공론의 장을 주민들의 모이는 형태로 나누어 접근한 것이다. 인적 네트워크는 동복지협의체, 직능단체, 마을·사회적 경제단체, 분야별 지역모임 등 5인 이상의 주민만 모이면 성립하고, 공간 네트워크는 기존의 통 단위가 이어지는 것으로 5개 이내의 통들이 묶여 구성된다. 예를 들면, 생활체육회에 참여하고 있는 비산클럽 회원 5명은 하나의 인적 네트워크를 형성할 수 있고, 인근 통장들이 모여 공간 네트워크를 구성할 수 있다.

기존 주민참여예산의 회의체가 지역회의 위원이나 주민참여예산 위원으로 선정된 주민들을 중심으로 의견을 수렴해 대표성을 가지고 회의를 진행했다면, 이와 같은 네트워크 형태의 의견 수렴 장치는 각 모임의 성격에 맞는 다양한 의견들을 제시할 수 있어 누구나 부담 없이 참여할 수 있다는 것이 가장 큰 장점이다. 중요한 것은 기준을 충족한 다양한 동네 회의를 어떻게 운영하고 관리하느냐다. 공론의 장이 다양화된 만큼 이야기를 실제화시키는 과정에 대한 섬세한 배려가 필요하다.

세 번째 변화는 마을 계획과의 연계다. 성북구는 '참여에서 자치로! 주민의 힘으로 지역의 변화를!' 마을 민주주의 비전으로 삼고 있다. 이는 행정에서 마련한 활동의 장에 주민들이 참여하던 것에서 벗어나 그들이 주도성을 가지고 직접 필요한 것을 제안하고 실행하는 것을 의미한다. 이는 위에서 언급한 동네회의(인적 네트워크, 공간 네트워크) 활동을 통해 구체화된다. 각 동네회의는 마을계획을 수립하게 된다. 이는 마을에서 생활하면서 필요한 것이 무엇인지 아이디어를 내고 해결할 수 있는 계획을 세워보는 것이다. 이 다양한 계획들은 마을심사단의 심사를 통해 내년도 단기예산으로 집행하는 주민참여예산 사업으로 진행할지, 중장기적 관점으로 마을에서 지속적으로 진행할 사업인지로 나뉜다.

여기서 중요한 것이 사업 내용이다. 마을 민주주의와 주민참여예산이 함께 진행되면 긍정적 효과를 가져올 수 있기 때문이다. 기존의 주민참여예산 사업들이 예산과 집행시기의 한계로 시설 개보수 및 단순 민원성 사업들이 많았다면, 마을 계획과 연계되어 사업을 제안한다면 보다 큰 관점에서 연계된 다양한 사업들을 계획·실행할 수 있게 된다.

예를 들어 '세대 간 소통으로 안전하고 깨끗한 우리 마을'을 만드는 것이 마을 목표라면, 마을 계획으로 경로당과 지역 초등학생들이 유대관계를 맺어 서로 소통할 수 있는 다양한 사업을 제안할 수 있고, 이를 실행하는 첫 단계로 '옛날놀이 찾기'와 같은 사업을 주민참여예산으로 제안할 수 있게 되는 것이다.

사회적 가치와 주민주권

▌사회적 가치

절대 군주 중심의 전제국가체제가 시민혁명으로 붕괴되고 시민이 새로운 주권자로 등장하게 된 국민국가 시대를 맞이하게 되었다. 국민국가를 떠받치는 두 기둥은 민주주의와 자본주의라고 할 수 있다, 초기의 국민국가는 비록 선거에 의해 선출되기는 했지만 국가의 권력이 대부분 중앙에 집중되어 있었으며, 이 강력한 중앙집권적 국가가 자본주의와 결합하여 강력한 자본주의 국가를 형성하고 부익부 빈익빈 현상이 두드러지게 나타나게 되었다. 산업화 시대를 맞이하여 전통적 공동체는 해체되고 양적 성장, 효율, 성과, 경쟁 등과 같은 경제적 가치가 중시되고 인권, 사회적 약자에 대한 배려 등과 같은 사회적 가치는 상대적으로

후순위로 밀려나게 되었다.

자본주의의 폐해, 대의민주주의의 한계, 권한의 분산 등에 대한 논의가 활발하게 진행되면서 사회적 가치에 대한 관심이 높아지게 되었다. 국제사회에서는 이미 사회적 가치의 중요성과 필요성에 대한 논의가 활발하게 진행되었다. 세계화와 더불어 과잉 경쟁으로 인한 부작용으로 반세계화가 일어났으며 소비자, 근로자, 지역주민의 활동과 영역의 확장과 더불어 다양한 이해관계자 관점의 중요성이 대두되었다. 미국에서는 1995년부터 2005년까지 사회책임투자펀드(SRI, SOcially Responsible Investment Fund)가 22,900억 달러로 약 360% 증가하는 등 사회적으로 의미 있는 기업 활동의 필요성을 강조하게 되었다.

한국의 경우에는 박근혜 전 대통령의 탄핵과 더불어 사회적 가치와 책임에 대한 관심과 논의가 증가되어 왔다. 세계의 흐름과 발맞추어 현 정부는 국정의 핵심가치로 사회적 가치를 내세웠다. 핵심적 100대 국정과제 중 '열린 혁신정부, 서비스하는 행정'(국정과제 8), '사회적 가치 실현을 선도하는 공공기관'(국정과제 12), '사회적 경제 활성화'(국정과제 26) 등과 같이 사회적 가치의 실현과 밀접하게 관련된 과제들이 포함되어 있어서 사회적 가치가 현 정부 국정 운영의 핵심적인 방향과 가치를 담고 있다는 것을 알 수 있다.

현 정부의 사회적 가치는 인권, 안전, 환경, 사회적 약자 배려, 양질의 일자리 창출, 상생협력 등 공공의 이익과 공동체 발전에 기여하는 가치를 말하는 것으로서, 이러한 가치들은 새롭게 조성된 것이 아니라 기존의 사회적 경제, 기업의 사회적 책임(CSR, Corporate Social Responsibility), 공유경제 등 다양한 사회적 가치 실현 활동과 그 맥락을 같이 한다고 할 수 있다.

사회적 가치에 대해서는 다양한 개념 정의가 이루어지고 있다. 사회적 가치의 개념에 대한 논의는 '사회적'과 '가치'라는 용어로 분리해 의미를 해석하는 데서 시작해야 할 것이다. 우선 '사회적'이라는 용어는 '사회'라는 용어에서 파생된 형용사다. 국어사전을 보면, 사회는 '같은 무리끼리 모여서 이루는 집단'이라고 정의되어 있다. 사회적이라는 말은 이러한 사회에 관련되거나 타인과 원만하게 상호작용하는 능력 혹은 다양한 사람과 긍정적 관계를 형성하는 능력을 의미하는 사회성을 지니는 것으로서 타인으로부터 배척받지 않고 호감을 얻는 것을 의미한다고 할 수 있다. '사회적'이라는 말이 가지는 의미는 정치적 · 경제적 · 문화적 등의 용어와 대비하여 인간의 공동체적 생활과 관련이 있는 것이라고 할 수 있다.

'가치'라는 용어를 국어사전에서 찾아보면, '사물이 지니고 있는 쓸모'라고 정의하고 있다. 다시 말하자면, 무언가 중요하고 쓸모가 있을 때 그것을 가치 있다고 말한다. 가치는 사물이 지니고 있는 의미와 중요성을 뜻하는 것으로서, 인간이 생각하는 바람직한 것에 관한 관심과 결부되어 있기 때문에 사람들의 행동에 영향을 미치는 힘을 가지는 것으로서 하나의 인간 행동의 방향성을 제시해 주는 것이다.

따라서 가치는 인간의 행동이나 생활의 방향을 제시해 주고 '해야 하는 것' '하지 말아야 할 것'과 같은 선택이 필요한 상황에서 구별할 수 있게 해주는 사물이나 사고의 판단기준이라고 설명할 수 있다. 이러한 가치는 개인의 경험, 환경, 미래지향 등을 고려하여 형성되는 것이라고 할 수 있다.

이상의 '사회적'이라는 단어와 '가치'라는 단어를 합성하여 만들어진 사회적 가치는 개인을 넘어서 집단이나 공동체가 선호하는 가치를 의미하는 것으로서 사적인 이익이 아니라 특정 집단이나 공동체가 중요하게 여기는 것을 의미하고, 개인이 아닌 공동체를 지향한다는 점에서 공공성이라는 가치를 본질적으로 내재한다고 할 수 있다. 즉 사회적 가치는 공공 영역의 공공성을 증진하는 핵심가치로서 헌법적 가치를 토대로 한다고 할 수 있다.

다시 말하면, 사회적 가치는 "공공부문의 공공성을 증진하고, 국민주권을 실질적으로 구현하며, 모든 국민이 더불어 잘사는 미래 사회로 나아가는 데 있어 우리 사회가 회복 · 지향해야 할 핵심적인 가치로서 헌법적 가치 중에서 국민의 자유와 권리를 실질적으로 보장하고 국민 전체의 복리를 향상시키는 데 있어 긴요하고 핵심적인 가치"라고 정의할 수 있다.

한편, 사회적 가치는 경제적 가치와 대비하여 비화폐적 가치로 규정하기도 한다. 사회적 가치를 비화폐적 가치로 개념화하는 것에 대해서는 의문이 제기되기도 한다. 사회적 가치를 추구하고 있는 사회적기업이나 사회적 협동조합 등이 사회적 가치뿐 아니라 경제적 가치를 동시에 추구하고 있기 때문이다. 이러한 경우에 과연 사회적 가치를 비화폐적 가치로 한정하는 것이 올바른 논의냐는 것에 대한 의문이다. 그러나 사회적 가치가 타인과의 관계 속에서 형성되며, 구성원 간의 상호 · 연대 활동을 통해 경제적 이익을 넘어서는 경제적 가치와 차별화된다는 점에서 비화폐적 가치로 하고 있다.

영국에 기반을 둔 사회적 영향과 사회적 가치에 초점을 둔 글로벌 네트워크 조직으로 '사회가 가치를 창출하는 방식을 바꾸는 것을 공유'하는 것을 조직의 목표로 내세우고 있는 국제사회적 가치조직(Social Value International)은 사회적 가치를 '사람들이 삶에서 경험하는 변화에 상대적 중요성을 부여하는 것'이라고 정의하고 있다. 이는 앞서 언급했던 비화폐적 가치에만 초점을 맞춘 것이 아니라 경제적 가치를 포괄하여 이해관계자 전체의 삶의 변화를 통하여 나타나는 가치로 규정한 것으로서 광의의 개념이라 할 수 있다.

이상의 논의를 정리해 보면, 사회적 가치는 개인의 가치와는 다른 사회구성원들에 의해 만들어지는 보편적 원리로서의 특성이 있고, 경쟁이나 효율 등과 같은 경제적 가치와는 구분되는 다양한 구성 원리가 존재한다. 따라서 사회적 가치는 문화와 규범, 인간관계의 상호작용, 교육, 종교, 지역, 경제적 상황 등에 영향을 받게 된다. 이는 사회적 가치가 공동체 및 사회마다 중요시하는 가치 및 영역이 상이할 수 있다는 점을 강조하고 있다고 볼 수 있다. 이러한 사회적 가치는 공동체 혹은 공동체에 제공되는 다양한 서비스에 따라 다양한 가치가 창출되고 공유될 수 있으며, 이러한 가치는 사회 및 공동체의 성격에 따라 그리고 시간에 흐름에 따라 다양하게 변화할 수 있음을 의미한다.

이러한 점들을 고려하여 대다수의 학자와 전문가들은 공통적으로 사회적 가치를 '공공의 이익과 공동체의 발전에 기여할 수 있는 가치'로 정의하고 있다. 사회적 가치의 실현은 공익을 실현하고 공동체의 발전을 유도하는 것이다. 공공의 이익, 즉 공익의 개념에 대하여 행정학 사전에서는 '사회구성원 전체의 이익'이라고 규정하고 있다. 공익의 영어 단어인 public interest는 '일반 대중의 번영이나 복지'라고 설명하고 있다.

'공동체'는 같은 관심사를 가진 집단을 말한다. 지역공동체를 뜻하는 커뮤니티(community)의 라틴어 어원을 찾아보면, '함께 서로 봉사한다'는 의미를 가진다. 공동체는 혈연이나 지연에 기반을 두고 있는 전통적인 씨족 공동체와 공동의 관심사와 목표, 이해 등을 가지고 구성된 근대적 의미의 공동체로 구분된다. 근대적 의미의 공동체를 구성하는 요소로는 소속감, 영향력(참여자들이 공동체 안의 일들에 영향력을 행사하고 싶어 하는 것), 요구 충족(참여자가 자신의 의견을 피력하거나 도움을 청하거나 자세한 정보를 원함으로써 특정한 필요 요구를 채울 수 있는 기회를 원하는 것), 사건의 공유와 정서적 연결 등을 들 수 있다.

▎주민주권

주민주권론이 대두된 배경은 크게 세 가지 측면에서 살펴볼 수 있다.

첫째, 지속가능한 발전의 필요성이다. 과거부터 현재까지 대부분의 국가에서 추구하는 목표는 양적인 성장, 즉 경제 발전이었다. 성장 중심의 발전이 이루어지는 과정에서 발생하는 빈부격차, 지역 간 격차는 심각한 사회문제로 대두되었다. 더욱이 급격한 경제발전은 심각한 환경문제를 초래하면서, 각국의 중앙정부와 지방정부는 지역 간 격차 해소와 더불어 환경 보존과 경제발전의 조화를 중요한 정책이슈로 부각시켰다.

1972년 유엔인구환경회의에서 환경과 경제발전의 조화를 강조한 이후 지속가능한 발전에 대한 논의가 전 세계적으로 퍼져나가기 시작했다. 경제발전의 중요성만큼 생태계의 보존, 세대 · 지역 · 계층 간의 격차 해소 역시 중요하게 인식되기 시작한 것이다. 이러한 논의를 둘러싸고 선진국과 개발도상국 간에 상이한 입장 표출이 드러났다. 어느 정도 개발을 이루어 놓은 선진국은 환경에 대한 고려를 할 수 있는 입장이지만, 아직 개발이 초기 단계에서 진행 중인 개발도상국은 환경에 대한 국제적인 규제가 자국의 개발에 영향을 미칠 수 있기 때문이다. 이러한 지속가능 발전의 중요성을 강조하는 분위기가 확산됨에 따라 지방정부의 정책방향에 대한 지역 주민들의 참여와 의견 개진의 필요성이 증가했다.(김순은, 2012, 12-13)

둘째, 주민참여의 절차적 타당성 논의다. 주민들의 권리 중 쟁송권은 주민들이 발휘할 수 있는 실질적 주권 실현의 핵심적 수단이라고 할 수 있다. 하지만 지방자치 과정을 살펴보면, 시민들의 참여가 실질적으로 보장되어 있음에도 불구하고 주민들의 참여가 단순한 투표 정도에만 지나치지 않는다는 점이다. 이러한 문제점이 주민들의 주권 신장이라는 참된 의미를 저해시킬 수 있다는 점이다.(김병국&최철호, 2012, 36-40)

세 번째 배경은 주민자치에 있어서 주민 선택성의 부족이다.(김병국&최철호, 2012, 39) 지방분권은 중앙이 가지고 있던 권한과 재원을 지방에 이양하여 지방자치를 활성화시키고, 지역의 발전 잠재력을 극대화하여 지역과 국가의 발전을 도모하는 것을 목표로 하고 있다. 하지만 우리나라의 지방분권은 중앙행정권한의 지방 이양이 주를 이루고 있는 행정분권에 초점을 두고 있기 때문에, 지역에서 요구하는 지방분권의 수준에 크게 미달하고 있는 실정이다.(김순은, 2011)

행정의 책임성을 수행하기 위해서는 주민들의 이해를 반영하는 것이 가장 중요하다. 그리고 주민들의 이해를 반영하는 것은 민원, 시민단체 활동, 여론 형성, 위원회 참여, 지역 커뮤니티 활동 등을 통해 이루어질 수 있다. 하지만 이러한 참여 수단이 성숙한 시민을 육성하여 참된 의미의 주민주권을 실현하기보다는 행정기관의 협력적 활동이나 행정 책임의 전가 수단으로 전락하는 문제점을 가지기도 한다. 즉 주민들이 단순히 형식적인 참여 과정에 투입되는 것이 아니라 주권의식을 갖고 참여하는 실질적이고 적극적인 참여가 중요하다.(김병국&최철호, 2012, 39)

네 번째 배경으로는 다원화와 이익의 다양화이다. 세계화와 민주화의 흐름으로 인해 같은 국가 안에서 저마다의 다른 이해관계들이 표출되기 시작했다. 이러한 경향은 자연스럽게 다양한 이익의 존재로 이어지고, 중앙정부에서 개별의 이익을 모두 반영한 정책 형성이 어렵게 되었다. 따라서 지방자치와 분권화 시스템은 각 지역의 특수이익을 반영한 정책 집행이 이루어지도록 설계되었다. 하지만 지방자치단체 역시 작은 마을 하나하나까지 모두 고려한 정책을 펼치기란 실질적으로 쉽지 않은 실정이다. 이러한 배경은 주민들이 나서서 자신들의 지역 발전을 위해 서로 공동체를 형성하여 마을을 스스로 다스리는 주민자치의 배경으로 대두되기 시작한 것이다.

헌법 제1조 제2항 "대한민국의 주권은 국민에게 있고 모든 권력은 국민으로부터 나온다."고 규정하고 있다. 즉 국가권력의 정당성은 모두 국민으로부터 나오고, 국민의 의사에 부합하는 국가의 통치 권력만이 정당성을 인정받을 수 있다는 의미로 사용되고 있다. 따라서 헌법에서 보장하는 국민주권이 자치의 기본적 근간이라고 할 수 있다. 이는 지역주민이 자신의 지역을 통치하는 주민주권의 개념과도 일맥상통한다.

주민주권 역시 지방자치의 헌법적 보장에서도 찾을 수 있다. 헌법 제8장 제117조와 제118조에서는 지방자치단체를 "주민의 복리에 관한 사무를 처리하고 재산을 관리하며 법령의 범위 안에서 자치에 관한 규정을 제정할 수 있는" 기관으로 정의하고 있다. 이 역시 주민주권의 실현을 위해 법으로서 지방자치를 보장하고 있는 것이라고 할 수 있다. 결국 주민주권은 국민주권의 법리적 기반을 통해 생성되고 지방자치를 통해 실현되는 것으로 볼 수 있다.(김병국&최철호, 2012)

주민주권과 관련된 법률에서 살펴본 바와 같이 주민의 복리와 안정적 생활을 위해 법적인 근거를 마련하여 주민의 주권을 보호하고 있다. 이는 곧 주민의 일상적 생활과 관련된 내용이기도 하다. 여기에는 절차적 내용과 실질적 내용이 포함되기도 한다.(김순은, 2012, 15-16) 절차적 내용은 지방정부의 정책 과정에 주민들의 참여가 실질적으로 이루어져 주민의, 주민에 의한, 주민을 위한 정책결정 과정을 의미한다. 한편, 실질적 내용은 주민의 생활과 밀접히 연관되어 있는 내용을 담는 것을 의미한다.

이러한 법률적 토대를 살펴보았을 때 주민주권은 국민주권과 개념상 연계될 수 있다. 주권국가에서 법적으로 보장하는 국민주권을 전제로 각 지방자치단체에 부여함으로써 지역주권을 형성할 수 있다. 또한 지역주권을 주민자치의 입장에서 살펴본다면 주민주권과 맥락이 부합하는 것을 알 수 있다. 따라서 주민주권을 가진 지역주민들이 스스로 마을의 문제에 참여하는 자치에 대한 논의가 이루어져야 할 필요가 제기된다.

읍면동 민주화의 출발점은 주민자치이다. 주민자치는 '지역의 정책을 스스로 결정하고 스스로 집행하며 스스로 책임지기 위해 참여하는 것을 의미한다'라고 정의할 수 있다.(김필두&김병국, 2011, 3-4) 현재 지방자치는 주민들이 정책을 결정하고 집행에 참여하기보다 '관'이 주도하고, 주민이 그에 순응하는 형태가 대부분이다. '민'이 직접 참여하는 것이 아니라 '관'이 주도할 경우 업무의 효율이나 전문성은 보다 뛰어날지 모르겠지만 사실상 해당 거주민이 아니기 때문에 세부적 사안이나 실정은 고려하지 못할 수 있다. 더불어 주민자치는 그 의미를 상실하고, 진정한 풀뿌리 민주주의의 실현이 어렵게 된다.

'주민의(사람), 주민을 위한(사업), 주민에 의한(조직)' 지역 민주주의의 구현이 근린자치의 궁극적인 목표라면, 근린자치의 주체는 당연히 주민이 되어야 한다. 따라서 주민이 주체가 된다는 주민주권이론은 근린자치 활성화의 훌륭한 논거가 될 수 있다. 향후 주민주권이론을 근거로 하여 근린자치에 대한 의미가 진정으로 실현되기 위한 다양한 논의와 대안이 모색되어야 할 것이다.

5. 읍면동 민주화의 길

조선시대 때 시도에는 관찰사, 시군구에는 군수, 그리고 소회, 중회, 대회가 있었다. 소회는 통리 기능을, 중회는 읍면동 기능을, 대회는 시군구 의회 기능을 대신하였다. 그런데 이제는 전부 존재하지 않는다. 현재 시도 지사와 시군구장은 선거를 통하여 선출하지만, 읍면동장과 통장, 이장은 아직도 선거를 하지 않는다. 이 부분을 민주화시키지 않으면 대한민국 민주화는 팥소 없는 찐빵이다. 그래서 '어떻게 민주화할 것인가'를 필자의 사명으로 생각하고 있다.

민주주의 정부체제하에서 국회와 대통령 선거, 시도에서 의회와 지사 선거, 시군구에서 의회와 시군구장 선거가 이루어진다. 그런데 읍면동과 통리는 의회, 즉 전체의결기구가 없다. 이 부분이 빠져있다는 건 민주화를 하지 않겠다는 의도이며, 동시에 읍면동과 통리의 식민지화이다. 읍면동과 통리는 개혁할 것이 매우 많지만, 특히 필자가 관심을 가지고 있는 부분은 "입법 · 행정 부문이 어떻게 이루어져야 하는가"이다.

지금까지는 읍면동과 통리의 입법이나 행정은 국가가 관할하였다. 국가가 아파트 지역사회를 완전히 망가뜨려 놓았다. 이 부분을 살리려면 국가가 주민사회로 자치기능을 넘겨 주민사회가 주도할 수 있도록 해야 한다. 선출되지 않은 권력이 통치하고 있는 통리와 읍면동을 바꿔야 한다. 선출권과 입법권을 주민들에게 넘겨주는 것이 읍면동 민주화의 제1단계이다.

일제 식민지 때 읍면동은 그저 통치기구의 하부 행정기구에 불과하였다. 그런데 여전히 한국의 통치기구의 하부 행정기관으로서의 역할만 충실하게 수행하고 있다. 유럽이나 일본은 한국의 읍면동 단위의 구역 단위는 모두 자치단체로 되어 있다. 오직 한국에서만 하부 행정기구로 존재하고 있는 것이다.

필자는 하부행정기관의 지위에 있는 이 읍면동을 자치기관으로 전환하는 것이 바람직하다고 본다. 그러나 이러한 주장이 현실적으로 어렵다면, 읍면동장을 '행정복지센터장'으로 임명해 행정복지센터만 맡도록 하여야 한다. 그리고 행정 이외의 정치적 · 경제적 · 사회적 문제는 주민자치회장이 담당하도록 해야 한다.

결론적으로 필자는 읍면동의 행정복지센터와 주민자치회를 나누어야 한다고 생각한다. 그러나 중요한 것은 읍면동의 인구와 면적으로 보면 무보수 명예직의 회장이나 위원이 이를 관리할 역량을 갖추기 어렵다. 읍면동은 공식적으로 정부가 관리해야 할 규모이다. 따라서 이 부분에 대해 주민자치를 이야기하는 것은 어불성설이다.

그러므로 필자가 볼 때 읍면동은 규모상 자치가 불가능하고, 통리가 주민자치 규모에 적절하다고 본다. 따라서 앞으로 통리회는 자치형 주민자치회, 읍면동은 협치형 주민자치회로 기능을 분산해 이중구조로 가는 것이 바람직할 것이다. 통리회 자치회장, 자치부회장, 자치사무국장이 읍면동 자치회를 구성하고, 읍면동 주민자치회장은 주민이 직선하는 것이 바람직하다. 회장을 직선제로 선출하지 않으면 시군구 의원과 행정복지센터장 사이에서 눌려 존재 가치를 인정받기가 어렵다. 결론적으로 주민자치회를 읍면동회와 통리회로 중층구조화하자는 것이다. 이 방안만이 실질적 주민자치가 가능하기 때문이다.

위의 문제의식을 현실화하기 위해 필자가 만든 구조는 다음과 같다. 현재 읍면동장이 지배하고 있는 부분 중에 행정복지센터장으로서의 역할만 읍면동장이 수행한다. 그리고 읍면동회가 통리회, 반회를 구성하여 주민자치회를 구분한다. 가장 중요한 것은 이 분권은 명확하게, 아주 구체적으로 구분되어야 한다. 법의 조항이 치밀할수록 좋다. 그러나 내부에 관한 건은 조항이 하나도 없는 것이 가장 좋다. 즉, 자치에 맡기는 것이다.

자치법은 포괄적일수록 좋고, 분권법은 구체적일수록 좋다. 현재 김영배 의원이 발의한 '주민자치기본법'과 이해식 의원의 발의안, 한병도 의원의 법안은 "주민자치 설치 및 운영에 필요한 사항은 조례로 정한다"라고 발의했는데 여러 가지 문제점을 가지고 있다.

주민에게 직접 분권하지 않고 지방자치단체에 분권하는 것은 범죄행위이다. 그동안 주민자치가 시행된 지 20여 년간 시군구장이 주민자치가 제대로 시행되도록 노력하는 경우를 거의 보지 못하였다. 물론, 예외적인 경우가 간혹 존재하기도 한다.

더욱 중요한 것은 주민자치회는 이제 지역사회 주민에게로 온전하게 넘겨주어야 한다. 이 부분을 정부가 계속 관리한다면 주민자치회를 유지할 필요가 없다. 지역사회 주민에게로 주체가 넘어가야 한다. 한편 주민자치회의 기본적 기능에 대해 설명하자면 다음과 같다.

첫 번째, 사회적 자본 형성이다. 주민자치회가 운영되고 지역사회가 공동체가 될 수 있는 사회적 자본이 있어야 한다.

두 번째, 사회서비스 공급이다. 국가가 제공하지 않지만 그 사회가 필요로 하는 서비스를 제공하는 것이 주민자치이다. 국가서비스 하청은 주민자치가 아니다. 일본의 경우 쓰레기 분리수거, 공원 청소, 가로등 관리를 맡기는데 이는 주민자치회에게 하청을 주려고 하는 것이 아니다. 주민자치회가 그런 사업을 함으로써 주민자치사회의 권력을 유지할 수 있도록 지원해주기 위해 위임하는 것이다. 그러나 우리나라 공무원들은 일본의 사례를 단순히 모방하여 마을의 발전 계획을 기획하도록 한다. 마을발전 계획은 공무원들의 영역이며, 주민들이 하는 것은 바람직하지 않다. 시골에 있는 어르신들이 마을 5개년 계획을 수립하는 것은 불가능하다. 이렇듯 실질적으로 불가능한 계획을 수립하도록 제도화한 후 이를 해결할 방안으로 시민운동가 또는 자치지원관을 투입하였다. 이 문제는 반드시 해결해야 한다.

사회서비스 공급은 다시 설계해야 한다. 시민단체나 행정안전부가 주도하는 보고서에서는 사회서비스에 관한 개념을 찾아볼 수 없다.

지금까지 시민단체는 주민들의 위임 없이, 자신들이 주민들의 목소리를 대변한다고 주장하며, 본인들만의 진리를 찾았고 그 잉여가치로 사회적 영향력을 확보하였다. 주민자치회는 시민단체가 아닌 주민자치회 스스로 주민들의 목소리를 대변해야 한다. 시민단체에서 그 권한을 되찾아 주민자치회에 위임해야 한다. 대변권이 없으면 주민자치회가 주민들을 위해 일할 수가 없다. 이러한 권한들이 주민자치회의 권리와 능력을 배양하는 데 필수조건이므로 향후 이 부분에 관해 많은 연구가 필요하다.

국가지방자치단체와 지역사회에서 국가의 업무는 국가가 담당하고 지역사회가 해야 할 일은 지역사회가 하면 된다. 물론 공통되는 부분이 있다. 국가가 마을에 바라는 점이 있을 수 있고, 마을이 담당하고 싶은 업무가 있을 수 있다.

만약 서로가 원하는 사항에 차이가 있다면 국가는 국가가 하고 싶은 일을 하고 지역사회는 지역사회가 하고 싶은 일을 하면 된다. 그러나 만약 원하는 바가 같다면, 국가는 마을, 주민, 생활의 영역을 지역사회가 주민자치화 할 수 있도록 넘겨주는 것이 좋을 것이다. 즉, 이 영역의 교집합 부분만큼은 국가가 지역사회에 넘겨주는 것이 주민자치가 가지는 함의이다. 주민자치의 영역을 굳이 국가가 붙잡고 있을 필요가 없기 때문이다. 이러한 부분에 대해 아직 정확한 정의가 이루어지지 않았다.

다음은 시장 부분이다. 대기업 주도의 시장이 있고 지역사회의 점포와 같은 시장이 있다. 지역상점은 지역에 상당히 중요한 시설이다. 필자가 어릴 때, 호롱불을 켜던 시절이라 등유가 상당히 중요했다. 만약 점포에 등유가 떨어지면 밤에 불이 꺼졌을 때 다시 켜지 못하였다. 따라서 마을 내에서 이 등유를 공급하는 것이 그 점포의 중요한 임무였다. 이런 상업시설들은 주민들의 편의를 위해 상당히 필요했다. 나중에는 등유뿐 아니라 지역주민들이 자주 필요로 하는 감기약 같은 물건들을 판매하게 되었다. 요즘 대기업이나 편의점처럼 품목이 딱 정해져 있지 않았다. 지역사회에서 필요한 것들을 지역이 직접 디자인한다는 것이다. 요즘 편의점 주인은 해당 동네의 주민이 아닌 경우가 많다. 그러나 지역사회 대부분 점포의 주인은 동네 주민이기 때문에 공동체화되기 쉽다. 이러한 사례는 매우 중요한 함의를 제공한다.

또, 조직화된 시민단체들이 있다. 이 시민단체들이 주민들이 할 수 있는 부분까지 다 대체하고 있다. 주민자치위원회에서 주민자치위원을 선발하는 과정은 간단하다. 조례를 만들고 준비위원회를 만들어 공고와 접수의 과정을 거쳐 교육시키면 된다. 그런데 시민단체가 주민들의 영역을 통째로 빼앗고 간섭하는 것은 과거 독재자의 생각이다. 주민이 할 수 없는 것을 도와주는 것은 좋지만 주민들이 할 수 있는 일까지 간섭해서는 안 된다. 이런 모습은 조선의 양반들이 주민들의 일을 빼앗는 것과 전혀 다를 바가 없다. 주민자치회를 창립하고 지원하는 것에 대해 시민단체가 간섭하는 것을 이해할 수 없다. 예산도 마찬가지이다. 주민자치회에

곧장 예산을 주면 될 텐데 왜 시민단체에 지급하는지 이해할 수 없다. 또한 그 예산을 시민단체가 주민자치회로 가지고 들어와 주민자치회라는 이름으로 사업을 하고 있다. 이런 행동들은 주민자치회를 부정하는 행위이다. 민주화 역행의 의도가 없다면 도저히 이루어질 수 없는 일이다.

국가-시장-사회와 지역사회의 교집합이 있을 때 이 교집합 부분에 대해 지역사회가 스스로 결정하고 시행하며 반성해보는 과정을 경험하도록 보장해야 한다. 지역사회는 지역사회대로 풍부해지고 국가는 국가대로 다양성을 살릴 수 있는 제도로 가는 것이 민주화이다.

그다음은 주민자치의 충분조건이다. 이 개념을 2011년에 만들었는데 10년 동안 절대 적용되지 않고 있다. 주민들이 자치회 구역을 나의 마을로 생각하도록, 지역주민이 주변 주민들을 내 이웃으로 승인하도록, 주민들이 마을 일을 우리의 일로 승인하도록 만들어야 한다. "내 동네의 일을 내 이웃을 위해서 내가 하겠다."는 동기를 심어주는 것이 필요하다. 이 문제가 해결된다면 시민단체나 읍면동이 개입할 여지가 없다. 주민들이 직접 운영하도록 해야 한다.

그러나 이 영역을 시민단체와 읍면동 사무소의 일로 만드는 것이 현실이다. 왜냐하면 지역주민들이 서로 친밀한 이웃이 되어 지역을 '나의 마을'로 인식하면 민원이 증가될 것이기 때문이다. 이러한 생각을 여전히 가지고 있으므로 주민자치가 행정학 분야에 있어 발전하지 못하고 있다. 행정학자들이 발표한 수많은 논문들은 대부분 주민자치의 본질에서 겉돌고 있다. 정치학 논문들 역시 마을 정치에는 관심이 없다. 한국정치학회 학술대회에서 두 번이나 발제를 했으나 여전히 관심이 없다.

마을 민주화를 위해 주민자치회가 주민들에게 자치 조건을 제공할 수 있도록 정부가 분권을 시행해야 한다. 이 문제가 해결된다면 주민자치가 가능해질 것이다. 결국은 주민자치회의 설계가 어떻게 되느냐에 따라 주민자치의 유무가 결정될 것이다.

또 하나의 문제는 읍면동장이나 시군구 의원에게 물었을 때 주민자치위원들은 매번 자신의 권력과 이익, 명예만 챙긴다고 한다. 그러나 읍면동장들도 마찬가지로 자기 명예, 이익 등을 챙기고 있다. 오히려 더 많이 챙긴다는 생각이다. 시 · 군 · 구청장도 마찬가지라고 생각한다. 그렇지만 그 사람들이 권력욕구, 이익동기, 명예동기를 가진다고 해서 비난할 수는 없다. 주민자치도 마찬가지여야 한다. 주민자치도 이익, 권력, 명예가 없으면 나서기가 어렵다. 그러한 개인적 이유인 이익, 명예, 권력동기를 숙성시켜서 마을의 공공에 기여할 수 있도록 만드는 것이 주민자치회 설계이다. 그런 면에서 주민자치회 설계는 회사 조직 설계보다 훨씬 엄밀해야 한다. 그렇게 해야 다양한 주민들이 다양한 동기로 참여했을 때 그 동기들을 공적으로 숙성시켜낼 수 있기 때문이다.

금천구에서 주민자치위원회의 비효율적 업무행태를 비판하기에 필자가 다음과 같은 제안을 하였다.

"지금 주민자치위원은 주민자치센터 프로그램 참여위원일 뿐 그분들이 무슨 다른 일을 할 수 있는 조건으로 온 분들이 아닙니다. 그래서 주민자치위원으로 모시는 분을 배로 늘리되 기존에 일이 없는 25명은 그냥 두고 나머지는 일하는 인물로 뽑으십시오. 주민자치센터를 운영할 수 있는 전문인력을 각 분과별로 5명씩 뽑아 25명을 채우면 됩니다. 기존 주민자치위원은 일을 중심으로 뽑은 사람이 아니기에 안 되는 겁니다."

회사도 업종에 맞는 전공자를 뽑는데 주민자치위원은 무작위로 선출하는 경향이 있다. 추첨은 정말 망하자고 작심한 일이다. 주민자치를 폐지하려고 작심하지 않으면 이런 일을 못 한다. 그 중간에 적합한 존재이론을 적용했으면 하는데 우리나라 정책 전문가들이 그 수준까지 발전할 수 있을지 의문이다.

주민들에게 자치회를 만들고 운영할 수 있는 권리를 부여해 주고,

주민들이 자치를 실천할 수 있는 권리능력과 행위능력을 자치회에 부여해주면 잘 운영할 수 있을 것이다. 이런 사항만 규정해 주고 나머지는 자체적으로 운영하도록 한다면 우리나라 국민들은 특별한 범죄행위는 하지 않을 것이다. 그런데 정부는 주민들에게 주민자치회를 만들고 운영할 수 있는 권리를 의도적으로 주지 않는다는 느낌이 든다. 주민자치회를 만들고 운영할 수 있는 권리를 주민에게 부여하는 순간 공무원도, 시민운동가도 배제된다고 생각하기 때문에 최대한 주지 않는다는 느낌이 든다. 이런 일이 계속되면 조선 중종 때와 똑같이 된다. 자신은 주민자치회의 구성원도 못 되면서 양반들의 결정에 따른 지배는 계속 받아야 하기 때문이다. 김영배 의원 법안의 가장 큰 맹점은 주민자치회라는 권한은 잔뜩 부여해놓고 주민들에게는 권한이 하나도 없다는 것이다.

주민자치회원총회에서 규약을 제정하고 대표를 선출하면 주민이 회원이기에 회원총회가 최고의결기구가 된다. 지역대표가 주민대표가 되도록 권리를 부여해야 한다. 주민자치의 기본은 주민의 마을화와 마을의 주민화이다. 주민자치회가 주민들 모두를 포용할 수 있도록 만들어야 하고, 주민들이 주민자치회에 융화될 수 있도록 해야 한다.

주민자치회원권을 다시 짚어보면 조선의 향규, 동계, 주현향약까지는 회원이 없었다. 그러나 촌계와 향회는 회원이 존재한다. 그런데 주민자치위원회, 서울형 주민자치회, 행정안전부 표준조례, 김영배 의원 법안까지 주민자치회 회원이 없다. 김두관 의원 발의안에는 회원이 포함되었다.

주민자치 정책을 놓고 보면, 주민들은 개인차원의 역량이, 주민자치회는 집단차원의 역량이, 국가는 제도차원의 역량이 있어야 한다. 현재 주민자치회는 권리능력이 없기 때문에 집단차원의 역량도 없다. 일할 사람도, 예산도, 회의 능력도 없기 때문이다. 따라서 개인역량이 주민자치회에 개입될 의무나 유인책이 전혀 없다. 다양한 역량들이 포함되어 유기적으로 작동되어야 하며 이러한 능력을 만들 수 있는 기관이 필요하다.

결론적으로 읍면동 민주화의 걸림돌을 제거하지 않으면 주민자치는 발전할 수 없다. 이 문제를 해결하지 못한다면 그 결과는 선거혁명으로 나타날 것이다. 따라서 내년 대선이나 지방선거 때는 이 주민자치 이슈를 전면적으로 부각시킬 수밖에 없다.

우리나라 국민들의 역량은 대단히 높기 때문에 필자가 제기한 문제들은 충분히 해결할 수 있을 것이다.

참고문헌

국회도서관 편. 1971.『한말근대법령자료집』

김필두·김병국. 2011.『주민자치회의 설치와 운영에 관한 연구』, 2011 한국정책학회 하계학술대회 및 국제학술대회

김병국·최철호. 2012. "지방자치제도하의 주민주권 확보방안: 시론적 연구," 한국지방행정연구원

김순은. 2012. "주민주권론과 지방자치의 발전",『지방행정연구』제26권 제1호

______. 2011. "영국과 일본의 지방분권 개혁 비교분석: 거대사회론과 지역주권론을 중심으로",『지방정부연구』제16권 제2호

김현조. 2003. "한국지방정부 직접민주제의 현황과 개선방안", 한국지방정부학회,『지방정부연구』제7권 1호

박관규. 2019. "지역주도의 지역발전 추진을 위한 재정협력 방향", 국가균형발전위 등 4개 기관, 지방재정조정제도 정책세미나

이기우. 2009. "정치권과 정부의 지방자치행정체제 개편방안에 대한 평가", 한국지방자치학회 세미나, 바람직한 자치행정체제개편을 위한 합동세미나 논문집

이현우. 2012. 참여민주주의 모델의 대안적 구상, 한국정당학회보.

유훈. 2007.『정책집행론』, 대영문화사

중앙일보. [정치 세상읽기] "직접민주주의가 미래다", 2017. 9. 6.

토마스 베네딕토 저/성연숙 역. 2019. “더 많은 권력을 시민에게”, 다른백년
한국학중앙연구원. 1998. 『한국민족문화대백과사전』
Gronroos, C. 1990. *Service management and Marketing: Managing the moment of truth in service competition*, Lexington MA: Lexington Books
Lipsky, M. 1980. *Street-Level Bureaucracy: delemmas of the individual in Public Service*, N. Y.: Rusell Sage Foundation
Peters, B. G. 1996. *The future of governing*, KS: University Press of Kansas
Rousseau, Jean-Jacques. 1762. Translated and Introduced by Maurice Cranston(1968). *The Social Contract*. Penguin Books.
Scherrmerhorn, J. R., Hunt, J. G., & Osborn, R. N. 2000. *Organizational behavior*(7thed, update.). New York: John Wiley & Sons

2장
읍면동 민주화의 기반 평가

—주민자치회 시범실시 실태 및 성과 분석 중심—

최인수 한국지방행정연구원 연구위원

2장 읍면동 민주화의 기반 평가

—주민자치회 시범실시 실태 및 성과 분석 중심—

1. 들어가며

민주화(民主化)는 백성(民-국민, 주민)이 국가의 주인(主)으로서 국가의 모든 정책결정의 중심이 되는 것, 즉 국가와 정부의 모든 정책결정과정이 민주주의적으로 되어 가는 상태 또는 민주주의가 실현되게 하는 과정을 의미한다. 여기에서 말하는 민주주의(民主主義)는 국가의 주권이 국민에게 있고 국민을 위하여 정책을 수행하는 제도 또는 그러한 정치를 지향하는 사상을 말한다. 이러한 민주주의는 귀족제나 군주제 또는 독재체제에 대응하는 의미를 가지는데, 그리스어(語)의 'demokratia'에 어원을 두고 있다. 'demokratia'는 'demo(국민)'와 'kratos(지배)'의 두 낱말이 합친 것으로서 '국민의 지배'라는 뜻을 가진다. 미국의 대통령 링컨은 "국민에 의한, 국민을 위한, 국민의 정치"를 민주주의라고 표현하였다.

읍면동(邑面洞)의 민주화는 읍면동이라는 행정구역 내에서 주민이 지역사회의 주인으로서 읍면동의 모든 시책결정 과정의 중심이 되는 것을 의미한다. 읍면동의 민주화는 읍면동이라는 소생활권 지역단위에서 민주주의를 실천하는 것을 말한다. 읍면동의 민주화라는 의미를 뒤집어서 생각해 보면, 읍면동 단위에서 민주주의 이념이나 가치가 제대로 실현되지 못하거나 충분하지 못하여 이를 만족할 만한 일정 수준 이상으로 향상시키는 것을 읍면동의 민주화라고 개념 규정할 수 있다. 따라서 읍면동의 민주화를 달성하기 위해서는 읍면동 지역사회의 주인인 주민이 주인으로서의 역할을 제대로 수행하여야 한다.

흔히 민주주의를 직접민주주의와 간접민주주의(대의민주주의)로 나누어서 설명하고 있다. 직접민주주의는 국가나 정부의 의사결정 과정에 국민(주민)이 직접 참여하는 제도로써, 고대 그리스 아테네의 도시국가처럼 꽤 작은 공동체에서 시행이 가능한 제도로 인식되어졌다. 반면에 대의민주주의는 국민 대부분이 행정부 정책에 직접 관여하지 않고 대의자 또는 대표자를 선출하여 자신들을 대신하여 권한을 행사하게 하는 제도이다. 국가 영토의 확장과 인구의 증가에 따라서 대규모 인원이 한자리에 모여서 의사결정을 하는 것이 현실적으로 불가능하게 됨으로써 직접민주주의의 대안으로 발전된 제도라고 할 수 있다. 한국의 읍면동의 경우는 지역적 규모나 인구적인 측면에서 일정 부분 직접민주주의적 제도의 설계 및 시행이 가능할 것으로 판단된다.

읍면동의 민주화는 주민 개개인이 주권자로서 아래로부터의 민주주의를 실현하기 위하여 주민이 직접 참여하여 읍면동의 시책을 만들고 스스로 결정하는 것이 중요하다. 또한, 대통령 선거, 국회의원 선거, 지방선거 등의 대의자를 선출하는 선거 때만 권한을 행사하는 대의민주주의와는 달리 일상적으로 항상 주인된 권한을 행사할 수 있는 일상의 민주주의, 주민들의 소통과 합의에 의한 공론화를 통하여 읍면동의 시책을 결정하는 과정의 민주주의 등을 실현하여야 진정한 읍면동의 민주화를 향해 나아갈 수 있다.

이와 같이 읍면동의 주인인 주민이 읍면동 민주화를 가장 효율적으로 달성할 수 있는 방안 중의 하나가 읍면동의 대표적 주민조직으로서의 위상을 갖는 주민자치회의 활성화와 내실화이다.

2. 주민자치에 관한 이론적 논의

주민자치의 개념

주민자치란 지역적 사무가 지역주민의 참여를 통하여 그들의 의사에 기초하고 자주적으로 처리되는 것을 의미한다.(한국행정학회 『온라인행정학전자사전』) 주민자치는 영국의 오랜 지방자치의 역사적 경험에서 발전된 것으로서 주민과 지방자치단체 간의 관계에 중점을 둔 지방자치의 원리라고 할 수 있다.

주민자치는 지역주민이 주체가 되는 공공사무 처리 방식을 중시하므로, 지방자치단체의 공공사무 처리와 관련된 의사결정과정에 대한 주민참여를 강조하고 있다.

주민자치는 근린생활권 지역을 단위로 주민들이 직접적으로 대면하고 스스로 공동체(주민조직)를 형성하여 지역문제를 해결하기 위해 직접 참여하는 것을 의미한다. 근린은 가까운 이웃이며, 근린 사회는 사람들이 가까이 이웃하여 서로 잘 알고 친숙하게 공동생활을 하는 지역사회의 최소 단위이다. 근린(neighborhood)은 주거지 인접성에 기초를 두고 비공식적이고 대면적인 일련의 상호작용인 이웃과의 교류에 사람들이 관여하는 거주지 주변의 장소(area)로 정의내릴 수 있다.(Davies and Herbert, 1993)

주민자치가 이루어지는 기본단위인 근린과 유사한 개념은 마을과 동네이다. 마을은 도시화 이전, 주거와 농업이 적합한 곳에 사람들이 모여 자연스럽게 형성된 삶의 터전이라고 할 수 있다. 반면에 동네는 국가 혹은 지방자치단체에서 인위적으로 설정한 행정구역을 의미한다. 주민자치는 근린이라는 삶의 터전인 공간단위를 매개로 해당지역의 주민과 이해당사자들이 자율성(autonomy)을 가지고 공공서비스를 위한 집합적 의사결정과정과 생산 행위에 참여하는 것으로 정의할 수 있다.

주민자치는 근린단위 통치조직으로서의 정부(government)가 아닌 통치과정으로서의 거버넌스(governance)라고 할 수 있다. 거버넌스는 다양하고 복잡하며 역동적인 현대사회의 다양한 문제들을 정부나 시장 등의 단일 행위자 또는 행위 부문이 해결하는 데 한계가 있다는 반성에서 등장하였다. 주민자치는 지방자치단체, 주민조직과 같은 서로 다른 유형의 이해당사자들이 함께 지역사회의 발전을 위하여 일하는 거버넌스 시스템이다. 주민자치는 지방자치단체의 정치적 또는 관리적 권한이 근린단위의 주민에게 위임되는 것이기 때문에 주민자치를 행하는 주체자들에게는 위임되는 권한을 행사하기 위한 자체적 역량강화가 필요하다.

주민자치는 주민들의 역량강화를 위한 제도차원에서 주민들에게 단순한 정보제공, 상담(consultation), 숙의적 포럼(deliberative forum), 주민의 직접통제 등 다양한 형태를 가질 수 있다.

종합하면, 주민자치는 주민의 자발적 참여와 조직화를 통해 스스로 지역사회의 의제(문제)를 발굴 및 해결해 나가는 과정에서 자연스럽게 민초의 공간을 형성하고 지역공동체의 역량을 발휘하는 것을 의미한다. 뿐만 아니라 지역공동체 조직 또는 주민대표가 정부의 초대된 공간에까지 참여하면서 정부 또는 다른 지역공동체와 함께 지역의 삶의 질 향상을 위한 집합적인 의사결정과 생산 행위에 관여하는 것을 의미한다고 할 수 있다. 주민자치는 "지역에 대한 애착과 주민들 사이의 유대의 토대 위에 집합적 역량을 구축한 주민들이 지역문제를 스스로 또는 정치·행정과정에의 참여를 통해 해결해 나가는 행위 또는 과정"으로 간주할 수 있다.(곽현근, 2015)

풀뿌리 민주주의 관점에서 주민자치

한편 대안적 민주주의로 제기되는 것 중의 하나가 풀뿌리 민주주의(grassroot democracy)인데, 이러한 풀뿌리 민주주의는 1935년 미국의 공화당

전당대회에서 의회제도에 기초한 대의적 민주주의를 반대하면서 시민운동·주민운동 등을 통해 참여민주주의를 강조한 것에서 유래하였다.

일반적으로 풀뿌리 민주주의는 자유롭고 평등한 시민들이 충분한 정보와 지식을 갖고 숙고와 자율적 의사소통을 통해 자신의 선호를 변화시키고 공익을 창출해내는 과정, 바로 이러한 심의과정 자체에 정치적 의사결정의 정당성을 부여하는 체제라고 할 수 있다.

풀뿌리 민주주의는 본래 마을공동체 기반의 주민참여를 강조하기 위해 탄생한 용어이다. 정당과 같은 거대조직에 의해 작동하는 대의적 정치과정이 아니라, 평범한 시민들 또는 민초(民草)들의 조직화와 직접 참여를 통해 활성화되는 정치과정을 강조한다.(곽현근, 2018)

풀뿌리 민주주의는 풀뿌리 관계형성을 통해 집단역량을 키운 주민들은 자신의 문제를 스스로 해결하거나 정부에 대하여 자신들의 바람과 요구를 적절히 표출하게 되고, 정부는 이러한 집단역량을 갖춘 주민의 기대와 요구에 부응하지 않을 수 없게 되면서 민주주의가 작동하고 시민을 주인으로 모시는 좋은 행정부를 만들게 된다는 논리에 기초를 두고 있다.

풀뿌리 민주주의 기반의 주민자치는 대의민주제의 단순한 투표 참여라는 의미를 넘어 지역문제의 해결을 위해 지역공동체 단위의 결사체적 참여 및 역량에 기반을 두고, 지방정부의 정치와 행정과정에 참여해서 주민참여의 의미와 영향력을 확대해야 한다는 원리가 반영된 것이다.(김흥주·곽현근·임승빈, 2018)

한편, 주민자치는 일상생활의 불편해소, 삶의 질 향상 등을 위한 참여를 넘어, 주민의 사회적 연대(solidarity)와 행위 주체성(agency)의 회복을 포함해야 한다는 것을 의미하기도 한다.(Bhattacharyya, J. 2004)

풀뿌리 주민자치의 정의는 마을 단위의 주민활동에 초점을 두는 것이 아니라 풀뿌리 주민자치의 개념을 포함시킨다. 기존 지방정부와 주민자치를 이분법화 하는 것이 아니라 마을과 소생활권 읍면동에서 삶에 영향을 미치는 행정과정 전반에 참여하는 것으로 판단할 수 있다.(김홍주, 2019) 이것은 단순히 주민들이 지역사회의 다양한 분야에서 자원봉사를 하는 것을 의미하는 것이 아니라 지방정부의 주인으로서 주민의 역할과 권한을 강화하기 위한 지방민주주의 혁신적 의미를 지닌다. 마을과 공동체의 집합적인 역량을 키우고, 이러한 공동체적 역량을 바탕으로 주민의 이해와 요구 및 통제에 지방정부가 반응하게끔 하는 정치적인 행위를 의미하는 것이다.

풀뿌리 주민자치가 제대로 정착되기 위해서는 마을공동체 만들기, 주민참여예산제 시행, 주민세 활용, 주민자치회 운영 등 각기 파편화된 제도들을 유기적으로 연계해 상호 보완적인 제도적 생태계를 만들어가야 한다. 이러한 과정은 주민과 주민조직의 자치적 역량강화에 기여하고, 행정적 지원체계와 결합하며, 읍면동 대표적 주민조직으로서의 주민자치회가 민주적 대표성과 민주적 운영을 통해 성장하며, 능동적 주민참여를 통한 주민자치력 증진과 생태계 조성에 기여하게 될 것이다.

지역공동체 기반의 주민자치

브로디 등(Brodie et al., 2009)에 따르면 지역공동체 기반의 생활 속 주민자치를 수평적 참여와 수직적 참여의 2가지 유형으로 구분한다.

첫째, 수평적 참여는 정부가 마련한 제도 참여와는 무관하게 주민들 스스로의 조직화를 통해 지역의 의제를 발굴하고 해결해가는 과정에 주민들이 직접 참여하는 것을 의미한다. 이와 같은 유형의 참여는 주민의 자발적이고 결사체적 활동에 뿌리를 두고 주민들 사이의 대등한 관계형성을 강조한다.

둘째, 수직적 참여는 주민들이 정부가 공식적으로 제공하는 참여제도를 통해 정부의 의사결정 및 서비스 전달 과정에 참여하는 것을 의미한다.

이러한 유형에서 참여는 합법적 권력과 자원을 가진 공식기관인 국가(행정)와 주민과의 직접적 상호작용이 이루어진다.

지역공동체 기반의 생활 속 주민자치는 수평적 및 수직적 참여 모두를 포괄하는 관점에서 정의할 수 있다. 주민자치는 친숙한 생활공간을 중심으로 주민의 자발적 참여와 조직화를 통해 의제를 발굴하고 해결해 나가는 과정뿐만 아니라, 정부가 마련한 공식제도에 지역공동체 조직 또는 대표가 참여하면서 정부 또는 다른 지역공동체와 함께 자신들의 삶에 직접적 영향을 미치는 의제들과 관련된 집합적인 의사결정과 서비스 생산 행위에 관여하는 것을 의미한다.(곽현근, 2017)

무엇보다 주민들이 자발적으로 스스로의 문제를 해결하는 수준의 참여를 넘어 지방자치단체의 공식 참여제도에의 참여까지를 주민자치의 의미에 포함시키는 것이 필요하다. 이러한 관점은 주민자치를 지방정부와는 독립적인 활동으로 간주하고, 정부 서비스의 보완 또는 보충 수단으로서 주민활동을 바라보는 편향된 관점을 극복하는 데 기여할 수 있을 것이다.(곽현근, 2015)

주민자치회의 필요성

지방자치의 원활한 운영을 위해 풀뿌리 민주주의 근간인 주민자치회의 역할 및 기능이 마을이나 동네 단위에서 잘 이루어져야 하며, 이는 근린자치가 마을(동네) 단위에서 제대로 작동하고 있다는 것을 의미한다.(Forgotten, 2016, 37)

주민자치회는 풀뿌리 자치의 활성화, 민주적 참여의식 고양을 위해 읍면동(邑面洞)에 설치하여 일상생활에서 이루어지는 마을 및 동네에서 주민의 성장, 화합, 주거환경 관리 및 개선, 생활체육, 여가 프로그램 등에 관한 사무를 관장하는 주민들을 중심으로 구성된 새로운 조직형태를 말한다.(신윤창·손진아, 2017)

주민자치회는 읍면동 단위의 생활공간에서 주민이 필요로 하는 서비스를 창출 · 제공하는 실질적인 주민자치를 구현하기 위한 정책수단이자, 근린생활공간 단위에서의 의사결정 주체라고 할 수 있다.(이현우·최준규, 2019)

김필두 · 최인수(2017)는 주민자치회의 필요성에 대해 4가지로 정리하고 있는데, 여기에서는 이를 보완하여 다음과 같이 5가지로 정리하였다.

필요성	주요 내용
① 근린 수준에서의 협력적 거버넌스 구축	• 협력적 거버넌스는 지역사회의 중요한 결정을 주민들 스스로에게 맡겨 둠 • 지역사회는 해당 지역주민들에 의해 만들어지므로 주민자치회는 주민이 지역사회에 적극적으로 참여하고 활동하는 구심점이 됨 • '참여민주주의'는 대의민주주의가 갖고 있는 약점을 보완하는 최선의 전략으로 주목받고 있으며, 협력적 거버넌스는 참여민주주의 철학을 구현하기 위한 제도적 장치와 과정으로서 강조되고 있음
② 지방자치의 중심 축 변화에의 대응	• 기관 중심의 단체자치에서 주민 중심의 주민자치로 지방자치의 중심축이 변하고 있음 • 주민자치회는, 중앙정부 또는 지방자치단체에 위탁했던 권한 중 주민의 생활과 직접적으로 관련 있는 근린생활 기능의 주민 직접 수행을 위해 주민의 자기결정 권한을 행사하기 위한 구심점으로써 필요함
③ 지방행정체제 개편에 의한 지방행정 환경 변화에 따른 대응	• 읍면동 주민자치의 실질화를 통하여 행정서비스의 사각지대를 해소하고 주민이 필요로 하는 행정서비스를 적기에 제공하는 주민자치조직이 필요함 • 주민자치 활성화를 위해 지방자치단체의 근린자치 지원기능과 주민자치센터 주민자치위원회의 근린자치 기능을 명확하게 구분하고 양자 간의 민 · 관 파트너십을 형성하기 위한 정책개발이 필요함
④ 지역의 실정에 맞는 맞춤형 주민자치의 구현	• 읍면동은 주민맞춤형 서비스를 창출하고 민간참여를 촉진할 수 있으며 주민들이 가장 친근하고 쉽게 접근할 수 있는 기본 단위임 • 읍면동을 중심으로 한 정부의 주민 중심 지역분권 정책의 구체적인 실천방안 모색이 필요함 • 주민자치는 지역의 특성을 반영하고 주민들 스스로가 원하는 것을 만들어가는 과정을 도와주는 방향으로 추진되어야 함 • 주민자치를 통하여 주민들 스스로 행복을 만들어가는 구체적인 절차와 방법을 지원하고, 지역의 실정에 맞으며 주인이 실질적으로 원하는 서비스를 제공하는 대표적인 주민조직이 필요함

필요성	주요 내용
⑤ 주민과 주민주권의 대표적·민주적 권한자로서의 주민자치회 위상	• 지역공동체, 주민단체, 시민조직 등 다양한 지역사회 주민조직에 대한 실질적인 권한을 부여하고 부여받는 조직으로서의 주민자치회의 위상이 필요함 • 읍면동 단위 주민의 직접 참여를 통한 주민주권 실현의 대표적 주민조직으로서의 기능을 할 수 있도록 함 • 읍면동 단위에서 행정 대표조직인 읍면동 주민센터와 읍면동장, 주민의 대표조직인 주민자치회가 민관협력 거버넌스 체계를 구축하도록 함 • 지역사회 주민총회를 통해 중요사항이 의결되고 그 결정사항을 실행하며 항시적 집행적 의결기구로서 기능할 필요가 있음

주민자치회의 법적 근거 및 법적 정의

❙ 주민자치회의 법적·조례적 근거

주민자치회는 「지방자치분권 및 지방행정체제개편에 관한 특별법」에 기반한 주민자치회 시범실시 및 설치·운영에 관한 조례에 의거(제1조 및 제2조) 풀뿌리 자치의 활성화와 민주적 참여의식 고양을 위하여 읍면동에 주민자치회가 설치 및 운영되고 있다.

❙ 주민자치회의 법적 정의

풀뿌리 자치의 활성화 및 민주적 참여의식 고양을 위해 주민자치회는 읍면동에 설치되고 주민의 대표로 구성되어 주민자치센터를 운영하는 등 주민의 자치활동 강화에 관한 사항을 수행하는 조직으로 정의되고 있다.

주민자치회는 개별 시군구 조례에 근거하여 주민의 복리증진과 지역공동체 형성 촉진, 주민참여의 보장 및 자치활동의 진흥, 읍면동별 자율적인 운영, 풀뿌리 민주주의 구현 등의 다양한 사업들을 추진하고 있다.

3. 주민자치회 시범실시의 실태 분석[1]

인식조사 내용

다음은 주민자치회 현황 및 인식조사를 위한 조사 내용을 정리한 것이다. 조사의 주요 내용은 기초통계를 위한 응답자의 특성, 주민자치회 인지도 및 시범실시에 대한 성과 인식, 주민자치회 구성 및 운영 그리고 그 기능에 대한 조사와 주민자치회 개선사항에 대한 인식 등의 조사 내용으로 구성되어 있다.

구분	조사 내용
응답자 특성	성별
	연령별
	시범실시 읍면동별
	신분별(공무원, 주민자치회 위원 등)
주민자치회 인지도 및 시범실시 성과 인식	주민자치회와 주민자치회 시범실시에 대한 인지도
	주민자치회 역할에 대한 인지도
	주민자치회 시범실시 이후 주민자치회의 변화
	주민자치회 시범실시 이후 주민의 관심과 참여 변화
	주민자치회 시범실시 이후 읍면동 지역사회의 변화
주민자치회 구성과 운영 및 기능	주민자치회 구성 및 운영
	주민자치회 기능 및 역할
	주민자치회 위상(행정 및 주민과의 관계)
주민자치회 개선사항에 대한 인식	주민자치회의 위상
	주민자치회의 제도 개선에 대한 인식
	주민자치회의 구성 및 운영에 대한 인식
	위원 선출 방법 개선에 대한 인식
	위원규모 확대 및 분과 개방성에 대한 인식
	주민총회 및 자치계획 도입에 대한 인식
	주민자치회 재정지원, 주민참여예산제 참여에 대한 인식
	읍면동장 시민추천제/개방형직위제 도입에 대한 인식
	시군구청장 주민자치회 정책추진 의지

1) 최인수 · 전대욱 · 장인성(2020), "주민자치회 시범실시 실태조사 및 성과평가 연구", 한국지방행정연구원의 주요 내용을 정리하였음을 밝힘.

설문조사 결과분석[2)]

설문조사 결과는 다음과 같다.

- 표본 수: 총 1,726명
- 응답 지자체(시군구): 46개 시군구 / 전체 64개 시군구
- 응답자 수: 1,147명 (유효응답률 66.45%)

표 2-1. 지역별 설문지 응답자 수

서울 (12/14)	관악구	339	1
	광진구		1
	구로구		1
	금천구		147
	노원구		1
	도봉구		55
	마포구		46
	서대문구		13
	양천구		56
	영등포구		1
	강동구		16
	강서구		1
부산 (1/4)	영도구	3	
대구 (2/1)	달서구	15	1
	수성구		14
인천 (1/1)	연수구	30	
광주 (4/5)	광산구	166	98
	남구		7
	북구		33
	서구		28
대전 (3/4)	대덕구	76	21
	서구		12
	유성구		43

울산 (2/2)	북구	26	9
	중구		17
경기 (6/8)	김포시	99	11
	남양주시		13
	수원시		57
	시흥시		16
	안산시		1
	남양주시		1
강원 (2/4)	춘천시	70	56
	홍천군		14
충북 (1/1)	진천군	5	
충남 (4/8)	논산시	131	8
	당진시		80
	예산군		20
	천안시		23
전북 (2/2)	군산시	13	12
	완주군		1
전남 (3/4)	곡성군	105	7
	담양군		86
	순천시		12
경북 (1/1)	안동시	30	
경남 (2/2)	거창군	21	1
	창원시		20

2) 주민자치회 시범실시 평가 선행연구와의 비교분석을 위해 설문조사의 일관성을 유지하기 위하여 2014년, 2017년에 실시한 설문조사서 중 일부 항목을 그대로 활용함.

신분별로는 주민자치회 위원 878명(76.55%), 공무원 94명(8.19%), 전문가 19명(1.66%), 주민 119명(10.37%), 기타 및 무응답 37명(3.23%) 등으로 나타났다.

표본과 유효응답자의 수가 모두 1,000명 이상으로 충분하여 설문 도중 중단하거나 미입력된 표본은 분석 대상에서 제외하였다.

▌주민자치회와 시범실시의 성과에 대한 인식 정도

주민자치회의 시범실시 인지도는 긍정이 78.12%, 부정이 5.41%, 주민자치회와 주민자치위원회 활동의 차이 및 변화의 인지도는 긍정이 71.32%, 부정이 10.82%, 주민자치회의 시범실시 이후 마을 발전 정도는 긍정이 66.93%, 부정이 13.61%, 주민자치회를 통해 마을의제 설정 및 자치계획 수립은 긍정이 75.85%, 부정이 7.67%, 주민자치회가 대표적 주민조직으로 자리매김은 긍정이 66.08%, 부정이 10.11%로 각각 나타나 주민자치회에 대한 인식 수준이 전반적으로 양호 및 우수한 것으로 보인다.

다만, 주민의 관심 제고와 참여 문항에서는 응답자의 절반가량만이 그렇다고 응답하여 그렇지 않다거나 보통으로 생각하는 응답자와 비슷한 수준으로 나타나 주민의 관심 제고와 참여 정도에 대한 인식이 다른 항목에 비해 상대적으로 낮게 나타났다.

한편, 주민자치회 시범실시 이후 개선된 사항이라는 질문에 대하여 주민들 간의 대화와 소통을 44.2%인 507명이 가장 개선되었다고 응답하였으나, 마을협동경제 활동은 5.1%인 59명만 개선되었다고 응답하여 가장 적은 응답률을 보였다.

또한, 행정과의 소통과 마을공동체 활동에 대하여 또한 각각 응답자의 35% 이상이 개선되었다고 응답하였으며, 나머지 항목들은 20~30%대 응답률을 보이며 대체로 문항에 제시된 항목들이 대부분 개선되었다고 응답하였다.

다만, 마을의 안전은 응답자의 11%만 개선되었다고 응답하여 4개까지 중복응답을 허용한 이 문항에서, 마을의 안전이 다른 항목에 비해 우선순위가 떨어지는지, 개선된 점이 미흡한지는 설문조사 결과로만 판단하기는 어려운 점이 있다.

❙ 주민자치회의 구성과 운영에 대한 인식 정도

주민자치회 구성원 선출의 민주성은 긍정이 77.15%, 부정이 5.75%, 주민자치회 구성 시 사전(사후)교육이수제의 효용성은 긍정이 69.66%, 부정이 10.82%, 주민자치회의 시범실시 이후 마을 발전 정도는 긍정이 66.93%, 부정이 8.81%, 주민자치회 운영의 민주성과 투명성은 긍정이 73.76%, 부정이 7.59%로 각각 나타나, 긍정적 인식이 높은 분야인 반면, 주민자치회 운영에 대한 지자체의 행재정적 지원 정도는 긍정이 27.98%, 부정이 35.75%로 나타났다. 또한, 주민자치회 자체재원 확보 정도에 있어서도 긍정이 21.36%, 부정이 39.76%로 나타나 지자체 행정·재정적 지원과 주민자치회 자체재원 확보를 위한 정책적 노력이 필요할 것으로 판단되었다.

한편, 주민자치회 위원의 적합한 선출방법과 관련한 질문에 대하여, 응답자 1,147명 중 37.58%인 431명은 100% 공개모집 후 100% 공개추첨제 방식에, 24.15%인 277명은 100% 공개모집 후 위원선정위원회 선정 방식에 각각 응답함으로써 100% 공개모집 방식을 선호하였다. 또한, 응답자 1,147명 중 17.26%인 198명은 일정비율 공개모집과 일정비율 직능단체 및 이통장 추천 후 100% 공개추첨제 방식에, 16.65%인 191명은 일정비율 공개모집과 일정비율 직능단체 및 이통장 추천 후 위원선정위원회 선정 방식에, 2.88%인 33명은 일정비율 읍면동 주민의 투표에 의한 직접선출제 방식에, 1.48%인 17명은 기타에 각각 응답하였다.

▎주민자치회의 위상 및 개선방안

2018년 이후의 주민자치회 제도적 개선사항에 대한 만족도는 대부분의 항목에서 긍정적으로 나타나고 있다. 특히 사전(사후)교육 이수제의 효용성 여부, 주민자치회 위원 선출(공개모집+공개추첨제)의 합리성 여부, 주민자치회 위원 정수의 적절성 여부의 분야에서는 긍정적 인식이 65% 이상으로 매우 높게 나타났다. 이외에도 주민총회 개최의 주민참여와 합의성 여부, 지자체의 주민세 지원의 효용성 여부의 분야도 60% 이상의 긍정적 인식을 보여주고 있다. 상대적으로 주민참여예산제에 주민자치회와 연계성 여부는 긍정적 인식이 50%를 넘지 않게 나타났으며, 2018년 이후 제도개선 사항의 전반적인 만족도가 58.46%를 보여, 주민자치회 제도개선이 잘 이루어지고 있는 것으로 판단할 수 있다.

▎2018년 이후 주민자치회 제도 개선사항에 대한 효과성 조사

사전(사후)교육 이수제의 전문성 강화의 효과성은 긍정이 66.61%, 부정이 7.41%로 나타났으며, 자치계획과 주민총회가 주민자치회 민주적 운영에 도움을 주는가라는 질문에 대해서는 긍정이 71.06%, 부정이 9.85%로 나타나, 사전교육 이수제와 자치계획과 주민총회의 긍정적 인식과 효과성이 있다고 볼 수 있었다.

▎2018년 이후 주민자치회 제도 개선사항에 대한 중요도 조사

주민자치회 위원의 사전(사후)교육이수제의 중요도는 긍정이 68.96%, 부정이 6.45% 등으로 나타났으며, 마을의제 형성과 자치(마을)계획 수립의 중요도는 긍정이 67.31%, 부정이 5.05%, 연 1회 이상 주민총회 시행의 중요도는 긍정이 73.41%, 부정이 6.1%로 각각 나타나, 효과성뿐 아니라, 중요도에서도 사전교육 이수제와 자치계획 및 주민총회가 주민자치회의 제도 개선사항에도 중요한 항목으로 인식되고 있다는 것을 알 수 있었다.

4. 주민자치회 시범실시의 성과 평가

앞서 수행되고 분석된 인식조사 및 실태조사를 토대로 주민자치회 시범실시에 대한 성과를 평가하였다. 평가방법은 크게 3가지 평가영역으로 나누어 '근린자치 기반조성', '주민자치회 구성 및 운영', '주민자치회 운영의 목적 달성'으로 구분하여 평가를 진행하였다.

'근린자치 기반조성'의 영역에서는 주민자치회에 대한 시군구와 읍면동의 행정 · 재정적 지원을 중심으로 평가를 진행하며, 세부 평가항목으로는 재정, 교육, 홍보, 조례, 전담공무원, 컨설팅 등으로 이루어져 있다. '주민자치회 구성 및 운영'의 영역에서는 주민자치회 자체적으로 조직의 구성과 운영 및 재원, 사업 등에 대해 객관적으로 산출가능한 지표에 대해 정량적으로 평가하였다. '주민자치회 운영의 목적 달성'의 영역에서는 주민자치회 도입으로 인해 지역의 주민화합과 지역발전의 관점에서 평가를 진행하였으며, 주로 주민자치회의 주민총회, 분과위원회, 일반주민의 참여도 등 객관적으로 정량화 가능한 지표들에 대해 평가하였다.

3가지 영역의 평가항목 이외에 주민자치회의 재정적 측면에 있어서, 주민참여예산제 또는 주민세 상당분이 주민자치회에 지원되는 곳에 대해서 별도의 평가지표를 산정하였다. 위의 세부평가 항목을 개별 평가함에 있어서 지자체별로 정량지표를 상대적으로 비교하여야 하는 경우에는 상위 30%, 중위 40%, 하위 30%의 비율로 구분하였으며, 평가항목의 여부를 판단하는 경우에는 단순히 항목의 여부만 판단하였다.

평가 결과를 산출하는 방법으로는 위의 평가영역 및 평가지표에 따라, 개별 점수를 배점하고, 조사표의 조사항목과 연계하여, 조사점수를 집계하였으며, 최고점수부터 순서대로 30% 내에 드는 읍면동을 '상' 그룹, 그다음에 40%에 드는 읍면동을 '중' 그룹, 다음 30%에 드는 읍면동을 '하' 그룹으로 구분하였다. 이때, 상위 30% 또는 중위 40% 인근에서

<table>
<tr><th>평가영역</th><th colspan="4">평가지표</th></tr>
<tr><td rowspan="13">근린자치 기반조성</td><td rowspan="13">행정적 · 재정적 지원</td><td rowspan="9">시군구</td><td colspan="2">재정지원</td></tr>
<tr><td colspan="2">교육, 컨설팅, 견학</td></tr>
<tr><td colspan="2">홍보</td></tr>
<tr><td rowspan="6">조례 내용</td><td>최근 3년 이내 조례 제정 · 개정</td></tr>
<tr><td>위원 공개 모집 및 추첨제 비율</td></tr>
<tr><td>자치계획 수립/내용 명시</td></tr>
<tr><td>주민총회 운영</td></tr>
<tr><td>분과위원회 개방성</td></tr>
<tr><td>주민자치회 재원</td></tr>
<tr><td rowspan="4">읍면동</td><td colspan="2">주민자치회 전담 공무원</td></tr>
<tr><td colspan="2">주민자치회 자체교육
컨설팅, 견학</td></tr>
<tr><td colspan="2">주민자치회 자체 홍보</td></tr>
<tr><td colspan="2">주민자치회 전용공간</td></tr>
<tr><td rowspan="12">주민자치회 구성 및 운영</td><td rowspan="5">구성</td><td colspan="3">주민자치회 위원의 정원대비 공개모집 지원자(사전교육이수자) 수</td></tr>
<tr><td colspan="3">주민자치회 분과위원회 구성</td></tr>
<tr><td colspan="3">주민자치회 유관 주민조직 수</td></tr>
<tr><td colspan="3">주민자치회 위원의 양성평등 비율(%)</td></tr>
<tr><td colspan="3">주민자치회 사회적약자(장애인, 외국인, 청소년, 다문화구성원)의 참여 여부</td></tr>
<tr><td rowspan="5">운영 및 재원</td><td colspan="3">회의(정기 · 임시) 개최 정도</td></tr>
<tr><td colspan="3">간사 또는 사무국 설치 여부</td></tr>
<tr><td colspan="3">주민자치회 자체 운영세칙</td></tr>
<tr><td colspan="3">자체 회비 및 사업수익금</td></tr>
<tr><td colspan="3">자체 회비(수익금) 액수</td></tr>
<tr><td rowspan="2">사업</td><td colspan="3">주민자치회 전체 사업 수</td></tr>
<tr><td colspan="3">주민자치회 위탁사무 건수</td></tr>
<tr><td rowspan="4">목적 달성</td><td rowspan="4">주민화합 및 지역발전</td><td rowspan="4">주민참여 정도</td><td colspan="2">주민총회 개최 건수</td></tr>
<tr><td colspan="2">주민총회 주민 참여인원</td></tr>
<tr><td colspan="2">분과위원회 개최 건수</td></tr>
<tr><td colspan="2">분과위원회 주민 참여인원</td></tr>
<tr><td>기타</td><td colspan="4">주민참여예산제 및 주민세 상당분 지원 여부</td></tr>
</table>

발생하는 동일 점수는 같은 그룹에 포함시켰으며, 동일 그룹 내의 점수를 평균하여 100분위(100점 만점)로 표시하였다.

근린자치 기반조성 평가 분야에서 '상' 그룹에서는 대체로 전반적인 평가결과에 걸쳐 양호한 평가결과를 보여주었으며, 특히 주민자치회 전담 공무원 배치와 주민자치회 전용공간 확보가 잘 되어 있는 것으로 나타났다. '중'과 '하' 그룹에서 공통적으로 나타난 현상은 시군구의 홍보와 주민자치회 자체 컨설팅 등의 활동이 비교적 약한 것으로 나타났다.

시군구의 재정은 전반적으로 다른 평가항목에 비해 '상·중·하' 그룹 간 그 차이가 크지 않은 것으로 나타났으며, 시군구의 홍보, 조례 내용, 주민자치회 전담공무원 배치 등에서 큰 차이를 보여 이러한 분야가 전체적인 평가등급을 결정하는 요소가 된 것으로 보이고 있다. 또한, 전반적으로 읍면동 단위에 비해 시군구의 홍보 노력이 상대적으로 낮게 평가되는 경향을 보였다.

표 2-2. 근린자치 기반조성 분야 그룹별 평가 결과

구분	시군구의 재정	시군구의 교육, 컨설팅, 견학	시군구의 홍보	조례 내용	읍면동 주민자치회 전담 공무원 배치	주민자치회 자체 컨설팅, 견학	주민자치회 홍보 및 전용공간	전체 평균
상 그룹 100점 환산점수 평균	77.30	86.52	80.85	78.87	93.62	77.66	92.55	81.95
중 그룹 100점 환산점수 평균	63.69	60.12	40.18	65.36	71.43	55.36	66.52	62.50
하 그룹 100점 환산점수 평균	57.66	50.45	21.62	39.10	43.24	31.08	53.38	42.50
전체 100점 환산점수 평균	66.67	66.43	48.93	62.95	71.43	56.43	71.79	63.55

주민자치회 구성 및 운영 평가 분야에서는 전반적으로 '주민자치회 구성'의 평가항목에서 비교적 낮은 평가결과가 나타났으며, '주민자치회 운영 및 재원' 항목에서는 다른 평가항목보다 비교적 양호한 평가결과가 나타났다. 이것은 주민자치회가 표준조례안에서 제시하고 있는 구성방식보다는 주민자치회가 구성되는 과정에서 읍면동의 다양한 주민조직과의 관계를 고려하지 않을 수 없는 현실적인 상황 때문으로 보이며, 한편 주민자치회가 자체적으로 조직을 운영하고 낮은 행정의 지원으로 인하여 자체 재원을 확보하는 노력을 보이는 것이라고 볼 수 있다.

표 2-3. 주민자치회 구성 및 운영 분야 그룹별 평가 결과

구분	주민자치회 구성	주민자치회 운영 및 재원	주민자치회 사업	전체 평균
상 그룹 100점 환산점수 평균	67.19	82.03	64.06	71.88
중 그룹 100점 환산점수 평균	42.92	69.85	54.41	54.46
하 그룹 100점 환산점수 평균	22.81	41.04	40.00	32.28
전체 100점 환산점수 평균	42.72	64.40	52.50	52.10

주민자치회 운영목적 달성 평가 분야에서는 '주민총회 주민 참여인원' 항목에서 전체 평균은 47.14점으로 평가되었는데, '상' 그룹의 평가 백분위가 90점을 웃도는 결과를 보여준 반면, '하' 그룹에서는 3점에 그쳐 주민총회 주민 참여인원이 지자체별 편차가 매우 심한 것으로 나타났다. 주민총회 개최 건수와 분과위원회 개최 건수에서는 '상'과 '중' 그룹이 10점 내외의 차이를 보여 지자체 간 편차가 심하지 않은 것으로 나타났다.

표 2-4. 주민자치회 운영목적 달성 분야 그룹별 평가 결과

구분	주민총회 개최건수	주민총회 주민참여인원	분과위원회 개최 건수	분과위원회 주민참여인원	전체 평균
상 그룹 100점 환산점수 평균	84.06	93.48	78.99	75.00	84.42
중 그룹 100점 환산점수 평균	72.73	48.86	74.24	40.91	59.85
하 그룹 100점 환산점수 평균	38.00	3.00	48.67	35.00	28.50
전체 100점 환산점수 평균	64.05	47.14	66.67	50.00	56.73

이상을 바탕으로 평가 결과를 정리해 보면, 근린자치 기반조성(지자체의 행재정적 지원)에서는 모든 그룹이 평균보다 높은 결과가 나타났으나 그 외의 평가항목에서는 그룹별로는 다소 다른 결과가 나타났는데, '상'과 '중' 그룹에서는 주민자치회 구성 및 운영 분야가 다소 낮게 평가되었으나, '하' 그룹에서는 주민자치회 운영목적 달성 분야가 다소 낮게 평가되었다. 이것은 지자체의 행재정적 지원은 주민자치회 시범실시에 따른 표준조례안에서 크게 벗어나지 않는 범위에서 시범사업이 추진되고 있으나, 실제 읍면동 단위의 주민자치회 구성 및 운영, 주민참여 등에서는 지방자치단체별로 역량에 따라 편차를 보이고 있는 것으로 판단할 수 있다.

5. 나가며

연구결과의 종합

❙ 주민자치회 실태분석 종합

주민자치회와 주민자치회 시범실시 성과에 대한 인식 정도는 5점 척도 중 3.5에서 4점 사이에 분포하여 이에 대한 인식이 비교적 양호한

것으로 나타났으며, 주민자치회 시범실시 이후에는 40% 이상의 응답자들이 행정 및 주민 간의 소통이 개선된 것으로 응답하였다.

2017년의 주민자치회 시범실시 성과평가와 동일한 문항을 비교했을 경우 전반적으로 인식 정도는 소폭 상승한 것으로 나타나고 있다. 주민자치회 구성과 운영에 대해서는 주민자치회 구성원 선출의 민주성은 양호하다고 느끼고 있었으나 지자체의 행재정적 지원, 자체재원 확보 등 재정적 측면에서는 어려움을 느끼고 있었다. 주민자치회 위원의 적합한 선출방법으로는 100% 공개모집 후 공개추점 또는 위원선정위원회 선정방식을 절반 이상 선호하는 것으로 나타났다. 주민자치회의 위상과 관련해서는 대부분의 응답자들이 주민자치회를 주민의 대표 자치기관이자 읍면동과 대등한 관계이고, 주민의 대표라고 생각하고 있었으며, 지역사회 발전을 위해서는 주민자치회의 주민자치사업이 주된 역할이라고 하였다.

2018년 이후 주민자치회 제도 개선사항에 대해서는 위원 선출과 정수 조정, 주민총회와 재정지원에 관해서는 만족도가 비교적 높은 것으로 나타났으며, 이러한 사항에 대한 효과성도 높은 것으로 나타났다. 제도개선 사항 전반에 대해서도 절반 이상의 응답자들이 긍정적으로 평가하였다.

또한, 위의 제도 개선사항 중에서 사전(사후)교육 이수제와 정기적 주민총회, 자치계획 수립 등에서 중요성이 높은 것으로 나타났지만, 주민자치회 위원의 정수 확대는 그 중요성이 상대적으로 낮은 것으로 나타났다.

주민자치회 운영의 향후 개선점에 대해서는 주민의 낮은 참여율과 전문성 개선이 가장 시급한 개선점으로 꼽혔으며, 지자체 재정 지원, 자체 재원 확보 등 재정적인 면에서도 개선이 이루어질 필요가 있는 것으로 나타났다.

이와 관련하여, 정책적으로 강화할 사업 또한 주민자치회 위원 역량강화 교육 지원이 필요하다고 응답하여 주민자치회 구성원의 전문성 강화가 시급한 것으로 보인다.

▎주민자치회 성과평가 종합

본 연구의 주민자치회 실태분석을 종합하면 일정비율로 그룹화 할 수 있으며, 조사표 조사에 의한 성과분석은 절대적인 것이 아니라, 상대적인 것으로서 그룹별로 우열을 가리는 의미라고 볼 수 없으며, 주민자치회 시범실시 사업 진행의 실태와 개선점을 도출하기 위한 평가방법으로 보아야 할 것이다.

평가항목은 크게 근린자치 기반조성(행재정적 지원), 주민자치회 구성 및 운영, 주민자치회 운영 목적 달성의 세 가지 항목으로 나누어 구성되었다.

근린자치 기반조성 분야에서는 주민자치회 전담공무원 배치와 주민자치회 자체적인 홍보가 비교적 양호한 것에 비해 시군구의 홍보가 다소 부족한 것으로 평가되었다.

동 분야의 지자체별 평가결과의 차이는 주민자치회 관련 조례의 내용이 주된 요소로 작용하였으며, 조례의 내용 중에서는 최근 조례 제개정, 자치계획과 주민총회 운영의 명시 등은 대부분의 지자체에서 이루어지고 있었다.

반면에 주민자치회의 재원과 관련해서는 전체 백분위 평가점수가 25% 가량으로 조례에 반영된 지자체가 많지 않았는데, 이것은 실태조사에서 나타난 주민자치회의 재정여건 개선의 높은 필요성과 맥락을 같이 하는 평가결과라고 볼 수 있다.

주민자치회 구성 및 운영 분야는 주민자치회 구성, 운영 및 재원, 사업의 세 가지 세부항목으로 평가하였으며, 주민자치회의 운영 및 재원이 비교적 양호하게 평가되고 주민자치회의 구성은 비교적 낮게 평가되었다.

실태조사와 첫 번째 평가항목에서도 주민자치회의 재정적 개선 필요성과 문제점이 나타나 이러한 결과는 모순된다고 볼 수도 있겠으나, 주민자치회 자체 재원 등을 평가함에 있어서 절대적인 재원의 규모보다는 주민자치회 재원 분야의 상대적인 평가로 인한 결과로 해석하는 것이 타당할 것이다. 따라서 주민자치회의 구성(구성의 방법, 위원 선출 절차 등)이 다소 미흡한 것에 비해 주민자치회의 운영이 비교적 잘 되고 있다는 결과 해석이 가능할 것이다.

주민자치회 운영 목적 달성 분야에서는 주민총회 및 분과위원회 개최, 참여인원에 대해 평가하였으며, 주민총회 및 분과위원회 개최 정도보다는 참여인원이 낮게 평가되었다. 이것은 실태분석에서 주민의 낮은 참여율을 지적한 것과 맥락을 같이하는 결과로 보여지며, 주민총회 및 분과위원회가 비교적 높은 평가를 받은 것은 대부분의 지자체에서 표준조례안에 따라 이를 반영하고 실행하고 있는 결과로 볼 수 있다.

정책제언

❙ 주민자치회의 법적 지위 명확화 및 지역사회 내 위상 강화

주민자치회의 법적 지위 및 성격과 관련하여 주민자치회의 법적 지위 및 성격에 대하여 법이나 조례에 명확한 규정은 없었다. 행정안전부는 순수 민간단체인 주민자치기구가 위임사무를 수행하는 하부행정기구의 지위를 갖는 방안에 대해서 내용의 합목적성과 적정성에 우려를 나타내고 있다.

<table>
<tr><th rowspan="2">구분</th><th colspan="2">주민자치회 실시모델(자치분권위)</th><th rowspan="2">행정안전부 입장</th></tr>
<tr><th>협력형</th><th>통합형</th></tr>
<tr><td>법적
성격</td><td>주민자치기구
+ 하부행정기구(일부)</td><td>주민자치기구
+ 하부행정기구</td><td>주민자치기구(민간단체)</td></tr>
</table>

읍면동의 대표적인 주민협의체인 주민자치회를 구성하는 위원의 법적 지위를 지방자치법이나 조례 등에 명시하는 것이 필요함에 따라, 2020년 하반기 국회에서 심의되었던 지방자치법 전부개정안에 주민자치회 조항이 담겼던 것은 매우 의미 있는 것이었다. 지방자치법 전부개정 과정에서 주민자치회 조항이 전부 삭제된 것은 매우 안타까운 일이며, 2021년 들어 주민자치회 조항을 담은 지방자치법 개정안이 입법 발의되고, 개별법안으로서 주민자치회 설치 및 운영에 관한 법률안, 주민자치기본법이 입법발의된 것은 그나마 주민자치와 관련한 현장의 염원을 담은 의미 있는 일이다.

풀뿌리 자치의 활성화를 위한 주민자치회의 위상 정립 및 도시와 농촌의 지역적 특성을 반영한 모델의 발굴 및 확산이 필요하다. 읍면동 단위 주민조직의 구심체로서의 주민자치회 역할 강화 및 주민자치 활성화를 위한 법과 제도 및 조례의 지속적인 정비가 필요하다. 주민자치회와 읍면동 주민자치센터와의 관계 정립 및 읍면동 행정체제의 주민자치회 지원을 위한 역할을 증진할 필요가 있다. 도시와 농촌 등 지역의 다양성을 반영하여 구성 및 운영방식의 다양화를 포함한 주민자치회의 지역 특성 모델을 발굴하고 확산할 필요가 있다. 도시지역의 경우, 인구가 밀집되고, 아파트 단지 등 공동주택 문화가 많은 지역은 주민자치회와 아파트입주자대표회의 등과의 협력을 통해 주민자치회 분회로 기능하게 하거나, 입주자대표회의 또는 그 연합회가 주민자치회 구성과정에서 일부 추천권을 행사할 수 있게 하는 등을 주민자치회 운영세칙 등에 규정하는 방식의 제도화 방안을 검토할 수 있을 것이다. 한편 농촌지역의 경우는 인구밀도는 낮고, 읍면의 면적은 넓으며, 전통적인 마을단위로 주민생활이 이루어진다고 할 때, 각각의 마을단위에 마을자치회라는 형태로 주민조직을 형성하고 이를 주민자치회의 분회로 운영하는 방안을 적극 검토할 필요가 있다. 읍면동 단위의 차이를 감안한 표준조례의 차별화 검토 및 개별 주민자치회가 제정하는 운영세칙에 반영할 수 있도록 차별화된 운영세칙안을 마련하여 안내할 필요가 있다.

주민자치회의 읍면동 대표적 주민조직화를 위한 주민자치회 위원의 대표성 확보 및 민주적 운영방안을 확립하기 위한 제도적인 노력이 필요할 것이다. 읍면동 현장에서 제도적 적용성을 높이기 위한 표준조례안의 현장 적용성에 대한 지속적인 모니터링 및 개정을 위한 정책적 관심을 제고할 필요가 있다. 주민자치회 위원의 주민 대표성 제고, 주민자치회의 민주적 운영, 지역사회 내에서 주민자치회의 실질적인 위상과 역할 제고 등을 위한 정책적 노력을 지속적으로 해야 할 필요가 있다.

▌주민자치회 구성에 민주적 대표성 및 민주적 운영 강화

주민자치회 위원의 선출과정에서 주민의 실질적이고 민주적인 대표성 제고가 필요할 것이다. 6시간의 주민자치(사전)교육을 이수한 자 중에서 추첨으로 선출하는 것이 행정안전부의 권고사항이지만, 민주적 대표성을 확보하기 위하여 부분적으로는 주민자치회 위원에 대하여 현행의 주민단체 추천권 보장을 넘어선 주민추천제의 도입을 검토할 필요가 있다.

주민총회는 연 1회 이상 개최하며, 주민자치회에서 의결된 안건을 상정하며, 상정된 안건은 참석 주민 과반수의 찬성으로 결정(표준조례안 제14조의2)하도록 규정되어 있다. "주민의 의견수렴이 필요하다고 판단되는 경우 주민 전체 또는 일부를 대상으로 주민총회 소집 또는 문서회람 방식 활용 가능"하다고 규정되어 있으나, 주민총회의 개념, 개최요건, 절차, 기능, 권한 등 세부사항이 없다. 자치계획 수립 및 주민총회의 개최 등과 관련한 다양한 차원의 매뉴얼 또는 안내서 등이 준비되어 활용될 필요가 있다.

읍면동 자치계획 수립 및 주민총회의 고도화를 추진하는 것이 필요하다. 현행 자치계획은 읍면동의 현안사업들을 의제화하는 형태로 정리하고 종합한 의제사업을 종합화한 종합계획적인 성격이 강하다. 주민자치회 조례에서 규정된 것과 같이 주민자치회 운영계획, 자치계획의 논의 등이 형식적이 아닌 실질적으로 주민총회에서 논의되는 구조를 만들 필요가 있다. 읍면동 행정구역에서의 주민총회를 읍면동 차원의 주민주권의 최고적 권원으로서 기능할 수 있는 다양한 체계 및 현실적이고 정책적인 노력이 필요하다. 조례상에 명시되어 있는 주민총회에서 다루는 안건에 부합하도록 주민총회를 운영될 수 있도록 사례창출 및 찾아가는 컨설팅 및 교육지원사업을 확대할 필요가 있다.

주민참여의 확대를 위하여 개방형으로 분과위원회를 운영하는 것이 필요하다. 주민자치회의 분과위원회는 지난 시기 주민자치위원회의 분과위원회와는 달리 주민자치회 위원뿐 아니라, 분과위원회 활동을 원하는 일반 주민들이 참여할 수 있도록 한 제도적 장치가 행정안전부 표준조례안을 통하여 권장되고 있다. 이에 따라서 대다수의 지자체에서 이러한 내용을 조례 제정과정에 반영하였다. 그러나 현실적으로 분과개방성의 의미를 제대로 인지하지 못하거나, 매우 편협하게 이해하여, 실질적으로는 주민자치회 위원들로만 분과위원회가 구성·운영되고 있다. 주민자치회의 전문성 확보 및 집행력을 강화하는 차원에서도 분과위원회에 대한 전문성과 활동성을 가진 주민들이 적극적으로 참여하고 분과위원회를 활성화할 수 있는 정책방안을 모색하고 실행할 필요가 있다. 읍면동 지역사회 내 다양한 주민조직, 직능단체, 공동체조직 등이 주민자치회의 분과위원회와 적극적으로 연계하고 참여하는 것은 주민자치회의 기반을 강화하고 전문성 및 집행력을 확장하는 데 매우 중요한 요인이 될 것이다.

주민자치회의 민주적 운영 강화를 위한 지역적 특성이 반영된 주민자치회 운영세칙의 제정 및 운영을 지원할 필요가 있다. 주민자치회의 법제도적 근원은 헌법 제8장 지방자치일 것이고, 이를 지방자치법의 법률로서 지방자치단체와 지방의회를 통한 지방자치제도일 것이다. 1919년 3월 국무회의 의결로 정부입법발의된 지방자치법 전부개정안이 20대 국회 임기만료와 함께 폐기되었다가, 2020년 7월 21대 국회 들어 재차 정부입법발의로 지방자치법 전부개정안이 국회에 제출되어 입법절차에 들어갔으나, 안타깝게도 주민자치회 조항은 삭제되었다. 2021년 들어 주민자치회 조항을 담은 지방자치법 일부개정법률안과 주민자치회 설치 운영에 관한 법률안, 주민자치기본법안 등 개별법이 입법발의되어 국회에서 논의되고 있다. 주민자치 법제화 전국 네트워크가 결성되어 활동하면서 국회에서의 주민자치 관련 법률 제정을 촉구하고 있는 상황이다.

지방자치법 전부개정안의 제26조 주민자치회 관련해서는 주민은 읍면동별로 주민자치회를 구성하여 운영할 수 있다고 하여, 주민의 권리로 두는 동시에, 제8항에는 본 법률 제1~7항에서 규정한 사항 외에 주민자치회 등의 구성 및 운영 등에 필요한 사항은 해당 지방자치단체의 조례로 정하는 범위에서 주민자치회가 규약으로 정한다고 하고 있다. 따라서, 헌법-지방자치법-지자체 조례-주민자치회 규약으로 위임된 주민자치회 구성 및 운영에 대한 민주적이고 주민대표성 있는 주민자치회의 구성과 민주적 운영을 위한 조례(조례의 경우 표준조례안이 어느 정도 잘 반영하고 있음) 및 주민자치회 규약(운영세칙)을 연구 및 공론을 통해 마련하여 현장 주민자치회에 조속히 안내(제공)할 필요가 클 것이다. 현재 일부 주민자치회는 상당한 수준의 주민자치회 운영세칙을 제정·운영하고 있는 반면, 대다수의 주민자치회는 매우 초보적인 수준의 운영세칙을 제정·운영하고 있거나, 아예 운영세칙 자체를 보유하고 있지 않는 경우도 있으며, 주민자치센터의 운영에 대한 부분만을 규정한 주민자치위원회 시절의 운영세칙을 그대로 계승하여 운영하고 있는 상황이다. 표준조례안이 있으나, 지역별 상황과 특성이 다른 만큼 읍면동 지역사회 현장의 다양한 특성을 반영한 특성화된 주민자치회 고유의 주민자치회 규약(운영세칙)을 자체적으로 제정 및 운영하는 것이 바람직할 것이다. 다만, 이를 실행하기 위한 지역별 특성과 상황의 차이가 현실적으로 존재하는바, 행정안전부 및 각급 지방자치단체는 지역의 편의성 도모를 위하여 지역특성을 반영한 운영세칙 관련 가이드라인(또는 운영세칙안)을 마련하여 읍면동 주민자치회에 안내할 필요가 있다.

주민자치회의 재정력 확보와 사업실행의 내실화를 위한 주민자치회 연계 사업실행법인의 설립 및 지원이 필요하다. 주민자치회가 재정지원 여부 등의 문제로 인해 행정의존적인 행태를 보이는 경향이 많은데, 주민자치회의 재정력 확보 및 다양한 재정적 사업을 원활히 수행하기 위한 가칭 주민자치회 연계 사업실행법인의 설립 및 운영 등의 검토가 필요하다. 주민자치회 연계 사업실행법인이 공공성의 원칙에서 주민자치회와 연계하여 중요한 역할을 수행하도록 제도적 완비와 지원에 대한 검토가 필요할 것이다.

❙ 주민자치회 위원 등의 역량 강화 및 역량 수준에 맞는 맞춤형 정책지원사업의 설계 및 시행

주민자치회 시범실시에 대한 적극적인 전문가 컨설팅과 지원 강화가 필요하다. 행정안전부 주민자치회 시범실시 추진과 현장의 운영과정 전반의 문제점 및 보완요구 사항 등에 대한 지속적인 모니터링 및 적극적인 지원이 필요하다. 이는 광역 및 시군구 지방자치단체의 역할체계를 확립하여 중간다리 역할, 컨설팅 역할, 전반적인 상향식의 역할체계를 구성해 나가야 할 필요가 있기 때문이다.

주민자치회 위원들의 자치역량을 강화할 수 있는 다양한 교육지원 방안, 주민자치회에 대한 기초자치단체와 광역자치단체의 구체적인 행재정 지원방안, 주민자치회 운영 표준매뉴얼의 제작, 현장 지향적 교육의 강화 등이 필요하다. 행정안전부는 주민자치회 지원 컨설팅단을 권역(서울경기, 강원, 충청, 경상, 전라, 제주) 단위로 팀으로 편성, 분기 1회 현장방문 컨설팅 및 모니터링, 주민자치회 수행사무 발굴, 활동계획 등 자문활동을 수행하도록 운영하였다. 2019년~2021년에는 찾아가는 주민자치회 컨설팅단을 운영하여 주민자치 담당 공무원 및 주민자치 관련 주민들에 대한 역량강화 교육 및 컨설팅을 수행하였다. 지방자치인재개발원, 시도공무원교육원 등에 '주민자치 아카데미 또는 주민자치대학 등' 주민자치 관련 교육과정의 개설 및 운영을 적극적으로 모색할 필요가 있다. 시군구 지방자치단체는 주민자치대학, 주민자치아카데미 등의 교육과정을 항시적 개설 및 운영을 통하여 주민들의 주민자치 및 주민자치회에 대한 이해력을 제고할 필요가 있다. 지자체 관내의 대학, 연구기관 등에 주민자치 교육 과정의 위탁을 통한 주민자치 및 주민자치회에 대한 이해력을 제고시킬 필요가 있다. 읍면동장 과정, 담당공무원 과정, 주민자치회 위원 과정 등으로 세분화하여 운영할 필요가 있다. 향후 주민자치대학 또는 주민자치아카데미 등의 교육과정 이수자에게만 주민자치회 위원 신청 자격을 부여하는 방안도 검토할 수 있을 것이다. 자치분권위원회 또는 행정안전부 및 국정홍보처 등에서 공익광고 등을 통하여 주민자치와 주민자치회에 대한 대국민 홍보를 적극적으로 추진할 필요가 있다. 주민자치 교육의 이론 및 개념을 넘어선 실제 회의를 운영하는 방법, 분과위원회 운영하는 방법 등 주민자치 현장에서 필요한 교육과정 및 내용을 개발하고 시행할 필요가 있다.

한편 본 연구의 결과에서 보여주고 있듯이 주민자치회의 역량수준은 평가영역별로도 동일한 것이 아니라, 영역별 상·중·하 그룹에 따라 그 역량수준이 매우 다양함을 알 수 있다. 이에 따라서, 행정안전부, 지방자치단체, 각급 지원조직에서는 주민자치회의 위원 및 주민자치회 조직의 상·중·하 그룹에 따른 맞춤형 교육, 컨설팅 등의 지원계획을 수립하여 시행하는 것이 필요하다.

❙ 주민자치회 지원체계 확립 및 적정 성과지표 체계 마련

주민자치회 활성화를 위한 다양한 지원체계를 구축하여야 한다. 시도 및 시군구 단위로 주민자치 관련 지원체계 구축을 검토하고, 그 기능을 효율적으로 수행하기 위하여 민간단체 등에 위탁하는 것도 검토할 수 있다. 주민자치회 운영을 위한 자체적인 재원 확보를 위하여 위탁사무 발굴 및 수탁을 위한 정책적 노력이 필요하다. 중앙정부 각 부처(행안부, 고용노동부, 농식품부, 고용부, 기재부 등)의 공모지원예산(마을만들기, 마을기업, 사회적기업, 도시재생, 지역사랑상품권 정책 등)에 대한 종합적 정리 및 지역사회와 주민자치회에 안내할 필요가 있다. 주민자치회의 내실적인 정착 및 다양한 민간주민조직 또는 민간기업과의 협의체를 구성하고, 다양한 차원에서의 민간조직의 참여를 촉진시킬 필요가 있다. 주민자치회 구성 및 운영에 대한 인센티브 부여 검토 및 추진을 통해 광역 및 기초 지자체 단위에서 주민자치회 운영 초기 단계의 안정적 정착을 유도하여야 한다.

주민자치회 운영에 있어서 사무처리의 범위를 명확하게 규정할 필요가 있다. 읍면동과 주민자치회 간 사무배분 기준을 3가지로 제시하면서 구체적 수행사무는 지방자치단체의 조례로 정하도록 하는 것이 바람직할 것이다.

① 주민자치회와 협의하여 처리하는 사무(협의기능)

② 국가 또는 지방자치단체에서 위탁받아서 처리하는 사무(위탁기능)

③ 주민자치회에서 독자적으로 수행하는 사무(자치기능)

읍면동이 단독으로 처리하는 것이 바람직한 사무는 법령 또는 조례·규칙에서 위임된 사무 또는 민원사무로 읍면동 사무의 대부분을 차지하는데 이 사무를 시군구로 환원하는 것인지, 주민자치회가 처리하는 것인지, 사무기구가 전결 처리하는 것인지 불분명하다. 주민자치회와 협의하여 처리하는 것이 바람직한 사무(기능)의 경우도 최종 정책결정권자는 시장·군수·구청장이므로 이에 대해서도 사무처리 권한이 어디에 있는지 명백히 규정할 필요가 있다. 주민주권 구현의 주민자치회 활성화에 따라, 읍면동의 행정체제, 행정조직은 어떻게 변화하고 어떠한 체제로 운영되며, 주민자치회와는 어떠한 관계를 형성하고 협력할 것인가 등에 대한 전반적인 검토가 필요할 것이다.

주민자치회 지역사례에 대한 공유 플랫폼을 설계하고 운영하여야 한다. 주민자치 컨설팅, 교육, 추진사업 등 다양한 지역에서 벌어지고 있는 사례들에 대한 데이터가 상시적으로 업데이트될 수 있는 공간을 설계하고 운영함으로써 우수사례에 대한 용이한 접근성 및 공유를 통한 학습기능을 강화할 필요가 있다. 현재 읍면동 단위 통계가 매우 열악한 상황으로 향후 장기적으로는 가칭 읍면동 단위 데이터베이스 구축 사업 등과 연계도 가능할 것이다.

주민자치회 추진에 대한 적정한 성과지표 체계를 마련하고 시행하여야 한다. 본 연구에서 제안된 다양한 성과지표를 바탕으로 지역별로 적절한 성과지표를 설정하고 관리할 필요가 있다. 지역적 특성을 고려한 핵심지표를 설정하고 모니터링 하는 과정 및 체계를 마련하고 운영할 필요가 있다. 시군구, 광역지자체 또는 중앙정부 차원에서 나름의 성과지표의 적절성을 점검하고 보완할 수 있게 하는 노력이 필요할 것이다.

읍면동의 대표적 주민조직체로서의 위상을 가져 나가는 과정에 있는 현재의 주민자치회가 구성에 있어서의 민주적 대표성을 확대해나가고 운영에 있어서 민주성을 강화해 나가면서 지역의 특성을 반영한 다양한 형태로 변화 발전해 나가길 기대한다.

참고문헌

곽현근. 2015. "주민자치 개념화를 통한 모형 설계와 제도화 방향", 『한국행정학보』 49(3)

곽현근. 2018a. "풀뿌리 민주주의 관점의 주민자치의 의의와 제도화 방향", 정책웹진 『서울마을』 제4호

______. 2018b. "풀뿌리 민주주의를 위한 주민자치 제도화의 방향과 과제", 대통령소속자치분권위원회 주민자치전문위원회 워크숍 발표자료

______. 2019. "자치 원리로서의 '주민자치' 재해석을 통한 생활자치 개념화와 제도모형 구성", 한국지방자치학회 춘계학술대회 발표논문

권자경. 2016. "주민직접참정제도의 주민주권강화방안", 한국지방자치학회, 『한국지방자치학회보』, 28(2)

김병국 · 최철호. 2012. "지방자치와 주민주권 ; 지방자치제도 하의 주민주권 확보방안: 시론적 연구", 한국지방행정연구원, 『지방행정연구』

김순은. 2012. "주민주권론과 지방자치의 발전", 『지방행정연구』 26(1)

______. 2012. "지방자치와 주민주권 ; 주민주권론과 지방자치의 발전", 한국지방행정연구원, 『지방행정연구』

김필두 · 김병국 · 권오철 · 최인수. 2013. "읍면동 주민자치회 시범실시 모니터링 및 성과분석 연구", 한국지방행정연구원

김필두. 2014. "주민자치회 시범실시에 대한 성과분석", 한국지방행정연구원, 『지방행정연구』

김필두 · 류영아. 2008. "읍면동 중심의 주민자치 강화방안", 한국지방행정연구원

______. 2014. "주민자치회와 지역사회의 협력 방안 연구", 한국거버넌스학회, 『한국거버넌스학회보』

김필두 · 최인수. 2017. "주민주도형 주민자치(위원)회 운영활성화: 세종형 주민자치회 모형정립", 한국지방행정연구원

______. 2018. "주민자치형 공공서비스에 대한 탐색적 연구", 한국지방행정연구원

김필두 · 한부영. 2016. "생활자치의 개념과 접근방법에 관한 연구", 한국지방

행정연구원
김필두 · 한부영. 2017. "읍면동 주민자치회 시범실시 운영 성과평가", 한국지방행정연구원
김찬동. 2014. "주민자치회 제도의 향후 방향", 한국지방행정연구원, 『지방행정연구』
_____. 2017. "주민자치의 이해를 위한 주민자치제도의 재설계", 대전: 궁미디어
_____. 2019. 주민주권과 주민자치의 재설계, 한국지방자치학회 춘계학술대회 발표자료
김흥주 · 곽현근 · 임승빈. 2018. "세종형 풀뿌리 주민자치 제도화 방안", 세종특별자치시 연구용역보고서
김흥주. 2019. "주민자치회 시범실시의 평가와 향후 발전과제: 부강면 사례를 중심으로", 대전세종연구원
박상우. 2014. "주민자치회 모형에 관한 연구", 수원시정연구원
신윤창 · 손진아. 2017. "읍면동 주민자치회 도입의 문제점과 개선방안에 관한 연구: 협력형 모델의 시범운영 사례를 중심으로", 『한국비교정부학보』, 21(4)
이승종 · 김혜정. 2018. 『시민참여론』, 서울: 박영사
이현우 · 최준규. 2019. "주민자치 활성화를 위한 지역 주민조직 체계 - 일본 주민조직사례를 중심으로", 『월간 주민자치』, 89권
자치분권위원회. 2018. 자치분권 종합계획(안)
지방자치발전위원회. 2014. "주민자치회 시범실시 모니터링 및 성과분석"
_____. 2015. "지방자치발전 종합계획"
최인수 · 이병기. 2015. "부산지역 주민자치회 적정모델 진단에 관한 연구", 한국지방행정연구원
최인수 · 장인성. 2019. "자치분권제도화 방안 연구를 위한 해외 자료조사 연구, 독일 편 독일의 지방자치법(Gemeindeverfassung)", 한국지방행정연구원
최인수 · 김필두 · 장인성. 2020. "주민자치회 시범실시 실태조사 및 성과평가 연구", 한국지방행정연구원
최인수 · 전대욱 · 장인성. 2021. "주민자치회 시범실시 실태조사 및 성과평가

연구", 한국지방행정연구원

행정안전부. 2013. 읍면동 주민자치회 시범실시 설명회 자료

_________. 2017. 주민자치회 시범실시 및 설치운영에 관한 조례(표준안)

_________. 2020. 주민자치형공공서비스구축사업 주민자치 분야 매뉴얼

_________. 2020. 주민자치회 시범실시 및 설치운영에 관한 조례(표준안)

Bhattacharyya, J. 2004. "Theorizing Community Development", *Journal of the* Commun*ity Development Society*, 34(2): 5-34

Brodie, E, Cowling, E, Nissen, N. 2009. "Understanding participation: a literature review", NCVO

Davies, W.K.D. and Herbert, D.T. 1993. "Communities within cities: an urban social geography", London: Belhaven Press

3장
조선시대 향약과 읍면동 주민자치

박경하 중앙대학교 역사학과 명예교수

3장 조선시대 향약과 읍면동 주민자치

1. 들어가며

향약의 덕업상권, 예속상교, 과실상규, 환난상휼은 그 내용이 다양한 사회윤리 규범과 생활공동체적인 성격을 갖고 있기에 다양한 시각에서 연구가 진행되어 왔다. 역사학계에서는 1980년대부터 향약이 주목받게 되었다. 이태진은 조선 초기 국왕을 중심으로 한 중앙정부와 향촌에서의 재지사족의 자치와 자율적 기반의 확대에 따른 갈등, 성종·중종대 이후 유교적 이념을 바탕으로 성장한 중소지주적 기반의 신진사림과 대토지 소유의 기반을 가진 훈구세력과의 정치적 역학관계에 주목하였다. 중종대 향약보급운동이 그중 하나이다.(이태진, 1972; 1973)1) 또 다른 시각으로 김인걸은 중앙정부와 재지사족의 향촌통제책으로서의 향약을 인식하고, 향촌에서의 사족집단의 향권의 향배에 따른 권력구조를 분석하였다.(김인걸, 1984; 1988) 향약은 명칭은 다 같이 향약이라고 통칭하지만 향약을 시행하는 시기와 시행목적, 시행주체, 시행대상에 따라 그 성격이 상이하였다. 따라서 김용덕은 향약의 성격을 크게 향규, 동계, 주현향약, 촌계로 구분하여 분석하고자 하였다.(김용덕, 1990) 박경하는 향약의 성격을 더 구체화하여

1) 선초 관권우위의 중앙정부의 향촌통치에 반발한 재지사족과 중앙정부와의 갈등은 선초의 경재소 설치, 유향소의 혁파와 복립, 사창제 실시, 신명색 치폐, 향약보급운동 등을 통하여 표출되었다.

향규와 동계는 사족의 기층민에 대한 향촌지배의 목적으로, 주현향약은 중앙정부의 향촌통치을 위한 행정 보조 수단으로 이용되었음을 실증하였다.(박경하, 1992) 이와 함께 같은 향약이라 불려도 이와 다른 성격의 것으로 기층민의 상호협동, 상부상조하던 조직인 촌계가 있었다.(김용덕, 1991) 이 촌계는 현대 읍면동에서의 주민자치(위원)회의 전근대의 전신으로 파악할 수 있다.

역사학 이외에도 철학에서는 사회윤리 사상으로서 연구를 하였다.(유성선, 2005) 교육학에서는 사회교육과 교육사 차원에서 주목을 하였다.(김진규, 1995; 김대식, 2021) 사회과학에서는 특히 정치학 행정학에서는 전근대 지방자치로서 관심을 가졌다.(곽효문, 1994) 특히 환난상휼의 규정은 사회복지적 차원에서 연구를 하였다.(김신열, 2009)2)

이 글에서는 조선시대 사족의 향촌지배 조직으로서의 향규(향약)과 수령들의 향촌통치 보조 수단으로서의 주현향약과 기층민들의 동리·촌 단위에서의 촌계의 역사적 전개를 살피고, 전통시대에서의 주민자치의 역사적 의의를 고찰하고자 한다.

2. 조선시대 향촌 자치조직 향약

사족의 향촌지배 조직, 향규(향회)와 동계

향약은 선초부터 『소학』과 『성리대전』에 실려 조선의 유학자들에게 유입되어 유교의 이념을 전파하는 주 교재였다. 특히 중종대 반정으로 새로운 정치세력으로 등장한 조광조 등의 재지 사림파에 의해 유교

2) 워렌(Warren)의 지역사회 수행기능의 5가지 분석틀을 통해 향약의 경제활동과 사회화, 사회통제, 사회참여, 상호부조 기능 등으로 지역사회 복지실천 의미를 분석했다(조성린, 2009).

이념의 실천운동으로 향약을 시행하였다.

중종대의 조광조 등 이상주의적인 신진사류들의 향약을 통한 사회개혁 의지는 좋았으나 상고적인 중국의 '여씨향약'을 직수입하여 그대로 향촌에 실시함으로써 많은 논란을 불러 일으켰다. 즉 중국의 남전현에서 여씨형제들이 만든 '여씨향약'은 일향의 일문끼리 약속하여 예(禮)를 강구한 것이었다.[3] '여씨향약'은 남전현 일향의 사족간의 규약이므로 존비의 구별이 필요치 않았으나, 조선사회는 상하귀천의 구별이 엄격함에도 불구하고 운영에 있어 '여씨향약'의 조목만을 따라 나이로 차석을 정함으로 해서 천인이 상좌에 앉게 되어 양반을 능욕하는 등의 폐단이 있었다.[4] 이때의 향약은 향촌사회 내에서의 하층민들간의 하부구조를 고려하지 않고 도 단위의 관찰사 주도의 향약이라는 점에서 큰 실효를 거두기는 어려웠던 것이다.

명종대 주세붕의 향약시행에 대한 건의에서 문정왕후는 삼공대신들에게 "조광조 때의 향약은 도리어 폐가 있었으니 향촌결사와 같은 것으로 환난상휼케 함이 어떠한가"[5]라든가, "향도(鄕徒)는 대저 아름다운 것으로 인리의 천인이 서로 모여 모임을 갖는다,"[6] "우리나라의 풍속에 안으로는 도하에 밖으로는 향곡에 이르기까지 모두 동린지계와 향도지회가 있다"[7] 라는 기사에서 알 수 있듯이 상천들이 상부상조하던 동계나 향도지회 등과의 연계를 고려하지 않은 광역의 향약이었기에 도리어 많은 폐단을

---

3) 이이(李珥)는 향약 시행에 반대하였다. "이이는 주자(朱子)도 동지(同志)들을 데리고 행하려다가 실행하지 못하였는데 하물며 백성들은 이 말세에 도탄에 빠져 헤매는데, 느닷없이 유자(儒者)의 행실을 구속하려 드니 이렇게 황당할 수가 있겠는가"라고 향약시행의 찬성론자들에게 이같이 통박(痛駁)하고 있다. (李珥, 『石潭日記』 上卷, 萬歷二年 甲戌(宣祖 7年, 1574) 作成)

4) 『中宗實錄』 卷38, 中宗 15年(1520) 正月 癸巳條

5) 『明宗實錄』 卷4, 明宗 元年(1546) 8月 丁未條

6) "惟鄕徒爲美 大抵隣里賤人 少者七八九 多者百餘 每月相遞飮酒"(成俔 編, 『慵齋叢話』 卷8)

7) 『宣祖實錄』 卷7, 宣祖 6年(1573) 8月 甲子條

야기시켰다.8) 이는 기묘사화를 맞게 되는 빌미를 도리어 훈구파에게 주었던 것이다. 기묘사화로 실시 2년 만에 향약 보급운동은 중단되었다. 이후 향약은 전국적인 규모는 아니고 단속적으로 뜻있는 수령이나 명망 있는 재지사족에 의해 실시되었다.

선조대에 이르러 향약 시행 논의는 다시 본격화되었고 그 결과 1573년(선조 6) 9월에 다시 국명에 의한 향약 시행을 보게 되었으나9) 다음해 2월 이이의 '선양민(先良民) 후교민(後敎民)'이란 명목하에 '향약태조론(鄕約太早論)'이 주장됨에 따라 향약 시행은 중단되기에 이르렀다.10)

중앙정부의 전국적인 향약 논의와 시행은 중단되었으나, 향촌에서는 재지사족들이 수령에 대한 우위를 인정하면서 일정한 자치권을 보장받고, 기층민을 지배하는 향규을 제정하여 하층민에 대한 향권을 유지하고 있었다.

15세기부터 등장한 사림파는 고려의 군현향리 이족으로부터 유래한 것으로 여말선초의 사회적 변동과 이에 따른 신분의 재편성 과정에서 사족과 이족으로 나누어졌다. 이들은 같은 토성에서 일부는 군공(軍功)·첨설(添設)·산직(散職) 등으로 신분을 상승시켜 품관화(品官化)되고 관인자원이 15세기 후반부터 크게 증가하자 이족의 사족화의 길이 봉쇄되었다. 16세기 이후부터는 양반과 중인층의 확연한 구분에 따라 이제는 같은 토성(土姓)이면서 향리와 사족과는 별개의 신분으로 보아 천시하였다. 농민들에 대한 수탈을 자행해 오던 훈구계열과 이들의 하수인인 이족이 사림에 의해 향촌사회에서 세력을 잃어갔다. 동시에 재지사족은 사족중심의 향촌지배 운영원리로서의 향규를 제정하여 향촌지배질서를 유지하고자 하였다.

향규는 향안에 오른 향원들 간의 약속으로 유향소의 조직 즉 좌수(座首)의

8) 『中宗實錄』 卷37, 中宗 14年(1519) 12月 己巳條
9) 『宣祖實錄』 卷7, 宣祖 6年(1573) 9月 戊戌條
10) 『宣祖實錄』 卷8, 宣祖 7年(1574) 2月 戊子條

선임, 그 소관업무, 향안입록절차, 향선생(향헌) 및 그 서무인 향유사의 업무와 호장·이방 등의 선임에 관한 것을 주 내용으로 한다

향촌에서는 향규·향안을 통하여 토성이 아닌 신래사족과 향리들의 향권 참여를 배제하는 동시에 재지사족들의 하층민에 대한 무단행위를 견제하는 등 자율적 규제 속에서 향촌사회를 안정시키고 '치인지인(治鄕之人)' 으로서의 위치를 지켜나가고자 하였다.

17세기 초중반 재지사족은 향규와 향안을 복구하고 그들의 지배기구인 향회 유향소를 통하여 기층민을 지배하고자 하였다. 재지사족·문중·당색 등에 따른 갈등과 새로이 성장해 오는 신향들에 의해 대립 도전을 받게 되었다. 이러한 현상을 '유향분기(儒鄕分岐)'로 표현할 수 있다.

향족·서얼들이 당색에 따른 사족의 대립, 수령권의 강화 등 향촌지배구조의 변동 속에서 사족들과 향안·향임·부세권 등의 향권을 놓고 유향분기라는 대립을 벌여 나갔다. 이는 향안과 청금록의 파치 등을 몰고 오면서 사족들은 향촌에서의 지배력을 잃어가고 있었으니 그것은 향촌사회의 커다란 변화였고, 또한 기존의 사족 중심의 지배체제의 동요를 의미하는 것이었다.

중앙정부는 임란을 계기로 향촌이 황폐화되고 그 이후 다시 촌락의 재편성이 진행되면서 허물어진 촌락운영질서를 면리제(面里制)의 체계화와 강화에 의해 다시 확립하고자 하였다. 면리제의 강화는 지금까지 유향소의 지휘와 감독을 받던 면리임이 수령의 직접 지배를 뜻하는 것이었다.(김준형, 1982) 본래 전기부터 면리임인 권농관·이정은 지방의 유력자들이 맡았다. 그러나 수령의 면리기구에 대한 직접 지배는 사족의 입장에서는 면리임이 수령의 하수인인 미천한 존재로 보일 수밖에 없었고 그 직능도 부담이 무거운 일반 평민의 직역과 다를 바가 없었다. 그러므로 면역(免役)의 특권이 있는 사족은 구태여 수령의 하수인격인 면리임을 기피하려고 하였다.

이러한 양반의 면리임에 대해 모피 현상이 일반화되자 중앙정부에서는 「오가통사목(五家統事目)」을 반포하여 면리임을 모피하는 사족에 대하여 처벌을 하는 조항을 삽입하고,[11] 양반의 권위를 인정하는 별도의 직임인 도윤(都尹)·부윤(副尹)을 두고 수령의 침탈을 막고자 하였으나[12] 별 효과가 없었다.

1711년(숙종 37) 「양역변통절목(良役變通節目)」에 포함된 이정법(里定法)의 시행[13]도 향촌지배질서를 변화시키는 계기가 되었다. 이정법은 양역부과의 기능의 일부를 촌락에 맡겨 사족층의 통제하에 자율적으로 조정 운영토록한 것이나, 군역(軍役)의 이정(里定), 환곡(還穀)의 공동납(共同納) 등 부세행정의 실무를 면리임과 향리에게 맡기고 사족은 교화의 일만을 전담시키는 것을 그 내용으로 한다.(김준형, 1984) 그러나 실제 운용에 있어서는 사족의 향권운용 즉 부세권에서의 배제를 뜻하는 것으로 사족지배구조의 붕괴를 가속화시키는 것이었다.

이같이 재지사족의 향촌지배질서의 변화는 새로이 성장하는 '신향층'의 도전과 아울러 국가의 대향촌정책이 재지사족을 매개로 하는 종래의 향촌정책에서 소농민에 대한 직접지배의 형태로의 전환이 그 한 역할을 하였던 것이다. 따라서 이제 재지사족은 일향에서의 '향권' 장악보다는, 동족적 기반을 바탕으로 한 서원·사우·동계에 관심을 갖게 되었고, 18세기 이후 서원·사우의 남설은 사족지배질서의 변화와 그 궤를 같이 하는 것이었다.

이와 동시에 재지사족들은 자신들이 거주하는 동단위에서의 상하합계 형태의 동계를 임란 이후 결성하여 그 지위를 유지하려고 하였다. 동계는 조직과 운영에 있어서 마을 구성원 모두가 의무적으로 참가하여야만 하였고 가입하지 않는 경우는 엄한 제재가 가해졌다. 동계는 규모면에

11) 『備邊司謄錄』 第31冊, 肅宗 元年(1675) 9月 26日
12) 『備邊司謄錄』 第35冊, 肅宗 5年(1679) 9月 26日
13) 『備邊司謄錄』 第63冊, 肅宗 37年(1711) 12月 25日

있어서 보통 자연촌락 2~3개를 아울러 조직되었다. 규모가 클경우는 한 마을로 구성하지만, 대리(大里)를 중심으로 몇 개의 소리(小里)를 묶어 하나의 동계에 편입시키기도 하였다.

동계는 대개 도약정(都約正, 尊位) · 부약정(副約正, 副尊位) · 有司(유사, 상유사, 하유사) · 고직(庫直) · 사령(使令) 등으로 조직되었다. 존위는 덕망 있고 연고한 자가 추대되어 큰 사고가 아니면 반영구직이고 부존위는 사족을 규찰하고, 상민은 유사가 규찰하되 1년 임기로 교체되고 상하 유사로 나누어 있는 경우는 상유사는 양반을, 하유사는 상천을 담당하였다. 고직 · 사령 등은 상천 중에서 임명하고 다른 잡역을 면제하여 주었다. 약임의 명칭은 일정치 않아 면약에서는 도존위, 리약에서는 부존위로 부르는 곳도 있었다.[14) 주현향약이 잘 조직 운영될 경우는 매월 1차 면집강가에 모여 이임들이 향약의 일을 처리하기도 하나,[15) 동리의 일은 유사 · 공원들이 상존위댁에 모여 경중에 따라 처벌하는 것이 보다 일반적인 일이었다. 동계는 원래 관가와는 상관없는 자치적인 것이고, 만약 일상적인 일이 중대사가 있을 경우 이정을 통하여 관에 고하고, 이정은 유사시 면유사에게 약정은 관에 고하였다.

일반적으로 동계는 몇 개의 촌락을 포함하고 있었다.[16) 동계는 자체 내에서 일정한 사법권을 행사하는 한편 동내의 신분문제를 비롯하여 부역조정문제에 영향력을 가지고 있었다. 그것은 관과의 일정한 타협하에 가능한 것이기는 하지만, 자체 내에 독자적인 조직(존위·유사·장무 등)을 갖추고 있었고, 이는 관의 행정조직체계인 면리기구와는 별개의 것이었다. 사족 중심의 향촌질서를 유지하면서 동계를 관의 통제하에 두려고

---

14) 『鄕約節目』, 金浦面, 1831年(純祖31) 作成

15) "每月朔 各里任掌 齊會于執綱家 與所聞所見 而可褒者褒之 可罰者罰之."(『松約案』)
"會所邑以鄕校 面則以家舍稍實處擇定."(『南原府鄕約』, 19世紀末)

16) "契員中 若有凡干大事 則元有司 各村別定上有司一員 以爲擧行事."(吳天民; 1562~1645, 「洞中修契序」『養靜集:敬庵公文集』, 任實, 1601年 作成)

했던 것이 이른바 1711년(숙종 37)의 「양역변통절목」에 포함된 '이정법'에서의 구상이었다. 그러나 이정법하에서 각종 부세를 동단위로 공동납하면서 동계 내의 하계 또는 동계 하부의 소리(小里)와의 부세조정을 두고 갈등이 빚어지고 동계의 성격이 변화되어 갔다.

동계는 원래 농민의 촌락공동체 조직인 촌계 즉 하계를 사족중심으로 조직 흡수한 것이므로 하민의 저항을 받을 수밖에 없었으니, 그것은 사족중심의 신분질서와 부세운영에서 나타났다. 17세기 후반 18세기에 들어서 중앙정부의 일련의 향촌통치의 강화책으로 면리제의 강화, 1711년(숙종 31)에 「양역변통절목」의 반포에서 법제화된 이정법의 시행과정에서 사족이 중심이 된 동계조직이 부세수취의 단위가 되는 공동납제에서 그 위치가 흔들리게 되었다. 상하 간의 동역의 부담이나, 몇 개의 경제배경이 다른 자연촌간의 이해관계에서 공동납세액의 조정과 부담의 문제들이 계층간의 다양한 모습으로 표출되면서 18세기 후반 상계원이 중심이 된 동계에서 하계들이 분리 '분리(分洞)'되어 갔다.

이제 사족의 동계를 통한 촌락지배는 불가능하였고 사족은 향리 또는 수령과 결탁함으로써 부세수탈에서 제외되고 경제외적 강제를 보장받거나, 아니면 부세운영에 농민과 함께 참여하여 일정한 부담을 짐으로써 농민의 저항을 흡수하거나 능동적으로 대응하는 형태를 띨 수밖에 없었던 것이다.

수령의 향촌통치로서의 주현향약

중세적 지배질서가 제반 변화로 동요되어 가는 형세에서 사족을 통하여 향촌사회를 '이사양민(以士約民)'이라는 간접지배 방식을 바꿔 군현체제의 정비과정에서 수령이 직접 향촌사회를 장악해 나가고자 하였다. 바로 수령의 직접 지배방식의 하나가 수령이 앞장서 실시한 주현향약(州縣鄕約)이다. 즉 일향의 교화 사족이나 향족(鄕族)에게 자치적으로 맡길 수 없는 상황에서 수령이 직접 앞장서 관의 적극적 주도에 의한 주현향약이 출현하게 되었다.

주현향약의 선구로는 율곡을 들 수 있다. 향약이 지금까지 유명무실했던 이유는 시행했다 말았다 하는 시행의 일관성이 없었던 점과 마을마다 촌계(村契)가 있으나 관권의 뒷받침이 없어 범법자가 있더라도 징계할 수가 없었으므로 효과적인 시행으로 주현은 면을, 면은 리를 감독하여야 함을 제시하였고, 이를 충주목사 재임 시 '서원향약'에 반영하고 있다. 이 향약은 호서·호남 지방의 주현향약의 전형을 이루었다.

영남지방은 1602년(선조 35) 안동에서 김기(金圻)가 찬한 '향약'이 그 전형이 되었다. 두 향약 다 당시에는 빛을 보지 못하였으나 17세기 후반 수령권의 강화와 사족의 향촌자치력이 약화되는 과정에서 원용되었다.

주현향약의 내용은 상품화폐경제의 농촌의 침윤 및 토호의 침탈 등으로 인한 농민들의 유망(流亡)현상을 심각하게 받아들여 이들에게 권농(勸農)을 강조하여 상부상조하는 농업공동체적인 향약을 권장하였다. 이와 함께 부세의 과도한 부담을 줄이고, 토호·향족·향리층에 의한 무궤도한 침탈을 방지하고자 하였다. 즉 사회경제적 변동 속에서 향약을 통하여 농민의 토지이탈을 막고, 농민들을 향촌사회에 긴박시키며 그들을 공동체적으로 결속시킴으로써 농업경제에 바탕한 체제의 안정을 도모하고자 하였다.

주현향약은 상하민 전원이 그 구성원이 되어 의무적으로 참여하여야만 했다. 17세기에는 유향소를 중심으로 하여 향약의 도약정은 수령이 택하고 각 면에는 풍헌(風憲) 유사를 두어 면을 기간단위로 하였다. 면이하는 기존 사족이 운영하는 동계를 하부조직으로 흡수하되, 동은 비교적 사족의 자율적 운영에 맡겼다.

그러나 18세기에 오면 향약의 도약정을 수령이 직접 맡았고, 향교조직을 이용하였다. 이는 18세기 유향소는 수령의 하부기관화하여 교화를 향족에게 맡기기 어려운 사정에서 나온 것이었다. 그리고 동계를 부세의 수취단위로 파악하여 통제하고자 하였다.

운영에 있어 교화·행정을 이원화하여 사족에게는 교화를 전담하고 부세 등의 행정업무는 향족들을 임명하여 향약조직에 사족을 끌어들여 사족의 뒷받침을 받고자 하였다. 이는 실상 17세기 사족의 향촌지배가 가능할 당시 향약의 약임과 향임을 분리시켜 향약을 사족이 독점하여 명분상 교화가 통치의 대본(大本)이고 향임(鄕任)의 소관은 그 하위에 위치하는 실무 사무이기 때문에 지배의 대본을 독점함으로써 사족우위를 확보하겠다는 사족의 주장에서 나온 것이나, 18세기에 들어서 사족세력이 향권의 핵심인 부세조정에 있어 간여하지 못하고, 향임을 천역시 하는 상황에서 사족의 적극적 참여를 기대하기 어려웠다.

주현향약은 통상 면단위를 기간으로 하고 그 밑의 동리의 동계는 사족의 자율적 운영에 맡겨두었다. 그러나 18세기에 오면 향약의 도약정을 수령이 직접 맡았고, 향교조직을 이용하기도 하였다. 그리고 향촌사회에서 사족의 영향력이 감소하고 중앙정부의 향촌통치책의 강화과정에서 사족의 동계조직을 주현향약의 하부조직으로 편입시켜 부세의 공동납단위로 만들어 나가고자 했다.

이 시기 동계는 수령의 답인(踏印)을 받아야만 시행할 수 있었다. 이는 수령의 권위를 빌려야만 동계를 운영할 수 있는 사정임을 보여주는 동시에 수령권하에 편입되어 면리제의 운영을 보완하게 되었음을 의미한다고 할 수 있다.

모임은 보통 1년에 춘추로 2번 여는 대회여서 상하 모두가 모여 강신례를 베풀고, 1년에 4번 즉 사맹삭(四孟朔)에는 각 면풍헌(面風憲)들만 향사당(鄕射堂)에 모여 회합을 갖고, 면에서는 매 맹삭에 모여 상선벌악(賞善罰惡)하였다.[17] 이때 양반·상민·천민·대소민인 모두가 의무적으로 참석하여야 했고

17) 李嵩逸, 「鄕約行規」, 『恒齋集』 卷4. 1692年(肅宗 18) 作成

무고불참하는 자는 엄히 처벌되었다.[18] 보은의 경우는 도집강인 수령은 1년에 1번 각면 계장들을 향교에 불러 약법을 의론하여 향약 운영을 직접 주관하였다.[19] 이때 예장(禮長)이 선악적(善惡籍)을 도집강에게 제출하면 참석자는 회람한 다음 선악이 현저한 자와 계장으로서 복무성적이 우수하거나 열등한 자에게 상벌을 내렸다.

보은향약에서는 계장에게 상당한 권한을 부여하여 태 40 이하는 계장 독단으로 시벌할 수 있었으며, 태 40으로 때로 사망자가 나면 계장의 불운으로 돌려 군수 이하는 극력 무사하게끔 도와주도록 규정하고 있다. 향약의 임원은 향리 관속배의 비행도 감시 고발하고, 무고하게 중형을 받게 된 사람이 있으면 연명으로 관에 진정하여 시정되도록 하였다. 이는 임란 전 「해주일향약속」에서는 사족들 스스로의 노력에 의한 향권 보호였으나, 보은에서는 수령권 아래, 수령의 권위로 민에 대한 사족우위를 보장받고 있는 것이다.

이와 함께 향약 임원들의 비리에 대해서도 제재를 가하였다. 계장이 '빙공영사(憑公營私)'하는 비행이 있으면 질책하고 그래도 고치지 않으면 고관하여 체임시켰다. 또한 계장이 향소와 통할 때는 이문(移文), 도계장과 통할 때는 첩정(牒呈)을 쓰고, 도계장은 향소와 통할 때는 문자로 통하지 않도록 하는 등 상하수직적인 행정체제를 갖도록 하였다. 이는 이제는 향약조직이 사족의 자치조직이 아니라 '반관화(半官化)'되었다.

「보은향약」에서는 농가의 경제생활을 권농(勸農) · 유민방지(流民防止) · 축특(畜特) · 취부(娶婦) · 무휼(撫恤) · 상검(常儉) · 절용(節用) · 종수(種樹) 등 8개조로 나누어 자세히 설명하고 있다. 김홍득의 향약 절목을 통해 수령이 목민관으로서 변화하는 향촌사회와 향촌민들을 어떻게 인식하고 대처하고자 하는가를 파악할 수 있다.

---

18) "憚於修飾 不欲參約 或違約作過 不悛改者 報官治罪"(金弘得, 「鄕約條目」)
19) 金弘得, 「鄕約條目」

조선시대에는 국가재정과 농민의 생활은 농업생산에 의존하였다. 지배계층은 낮은 생산성에 맞게 농민들로 하여금 노동력의 재생산이 가능한 범위에서 자족하도록 하여, 농민들에게는 항상 검소와 절약이 생활의 미덕으로 권장 강조되었다. 그러나 상품유통경제가 자급자족적인 농촌사회에 침투하여 농민들에게 소비와 사치 · 사행심을 조장하여 폐농하고 장사로 나가는 인구가 늘어나고 고리대 자본마저 침투하여 농민살림을 파탄으로 몰아넣는 상황에서 정부 당국자가 취할 수 있는 방도는 중농정책을 강조할 수밖에 없었다. 여기에 과도한 부담의 부세로 농민들의 유망현상에서 목민관으로서는 농민들을 농촌에 안집시켜 최소한의 농촌경제를 유지하기 위한 방도로 권농을 강조하였던 것이다.

주현향약의 시행 여부는 전적으로 수령에게 달려 있었다. 수령이 바뀌면 신관의 협조와 적극적 지지가 있어야 계속 실시할 수 있으므로 신관사또가 부임하면 예장 이하는 신관에게 취지를 설명하고 신관이 거부하면 약문은 무용지물이 된다라고 하여 주현향약의 계속 여부는 수령에 의하여 좌우되고 있었다. 실상 주현향약의 성패는 수령의 현부(賢否)에 달려 있으므로 중앙정부에서는 향약의 본뜻을 잘 실행하는 곳은 이를 장려하되 그렇지 못한 곳은 강권할 필요가 없다고 하여 향약시행에 신중한 면을 보이고 있었다.[20] 정다산의 『목심심서』에서의 기록에서 당시의 상황을 생생하게 확인할 수 있다. 정약용은 "수령 중에 뜻만 높고 재주는 부족한 자들이 향약을 행하니, 향약의 피해는 도적보다 심하다. 토호를 집강으로 임명하고 임명을 받은 자들은 자칭 약장이나 헌장이라 하면서 그 밑에 공원·직월 등을 두어 향권을 멋대로 하고 백성들을 위협하여 술을 빼앗아 먹기도 하며 곡식을 거두어들이기도 한다."라고 하면서 토호와 간민들이 함부로 향약의 권리를 잡도록 버려두어서는 안 된다고 하였다.

---

20) 『承政院日記』, 正祖 23年(1799) 2月 11日

주현향약은 중앙의 위정자들의 향약에 대한 상소에서 알 수 있듯이 귀천·노주의 명분이 흔들리고 상한이 양반을 능욕하고 간도들이 지주를 쫓아낼 묘방을 도모하는 등의 상황 즉 사회신분제와 지주전호제에서 나타나는 봉건사회 내부의 신분계급적인 모순을 강상·인륜의 차원에서 인식하고 이에 대한 해결을 향약시행을 통하여 상천에 대한 교화에서 찾고자 하였던 것이다.

그러나 19세기의 중세해체기의 모순이 노정되는 상황에서 주현향약을 변화에 대한 방파제로서 기대하여 향촌민을 통제할 구체적인 향촌통제책으로 내세울 수밖에 없었으나 그 효과는 기대하기 어려웠다.

3. 민의 주민자치로서의 촌계

임진왜란을 전후한 시기에 있어서 진주의 경우 수 개 또는 10여 개의 자연촌락들이 하나의 동계를 구성하고 있었으며, 그 중 사족이 거주하는 지역을 대표하는 동과 이(里)는 본동과 본리로서, 본리와 본동은 그들 예하에 지배를 받는 수 개 또는 10여 개, 대개는 6~8개의 상천민으로 구성된 속방을 포함하고 있었으며 본리 본동의 이름이 속방을 포함한 전체 촌락의 명칭으로 사용되고 있었다. 본리와 속방을 같은 단위수로 환산한다면 반촌(班村)과 민촌(民村)의 비율은 진주지방의 경우 1 : 8 정도이다. 조선후기 촌락의 분화 과정에서 이들 속방들이 바로 독립적인 마을로 성장하여 갈 가능성을 지닌 공동체 단위라고 생각되고, 이들은 사족들의 관념 속에서만 속방이었을 뿐 마을 자체의 운영문제는 스스로의 전래적인 조직을 통해 소화해내고 있었으며, 이것이 촌계인 것이다. 이러한 촌계의 존재형태는 진주의 경우에 그곳에 한정되는 성질의 것이 아니고 어느 정도 일반화해서 생각할 수 있을 것이다. 호를 1통(統)으로 하고

5통을 1리로 기준을 하고 있으나, 1675년(숙종 1)에 반포된 「오가통사목」에서는 5통 이상 10통 이하를 소리(小里), 11통 이상 20통 이하를 중리(中里), 21통 이상 30통 이하를 대리(大里)로 편성하고 있다. 즉 『경국대전』에는 25호, 「오가통사목」에는 25~50호가 소리, 50~100호가 중리, 100~150호가 대리였다. 정조대의 전국의 면리수와 호수가 기록되어 있는 「호구총수(戶口總數; 9호구총수)」를 기초로 하여 전국의 리당 평균호수를 계산해보면 남부지방 전라 · 충청 · 경상도는 100호 이하의 리로 구성되어 있는 읍이 거의 대부분(97~100%)임을 알 수 있다. 특히 50호 이하의 리로 구성된 읍이 충청도 44개소, 전라도 48개소, 경상도 49개소로 삼남지방 전체 읍의 79%를 차지하고 있다.(김준형 1982, 23-24) 이것을 1915년에 조사한 면리편제와 비교해 보면, 당시 150호 이상이 1.3%, 100~150호가 2.9%, 60~100호가 9.7%, 30~60호가 27.8%, 10~30호가 42.4%, 10호 미만이 15.9%로 조사되어 있다. 위 통계에 따르면 60호 미만이 86.1%를 차지하고 있으며, 이것은 『경국대전』과 「오가통사목」에서 규정한 소리가 조선후기까지 표준적인 촌락규모임을 알 수 있다. 이렇게 볼 때 촌계의 규모를 10~50호 내외로 추정할 수 있을 것이다. 실상 조선후기 촌락은 촌락의 형성과 더불어 시간이 경과함에 따라 집촌화 과정을 밟지 않고 산촌(散村) 혹은 소촌(小村)의 형태로 진전되어 왔다.(이문종, 1988)

조선후기 촌락의 신분구성을 보면 민촌의 수효가 반촌에 비해 8 : 2 정도로 월등하게 많았다. 17세기 진주지방의 리방의 재편을 분석하여 보면 당시 반촌 : 민촌의 비율이 1 : 8~9 정도의 수준이었고(이해준, 1982), 17세기 초 안동과 예안현에서의 반촌 : 민촌의 비율이 안동에서는 17.4: 82.6, 예안에서는 11.1 : 88.9로 파악된다.(이수건, 1989) 이같이 당시 반촌에 비해 민촌의 수효가 우세함을 알 수 있다.

이 민촌들은 양반들이 이끄는 동계 하부에 하계로 흡수되거나 또는 규모가 클 경우는 독립의 촌계로서 자치적으로 운영을 하며 부세문제

등에 있어서는 면으로부터 직접 정령을 받았다. 보통 동계는 몇 개의 자연촌을 아울러 구성하였다.[21]

앞에서 살펴본 바와 같이 촌계의 규모는 보통 10호에서 50호가 80% 이상이었고, 민촌 대 반촌의 비율도 대략 2 : 8 정도로 추정할 수 있다.

촌계와 민의 존재양태에 대한 문헌자료가 거의 없는 형편이므로 현금의 민속학 등의 연구성과를 토대로 하고, 1930년대 일인들이 식민지 지배의 정책적 목적에서 조사한 자료들[22]을 부득이 활용하지 않을 수 없다. 그러므로 일제에 의한 자료는 가급적 객관적 사료비판을 염두에 두고 부분적으로 사용하였다.

촌계의 기능은 크게 3가지로 나누어 볼 수 있다. 첫째는 사신공동체(祀神共同體)[23]로서의 기능이다. 마을 수호신인 서낭신을 공동제사하는 촌제(村祭·洞祭堂山祭)를 주관하고 제사 후의 축제로서의 '마을굿'을 즐기며 거기 따르는

---

21) 반계(磻溪)는 "各鄕之內 又以附近村里設契 勿論士庶皆同契 置上下契長 上下有司" (유형원(柳馨遠), 『반계수록(磻溪隧錄)』 「敎選之制」)라 하여 부근 몇 개의 자연촌을 하나의 동계로 편성하고자 하였다.

22) 당시 조선총독부(朝鮮總督府)의 조사자료 중 민속 분야가 주로 촌산(村山)의 손을 거쳤는데, 이 중에서도 민간신앙의 조사 연구가 가장 괄목할 만한 것으로 꼽히고 있다. 그 대표적인 것을 추려보면,

① 「朝鮮의 鬼神」(民間信仰 제1부) ② 「朝鮮의 風水」(民間信仰 제2부)
③ 「朝鮮의 巫覡」(民間信仰 제3부) ④ 「朝鮮의 占卜과 豫言」
⑤ 「部落祭」(朝鮮의 鄕土神祀 제1부) ⑥ 「釋奠 · 祈雨 · 安宅」(朝鮮의 鄕土神祀 제2부)
⑦ 「朝鮮의 類似宗敎」를 들 수 있다.

23) 이 글에서의 공동체는 다음에서 설명하는 게노센샤프트의 개념을 기준으로 하였다. "인간생활의 모든 영역이든, 혹은 그중의 일부분이든 일정한 생활상의 이익을 공동으로 수행하는 긴밀한 인적 결합을 독일인들은 게노센샤프트라고 불렀다. 맑스와 엥겔스는 공동체의 다양한 생활공동체적 측면 중에서 특히 경제적 생산공동체라는 측면에만 주목하고 이에 입각하여 3형태라는 방식으로 개념적으로 파악한 것이다. 공동체의 일반규정에 가장 합당한 용어는 게마인데나 게마인베젠이나 게마인샤프트가 아니라 게노센샤프트이다. 맑스와 엥겔스가 공동체를 언급했을 때 염두에 둔 것은 토지를 공유하고 그 위에서 농업생산활동을 공동으로 수행하는 농경공동체라는 측면이 있다. 그러나 원래 공동체라는 말은 생산공동체만을 가리키는 것이 아니라 생산활동을 그 한 내용으로 포함하는 생활공동체를 의미하는 것이었다. 이러한 의미의 공동체의 일반규정은 '구성원들의 종교적 · 문화적 · 경제적 · 사회적 · 법적 · 정치적 목적의 성취를 위한 인적(人的) 결합체'이다."(심희기, 1991, 191-222)

농악놀이에 참여하며 제수를 음복하는 잔치를 통하여 친목을 다졌다. 현재까지도 전승되는 동제 · 당제류는 바로 촌계에서의 유제이다.

마을제사는 지역에 따라 다양하게 불린다. 주로 호남은 촌제 · 당제·당산제, 영남 · 영동에서는 골맥이제, 강원도에서는 서낭제, 기호지방에서는 동제, 제주도에서는 이사제(里社祭) · 본향당(本鄕祭, 박경하, 1998) 등으로 호칭되었다. 그러나 이 글에서는 제의 성격상 집단제의라는 점과 제사가 마을 단위로 행하여진다는 점에서 명칭을 '촌제(村祭)'로 통칭하였다.

조선총독부의 촌제(부락제; 部落祭) 보고서에서 촌제의 제전에 열리는 마을회의의 내용을 보면, 제관을 선정하는 일만 협의하는 것이 아니라 비용의 할당과 갹출문제를 다루기도 하고 제일의 선정, 제물의 준비 등 촌제 집행에 관한 일들을 협의하고 있음을 알 수 있다.(조선총독부, 1937, 460-471) 즉 촌제의 제전에 열리는 마을회의는 촌제의 전 과정을 협의하며 결정한다.

제후에 열리는 마을회의에서는 촌제의 결산 이외에 마을의 도로 교량의 보수, 농사 공동작업에 대한 협의 등 일 년간의 공동사항에 관한 것을 더 많이 다루었다.(조선총독부 1937, 460-471)

이와 같이 지역에 따라 명칭은 다양하지만 마을 자치조직으로서 촌계가 광범위하게 존재하였고, 이 조직에서 촌제를 주관하고 촌제 전후에 걸쳐 회의를 열어 촌제뿐만 아니라 마을의 공동사를 협의하여 생활해 나갔던 사실을 확인할 수 있다.

둘째는 생활공동체로서의 기능이다. 촌제 전 또는 후에 촌회를 열어 마을의 임원을 뽑고 동사(마을회관) 도로 · 교량 · 제언 등의 수리, 도정(淘井)이며 사산(四山)의 금양(禁養)을 위한 작업을 협동하여 수행하였다. 또한 남의 논밭 경계를 침범하는 자, 남의 농업용수를 훔친 자, 남의 밭에 방우한 자 등 주민 사이의 분쟁을 조정 · 징계하고 특히 상장을 중요시하였다. 기타 가뭄, 수재, 질병, 도적 등 환을 당한 자는 동리에서 힘을 모아 도와주고 고아나 노약자를 휼호하고 혼기를 놓친 노처녀의 혼처를 주선하는 데 이르기까지 동리는 공동체적인 우애와 협동의 질서가 뿌리내리고 있었다. 특히 남을 도울 만할 때 돕지 않고 방관하거나 남에게 물건 등 꾸어줄 만한데 꾸어주지 않은 자는 벌 받는 것이 대개의 촌약에서 규정되어 있었으며 그중에도 힘이 미치는데도 남의 환난을 좌시한 자는 비교적 무거운 중벌에 처해지는 것이 예사였다. 이러한 시벌과 선행자에 대한 시상 등 상벌의 실시는 촌계의 중요한 기능이었다.(김용덕, 1991, 16-17)

촌계의 집회소로 전라도에 있어서는 모정(茅亭)을 들 수 있다. 모정은 마을공동체적 산물로서 자치적 집회소로서의 기능을 하면서 공동체의 사회통제, 생산적 기능을 담당하며, 수도작 공동노동인 두레를 관장하고, 종교적 기능으로서는 정자나무로 상징되는 마을공동체의 정신적 지주로서의 역할을 한다. 보다 구체적으로 모정은 농업노동조직인 이른바 두레의 조직 및 운영과 밀접하게 관련을 맺고 있다. 그러므로 아예 모정을 '농정' 혹은 '농청'이라고 부르기도 한다. 농기, 풍물 및 두레 성원의 의복을 보관하고 두레 먹이는 곳으로서, 하루의 피로를 푸는 장소이자 노동회의가 열리는 곳이 모정인바, 때로는 당산굿이 열려지는 실제적인 신성공간으로도 사용되었으니, 모정은 곧 공동집회, 공동노동과 결부된 공동휴식, 오락 및 공동제전의 장소였다. 동시에 어떤 곳에서는 마을의 자치재판소로서 덕석모리 · 뭇매 · 마을추방 · 훈계 등 제재를 결의하는 장소이기도 하다.(최재율, 1966, 30-33) 이같이 촌계는 마을구성원 간에 상호부조·상호규검하는 생활공동체로서 기능을 하였다.

셋째로는 노동공동체로서의 두레를 들 수 있다. 촌계에서는 노동공동체로서의 '두레'를 조직운용하여 이앙법에서 요구되는 집중적인 노동력 수요에 적응하였다. 두레는 기본적으로 마을 단위의 조직이었으며 지주층의 참여와 간섭을 배제하는 노동조직이었다. 촌계에서 두레를 주관하였음은 두레의 모임일자가 정월 대보름과 7월 백중을 전후하는 시기로 촌계서 주관한 촌제 치제 시기와 거의 일치하고 있다. 동계 농한기인

정월 전후는 장기적 농한기로서 농업노동이 실제적인 휴식을 취하는 시기이며 한해 농사를 준비해야 하는 신년이니, 이는 곧 1년 농사의 풍족한 수확을 기원하는 유감주술의 생산의례가 열리는 시기였다. 하계 농한기인 백중절 전후는 수도작답에 대한 마지막 제초작업과 중경(中耕)을 끝내고 춘곡(春穀)인 맥류(麥類)의 수확을 마친 전작지(田作地)에 간작(間作)했던 콩류의 제초작업마저 끝난 대부분의 농민들이 삼복 중에 휴식을 취하게 되는 기간이다. 이 기간 동안에 백중명절이 포함되어 있는 것이니, 이는 곧 생산의례로서 농번기 속의 농한기에 이루어지는 의례로 촌계에서 중요한 행사로 여겨 왔던 것이다.

앞에서 살펴본 바와 같이 조선후기 촌계의 규모는 10호에서 50호 내외가 80% 이상이었던 점으로 볼 때 촌제를 주관하는 집단과 두레를 구성하는 집단을 별개로 보기는 어렵다고 생각된다. 이렇게 볼 때 삼남지방에서의 두레의 광포(廣布)는 촌계조직의 광포를 반영하는 사례라 할 것이다.

조선후기 두레는 단순히 농경노동조직만을 의미하는 것이 아니라 마을에서의 공동노동조직으로 촌계와 일체화된 조직으로 유추할 수 있다. 한편 조선후기 기층민조직으로서의 촌계는 지배층의 향촌통치조직인 주현향약이나 사족의 하층민 지배조직인 동계와 많은 갈등을 가졌다.

사족의 동계에서뿐만 아니라 지방관이 앞장서 시행하는 주현향약에서도 기존의 면을 기간조직으로 운영하는 데서 더 나아가 직접 동계를 하부조직으로 편입시켜 향촌통치를 강화해 나가고자 하였다. 강릉부사 유후조가 시행한 향약의 서문에서 보면 향약계절목은 면마다 있으나 면약보다 촌약을 마련하면 감시를 엄밀히 할 수 있고 효과도 철저할 것임을 강조하고 있다.[24]

그러나 조선후기의 촌계는 사족의 동계와 지방관에 의한 주현향약 등의 하부조직으로 흡수 편입되기도 하였으나 끊임없이 기층민의 입장을

24) “其發奸摘伏 捷於面約”(「草堂洞洞約稧節目序」)

반영하면서 그 독자성을 유지하여 왔다.

또한 19세기 중후반 촌계에서의 두레조직이 지배층의 수탈에 저항한 농민항쟁의 일부 세력으로서 참여하기도 하였다.(김인걸, 1989) 이는 민의 사회의식의 성장과 아울러 끊임없는 저항을 통해 자치성을 확보해 나가는 면을 보여주는 것이라 할 수 있다.

4. 갑오개혁과 읍면동 주민자치

갑오농민운동의 저항으로 중앙정부는 갑오개혁을 단행하고, 조선의 근간을 유지하는 바탕인 신분제의 철폐는 혁명적인 것이었다. 이와 함께 1894년 7월 12일에는 '향회설치에 관한 지시'가 내려와 이전에 향촌의 사족 중에 현족들만 참여하던 향회에 모든 향촌의 구성원이 참여하도록 개혁하였다. 주민의 선거로 향회를 구성하고 사무담당자를 선출하고, 향회 회의 사항 규정, 교육, 호적, 위생, 사창, 구휼, 도로, 식산, 산림 및 제언, 세목 및 납세, 공공 복역 등을 논의토록 했다. 자치사무 담당자 중 유급 직원을 두고, 급료는 지자체에서 부담토록 하였다. 선거시 자격 제한 및 자격 서열 규정하여 반상을 불논하고, 부의 정도에 따라 서열을 정하고, 조세체납자는 임원에 선출될 수 없었다. 부역 많은 상등호민 회의주재자 차석에 위치하도록 정하였다. 이(里) 및 면의 하유사와 면주인 급료 및 지필비 등은 리와 면에서 부담토록 했다.

1895년 5월 27일에는 '지방제도개혁에 관한 건(조칙)'을 반포하여 군현의 지방자치를 확대하도록 하였다. 1895년 11월 3일에는 「향회조규」·「향약판무규정(주본)」25)의 반포를 통해 "각 지방관으로 하여금 향회를 설치케

25) 「향약판무규정」은 1896년 11월 3일에 고종이 「향회조례」와 함께 반포한 규정이다. (『高宗實錄』 33권, 고종 32년 11월 3일) 「향약판무규정」은 面·里任의 직능과 명칭·보수 등을 명시한 규정이며, 향약 임원은 신분의 상하(上下)와 관계없이 임명될 수 있음을

하여 각 면에서 1명씩을 뽑아 향회원으로 하고, 그들이 고을의 공회당에 모여 법령의 시행과 폐단의 시정 등 고을에서 시행하는 일이 가부를 의논하고 공동 결정한 뒤 시행하라"고 하였고, 1985년 8월에는 "지방 개혁사업을 향회에 맡겨라."라는 훈령을 내렸다. "군과 면과 리에 대(읍) 중(면) 소(동) 향회를 두어 지방에 관련된 각종 사무를 회의하여 결정하고, 리의 존위를 리민이 직접 선출케 한다. 면의 집강을 각 리의 존위 및 선거인으로 하여금 선출케 한다."라고 하여 주민들이 향회를 개최하여 직접 읍면동임을 자격 규정에 따라 선출토록 하였다. 동임은 주민들이 선출하고, 면임은 동임들이 면회에서 선출하고, 향임은 면임들이 선출케 하여 완전한 형태의 주민자치는 아니지만, 주민들의 의견이 간접적이나마 반영할 수 있는 제도가 조례로서 성립되었다는 것은 새로운 체제로 갈 수 있는 역사적 변화의 단서를 보여 주는 것이다.

갑오개혁과 을미년의 「향회조규」와 「향약판무규정」이 우연히 등장한 것이 아니다. 조선시대 향촌자치의 유제인 향회, 유향소 향약의 전개과정을 통해 지방자치, 민권 향상을 향한 기층민의 끈질긴 노력과 희생으로 정립된 것을 반영 제도화된 것이었다. 광무년 간에 향회제를 폐지하지 않은 것은 면면히 이어 온 향회의 역사성과 기층민의 주민 자치정신을 반영한 것이다. 근대적 측면에서는 한계를 가지지만 일정 부분의 자치권 부여, 주민참여, 국왕의 법률적 승인 등의 성격을 가지고 있다.

5. 나가며 — 주민자치에 대한 시사점

향약에서의 조선시대의 신분제를 탈각시킨 내용을 토대로 향약에서의 순기능과 역기능을 통해 현금의 주민자치제에 필요한 계승해야 할 시사

명시하고 있다.(이석희, 1990, 76-78)

점을 몇 가지 도출한다.

이 글에서는 조선시대의 향약의 성격을 ① 향회(鄕會·鄕規) ② 동계(洞契) ③ 주현향약(州縣鄕約) ④ 촌계(村契)으로 크게 넷으로 구분하여 파악하였다.

향규(향회)는 일종의 현대의 지방의회적인 성격을 가지고 있었다. 대표적인 퇴계의 '예안향립약조'에서 보면 향촌의 양반들이 지역의 유지 즉 '치향지인'으로서 하층민들에게 함부로 토색질을 못하도록 한 자기규제와 지도층의 윤리적 도덕성에 입각한 솔선수범을 강조하고 있다. 현금 주민자치(위원)회에 특강을 나가 주민자치위원들을 만나면 강의를 들은 후 하는 말이 요즘의 주민자치회 내에서도 지시하는 수령과 집행하는 향리와 의견을 내도 묵살 당하는 민중이 조선시대와 똑같이 존재한다고 한다. 근본적으로 주민자치회가 마을공동체 운영의 주체가 아니고, 자문기구인 점에서 읍면동장과의 갈등이 야기될 수 있다. 또 주민자치(위원)회 내에서의 직임의 수직적 관계에서의 부작용이 제도적으로 상존할 수밖에 없을 것이다.

향회에서 향청과 향안의 운영에 있어서 향청의 임원을 차출하거나 향안의 입록자를 선정할 때는 반드시 향회를 열어 권점(투표)으로 그 가부를 결정하였다. 향회는 이같이 향청에 대한 인사권을 장악하여 소관 업무에 대한 감독을 하였고, 잘못이 있을 경우에는 좌수 이하를 향회에서 교체하고 시벌할 수 있었다. 즉 임원 선출의 민주성과 투명성을 가지고 있었다.

같은 신분 간의 자치단체인 촌계에서도 임원 선출에서 연장자와 덕업자를 우선시하였을 것이나, 모든 계원의 합의로 의사결정을 하였다. 민주적 의사결정의 자율성을 중시하였다. 행사 전후에 총회격인 촌(동)회의에서 결산과 감사를 필수로 하였고, 이는 남아있는 조선시대 문서로 확인된다.

향약을 지역사회복지 분야에서 관심을 가지고, 길버트와 스펙트의 이론에 따라 공통적으로 수행하는 지역사회의 기능과 제도와 비교하는 연구들이 있다.[26] 이 이론에 따라 향약을 기능과 성격을 비교해 보면 이 이론에 거의 매칭된다.

첫째의 생산 · 분배 · 소비의 기능(경제제도)은 촌계에서의 두레노동공동체의 기능과 일치한다. 둘째로 사회화의 기능(가족제도)[27]은 향약에서는 향약의 규정을 강독회를 통해 낭독하여 유교적 질서에 입각한 행동양식을 교육한다. 셋째로 사회통제의 기능(정치제도)[28]은 향약의 4대 강목의 하나인 '과실상규'를 통해 교화와 상벌을 시행했다. 넷째로 사회통합의 기능(종교제도)은 촌계에서도 사신(축제)공동체 기능을 통해 마을 구성원과의 일체감, 동질감을 갖는 장치의 역할을 하였다. 다섯째로 상부상조의 기능(사회복지제도)은 향약에서의 핵심 규약인 '환난상휼'을 통한 일상생활에서 혼상 시 부조를 들 수 있다. 향약에서의 특징 중의 하나는 이웃이 환란을 당하였는데, 도울 수 있는데 가만히 바라만 보고 돕지 않는 행위를 처벌하고 있다.(患難力及坐視不救者) 전통시대 공동체 사회에서 가장 중요한 도덕적 · 의무적 덕목이라 할 것이다. 서구 이론을 빌리지 않더라도 우리의 전통시대의 향약에서 오늘의 주민자치에서의 공동체 생활 규범과 도덕률을 유추할 수 있다.

특히 마을공동체에서의 공유 재산을 통한 자립 부분에 주목할 필요가 있다. 어촌계에서의 공유지인 공동어장의 공동 생산, 공동 관리, 공동 분배하는 사례가 있다. 오늘의 주민자치회도 공유지(커먼스)를 통한 공동기금 확보와 아울러 각 호의 기본 소득의 실현을 검토해 볼 필요가 있다.[29] 농촌에서도 촌계의 성격인 송계, 금송계 등에서 마을 뒷산의 공유지를 공동 관리하고 수목을 땔감으로 사용하는 등 경제적 이득을 유지하였다.

26) 김신열(2009), "栗谷의 鄕約을 통해 본 地域社會福祉 實踐의 意味", 『유교사상문화연구』 37, 67-88, 72.

27) 이 기능은 사회가 향유하고 있는 일반적인 지식, 가치 등을 전달시키는 과정. 어떻게 행동해야 할 것인가를 가르쳐 주는 수단으로 설명한다.

28) 이 기능은 구성원들을 사회의 규범에 순응하게 하기 위한 일정한 강제력을 의미한다.

29) 강제윤(2019), "보령시 장고도의 사례", 『제1회 농촌기본소득 정책포럼』. 가이 스텐딩·안효상 옮김(2021), 『공유지의 약탈』, 창비, 7-8 재인용.

임원 선출과 운영에서의 자치성, 자율성, 예의, 배려, 소통, 경제적 자립, 복지 등의 협동정신과 규정을 바탕으로 한 전통시대의 상부상조하던 향약공동체의 운영원리는 현금 일상생활에서의 공동체 사업과 마을만들기, 도시재생에 있어서의 경제적 자립, 지역복지적 차원에서 정책적 시사점으로 적극 활용할 내용과 정신적 가치가 있다. 마을공동체의 인정과 의리, 협동과 상호부조는 오늘의 주민자치에서 새롭게 재조명하고 발전시켜 나가야 할 귀중한 전통 문화유산이다.

참고문헌

김신열. 2009. "栗谷의 鄕約을 통해 본 地域社會福祉 實踐의 意味", 유교사상문화연구 37

김용덕. 1989. "朝鮮後期 地方自治-鄕廳과 村契", 『國史館論叢』 3, 國史編纂委員會

______. 1991. "촌회와 향회: 공동체적 價値의 現代的 實現을 위하여", 歷史民俗學 2, 韓國歷史民俗學會

김인걸. 2017. 『조선후기 향촌사회 지배구조의 변동』, 경인문화사

______. 1988. "조선후기 향촌사회 권력구조 변동에 대한 시론", 『한국사론』 19, 서울대학교 국사학과

______. 1984. "조선후기 향촌사회통제책의 위기 — 동계의 성격변화를 중심으로", 『진단학보』 58

金俊亨. 1984. "18세기 里定法의 展開 — 村落의 기능강화와 관련하여", 『震檀學報』 58, 震檀學會

______. 1982. 『朝鮮後期 面里制의 硏究』, 서울대학교 碩士學位論文

박경하. 1991. "朝鮮 後期 村落民組織과 村契", 『정신문화연구』 16(4), 한국학중앙연구원

박경하. 1994. "朝鮮中期 郷村支配組織에 관한 研究 — 郷規·洞契를 중심으로", 『國史館論叢』 59, 國史編纂委員會

______. 2014. "19世紀 咸鏡道 安邊의 郷廳· 作廳 職任과 人事慣行 — '향청·작청 직임 명단' 문서를 중심으로", 『역사민속학』 44, 한국역사민속학회

백지연 · 박경하. 2021. "19세기 후반 전라남도 장흥군 주현향약의 성격", 『역사민속학』 60, 한국역사민속학회

심희기. 1991. "조선후기 토지소유에 관한 연구 — 국가지주설과 공동체소유설비판", 서울대학교 法學博士學位論文

안병욱. 2000. "19세기 郷會와 民亂", 서울대학교 박사학위논문

오영교. 2001. 『조선후기 향촌지배정책 연구』, 혜안

______. 1991. "19세기 사회변동과 五家作統制의 전개 과정", 『학림』 13, 연세사학연구회, 1991

이규대. 2009. 『조선시기 향촌사회 연구』, 신구문화사

李泰鎭. 1972·1973. "士林派의 留郷所復立運動"(上)(下), 『震檀學報』

이해준. 1982. "17세기 초 진주지방의 리방재편과 사족", 『규장각』 제6집, 서울대 규장각

______. 1991. "조선시대 향도와 촌계류 촌락조직", 『역사민속학』 창간호, 한국역사민속학회

朝鮮總督府. 1937. 部落祭

한국역사연구회. 2000. 『조선은 지방을 어떻게 지배했는가』, 아카넷

한미라. 2016. "1930년대 조선총독부의 지방 통치와 향약 정책", 중앙대학교 박사학위 논문

______. 2021. "1893년 전라도관찰사 金文鉉의 향약 시행과 운영 구조 — 남원부와 옥구현을 중심으로", 『중앙사론』 53, 중앙대학교 중앙사학연구소

한종수. 2013. "『郷約通辯』에 보이는 홍중삼의 수령관과 그 계승 — 「州縣郷約」 '守令七事' 분석을 중심으로", 『사학연구』 112, 한국사학회

郷村社會史研究會. 1990. 『조선후기 향약연구』, 민음사

황기준. 2017. "18 · 19세기 懷德 宋村大同契 下契의 구성과 운영", 『역사민속학』 52, 한국역사민속학회

4장
한국지방자치제도의 연혁과 읍면동

김필두 건국대학교 행정대학원 겸임교수

4장 한국지방자치제도의 연혁과 읍면동

1. 한국 지방자치의 연혁

지방자치의 개념과 구성요소

지방자치란 특정한 지역의 주민들이 주체가 되어 스스로의 책임(자치권)으로 그 지역의 일(자치사무)을 자기 부담(자주 재정)으로 주민들이 공동으로 처리하는 것을 말한다. 지방자치는 개개인에 의하여 실현되는 것이 아니라 집합적으로 지방자치단체라는 기관을 구성하여 처리한다.(행정안전부, 2021) 헌법 제117조는 "지방자치단체는 주민의 복리에 관한 사무를 처리하고 재산을 관리하며, 법령의 범위 안에서 자치에 관한 규정을 제정할 수 있다."고 규정하고 있다. 지방자치제도의 보장은 지방자치단체에 의한 자치행정을 일반적으로 보장한다는 것뿐이고 특정자치단체의 존속을 보장한다는 것은 아니므로, 마치 국가가 영토고권(영토고권이란 영토주권을 말하는데, 국가가 다른 나라의 지배를 받지 아니하고 자국 영토 내의 모든 사람과 사물을 통치하는 권능을 의미한다.-국립국어원)을 가지는 것과 마찬가지로, 지방자치단체에게 자신의 관할구역 내에 속하는 영토, 영해, 영공을 자유로이 관리하고 관할구역 내의 사람과 물건을 독점적 · 배타적으로 지배할 수 있는 권리가 부여되지 않는다.(헌법재판소 판례 2006. 3. 30 2003 헌라 2, 국가법령정보센터) 또한 지역주민들이 공동으로 처리할 과제들인 자치사무가 있어야 하며, 따라서 지방자치단체는 자치사무를 국가의 간섭을 받지 않고 지역주민들이 자기부담을 통해서 스스로의 결정에 따라 처리할 수 있어야 한다. 그러나 지방자치는 국가가 부여하는 권한의 범위 내에서 운영되는 것이므로 국가 전체의 통합을 위하여 국가의 일정한 감독을 받게 된다.

지방자치는 탄생과 발전에 따라서 크게 두 가지 유형으로 구분되고 있다.(최창호, 2013) 하나는 영국과 미국을 중심으로 발전된 주민자치이고, 다른 하나는 집권국가로서의 전통이 강한 독일과 프랑스를 중심으로 발전된 단체자치이다. 단체자치는 주민들의 생활과 관련된 문제의 해결을 국가로부터 독립적인 인격을 부여받은 지방자치단체가 수행하는 것이 효율적이라는 관점에서 출발한 것이다. 지방자치는 국가에 의하여 부여된 권리로 인식한 것이다. 따라서 주민자치는 지방자치단체와 주민과의 관계에 중점을 두고, 단체자치는 국가와 지방자치단체의 관계에 초점을 둔다. 주민자치는 영국에서 통일국가가 성립하기 이전부터 각 지방에서 주민이 참여하는 주민총회를 중심으로 자치전통이 수립되었고, 이후 통일국가가 성립된 이후에도 이러한 전통이 인정되면서 지방자치는 자연적이고 천부적인 권리로 인식된 결과이다.

오늘날에는 주민자치와 단체자치가 수렴되어서 대부분의 국가에서 시행하는 지방자치에는 그 특징들이 혼합되어 있다. 우리나라의 지방자치도 다른 나라와 마찬가지로 주민자치와 단체자치의 특성들이 혼합되어 적용되고 있다. 지방행정의 제반과정에 각종의 주민참여가 가능하도록 주민참여제도를 운용하는 것은 주민자치의 특성을 적용한 것이고, 국가의 권한과 사무를 지방자치단체에 배분하는 지방분권정책은 단체자치의 특성을 반영한 것이다.

지방자치가 탄생한 원인은 주민자치와 단체자치에서 보듯이 국가별로 차이가 있다. 그럼에도 불구하고, 다수의 국가들이 지방자치를 실시하는 목적은 지방자치가 보유하고 있는 다양한 효과 때문이다. 지방자치의 효과는 시대와 국가에 따라서 달라지기도 하지만, 기본적으로 지방자치는 정치·행정적 그리고 사회·경제적 측면에서 다음과 같은 효과를 가지고 있다.

정치적 측면에서 지방자치는 민주주의를 전반적으로 고양하는 효과를 가지고 있다. 첫째, 지방자치는 지역주민과 그 대표자들의 참여, 토론, 비판, 협조 등을 통해서 공동문제를 처리함으로써 민주주의의 훈련장으로서 역할을 수행한다. 둘째, 지방자치는 국가기능의 확대에 따른 국정의 전제화와 관료화에도 불구하고 일정한 독립성을 통해서 적절한 견제기능을 담당할 수 있다. 셋째, 지방자치는 중앙정부의 정권교체 등 정국변동에 따르는 국정의 전반적인 마비와 혼란을 방지하는 역할을 수행할 수 있다.

행정적 측면에서 지방자치는 행정의 효율성과 다양성을 확보하는 장치로서의 효과를 갖는다. 첫째, 지방자치는 각 지역의 여건과 주민들의 요구를 가장 잘 파악할 수 있으므로 지역실정에 부합하는 행정을 펼칠 수 있다. 둘째, 지방자치는 정책의 지역적 실험을 가능하게 하므로 전국적 실시에서 발생할 수도 있는 시행착오를 최소화할 수 있다. 셋째, 지방자치는 전국적이고 국가적인 사무는 국가가, 주민생활과 밀접한 지방적인 사무는 지방자치단체가 서로 분담함으로써 분업을 통한 행정의 효율성을 높일 수 있다. 넷째, 지방자치는 부처별로 분담하는 중앙정부에 비하여 일정한 지역 안에서 실시되는 여러 분야의 행정을 종합적으로 수행함으로써 지역주민의 편의를 도모할 수 있다.

사회적 측면에서 지방자치는 중앙 중심의 단원적 사회에서 지방이 포함된 다원적 사회로의 이행을 촉진한다. 첫째, 지방자치는 각 지역의 역사적 배경과 지리적 조건 및 공동체를 바탕으로 지역만의 고유한 특수성을 발전시킴으로써 전국적 측면에서 보면 다원적 사회를 형성하도록 한다. 둘째, 지방자치는 각 지역의 발전을 도모하는 주체가 지방자치단체와 지역주민이므로 지역발전을 위한 상호간 경쟁을 촉발시킨다.

경제적 측면에서 지방자치는 특화된 지역발전과 공급의 다양성을 발전시킨다. 첫째, 지방자치는 국가 주도의 대량생산과 전국적인 산업육성과 달리, 지역별 특수한 자원에 기초한 소규모의 다양한 산업정책을 촉진시킨다. 둘째, 지방자치는 국가 주도의 획일적인 행정서비스 공급이 아닌 지역주민의 선호에 초점을 맞추는 다양성에 높은 비중을 두게 된다.

우리나라의 경우에는 지방자치의 목적을 지방자치법에서 명확하게 규정하고 있다. 지방자치법 제1조에 따르면, 지방자치행정을 민주적이고 능률적으로 수행하고, 지방을 균형 있게 발전시키며, 대한민국을 민주적으로 발전시키려는 것으로 제시하고 있다. 즉, 지방행정의 효율적이고 민주적인 운영을 통하여 지방의 균형발전과 국가의 민주발전을 확보하고자 하는 것이다. 지방자치의 주된 구성요소는 국가로부터 독립된 법인격을 가진 지방단체, 일정한 지역과 주민, 지방적 사무(위임사무, 자치사무), 자치권(입법권, 조직권, 인사권), 주민에 의한 지방정치 및 주민참여, 자주재원(自主財源) 등이다.

한국 지방자치의 연혁

▎조선의 지방자치

조선의 지방행정은 관찰사·부사·목사·군수·현감 등 지방관이 주관하였다. 다만, 이들은 중앙에서 파견된 외관이지 지방주민이 선출한 대표자가 주민의사에 따라 사무를 처리하는 제도는 아니므로 지방자치로 볼 수는 없었다. 조선시대의 면(面)과 동(洞)·리(里)는 주민이 피지배자로서의 의무를 다하기 위하여 자주적으로 구성한 행정단위로서 면장·동장·이장의 선임에는 그 주민의 의사가 많이 반영되어 자치적 색채를 띠고 있었다. 면을 황해도 · 평안도에서는 방(坊), 함경도 북부에서는 사(社)라고 불렀다. 대체로 면장은 주민의 추천 또는 선거에 의하여 수령(守令)이 임명하였다. 면장의 추천방법은 다음과 같다.

① 면에 거주하는 양반 중에서 추천하는 방법

② 면내 거주 양반과 상민이 협의하여 인선하는 방법

③ 면내 동장 · 이장이 여러 명의 후보자를 추천하고 수령이 그 중에서 선정하는 방법

④ 면민이 윤번제로 면장에 취임하되 전임자가 퇴임할 때 후임자를 지명하는 방법

⑤ 동장 · 이장이 후보자 여러 명을 선정하고 후보자별로 1책씩 장부를 만들어 각 호에 배부한 다음, 적임인 자의 장부에 자기 이름을 기입하도록 하여 다수를 얻은 자를 면장으로 선임하는 방법

동과 리는 면내에 있는 작은 촌락의 집단으로서 포(浦) · 평(坪) · 촌(村)이라고도 하는 자치적 성격을 가진 최소의 행정단위이다. 동장과 이장은 형식상으로는 수령이 임명하였으나 실제로는 동민이나 이민의 추천에 의하거나 면장이 선임하도록 하는 것이 관행이었다. 동장과 이장의 임기는 과실이 없는 한 제한이 없는 곳도 있었고, 1년이되 연임이 허용되는 곳도 있었다.

갑오개혁 이후, 리 · 면 · 군에 주민으로 구성되는 리회, 면회, 군회 등 향회를 두고 공적 사항을 협의하게 하였다. 이회(里會, 小會)는 존위(尊位)와 리내(里內)의 호당 1인으로 구성되었다. 면회(面會, 中會)는 집강(執綱), 면 내 리의 존위 및 각 리에서 임시로 공선한 2인 이하로 구성되었다. 군회(郡會, 大會)는 군수, 각 면의 집강과 각 면에서 공선된 2인으로 구성되었다.

향회의 의결사항은 교육 · 호적 및 지적 · 위생 · 사창(社倉) · 도로 · 교량 · 식산흥업 · 공공산림 · 제언 · 항(港) · 세목 및 납세 · 환난구휼(患難救恤) · 공공복무 · 제반계약 등이다.(한국학중앙연구원, 2021)

▌일제강점기

도 · 부 · 읍 · 면에는 법인격이 부여되었으며, 법령의 범위 내에서 그 공공사무 및 법률, 칙령 또는 제령에 의하여 도에 속하는 사무를 처리하는 권한을 가지게 되었다.

도 · 부 · 읍의 조직은 의결기관과 집행기관으로 구분하였다. 의결기관으로는 도회(道會) · 부회(府會) · 읍회를 두었는데, 그 의장은 각각 도지사 · 부윤(府尹) · 읍장이 맡았다. 의결기관이라고는 하나 자문기관의 지위를 겨우 면한 정도에 불과하였다. 집행기관인 도지사 · 부윤 · 읍장은 국가가 임명한 관리이다. 면에는 면협의회를 두었는데, 면장의 자문기관으로서의 역할을 수행하였다.(한국학중앙연구원, 2021)

▌미군정

도지사 · 부윤 · 군수 · 도사(島司), 읍 · 면장과 도회 · 부회 · 읍회 · 면회 의원 등을 보통선거에 의하여 선출하도록 규정하였으나 실제로는 시행되지 못하였다.(한국학중앙연구원, 2021)

▌정부 수립 초기

대한민국 정부 수립 후 1948년 제헌헌법은 지방자치에 관한 규정을 두고 있었다. 이러한 헌법의 규정을 근거로 하여 지방자치법이 1949년 7월 4일에 법률 제32호로 공포되었다. 지방자치단체의 종류를 서울특별시도 및 시읍면으로 하고 기관대립형(機關對立型)을 채택하였다. 서울특별시장·도지사는 대통령이 임명하고, 시읍면장은 당해 지방의회에서 선출하게 하였다.

지방자치법의 특징은 자치에 관한 사항뿐 아니라 국가의 행정구역(군), 자치단체의 하급행정구역(구·동·리) 및 중앙정부의 일선기관(경찰서·소방서)에 관한 사항까지 일괄 규정하는 지방행정조직법의 성격을 갖고 있었다는 것이다. 지방자치단체의 규모와 특성의 차이, 도시와 농촌의 차이를 고려함이 없이 서울특별시에서 읍면에 이르기까지 획일적으로 규정하였다. 서울시를 서울특별시로, 부(府)를 시로, 울릉도(島)를 울릉군으로 개칭한 이외에는 일제강점기의 지방행정조직을 그대로 계승하고 있었다. 군수와 구청장을 국가공무원으로 보하고 도와 서울특별시에는 국가공무원과 지방공무원을 혼성 배치하되 과장급 이상의 직위를 모두 국가공무원으로 충원하였다.(한국학중앙연구원, 2021)

▌지방자치시대

1950년 6·25 전쟁의 발발로 인하여 1952년에 와서 비로소 최초의 지방의회가 구성되었다. 장면 정부(1960~1961년)는 지방자치법을 개정하여 명실상부한 지방자치제의 실시를 제도화하였으나, 1961년 군사 쿠데타로 집권한 박정희 군사정부는 지방의회를 해산하고 「지방자치에 관한 임시조치법」을 제정하여 그에 저촉되는 지방자치법의 효력을 정지시켰다.

이 임시조치법이 박정희 정부와 전두환 정부에 의해서 시행되면서 지방자치제는 형식적이고 명목적인 것에 불과하였다. 특히 1972년 유신헌법은 지방의회의 구성을 조국의 통일 때까지 유예하다는 규정을 부칙에 두었고, 1980년 헌법도 지방의회의 구성을 지방 자치 단체의 재정자립도를 감안하여 순차적으로 하되 그 구성시기는 법률로 정한다는 부칙조항을 두었다. 1987년 헌법에 와서 지방의회의 구성에 관한 유예 규정이 철폐되고 1988년에는 지방자치법이 전면 개정되었다.

이에 따라 1991년 3월 26일에 시·군·자치구의회(기초의회) 의원선거를 실시되고, 기초자치단체의 지방의회가 구성되었다. 그러나 지방자치단체장 선거는 그 실시가 1992년 6월 30일까지로 법정화되어 있었음에도 불구하고, 정부가 그 실시를 무기한 연기함으로써 완전한 지방자치시대가 지연되었다. 그러나 1994년 3월 공직선거 및 선거부정방지법이 제정됨에 따라서 1995년 6월 27일 35여 년 만에 광역 및 기초단체장과 1991년에 이어 두 번째로 광역 및 기초의회의원 선거를 실시하게 되어 본격적인 지방자치시대에 돌입하게 되었다.(행정안전부 국가기록원, 2021)

2. 읍면동

하부행정기관

▎하부행정기관의 개념

하부행정기관의 법률적 규정은 지방자치법에 되어 있다. 지방자치법은 자치구가 아닌 구(일반구), 읍면동 등을 하부행정기관으로 규정하고 있다.(지방자치법 제108조) 지방자치법 제104조는 농업기술센터와 보건소 등은 직속기관으로 분리하여 규정하고 있는바, 현행의 지방자치법은 지역을 기준으로 설치된 기관만을 하부행정기관으로 규정하고 있다.

하부행정기관의 지위에 관하여 현행의 법령에 따른 지방자치단체의 하부행정기관은 지역을 기준으로 지방자치단체의 행정사무를 보조하는 행정기관의 지위를 가지고 있다. 하부행정기관은 지방자치단체가 수행하는 공공사무를 지역적 또는 기능적으로 분담하여 처리하기 위해 설치된 행정기관이다. 하부행정기관은 지방자치단체와 달리 법인격을 가지지 않으며, 지방자치단체로부터 지휘 · 감독을 받고 있다.

지방자치단체의 하부행정기관은 지역과 기능을 기준으로 자치권이 없는 구(일반구)와 읍면동이다.

▎하부행정기관의 설치·운영 기준

하부행정기관의 기본적인 설치 목적으로 첫째, 하부행정기관을 설치·

운영함으로써 행정효율성을 제고하여 행정의 생산성을 향상시키는 것이다. 행정기관의 업무내용에 따라 다수의 행정기관이 분담하여 처리하는 것이 단일행정기구에 의한 통합처리보다 행정효율성과 현지성을 제고할 수 있다.

둘째, 주민의 접근성을 제고함으로써 주민편의성을 향상시키는 것이다. 지방자치단체의 관할구역 내 다수의 기관을 설치함으로써 주민들의 지리적 접근성을 제고하기 위한 것이다. 하부행정기관을 설치·운영함으로써 주민참여에 유리한 환경을 제공하여, 결과적으로, 주민참여를 강화하고 있다. 지방자치단체의 범위가 클수록 행정수요에 대한 주민의 영향력보다 관료의 영향력이 확대되는바, 소규모의 하부행정기관을 설치함으로써, 주민수요와 선호를 정책에 반영하기 유리하도록 하여, 결과적으로 행정의 대응성을 제고하는 것이 필요하다.

하부행정기관 설치 기준과 관련하여 구(자치구가 아닌 구: 일반구)는 인구 50만 명 이상의 시에 조례에 근거하여 설치하고 있다. 인구 50만 명 이상의 도시에서 기존의 행정체제로는 행정수요를 감당하기 어렵고, 분구 후 구당 평균인구가 20만 명 이상인 경우, 일반구를 설치하고 있다. 정부의 신도시 건설계획으로 급속한 인구증가가 예견되는 신도시지역은 예외적으로 분구 후 평균인구 기준을 적용하지 않는다. '지방자치단체의 행정기구와 정원기준 등에 관한 규정'은 구를 설치하지 않는 시는 본청에 6개 실·국을 설치할 수 있으며, 구를 설치한 시는 본청에 4개 실·국을 둘 수 있도록 규정하고 있다.

읍은 조례에 근거하여 설치하며, 지방자치단체의 관할 구역 중 대부분이 도시의 형태를 갖추고 인구 2만 명 이상인 지역에 설치하고 있다.(지방자치법 제7조 제3항) 시가지 구성지역 내 거주인구가 전체 인구의 40% 이상이며, 도시적 산업종사가구가 전체 가구의 40% 이상인 경우 읍을 설치할 수 있다. 인구 2만 명 미만의 경우에는 군청 소재지의 면 또는 읍이 없는 도농복합 형태의 시에서 1개 면을 읍으로 설치할 수 있다.

면은 조례에 근거하여 설치하며, 각급 행정기관이 소재하고 면행정 체제를 갖추어 독자적으로 발전할 수 있는 경우 설치하고 있다. 인구감소 등 행정 여건이 변화하는 경우, 2개 이상의 면을 1개의 행정면으로 설치·운영할 수 있도록 규정하고 있다.

동은 조례에 근거하여 설치하며, 대규모 지역개발사업 등 지역여건 변동으로 불가피한 경우, 행정능률과 주민편의를 고려하여 설치하고 있다.

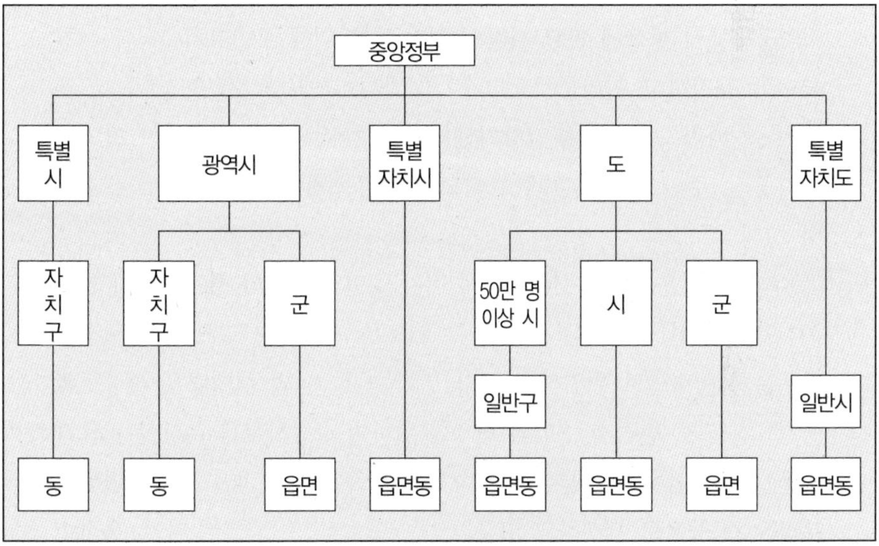

그림 4-1. 하부행정기관의 구조

읍면동의 지위와 성격

❙ 읍면동의 설치 목적

지방자치법에서의 읍면동은 행정능률과 주민편의를 위하여 지방자치단체가 자체의 조례로서 읍면동을 따로 둘 수 있도록 규정하고 있다.(지방자치법 제4조의 2, 제4항) 읍면동은 자치권이 없는 하부행정기구로서 지방자치단체의 조례로 정하고 있다. 읍면동의 궁극적인 설치 목적은 행정능률의 향상과 주민편의 제고를 목적으로 설치되어 있다.

「제주특별자치도 설치 및 국제자유도시 조성을 위한 특별법」은 읍면동 주민자치센터의 설치 목적을 제시하고 있다. 주민의 편의와 복지증진에 관한 사항의 처리, 주민자치의 강화에 관한 사항의 처리, 그리고 지역공동체의 형성에 관한 사항의 처리 등을 위해 주민자치센터를 설치하도록 규정하고 있다.(제주특별자치도 설치 및 국제자유도시 조성을 위한 특별법 제45조 제1항 1호, 2호, 3호) 이에 따라, 읍면동 주민자치센터의 설치·운영 목적은 주민 편의와 복지증진, 주민자치의 강화, 그리고 지역공동체의 형성 등으로 유추할 수 있다.

지방자치법은 지방자치단체가 원격지 주민의 편의와 특정지역의 개발 촉진을 위하여 출장소를 설치할 수 있도록 규정하고 있으며, 구체적인 기준은 시행령으로 위임하고 있다.(지방자치법 제115조) 동법 시행령은 출장소의 설치요건을 ① 원격지 주민의 편의를 위하여 소관사무를 분장할 필요가 있을 것, ② 업무의 종합성과 계속성이 있을 것, ③ 관할구역의 범위가 분명할 것 등으로 제시하고 있다.(지방자치법 시행령 제78조 제1항 1호, 2호, 3호) 다만, 출장소 설치에 제한을 두고 있는바, 첫째, 자치구가 아닌 구를 설치한 시, 둘째, 행정동이 설치된 경우 등을 제시하고 있다. 이에 따라, 읍면동은 원격지 주민의 편의와 특정지역의 개발 촉진을 위해 설치하는 출장소의 기능을 수행하고 있다.

▎읍면동 제도의 변천

일제강점기에 조선총독부의 지방관제로 읍면동 구역이 개편되었고, 1945년 미군정 시기에 일제강점기 시가의 구역 명칭이 그대로 승계되었다. 1906년 '면내 동 · 리 · 촌의 폐치 · 분합과 그 명칭에 관한 건'에 근거하여 면으로 하부행정기관의 명칭을 일원화하였다. 1917년 10월 행정구역 개편으로 정회를 설치하였으며, 1947년 동회로 변경되었고, 1955년 동 조직이 자치법상의 말단 행정조직으로 설정되었다. 1961년 「지방자치에 관한 임시조치법」에 의해 시와 읍의 하부행정기관으로 존재하던 동이 읍면과 대등한 지위로 놓여 있다.

1999년 주민자치센터의 도입과 읍면동 기능전환을 추진하여 주민자치센터의 주요 기능을 문화, 여가, 지역복지, 주민편익 및 시민교육 등으로 제시하고, 주민들의 자치의식과 공동체의식 함양을 목적으로 하고 있다. 1999년 주민자치센터의 도입과 읍면동 기능전환을 위해 전국의 읍면동 사무소는 행정기관의 기초단위로서 수행하던 기능을 시군구청으로 이관하였다. 읍면동은 주민등록, 민원 발급, 사회복지, 민방위 등 주민생활에서 필수적인 업무만 수행하고, 청소, 주택, 교통, 지방세납부 등은 시 · 군 · 구청으로 이관하였다. 2000년 지방자치법 시행령 제8조 〈별표 1〉의 타목에서는 '읍면동 사무소의 주민자치센터 설치 · 운영 지원'을 시도, 시군구의 사무로 지정하였다.

현행의 읍면동은 지방자치법에 근거하여 설치 · 운영하고 있다. 지방자치법 제3조 제3항은 "특별시 · 광역시 및 특별자치시가 아닌 인구 50만 이상의 시에는 자치구가 아닌 구를 둘 수 있고, 군에는 읍면을 두며, 시와 구(자치구를 포함한다)에는 동을, 읍 · 면에는 리를 둔다."고 규정하고 있다. 지방자치법 제3조 제4항은 "제7조 제2항에 따라 설치된 시에는 도시의 형태를 갖춘 지역에는 동을, 그 밖의 지역에는 읍면을 두되, 자치구가 아닌 구를 둘 경우에는 그 구에 읍면동을 둘 수 있다."고 규정하고 있다.

단계	내용
1단계 (1949년)	• 지방자치법 제정 – 지방자치단체 종류: 도 · 서울특별시(광역), 시 · 읍 · 면(기초) – 하부행정기관: 일반구(50만 이상 시), 리동
2단계 (1988년)	• 지방자치법 개정 – 지방자치단체 종류: 특별시 · 직할시 · 도(광역), 시군구(기초) – 하부행정기관: 일반구(50만 이상 시), 읍면동 – 수원시(장안구 · 권선구), 부천시(중구 · 남구) 구 설치
3단계 (1999년)	• 조직관리지침 – 지방자치단체 종류: 특별시 · 광역시 · 도(광역), 시군구(기초) – 하부행정기관: 일반구(50만 이상 시), 읍면동 – 동 기능개편(다수기능 본청 이관)
4단계 (2015년)	• 대통령령 개정 – 지방자치단체 종류: 특별시 · 광역시 · 특별자치시 · 도 · 특별자치도(광역), 시군구(기초) – 하부행정기관: 일반구(50만 이상 시), 읍면동 – 책임읍면동제 도입(인구 7만 기준)

그림 4-2. 하부행정기관의 정책변화

현재 읍면동은 지방자치법에 의해서 법정동과 행정동으로 구분하고 있다. 법정동은 대한민국 법정 구역으로, 법률(관습법)로 지정된 일정한 명칭과 영역을 지닌 구역이다. 법정동의 명칭은 전통적인 지역 이름으로, 대부분 1914년 일제의 행정구역 통폐합 시 정해진 대로 현재에 이르고 있다. 법정동은 직접적인 행정기능이 아닌 전통적인 지역구분 및 주소, 지적(地籍) 분야에서 사용되고, 공부상에서만 존재하고 있다. 법정동은 지역공동체가 법정동을 폐지하거나 개명하는 경우(대전광역시 서구 삼천동, 서울특별시 강남구 포이동, 강동구 하일동), 기존 행정구역 단위나 단위의 일부가 다른 상위 행정구역 경계로 편입되면서 설치되는 경우(서울특별시 강서구 공항동, 대구광역시 북구 대현동) 등 특별한 경우를 제외하고는 변동이 거의 없는 실정이다.

행정동은 법정동을 관할하는 일차적 행정기관으로 동사무소에서 동주민센터로 변경되었다가, 현재 행정복지센터로 전환 중에 있다. 초기에는 법정동만 존재하였으나, 세분화된 동(법정동)은 행정력 낭비로 이어졌고, 이를 개선하기 위하여 여러 법정동을 묶을 필요성이 생기게 되었다. 기존 동과 구별되는 명칭으로 동회(洞會)를 사용하였으나, 1960년대 후반 동회는 모두 동으로 명칭이 일원화되었다.

일반적으로 행정동은 법정동을 분할하거나 통합하여 적정규모의 관할구역을 설정하는 방식으로 지방자치단체의 조례에 의해 설치하고 있다. 하나의 법정동을 하나의 행정동이 관할하는 경우는 대체로 행정동의 명칭은 법정동과 동일하게 정해진다.(예: 행정동인 부천시 춘의동은 온전한 춘의동 전체만을 관할함) 하나의 법정동을 복수의 행정동이 일부분씩 관할하는 경우는 행정동의 이름은 대체로 해당 법정동의 이름에 숫자를 붙여 구분하기도 한다.(예: 법정동인 부천시 심곡동은 심곡1동, 심곡2동, 심곡3동 세 개의 행정동이 각각 관할함) 복수의 법정동을 하나의 행정동이 관할하는 경우는 행정동의 이름은 비교적 규모나 대표성이 큰 법정동명 하나를 사용하고 있다.(예: 법정동인 부천시 범박동, 계수동, 옥길동은 '범박동' 하나의 행정동이 관할함) 행정동 관할 내 법정동들 이름의 맨 앞 글자를 조합하여 사용하고 있는 지역도 있다.(예: 법정동인 경상남도 김해시 삼방동과 안동의 행정동 명칭은 삼안동) 행정동 관할 내 법정동들 이름의 맨 뒷글자와 앞 글자 또는 맨 앞 글자와 뒷글자를 조합하여 사용하는 동도 있다.(예: 법정동인 경기도 고양시 덕양구 원흥동과 도내동의 행정동 명칭은 흥도동) 행정동 관할 내 법정동들 이름 전체를 조합하여 하나의 동명으로 사용하기도 한다.(예: 법정동인 인천광역시 남동구 장수동+서창동=행정동인 장수서창동) 하나의 행정동이 어떤 법정동의 일부와 또 다른 법정동의 일부에 걸쳐 관할하기도 한다.(예: 행정동인 부천시 약대동은 법정동인 약대동과 중동, 도당동의 일부 관할)

읍/면을 동으로 전환할 때, 기존 읍/면의 명칭을 따라 정한다.(예: 김해시 장유면: 장유1동~장유3동, 양주군 회천읍: 양주군 회천1동~회천4동) 행정동의 이름이 반드시 법정동과 직접 연관되지 않는 사례도 찾아볼 수 있다.(예: 행정동인 부천시 성곡동은 법정동인 여월동, 작동, 원종동을 관할함)

표 4-1. 법정동과 행정동의 비교

구분	법정동	행정동
법적 근거	지방자치법	조례
설치 목적	소관 사무의 분장처리	주민편의 및 행정능률 제고
변경 절차	행정안전부장관의 승인 후 조례제정	조례제정
변경 정도	경직적	탄력적

▌읍면동의 설치 기준

지방자치법은 시·읍의 설치 기준을 제시하는 중에 읍의 설치 기준을 다음과 같이 제시하고 있다.

첫째, '읍'의 설치 기준은 구역의 대부분이 도시의 형태를 갖추고 인구가 2만 명 이상이어야 한다.

둘째, 군 사무소 소재지의 면, 또는 읍이 없는 도농 복합형태의 시에서 그 면 중 1개 면을 읍으로 설치할 수 있도록 함으로써 인구가 2만이 되지 않더라도 1개 군단위 지방자치단체에 최소 1개 읍을 설치할 수 있도록 규정한다.(지방자치법 제7조 제3항 1호, 2호)

지방자치법은 시·읍의 구체적인 설치 기준을 행정입법(시행령)으로 위임하고 있다. 동법 시행령은 해당 지역의 시가지를 구성하는 지역 안에 거주하는 인구 비율이 전체 인구의 40% 이상일 것과 해당지역의 상업·공업, 그 밖의 도시적 산업에 종사하는 가구의 비율이 전체 가구의 40% 이상일 것 등을 제시하고 있다.(지방자치법 시행령 제7조 제3항 1호, 2호)

전술한 바와 같이, 읍면동은 출장소와 동일한 하부행정기관의 성격을 가지고 있다. 지방자치법 시행령 제78조 제2항은 자치구가 아닌 구가 설치된 시의 경우(동법 동령 동조 동항 1호)와 동법 제4조의 2 제4항에 따라 설치된 행정동의 경우(동법 동령 동조 동항 2호)를 동일하게 출장소 설치 제한요건으로 제시한바, 역으로, 자치구가 아닌 구와 읍면동은 출장소와 동일한 하부행정기관의 성격을 가지고 있다.

읍면동은 관할구역의 확고한 경계를 가지고 있으며, 주민편의를 위해 분장된 소관사무가 명확하며, 각 소관사무는 종합성과 계속성을 가지고 있다. 지방자치법 시행령 제78조 제1항의 1호부터 3호까지 제시된 출장소 설치요건에 준하여 추정하면, 특정한 지리적 경계를 갖는 원격지 주민의 편의를 위해 종합성과 계속성이 있는 사무를 수행하는 하부행정기관의 성격이 있다.

읍면동의 기능변화

▎읍면동의 기능전환

행정환경의 변화에 대응하고, 행정효율성을 제고하며, 주민중심의 행정서비스 공급을 목적으로 1999년 읍면동의 행정기능의 개편을 추진하였다.(행정자치부, 1999)

표 4-2. 기능전환 전 하부행정기구(읍면동) 사무

주요기능	주요 내용	인력배분
민원	제증명 발급 등: 주민등록 등본, 주민등록 초보, 인감증명, 고시지가, FAX민원, 지방세완납증명, 생활보호대상자 증명 등	평균 3~4명
	신고접수·처리민원: 전입, 주민등록, 호적, 취학아동, 인감, 예비군, 병무, 이륜차 등록신고 등	
민방위	민방위대 편성, 인력동원, 비상소집, 교육훈련, 시설장비 유지관리, 주민신고방 조직운영, 안전사고 예방, 위험지역 순찰, 기록관리 등	평균 1명
병무	병역통지서 교부, 병적부 관리, 병력동원, 예비군 관리	평균 1명
사회복지	생활보호대상자 선정관리, 장애인복지, 의료보호, 취로소득 사업, 노인복지, 유아보육, 모자복지, 청소년보호 육성 등	1명
청소	쓰레기 청소, 재활용품 분리수거, 쓰레기봉투 판매관리, 정화조 청소·관리, 청소인력 및 장비관리 등	평균 1~2명

주요기능	주요 내용	인력배분
세무	각종 고지서 전달 및 체납공과금 징수: 민방위 인력동원 및 교육훈련 통지서, 지방세·과태료·환경개선부담금 등 고지서	1명
단속	불법주정차단속, 무허가건축물 단속, 불법광고불 단속, 노점상 단속 등	전 직원 조 편성
공공시설물 관리	도로점용허가, 보안등 관리, 어린이놀이터 청소 · 유지보수	1명
지역사회 진흥운동	새마을지도자, 바르게살기, 이웃돕기, 적십자회비모금, 방위협의회, 개발위원회 관리, 환경정비, 지역사회운동, 직능단체 지원 등	1명
산업/위생/환경/건축/통계조사	계량기, 농지원부, 물가관리, 산불예방, 조수보호, 위생방역, 환경보호, 건축신고, 민원처리, 통계조사 등	1~2명
기관유비 및 기타	통·반 조직관리, 인사, 서무, 예산집행, 물품 · 장비관리, 각종 투표 및 선거 지원, 행사·캠페인 시 주민동원 등	2~3명

읍면동의 민원기능, 주민관리기능, 사회복지기능, 단속규제기능, 민간협력기능, 상위행정기관 보조기능 등 행정동의 기능을 민원기능, 주민보호기능, 사회복지기능을 중심으로 개편을 추진하였다. 읍면동의 기능전환으로, 읍면동의 인력을 감축하여 기초자치단체의 본청으로 인력을 재배치하고, 읍면동에는 10명 내외의 인력을 배치하였다.

읍면동의 기능전환 이후, 읍면동의 기능은 민원기능, 주민관리 및 보호기능, 사회복지기능 등의 행정기능과 주민편의기능, 문화활동지원기능, 주민단체활동지원기능, 지역안전관리기능 등 주민자치기능으로 분류하였다.

읍면동의 기능전환에 따른 공무원 인력재배치 및 공무원 직무내용의 변화가 발생하였다. 읍면동 기능전환 이전의 읍면동 공무원은 지방행정의 최일선 집행책임자, 관할지역 및 주민의 지도 · 관리자, 지도 · 규제·단속 등의 업무 수행자, 상급기관 지시업무의 대행자 등의 역할을 수행하고 있었다.

읍면동 기능전환 이후의 읍면동 공무원은 주민자치활동의 지원자, 공공행정서비스의 최일선 공급자, 민간자율역량 함양의 후견자, 주민과 지방자치단체 사이의 중개자·중재자 등의 역할을 수행하고 있었다.

표 4-3. 1990년대 읍면동 기능전환에 따른 서울특별시 행정동의 주요 기능

<table>
<tr><th colspan="2">읍면동 기능전환 전 행정동 기능</th><th>조치
사항</th><th colspan="2">읍면동 기능전환 이후 행정동 기능</th></tr>
<tr><td rowspan="2">민원기능</td><td>제증명 발급</td><td rowspan="6">존치</td><td rowspan="2">민원기능</td><td>제증명 발급</td></tr>
<tr><td>민원신고 처리</td><td>민원신고 처리</td></tr>
<tr><td rowspan="2">주민관리
및
보호기능</td><td>주민등록·인감관리</td><td rowspan="2">주민관리
및
보호기능</td><td>주민등록·인감관리</td></tr>
<tr><td>민방위·재난관리</td><td>민방위·재난관리</td></tr>
<tr><td rowspan="2">사회복지
기능</td><td>생활보호, 장애인복지</td><td rowspan="2">사회복지
기능</td><td>생활보호, 장애인복지</td></tr>
<tr><td>노인·부녀·아동 복지</td><td>노인·부녀·아동 복지</td></tr>
<tr><td rowspan="2">세무기능</td><td>지방세, 과태료 세원관리</td><td rowspan="11">기초
자치
단체
본청
이관</td><td rowspan="2">세무기능</td><td rowspan="11"></td></tr>
<tr><td>지방세, 과태료 고지서전달</td></tr>
<tr><td rowspan="2">단속규제
기능</td><td>주정차 단속</td><td rowspan="2">단속규제
기능</td></tr>
<tr><td>불법건축물 단속</td></tr>
<tr><td rowspan="2">민간협력
기능</td><td>적십자회비 모금</td><td rowspan="2">민간협력
기능</td></tr>
<tr><td>지역의 자생단체 관리 등</td></tr>
<tr><td rowspan="3">행정보조
기능</td><td>환경·위생 부문 본청 및 특별행정
기관 보조기능</td><td rowspan="3">행정보조
기능</td></tr>
<tr><td>산업·도시·건설 부문 본청 및 특별행정기관 보조기능</td></tr>
<tr><td>건축·통계·병무 부문 본청 및 특별행정기관 보조기능</td></tr>
<tr><td rowspan="2">기관 유지
관리 기능</td><td>예산 및 재산관리(회계관리)</td><td rowspan="2">기관 유지
관리 기능</td></tr>
<tr><td>청사관리 등</td></tr>
<tr><td colspan="2" rowspan="5"></td><td rowspan="5">신규
기능</td><td>주민편익
기능</td><td>회의장, 예식장, 놀이방, 탁아소 등 주민편익시설 관리</td></tr>
<tr><td rowspan="2">문화활동
지원기능</td><td>전시회, 취미교실, 영상 및 음악감상실 운영</td></tr>
<tr><td>도서관, 청소년센터 등</td></tr>
<tr><td rowspan="2">여가활동
조성기능</td><td>동호회 활동</td></tr>
<tr><td>레크레이션 활동 등</td></tr>
</table>

<table>
<tr><th>읍면동 기능전환 전 행정동 기능</th><th>조치사항</th><th colspan="2">읍면동 기능전환 이후 행정동 기능</th></tr>
<tr><td rowspan="7"></td><td rowspan="7">신규 기능</td><td>주민단체 활동지원</td><td>청년회, 부녀회, 노인회 등 지원</td></tr>
<tr><td rowspan="2">소비자 보호</td><td>물물교환</td></tr>
<tr><td>도·농간 자매결연</td></tr>
<tr><td rowspan="2">생활안정</td><td>교통안전, 청소년지도 등</td></tr>
<tr><td>자율방범, 의용소방대 등</td></tr>
<tr><td>지역 안전관리</td><td>축대·하수구·맨홀 등 위험시설 점검 등</td></tr>
</table>

읍면동의 책임읍면동 전환

① 책임읍면동제 개요

1999년 읍면동 기능전환에 따라 행정의 현장성이 약화된 문제를 보완하는 것을 목적으로 책임읍면동제가 논의되었다. 1999년 읍면동 기능전환으로 하부행정기관 업무 중 다수가 기초자치단체의 본청으로 이관됨에 따라 읍면동의 역할이 상대적으로 위축되었을 뿐만 아니라 행정의 현장성과 주민의 접근성을 확보하는 데 한계가 발생하였기 때문이다.

행정서비스의 공급체계를 현장중심으로 전환하고, 일괄적인 서비스공급체계의 모형으로서 책임읍면동제가 제시되었다. 하부행정기관에 대한 권한위임의 확대를 통해 행정의 효율성을 확대하고, 주민의 접근성을 확보함과 동시에 행정의 대응성을 제공하는 것을 목적으로 책임읍면동제가 논의되었다.(행정자치부, 2015)

책임읍면동제는 지역의 중심이 되는 읍면동으로 본청의 권한과 책임을 이관하여 현장중심의 행정서비스 공급체계 모형이다. 책임읍면동제는 인접한 하부행정기관 간의 통합을 통해 하나의 행정단위를 구성하고, 중심역할을 수행하는 행정동과 기본적인 역할을 수행하는 행정동을 구분하여 중심역할을 수행하는 행정동에 대해 기초자치단체가 권한을 위임함으로써 행정서비스 공급의 현장성과 주민접근성 그리고 효율성을

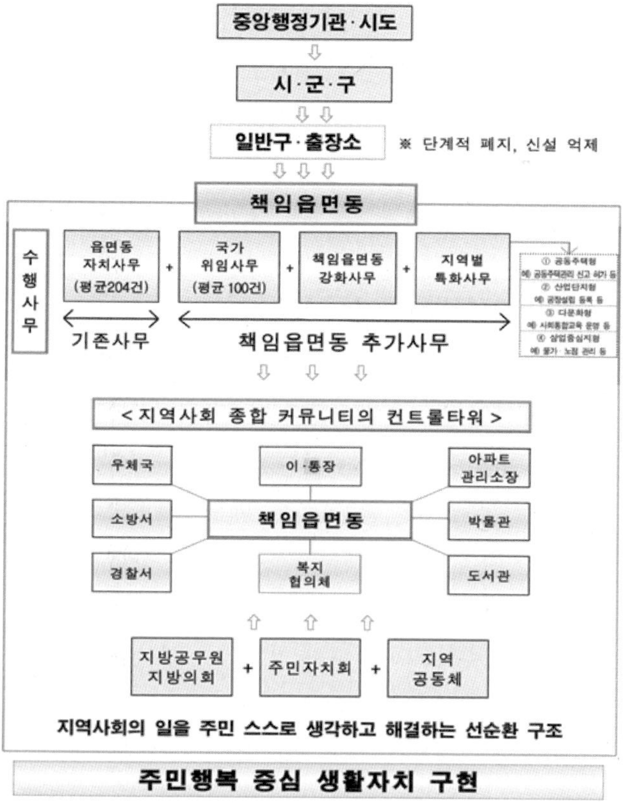

그림 4-3. 책임읍면동제의 개념

확보할 수 있도록 설계된 모형이다.

책임읍면동의 구체적인 모형은 광역동 모형과 중심동 모형으로 구분하여 제시되며, 중심동 모형은 대읍동 모형과 행정동 모형으로 세분하여 제시되었다.

책임읍면동의 세부 모형 중 중심동 모형의 적용범위가 상대적으로 넓으므로, 서울특별시의 행정동에 적용이 용이하나, 중심동 모형 중 세부 모형으로 제시된 대읍동 모형에 한정되며, 행정면 모형은 대도시에 적용하는 데 한계가 있었다. 구체적으로, 대읍동 모형은 몇 개의 행정동을 하나의 집단으로 묶고, 그중 하나의 행정동을 확대하여 중심역할을 수행하도록 하였다. 즉, 개별 읍면동의 인구 및 면적을 고려하여 2~3개 행정동을 하나의 집단으로 묶되, 중심이 되는 행정동을 책임동으로 지정하여 기초자치단체에서 이관되는 기능을 추가로 관장하도록 함으로써 기초자치단체의 기능 중 일부를 하부행정기관에서 소관하도록 하였다.(행정자치부, 2015)

② 행정동의 주요기능: 책임동 중심

하부행정기관인 행정동의 사무는 지방자치단체의 고유사무, 국가위임사무, 지방자치단체와 공통으로 수행하는 공통사무, 그리고 지역별 특화사무 등으로 분류하였다.

책임읍면동의 고유사무와 관련한 기능배분에서 행정의 현장성, 주민의 접근성, 공공서비스 공급의 대응성을 확보하는 것의 중요성이 강조되는 기능을 책임읍면동의 기능으로 배분하였다.

책임읍면동의 고유사무와 관련한 기능은 사회복지, 민원, 국민안전, 선거·투표, 기관유지·관리와 관련한 기능 등으로 분류하였다. 사회복지기능의 고유사무와 관련하여, 기초생활수급자·차상위수급자 등에 대한 초기상담 및 접수, 자료입력 등의 기능을 책임동의 기능으로 배분하였다. 민원기능의 고유사무와 관련하여, 주민등록, 인감증명 등의 발급민원을 비롯한 민원기능을 책임동의 기능으로 배분하였다. 국민안전기능의 고유사무와 관련하여, 민방위대 편성, 주민신고, 인력동원, 재해조사 등의 기능을 책임읍면동의 기능으로 배분하였다. 선거·투표 기능의 고유사무와 관련하여, 선거인 및 부재자 명부작성, 선거벽보 및 공보 등의 기능을 책임읍면동의 기능으로 배분하였다. 기관유지기능의 고유사무와 관련하여, 회계관리, 청사관리, 주민자치센터, 체육대회, 새마을 등의 기능을 책임읍면동의 기능으로 배분하였다.

책임읍면동의 국가위임사무와 관련한 기능은 환경관리, 국토관리,

방재관리, 일반행정, 식품위생 등의 기능으로 분류되어 있다. 첫째, 환경관리기능은 수질오염관리, 행정처분, 폐기물 단속 등의 기능이다. 둘째, 국토관리기능은 공원 및 녹지관리, 불법지 원상회복 및 지도 · 단속 기능이다. 방재관리기능은 소하천 · 공유수면 관리 및 단속, 소하천, 공유수면 점용허가 기능 등이다. 셋째, 일반행정기능은 공동이용시설관리, 옥외광고물 관리 등의 기능이다. 넷째, 식품위생기능은 각종 영업신고 · 관리에 관한 기능이다.

책임동의 공통사무, 즉 상위자치단체와 동일한 기능을 수행하는 것은 복지기능, 안전관리기능, 주민편의기능, 도시관리기능, 지역여건 반영기능 등이다. 첫째, 복지기능은 사회복지서비스 신청, 접수, 조사, 서비스 제공 등 전 과정에서의 완결성을 확보한 기능이다. 둘째, 안전관리기능은 주민안전관리, 재난예방 및 홍보 등의 기능이다. 셋째, 주민편의기능은 일반음식점 등 영업신고, 부동산중개업의 신고, 정화조 매립 등 신고 등 주민의 생활편의와 관련한 인 · 허가 기능이다. 넷째, 도시관리기능은 도시공원관리, 주정차 지도 등 도시공간에서의 현장관리기능이다. 다섯째, 지역여건반영 기능은 상하수도 요금감면 신청, 하천점용 허가 등 지역특성을 반영한 민원기능이다.

책임동의 지역별 특화사무와 관련한 기능은 지역의 특성(예: 공동주택형, 산업단지형, 다문화형, 상업중심지형 등)에 따라 지역별로 상이한 기능을 배분하고 있다. 첫째, 공동주택 유형의 지역별 특화사무는 임대업등록, 부동산거래 중개업 관련 인허가, 관리 기능이다. 둘째, 산업단지 유형의 지역별 특화사무는 일자리센터운영, 공장설립 등록, 지방산업단지 관리 등의 기능이다. 셋째, 다문화 유형의 지역별 특화사무는 지역공동체 조성, 사회통합교육 운영, 외국인 정착관리 등의 기능이다. 넷째, 상업중심지 유형의 지역별 특화사무는 지역물가 관리, 가격표시제 운영, 위생우수업소 관리 등의 기능이다.

표 4-4. 책임읍면동 배분 기능 유형

구분	주요기능	주요 내용
고유사무	민원	발급민원 등
	사회복지	초기상담 및 접수, 자료입력 등
	국민안전	민방위 기능, 주민신고 접수, 인력동원, 재해조사 등
	선거 및 투표	선거인 및 부재자 명부작성, 선거벽보 및 공보 등
	기관유지관리	회계관리, 청사관리 등
위임사무	환경관리	수질오염관리, 행정처분, 폐기물 단속 등
	국토관리	공원 및 녹지관리, 불법지 원산회복 및 지도·단속 등
	방재관리	소하천 · 공유수면 관리 · 단속, 소하천 · 공유수면 점용허가 등
	일반행정	공동이용시설물 관리, 옥외광고물 관리 등
	식품위생	영업신고 및 관리에 관한 사항
공통사무	사회복지	사회복지서비스 신청–접수–조사–서비스공급 등의 전 과정의 완결처리에 필요한 기능
	안전관리	주민안전관리, 재난예방 및 홍보 등
	주민편의	주민편의 관련 사항의 인허가 기능
	도시관리	도시공원관리, 주정차 지도·단속 등 도시현장관리기능
	지역여건반영	상하수도 요금 감면신청, 하천점용 허가 등
지역별 특화사무	공동주택형	임대사업 등록, 부동산 거래·중개업 관련 기능
	산업단지형	일자리센터 운영, 공장설립 등록, 지방산업단지 관리 등
	다문화형	지역공동체 조성, 사회통합교육 운영, 외국인정착 관리 등
	산업중심지형	지역물가 관리, 가격표시제 운영, 위생우수업소 관리 등

③ 읍면동의 조직구조: 책임읍면동 중심

일반적으로 읍면동은 소속기관 없이 1개 읍면동으로 운영되고 있으나, 책임읍면동제에서의 책임읍면동은 소속기관으로 3~5과를 설치 · 운영하고 있다. 책임읍면동에 3과를 설치하는 경우, 자치행정기능, 사회복지기능, 생활안전기능 등 기능별 소속기관을 설치하고 있다.

책임읍면동에 설치하는 소속기관으로서의 과급기구의 장은 지방사무관(5급)으로 보하고, 책임읍면동의 읍면동장은 지방서기관(4급)으로 보한다.

책임읍면동의 소속기관으로 설치되는 과급기구는 하부행정기구(행정읍면동)의 고유기능과 더불어 기초자치단체의 사무를 이관하여 새로운 기능으로 분장한다.

책임읍면동은 중앙정부를 포함한 국가기관(대법원, 국회 등)으로부터의 위임사무와 광역자치단체 및 기초자치단체로부터의 기능이관을 통한 고유기능을 확대하거나, 또는 위임기능을 확대하는 방향으로 기능을 재배분하고 있다.(행정자치부, 2015)

▌읍면동 중심 주민자치형 공공서비스 추진

① 주민자치형 공공서비스의 개념

'주민자치형 공공서비스'란 복지 사각지대 해소를 위한 찾아가는 보건·복지서비스 확대, 정보통신 기술을 활용한 주민 서비스 개선, 주민자치 강화, 마을공동체 활성화, 지역주민 중심의 공간 개선, 특성화된 다양한 마을모델 발굴 등 주민의 관점에서 읍면동의 기능을 개선함으로써 제공되는 공공서비스를 말한다.(주민자치형 공공서비스 추진단의 설치 및 운영에 관한 규정 제2조)

주민자치형 공공서비스는 읍면동 중심의 공공서비스를 민과 관이 함께 계획·생산·전달하는 소지역 단위의 공공서비스 전달체계의 혁신을 의미한다. 이러한 개념에는 다음과 같은 의미가 내포되어 있다.

② 주민자치형 공공서비스의 주요 내용

첫째, 읍면동 중심이다. 읍면동 중심이라는 용어에는 마을, 읍면동 등 공간적 영역으로서의 의미와 함께, 읍면동이 공공서비스의 플랫폼이 된다는 의미를 내포하고 있다.

둘째, 공공서비스이다. 여기에서 공공서비스는 전통적인 중앙부처 위임사무, 지자체 고유사무, 민간 위탁사무뿐만 아니라 민관이 공동 생산하는 서비스까지 포함하는 넓은 개념으로 이해된다.

셋째, 민관 합동이다. 주민자치형 공공서비스 전달체계는 주민참여의 기본원칙을 강조하고 있다. 민관협력, 공공서비스 민관 공동생산의 원리를 사업의 원리로 내세우고 있다.

넷째, 계획 · 생산 · 전달이다. 과거의 공공서비스 전달의 하위 집행기관으로서가 아닌 공공서비스 진행과정 전반을 대상으로 하는 것을 의미한다. 예를 들어 계획은 주민총회나 자치계획을 통해 설정하고, 생산은 민· 관이 공동생산하고, 전달은 찾아가는 보건 · 복지 서비스 등을 통해 전달하는 것을 의미한다.

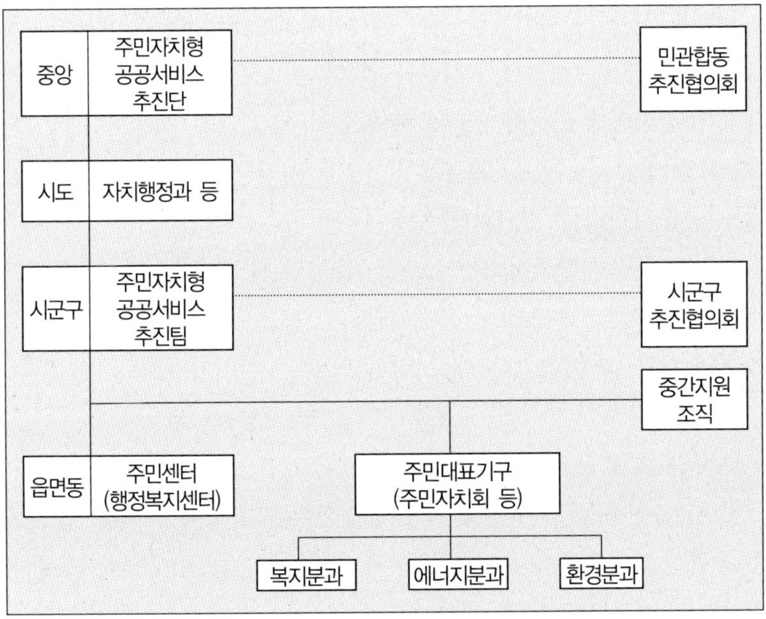

*자료: 행정안전부(2018)

그림 4-4. 주민자치형 공공서비스 추진체계

다섯째, 소지역 단위 혁신이다. 주민자치형 공공서비스 전달체계는 행정기관만의 혁신이 아니라 주민과 마을의 혁신, 사회혁신으로까지 확장된 개념이다. 마을, 읍면동 등 주민의 실제 생활권을 단위로 하는 활동을 의미한다.

참고문헌

국립국어원. 2020.『표준국어대사전』

최창호. 2013.『지방자치론』

한국학중앙연구원. 2014.『한국민족문화대백과사전』, encykorea.aks.ac.kr〉Contents〉Item

한국행정학회. 2020.『온라인행정학전자사전』, www.kapa21.or.kr〉epadic〉

행정안전부. 2018. "주민자치형 공공서비스 추진계획"

_________. 2021. "지방자치이야기", https://www.mois.go.kr/chd/sub/a03/introduce/screen.do

행정안전부 국가기록원. 2021. "기록으로 보는 지방자치의 발자취"

행정자치부. 1999. "읍면동 기능전환"

_________. 2015. "보도자료"

헌법재판소 판례 2006. 3. 30. 2003 헌라 2, 국가법령정보센터

5장
일본의 읍면동 자치

김찬동 충남대학교 도시자치융합학과 교수

5장 일본의 읍면동 자치*

1. 들어가며

한국에서 읍면동은 근린생활계층의 하나라고 할 수 있다. 근린생활계층이란 주민들의 지역에서의 공동생활 혹은 공유서비스를 생산하고 소비하는 공간계층이라고 할 수 있다. 물론 여기서 주민들의 공동생활의 공간을 어느 정도의 면적으로 할 것인가는 다양할 수 있다. 아파트단지의 경우도 100여 세대가 사는 공간구역이 있는가 하면, 1,000세대 이상이 공동으로 생활하는 공간구역도 있다. 또 농촌지역에서는 드문드문 농가가 있는 곳이 있는가 하면, 몇십 세대가 모여서 하나의 마을을 이루고 공동작업을 하면서 사는 공간도 있다.

읍면동은 한국에서 현재는 행정계층으로서 자치가 도입되지 않은 계층이다. 주민들의 참여는 도입되었지만, 자치를 제도적으로 도입하였다고는 할 수 없다. 여기서 행정계층이라고 함은 읍면동사무소 혹은 읍면동 주민센터를 국가의 하부 행정기관으로서 그 운영과 기관구성에서 주민들의 주권적 행사인 선거와 총회를 통한 의사결정을 허용하고 있지 않다는 의미이다.

---

* 이 글은 2019년 대한민국 교육부와 한국연구재단의 지원을 받아 수행된 연구임.(NRF-2019S1A5C2A02081304)

최근 한국의 읍면동계층에 대해서 '주민자치회'를 전면실시하자고 하는 법률안들이 제출되면서, 읍면동계층의 '자치'를 어떻게 해야 할 것인가에 대한 논란이 일어나고 있다. 즉 읍면동계층의 자치에 대해서 임의단체로 두었던 것을 법률에 의해 제도화하자는 제안들에 대해, 자치여야 할 것을 여전히 관료제에 의존하는 '관치'를 지속한다는 점에서는 비판이 제기되기도 한다. 또 관치라는 틀을 여전히 특정 정당이 정치적 지배력을 확장하기 위하여 이용하고 있는 것이기에 그 주민자치회가 아무리 정치적 중립을 말하고 있지만 실제로는 특정 정당의 이익을 위하여 '이용'되는 것이기에 '주민자치회의 법률화'에 반대하게 되는 것이고, 주민자치는 특정정당의 이익을 위하여 이용되지 않을 '제도적 장치'를 확보하여야 한다는 주장들도 나타나게 되는 것이다. 주지하는 바와 같이 읍면동계층은 주민자치회의 전면실시의 예비단계로서 '주민자치회의 시범실시단계'와 '주민자치위원회와 주민자치센터운영단계'를 거쳐왔다. 제도적 형성기의 초기에는 읍면동사무소의 폐지라는 '계층개혁'의 이슈를 통하여 부산물로서 태동된 것이 '주민자치센터'제도였던 것도 확인된 바 있다.(김찬동, 2014)

이 글의 중심 논제인 읍면동 계층의 '자치'를 과연 어떻게 해야 할 것인가에 대한 문제를 해결하기 위해 해외의 선진사례를 다시 한번 곰곰이 살펴보고 숙의해 볼 필요성이 있다. 이 과정을 통하여 과연 한국의 읍면동계층의 '자치'를 어떻게 할 것인지에 대해 길을 생각해 보아야 할 것이다.

2. 읍면동계층은 행정계층인가 자치계층인가

읍면동계층의 정의와 성격

한국의 읍면동계층은 지방자치단체의 종류에 포함되지 않는다. 즉 지방자치법 제2조에서 지방자치단체의 종류로서 두 가지 종류를 두고 있는데, 그것은 '특별시, 광역시, 특별자치시, 도, 특별자치도'와 '시, 군, 구'이다. 즉 읍면동 계층은 '자치'를 할 수 있는 계층이 아니기에, 지방자치를 실시하는 계층에 설치하는 '지방의회'를 둘 수 없다.

읍면동계층은 법인인 지방자치단체의 하부행정기관인 읍면동장을 설치하고 있다. 즉 지방자치법 제117조 이하에 일반직 지방공무원인 읍장, 면장, 동장을 두고, 시장, 군수, 자치구의 구청장이 임명하도록 되어 있다. 또 이들의 직무권한은 시장 · 군수 · 구청장의 지휘감독을 받아 '소관 국가사무와 지방자치단체의 사무'를 맡아 처리하고 소속 직원을 지휘 감독한다고 되어 있다.

여기서 알 수 있는 것은 읍면동계층은 국가의 하부 '행정'기관이면서, 지방자치단체장의 지휘감독을 받는 지방의 하부 '행정'기관임을 알 수 있다. 즉 '자치'기관이 아닌 것이다.

지방자치단체에는 지방자치법 제30조에 의하면, '주민의 대의기관인 의회'를 둔다고 되어 있다. 즉 자치계층에는 지방의회를 설치하고, 지방의회의원의 선거는 주민이 보통, 평등, 직접, 비밀선거에 따라 선출하는 것이다. 지방의회의원의 임기는 4년으로 한다.(지방자치법 제32조)

그렇다고 하면, 읍면동계층이 '자치계층'이 되려고 하면, 읍면동계층에 지방의회를 설치하여야 하고, 주민들이 선거를 통하여 대의자를 선출하여야 하는 것이다. 읍면동을 자치계층으로 하고자 한다고 하면, 읍면동에 의회를 설치하고, 의원을 선거로 선출하여야 한다.

이들에 대해서 의정활동비 등을 지급하여야 하며(지방자치법 제33조), 지방의회에 의한 의결사항인 '조례의 제정 개정 및 폐지' '예산의 심의 확정' '결산의 승인' '사용료 수수료 분담금, 지방세 또는 가입급의 부과와 징수' '기금의 설치와 운용' '중요재산의 취득 처분' '공공시설의 설치와 처분' '청원의 수리와 처리' 등에 대한 권한이 법률에 의해 부여되는 것이다. 즉 읍면동에 대해서 자치를 한다고 하면, 이러한 권한이 읍면동의 회에 부여된다는 것을 의미한다.

이 점에서 최근 읍면동의 주민자치회에 대하여 법률(안)에서 제안되고 있는 '총회운영' '주민세의 읍면동 세원화' '주민참여 예산제 운영에 대한 참여' '읍면동 마을계획수립' 등의 논의들을 '자치계층'으로 전환시킬 수 있는 것인가에 대해서 숙의가 필요한 시기라고 할 수 있다. 이러한 논의들이 '자치라는 이름을 가진 관치'에 불과한 것이라고 한다면, 한국의 지방자치를 다시 한번 왜곡시키는 제도개혁이 될 위험성이 있는 것이다.

그렇지 않아도 한국의 지방자치제도는 여전히 '자치라는 이름을 가진 관치'에 불과하다는 비판을 받아오고 있고, '자치다운 자치'로의 교정을 위하여 지난 20여 년 동안 '자치분권 개혁' 논의를 해왔던 것이다. 그럼에도 불구하고, 한국의 지방자치는 부분적인 성과를 내었다고는 하지만, 여전히 '자치다운 자치'로서의 제도적 한계와 현실적 한계를 노정하고 있는 것이다.

요컨대 한국의 읍면동계층은 하부행정기관이고 읍면동장은 시군구청장에 의하여 임명되고 있다. 자치계층이라고 할 수 없고, 현재의 지방자치법을 그대로 유지하고서는 어떤 읍면동주민자치에 대한 혁신적인 제도를 도입하더라도 여전히 읍면동계층은 '행정기관'이고 국가의 하부 행정기관이라는 성격에는 변화가 없다. 총회제나 읍면동장에 대한 공모제, 마을계획이나 읍면동예산에 대한 심의의결권을 주민자치회에 부여한다고 하더라도 자치계층으로서의 외연을 부분적으로 구비할 수는 있어도 국가예산과 지방자치단체의 예산을 사업비나 국고보조금으로 받아서 '행정사무'를 수행하는 '하부행정기관'으로서의 성격은 그대로 남을 수 있다.

행정계층으로 할 것인가 자치계층으로 할 것인가

독일의 지방자치단체의 구조를 보면, 게마인데와 크라이제의 구분이 있다. 즉 게마인데(gemeinde)는 공동체 혹은 지방자치단체 등으로 사전적으로 해석되는데, 주민이 속한 공동체 속에서 그 경계와 구역을 정하고 있다. 즉 주민이 느끼는 공동체의 범위가 개별 지방자치단체가 된다는 것이다. 그래서 독일에 게마인데가 11,084개가 있고, 평균인구는 1,711명이라고 한다.

또 게마인데 중에서는 행정기관이 없는 게마인데도 있는데, 이들은 상위계층에 '게마인데 연합(gemeinde-verbande)'를 구성하고 그 상위계층에 클라이제(kreise)가 있다. 지방행정기관을 설치하지 못한 게마인데의 경우에도 '주민대표회의'를 두거나 시장이 선출되어 지역의 현안을 협의하고 결정한다.(한국지방자치학회, 2019, 79)

최근 독일에서는 직접민주주의 방식을 과감히 도입하고 있다고 한다. 거의 모든 주에서 주민총회를 도입하고 있고 주민총회를 통해 현안이나 정책을 심의하고 결정한다고 한다.

한편 게마인데에 속하지 않은 자유시가 2,059개 있는데, 이러한 자유시는 게마인데이지만, 클라이제와 같은 규모가 되어 단일계층으로 되어 있다.

표 5-1. 독일의 자치계층 구조

<table>
<tr><td colspan="3">16개주</td><td rowspan="4">베를린, 브레멘,
함부르크</td></tr>
<tr><td colspan="2">크라이제</td><td rowspan="3">자유시 2,059개</td></tr>
<tr><td>게마인데연합</td><td rowspan="2">게마인데</td></tr>
<tr><td>게마인데(행정기관이
없는 게만인데)</td></tr>
</table>

*자료: 한국지방자치학회(2019, 78)

요컨대, 독일의 지방자치제도에서는 공동체인 게마인데를 지방자치계층으로 하고 있고, 도시화된 자유시의 경우에는 공동체였던 게마인데였던 것이 크라이제 계층의 규모로 통합되었다고 할 수 있고, 베를린이나 브레멘, 함부르크의 경우는 게마인데가 주 계층의 지방자치계층으로 통합된 것이라고 볼 수 있다.

한편 일본의 경우는 자치계층이었던 정촌이 통합과정을 거치면서 도시 지방자치계층으로 되면서, 기존의 정촌은 행정구역으로만 남고, 주민참여의 지연조직으로만 기능을 하는데, 이러한 차이는 '지방자치법을 통한 지방자치정책'에 의한 선택으로 이루어진 것이라고 볼 수 있다. 구체적으로 보면 다음과 같다.

일본의 경우도 지방자치단체의 구조를 보면, 도도부현과 시정촌의 2층제로 되어 있는데 도시지역과 농촌지역의 구분이 있어서 농촌지역의 정촌은 지방자치단체로 되어 있지만, 도시지역에서는 정(町)은 행정구역의 단위로만 되어 있고, 지방자치단체로 되어 있지는 않다.

메이지시기에도 도도부현과 시정촌이라는 2층제로 되어 있었지만, 도도부현은 국가의 지방행정구역이고, 지방행정장관인 지사와 참모들은 국가의 관리였다. 의회가 설치되고, 지방비를 의결하긴 하였지만 지방자치체로서는 불완전한 것이었다.

시정촌의 경우에 의회에서 시정촌장을 선임하는 완전 자치체의 형식이었지만, 지사가 시정촌을 감독하는 등 부현의 감독아래 자치가 인정된 것이다.(이나쓰구 히로아키, 2014, 45) 현재와 같이 시정촌을 기초적 지자체로 하고, 도도부현은 시정촌을 포괄하는 광역적 자치체로 규정한 것은 1956년에 개정된 지방자치법에서부터이다. 이는 1949년의 샤프권고에서 '주민에게 가장 가까운 시정촌이 지방자치의 주체여야 한다는 구상'을 제시하였다. 이로 인해 시정촌은 주민에게 직결되는 기초적 지방단체라는 성격을 부여받았고, 사무의 재배분에서도 제1의 우선권이 부여된다고 규정하였다. 이로 인해 시정촌을 포괄하는 도도부현은 '광역에 걸친 업무, 통일적인 처리를 필요로 하는 업무, 시정촌과 관련된 연락 조정에 관한 업무, 일반 시정촌이 처리하기에 부적당한 업무'를 처리하는 곳으로 규정된 것이다.

도도부현의 구역이 그대로 유지된 반면, 시정촌의 구역과 수는 변동이 있었다. 즉 메이지 시기에는 300에서 500호를 표준으로 메이지의 대통합이 추진되어, 7만 개에 이르던 정촌이 1만 6천 개로 통합되었다.

제2차 세계대전 이후에 칸베 권고에 따라 중학교구에 해당하는 인구 8,000명을 목표로 소화의 대통합이 이루어졌다. 그리하여 1953년에서 1961년 사이에 9,900개였던 시정촌이 3,500개 정도로 통합되었다. 또 세기의 전환기에 분권개혁이 진행되면서, 2004년에 3,100개였던 시정촌의 수가 1,700여 개로 통합된 것이다. 전체적으로 정촌의 수는 급격하게 줄어들었고, 시의 숫자는 늘어난 것을 알 수 있다. 이는 도시화로 인하여 정촌이 시로 전환한 것을 알 수 있고, 이 글의 논의 대상인 정내회는 원래 지방자치단체였다가 도시로 통합되면서 '지방자치단체가 아닌 정내회'로 변하는 현상이 일어나게 된 것이다.

표 5-2. 일본 시정촌의 변화

시기	시	정	촌	합계	비고
1947	210	1,784	8,511	10,505	지방자치법시행 (1947. 5. 3.)
2004	695	1,872	533	3,100	통합특례법일부개정 (2004. 5. 26.)
2012	787	748	184	1,719	

*자료: 총무성; 이나쓰구히로아키(2014, 47)

정촌의 인구수를 보면, 5천 명 이하가 237개, 5천에서 1만 명이 244개, 1~2만 명이 283개, 2~3만 명이 105개, 3만 명 이상이 72개이다. 즉 인구 1만 명 이하의 정촌의 수가 정촌 941개의 50%가 넘고 있는 것이다.

일본의 시정촌 지방자치제도에서 도시제도가 다양하게 변화하여 왔다. 즉 지방자치법 제정 당시에는 특별시제도가 있었고 인구 50만 명 이상의 대도시를 법률로 지정하고, 부현에서 독립시킨 뒤 부현과 같은 권한을 가지게 한 것이다. 이때 특별시로 지정되기를 바라는 대도시와 대도시의 이탈을 반대하는 부현의 대립이 격렬하였다.

이에 1956년에 특별시 제도를 폐지하고, 인구 50만 명 이상의 도시를 정령으로 지정하는 지정도시제도를 운영하였다. 지정도시에는 도도부현이 처리하는 사무 중 18개 항목에 대한 사무처리 권한을 부여하였다. 정령지정도시는 5개였지만, 2012년에는 20개에 이르게 되었다.

또 1994년에는 중핵시제도가 만들어져서 인구 30만 명 이상 도시 중에서 도도부현 의회의 의결을 거쳐서 지정되었다. 중핵시에는 보건소를 설치해 보건위생행정을 할 수 있고, 사회복지, 도시계획 등의 권한이 부여되었다. 2012년에는 41개의 중핵시가 지정되었다. 또 2000년부터 인구 20만 명 이상의 도시에 특례시제도가 만들어져서 특례시의 경우, 중핵시로 이양되는 권한의 일부가 이양되도록 한 것이다. 40개의 특례시가 지정되었다.

한편, 정촌의 구분은 명칭상의 차이일 뿐 법령상의 구분은 없다고 한다.(전게서, 51) 결과적으로 시정촌을 하나의 계층의 지방자치단체라고 하지만, 인구·규모·능력 면에서 큰 차이가 있다.

요컨대, 특정한 구역을 지방자치단체로 할 것인가, 행정계층으로 할 것인가는 지방자치정책의 선택에 대한 것이지, 이론적인 구분을 하기는 어렵다. 일본의 사례를 보듯이 도시화라는 시대적 변화에 따라서 인구가 집중되는 곳은 정촌이었던 곳이 시로 전환하게 되고, 이로 인해, 기존의 정촌의 지방자치단체는 없어지게 되는 것이다. 이러한 곳에는 '정내회'와 같은 지방자치단체가 아닌 주민조직으로서 역할을 하게 되는 것이다.

이러한 주민조직을 단체자치체로서 인정할 것인가 그렇지 않을 것인가도 역시 지방자치정책의 선택의 문제이고, 도시지역의 정내회는 단체자치체로서 지위는 부여하지 않았고, 지연조직으로서의 주민자치를 하고 있는 것이다. 도시지역의 정내회는 '지연 공동체자치'에 해당한다고 할 것이다.

3. 일본의 시정촌 자치와 정내회 자치에 대한 이해

일본의 시정촌 자치

일본의 지방자치단체는 지방공공단체라고 부르고, 보통지방공공단체와 특별지방공공단체로 구분하고 있다. 일본 지방자치법 제1조의 3에 의하면, 보통지방공공단체에는 도도부현과 시정촌으로 한다고 되어 있으며, 특별지방자치단체에는 특별구, 보통지방자치단체의 조합 혹은 재산구로 되어 있다.

여기서 시정촌은 기초적인 지방공공단체로서 도도부현이 처리하도록 되어 있는 것을 제외하고, 일반적으로 지역에 있어서의 사무나 그 외의 사무로서 법률 혹은 그것에 기초한 정령에 의해 처리하도록 한 것을 처리한다.(일본지방자치법 제2조)

제2장 주민의 장에서는 시정촌의 구역 내에 주소를 가진 자는 당해 시정촌과 이를 포괄하는 도도부현의 주민이 된다고 한다. 또 지방자치법 제11조에서 주민은 보통지방공공단체의 선거에 참여할 수 있는 권리를 가지고, 조례의 제정이나 개폐를 청구할 수 있는 권리를 가진다고 한다. 단 지방세의 부과징수나 분담금 사용료와 수수료의 징수에 관한 것은 제외한다고 한다. 또 주민은 사무의 감사를 청구할 수 있는 권리를 가지고, 의회의 해산을 청구할 수 있는 권리를 가지기도 한다. 이외에도 주민은

의회의 장, 의원, 부지사 혹은 부시정촌장, 지정도시의 종합구장, 선거관리위원회 혹은 감사위원, 공안위원회의 위원의 해직을 청구하는 권리를 가진다. 또 주민은 교육위원회의 교육장 혹은 위원의 해직을 청구하는 권리를 가진다.

▌최초의 정부로서 시구정촌[1)]

정부라고 하면 국가의 행정부를 의미하기도 하지만, '민의를 정당하게 대표하는 기관'을 정부라고 부를 수 있다면, 지방자치단체도 '정부'라고 부를 수 있다. 일본에서는 도도부현이나 시구정촌도 의장과 의회의원을 직접선거로 선출한다는 점에서 하나의 정부라고 부를 수 있다.

만일 이렇게 정부라는 용어를 사용한다면, 시구정촌은 '최초의 정부'라고 할 만하고, 국가의 정부는 중앙정부, 도도부현은 '광역정부'라고 할 수 있을 것이다.

일본의 지방자치법에서도 시구정촌은 기초적인 지방공공단체라고 불리고 있고, 주민들의 지역생활에 가장 가까운 활동을 하는 점에서 '최초의 정부'라고 부르는 의미가 있다. 여기서 최초라는 의미는 '가장 가까운 자치를 실천하는 장'이라고 하는 이미지를 가지는 것이고, 최초의 정부로서 시구정촌은 4가지의 특징을 가지고 있다

첫째는 근접성이다. 시구정촌은 지리적으로도 시간적으로도 주민들과 가장 가까운 존재이다. 또 심리적으로도 가장 가까운 주민들의 정부여야 한다. 걸어서 15분 정도의 거리에 시구정촌의 관청이 있다면 거리적으로는 가까울 수 있으나 심리적으로 멀 수도 있다. 즉 주민의 목소리가 시책의 형성이나 결정에 반영하기 어렵다고 하면 심리적으로 먼 것이다. '그들(공무원들끼리)의 자치'라는 단어는 주민들의 생활 자치에 그다지 도움이 되지 않는 상당한 심리적 거리가 있다는 의미를 가지고 사용하는 용어일

1) 大森弥 大杉覚(2019) 참고

수 있다.

둘째, 현장성이다. 현장은 시책의 효과가 즉시 나타나는 곳으로서 국가의 행정이나 도도부현의 행정은 획일성을 가지고 있어 시책의 구체적인 문제해결에 도움이 되지 않는 경우가 많다. 그러나 시구정촌의 행정은 생활이나 지역에 바로 영향을 미치면서 그 시책의 유효성을 바로 판단할 수 있다. 또 시구정촌의 행정은 주민들의 이해나 요구가 서로 충돌하는 경우 이를 적절히 대처하지 못하면 곤궁한 상태에 처할 수도 있는 것이다.

셋째, 투명성이다. 시구정촌은 주민생활에 밀착한 사무들이 많아 주민들의 눈에 노출되는 경우가 많으므로 투명성 높은 행정과정을 하지 않으면 안 된다. 또 주민의 요망이나 의문에 대응하기 위해서도 투명성 높은 구조나 마음가짐이 요구된다. 합리성이 있는 설명을 해서 주민들의 이해와 협력을 얻지 않으면 행정이 작동하지 않을 수 있다. 시구정촌의 행정에서 공개와 참여가 중요시 되는 이유이다.

넷째, 첨단성이다. 시구정촌을 말단기관이라고 하기도 하는데, 이것은 국가나 도도부현의 입장에서 보아서 시구정촌은 최하위에 위치한다는 의미로서 중요한 의사결정에서 가장 먼 곳이라는 의미가 들어 있다. 법제도상으로는 시구정촌의 위상이 말단기관 혹은 최하위행정기관일 수 있으나, 시구정촌이야말로 기존의 제도나 시책으로서는 해결할 수 없는 문제의 발생을 파악하고, 이에 대한 해결책을 향하여 창의적 노력이 요구되는 첨단 기관이라고 할 수 있다.

요컨대, 시구정촌은 '최초의 정부'로서 지역의 주민이나 기업, 여러 단체들의 힘을 합쳐서 종합적인 시책이 추진될 수 있도록 해야 할 책무가 있는 곳이다.

❚ 시정촌의 현황

일본의 시정촌은 1,718개이다. 이 중에서 지정도시가 20개, 중핵시가 58개 있다. 특별구가 23개 있는데, 이것을 합쳐서 '기초적인 지방공공단체'라고 부른다.

시정촌을 좀 더 구체적으로 보면, 시가 792개, 정743개, 촌이 183개이다. 이 중에서 시는 인구 5만 명 이상이고, 도시다운 형태가 정비되어 주민의 6할 이상의 인구가 상공업이나 다른 도시적 업무를 하는 세대에 속하는 경우에 해당한다. 시를 정촌과 비교해 보면, 처리하는 사무의 범위가 넓게 되어 있다. 즉 도시의 경우에는 복지사무소를 두고 생활보호의 사무나 아동복지의 사무를 처리하는 것이 가능하다. 반면 정촌의 경우에는 도도부현에서 처리하는 것이다.

시에 대해서는 좀더 구체적으로 구분해서 살펴볼 필요가 있다. 즉 시는 정령지정도시와 중핵시로 구분해서 볼 필요가 있다. 대도시가 되면, 보통의 시에서 자치하는 사무 이외에 도도부현이 가지고 있는 사무의 일부를 시 자체의 판단으로 처리할 수 있게 된다. 그리하여 보통의 시정촌에서는 도도부현의 감독이나 명령을 받아서 처리하는 사무에 대해서 대도시는 자신의 판단으로 처리할 수 있게 되는 것이다.

이것을 대도시 특례라고 하는데, 인구가 50만 명 이상을 넘는 도시는 '각의(閣議)결정'으로 만들어지는 '정령(政令)'으로 지정한 도시로서 '정령지정도시'라고 한다. 현재 일본에는 20개의 정령지정도시가 존재한다.

또 인구가 20만 명 이상인 도시에서도 필요한 절차를 거쳐서 중핵시로 될 수 있는데, 보건소의 설치를 비롯하여 통상의 시보다도 사무의 범위가 넓게 되어 있다. 2019년 4월 현재 58개의 중핵시가 있다.

이처럼 시라고 해도 인구에 의해 그 처리하는 사무에 차이가 있지만, 정촌의 경우에는 그 처리 사무에서 차이가 없다. 정의 경우 촌에 비해서 도시적인 형태가 정비되어 있다는 점에서 차이가 있는 것뿐이다.

단, 최근에는 지방분권개혁에 의하여 사무처리 특례제도가 도입되어, 도도부현과 시정촌과의 관계에서 조례를 정해 사무권한 이양을 진전시키는 것을 인해, 일률적으로 시정촌별로 사무가 정해지는 것은 아니다. 즉 '제안모집방식'이나 '손들기 신청방식'을 통해 사무권한을 추가로 받은 경우가 있기 때문이다.

일본에서 보통지방공공단체는 도도부현 47개와 시정촌 1,718개로 되어 있고, 특별지방공공단체로서는 특별구 23개, 지방공공단체의 조합으로서 일부 사무조합과 광역연합이 있고, 재산구, 합병특례구 등이 있다.

표 5-3. 일본의 지방자치계층 현황

구분	광역	기초
보통지방공공단체	도도부현(47개)	시정촌(1,718개) (지정도시 20개, 중핵시 58개)
특별지방공공단체	지방공동단체의 조합 (일부사무조합, 광역연합) 합병특례구	특별구 재산구

▎시구정촌과 도도부현

일본의 자치체의 사무는 자치사무와 법정수탁사무라는 2종류로 나누어진다. 이들 사무는 그 성질에 따라서 시구정촌과 도도부현으로 나누어서 분담되어 있다. 지방분권개혁의 결과, 국가와 자치체에 새로운 역할분담이 정해졌지만, 국가와 자치체의 관계와 마찬가지로 도도부현과 시구정촌과의 사무를 분담하는 것도 '대등 협력'의 관계를 기본으로 하도록 하고 있다.

시구정촌은 도도부현보다 좁은지역을 구역으로 하는 자치체이므로, 주민들의 일상의 생활에 밀착한 교육, 청소, 위생 등의 사무나 여러 가지 시설을 구비하여 서비스를 제공하는 사무를 제공하고, 극히 세세한 사무를 처리하는 것이다.

이처럼 시구정촌이 할 수 있는 사무권한을 부여하고, 그 처리에 필요한 재원을 보장하도록 하는 사고방식을 '시정촌우선의 원칙'이라고 한다. 자치가 자치로서 제대로 기능하기 위해서는 재원이 보장되도록 해야 한다.

한편, 도보부현은 시정촌을 포괄하는 광역의 지방공공단체이므로, 그 사무는 '광역적인 사무' '연락조정을 위한 사무' '시구정촌의 보완적인 사무'를 다루도록 되어 있다. 도도부현의 사무는 국가와 시구정촌의 중간에 위치하고 있기에, 국가와 시구정촌을 연결하는 역할이어서, 도도부현은 시구정촌의 조직이나 운영에 대해 보고, 지도, 연락, 알선하는 사무가 주를 이루고 있다.

그래서 도도부현의 사무는 국가와 시구정촌의 쌍방의 행재정상의 이유로 변동이 생기면, 도도부현의 업무도 변하게 되기에, 도보부현을 '중간단체'라고 부르기도 한다.

▌시구정촌의 재정과 예산

일본은 경제버블 붕괴로 장기에 걸친 심각한 불황이 생기고 국가와 지방의 재정상황이 악화되었다. 이에 대한 대응으로 지방세 재정제도에 관한 분권개혁을 시도했으나, 결론부터 말하면 충분한 성과를 내지 못하였다. 삼위일체개혁을 집중적으로 추진하였지만, 자치체의 재정적인 측면에서의 자주성이 자립성을 확립하지는 못한 것이 현실이다.

또 한편으로는 인구감소사회가 도래하여, 소자화, 고령화가 전개되면서, 점증하는 고령자에 대한 의료, 개호(介護)수요에 대응하여야 하거나 어린아이들의 빈곤문제 등 제일선의 자치체가 관심을 가지지 않을 수 없는 문제들이 생기게 되었다. 이에 사회보장제도의 개혁을 하지 않을 수 없게 되었고, 국가와 지방의 세제를 포함한 사회보장재원의 개혁(이를 사회보장·세 일체개혁이라 함)을 하게 되었다.

자치체가 지역에 거주하는 주민들을 위한 일을 하려고 할 때, 그에 필요한 비용은 그 지역의 주민이 부담하도록 하는 것이 '자치의 원칙'이다. 지방자치의 기본은 주민이 스스로 다스린다는 의미에서 '주민자치'라고 하는 이상, 이것은 당연한 것이고, "서비스를 받지만 돈은 내지 않는다"라는 것은 후안무치한 것이다. 자치체의 수입의 중심을 이루는 것은 말할 필요도 없이 '주민이 내는 세금'이어야 한다.

세금이라고 할 때, 내는 입장에서는 손해를 보는 기분이 드는 것은 당연하지만, 세금은 주민의 의무이다. 자신이 내는 세금에 대한 자각을 가지고 있는 주민이야말로 그 세금이 어디로 흘러가서 어떻게 사용되는가에 대해 관심을 가지고 지켜보는 '행정에의 참여'에 적극적이게 되는 것이다. 자치가 잘 이루어지지 않는 것은 주민이 내는 세금에 대한 자각이 없거나 없도록 제도가 만들어져 있기 때문에, 그다지 행정에 대한 참여에 관심을 두지 않게 된 측면이 있을 수 있다.

시구정촌 자치체의 수입에는 지방세와 국고지출금(위탁금, 부담금, 보조금 등. 시정촌의 경우에는 도도부현 지출금이 있음)이 있고, 국가가 국세로서 징수한 세금의 일부를 분배하는 지방교부세와 지방양여세가 있다. 이외에도 공공시설의 사용자에게 납부시키는 사용료, 특별 서비스을 요구하는 사람에게 납부시키는 수수료, 학교나 공민관 등 지역주민이 장기에 걸쳐 사용하는 시설의 건설비를 장기에 걸쳐 부담하게 하기 위해 발행하는 지방채, 경마나 경륜의 개최에 의한 사업수입 등이 있다.

이 중 지방세는 지방세법에 의해 각각의 자치체가 조례에 의해 과세하는 것이다. 어떤 종류의 세를 어느 정도의 세율로 과세하는가를 정하는 기준은 지방세법에 의해 정해지는 것을 '법정세'라고 한다. 법정세에 대해서는 자치체는 조례에서 주민에게 부과하는 세목, 세율, 과세대상 등의 필요한 사항을 정하고 있다.

지방세는 도도부현세와 시정촌세로 나누어진다. 또 그 성질에 의해 일반적인 경비에 충당하는 보통세와 특정의 경비에 충당하는 목적세로 나누어진다.

어느 자치체도 반드시 부과하지 않으면 안 되는 법정세 외에 자치체의 실정에 따라 지방세법에 정한 것 이외의 세목에 대해서도 조례에 의해 부과하는 '법정 외 세'가 있다. 이것은 자치체가 총무대신과 협의하여, 동의를 얻어야 한다.

보통세로는 도도부현세로서 도도부현세, 사업세, 지방소비세의 3종류가 있고, 세원의 80%를 차지한다. 또 시정촌세로서는 시정촌민세와 고정자산세가 있는데 이것도 8할 정도 차지한다.

목적세로는 도도부현세로서 자동차취득세, 경유거래세 등이고, 시정촌세로서는 도시계획세, 국민건강보험세, 사업소세 등이 있다.

표 5-4. 일본 시정촌세의 구성과 규모

구분	세부구성	세원(비율)
시정촌세	고정자산세	9조 254억 엔(42%)
	시정촌민세	9조 6,949억 엔(45.1%)
	개인분	7조 4,708억 엔(34.7%)
	법인분	2조 2,241억 엔(10.3%)
	도시계획세	1조 2,767억 엔(5.9%)
	시정촌담배세	8,623억 엔(4.0%)
	그 외	6,484억 엔(3.0%)

*자료: 2019년판 『지방재정백서』(총무성 홈페이지)

주민참가로서의 정내회 자치

주민참가는 대부분의 자치체에서 행정운영의 기본으로 하고 있다. 주민참가는 그 자체가 적극적인 의미를 상징하는 것이기도 하지만, 현재는 적어도 정착된 개념이라고 할 수 있다. 주민참가가 이처럼 보급된 것에는 자치체의 운영의 방식에 대한 반성이 있고, 자치체가 변화하지 않을 수밖에 없게 된 것이다.

원래 '대표'라고 하는 것은 눈에 보이지 않는 주민의 의사를 눈에 보이는 사람으로 나타내는 '의제(擬制)'하는 것을 전제로 한다. 그러므로 대표자는 선출된 후에도 가능한 자신의 대표성을 높이기 위해서는 민의를 흡수하려는 방안을 강구하고, 수장(단체장)과 의회의 선거 이외에도 주민참가의 채널을 다수 확보하는 것은 당연하다고 할 수 있다.

▌민주적 자치의 원칙과 주민참가

지역의 생활에서 사인(개인이나 가족)으로서 생활을 넘어서 발생하는 공통의 문제 중에서, 자신들의 부담과 책임으로 공동처리하려고 할 때, 그 규모나 성질상 사인의 범위를 넘는 것일 경우 그것을 위탁하기 위하여 선정한 전문적 기관으로서 지방정부를 들 수 있다.

여기서 지역사회의 주인공(principal)은 주민이고, 의회나 수장은 주인공인 주민의 수탁을 받아 행동하는 주민의사의 대행기관(agent)이다.

단일 주권을 가진 일본국에서 주권은 국민에게 있는데, 여기서 주민이 주인공인 것을 강조하기 위하여 지방자치에서는 '주민주권(government of the people)'의 원칙을 제시하는 것이다.

주민주권의 원칙이 현실에서 의미를 가진 주민의 운동으로서 구체화되기 위해서는 관청의 정책과정(정책과제의 설정 혹은 발의, 원안책정, 공식결정, 실시 혹은 집행, 평가, 수정)에서 주민이 발언하고 실제로 영향력을 행사할 수 있는 기회가 보장되어야 한다. 이것을 주민참가(povernment by the people)의 원칙이라고 한다. 즉 주민참가는 "관청의 정책과정에 대하여 관청 이외의 주민이 실제로 효과가 있는 영향력을 미치도록 하는 활동"이라고 할 수 있다.

관청이 주민의 자치기관인 이상, 주민자치의 기회를 보장한다고 한다면, 그 정책은 주민을 위한 것이지 않으면 안 된다. 바로 이것이 '주민본위' 혹은 '주민복리(government for the people)'의 원칙이라고 할 수 있다. 관청은 주민을 위해서 존재하고 활동하지 않으면 안 되는 것이다.

이와 같이 주민주권, 주민참여, 주민본위의 원칙은 삼위일체가 되어서 분리할 수 없는 '민주적 자치'의 원칙을 구성하는 것이다. 무엇이 주민을 위한 정책인가를 주민이 참여하여 결정하여야 하는 것이고 그러한 사상의 근저에는 주민이 주권자이기 때문이다. 주민참여의 이론적 기초에는 이러한 삼위일체적 결합이 확고하게 있는 것이다.

주민참여를 어느 정도까지 실현할 수 있는가는 민주적 자치의 성숙도를 측정하는 바로미터가 되는 것이다. 주민참여는 어쩔 수 없이 시끄러운 주민들을 달래기 위한 편의적이고 소극적인 주민대처의 수단이기도 하지만, '주민자치'를 충실하게 하기 위한 관청과 주민이 함께 지향해야 할 행동이념이기도 하다.

❙ 현황

일본에는 자치회 혹은 정내회는 정(町)이나 구역 등 시정촌 내의 일정한 구역에 주소를 둔 자의 지연(地緣)에 기초하여 형성된 단체를 말한다. 명칭으로서는 자치회, 정내회 외에도 정회(町會), 부락회, 구회(區會), 구(區) 등 다양하게 불리고 있고, 전국에 298,700개가 존재한다.(2013년 4월 1일 총무성조사)

자치회와 정내회 등의 활동으로서는 주로 경조, 지역행사, 방재방화, 문화활동, 사회복지활동, 행정기관에의 요망 등이다. 자치회등은 구역의 주민상호간의 연락이나 환경의 정비, 집회시설의 유지관리 등 양호한 지역사회의 유지 및 형성에 관한 지역적인 공동활동을 하는 것이다.

인가지연단체에 대해서는 일본 지방자치법 제260조의 2에 규정이 있는데, 이 제도의 특징은 첫째 지연에 의한 단체이고, 인가를 받은 지연단체에는 권리능력이 부여된다. 이 경우에는 법인격을 가지게 되고, 토지나 집회시설 등의 부동산을 단체명의로 등기할 수 있게 된다. 또 단체의 활동에 필요한 자산을 단체명의로 소유하고 운영할 수 있다.

이 경우 허가요건으로서는 지역적인 공동활동을 행하는 것을 목적으로 하고, 현재 그 활동을 행하고 있다고 인정되어야 하고, 그 구역이 주민에게 있어 객관적으로 명확하게 정해져 있어야 하며, 그 구역에 주소를 둔 모든 개인이 구성원이 되어야 하고, 상당수의 주민이 현재 구성원으로 되어 있어야 한다. 이러한 것들이 규약으로 정해져 있어야 한다. 인가현황을 보면, 44,008단체여서 지연단체의 15% 정도만이 법인격을 가진 단체로 등록하고 있는 것을 알 수 있다.

일본에서도 커뮤니티(자치회, 정내회 등)에 대한 시책을 보면, 그 필요성이 증가하고 있다. 즉 지역에서 커뮤니티기능이 저하되고 있고, 자치회 등 가입률이 저하되고 있다. 또 구성원들의 고령화나 담당자 부족, 주민의 연대감이 희박화되고 있고, 종래의 공동작업이나 전통문화의 계승이 곤란해지며, 동일본대지진 등에 의해 지역커뮤니티의 역할이 더욱 중요해지고 있는 것이다. 이런 점들은 커뮤니티 시책을 필요로 하게 만든다.

한편 지방자치체의 입장에서 보면, 인구감소와 소자·고령화사회가 되면서, 공공(公共)이 담당해야 할 수비범위가 확대되고 있는 것이다. 즉 지방자치체의 행정이 공급해야 할 공공서비스의 제공에 한계를 느끼고 있고, 지방자치단체는 재정상황이 더욱 어려워지고 있다. 또 일본에서는 행정개혁에 의하여 공무원의 수를 감축시키고 있기에 이러한 난관을 타개하기 위하여 커뮤니티 시책이 더욱 필요하게 된다는 것이다.

4. 일본의 정내회와 새로운 공공성 형성

일본 정내회의 객관적 특성

일본 정내회(자치회)의 기본적인 특성을 주민자치란 관점에서 5가지로 정리해 볼 수 있다. 물론 일본 정내회가 집단주의의 산물이라든가 최근에는 그 가입률도 낮아지는 등 문제점도 지적하고 있지만, 어떤 측면에서는 일본의 지역사회의 안정성[2]은 바로 정내회와 같이 지역사회를 틈이 생기지 않도록 조직화된 정내회의 존재로 인한 것이지 않느냐는 긍정적 평가도 있다.(나가다, 54)

주민자치란 관점에서 일본 정내회의 객관적인 특정으로서 주목할 부분은 다음과 같다.[3]

첫째, 일정한 지역구획을 가지고 있고, 그 구획이 상호 중복되지 않는다.

둘째, 세대를 단위로 하여 구성된다.

셋째, 원칙적으로 전 세대(가구)를 가입하는 것으로 한다.

넷째, 지역의 여러 문제를 포괄적으로 관여한다. 그리하여 공(公)적 문제, 공유(共有) 문제, 사적(私的) 문제 등의 전체적인 사업을 담당한다

다섯째, 그 결과로서 행정이나 외부의 제3자에 대해서 지역을 대표하는 조직이 된다.

여기서 주민자치가 구획을 가진다는 점은 매우 중요한 요소로서 한국의 주민자치회가 실제로는 지역자치의 조직으로서의 구획을 가진 듯이 보이나 실제로는 가지지 않은 점과 대비된다. 일본의 정내회는 지연형(地緣型)사회가 성립한 이래, 역사적으로도 현상적으로도 특정의 구획을 가지고 활동하는 조직이다.(나가다, 18) 정내회의 구획은 통상적으로는 그다지 의식하지 않지만, 사실은 도시계획을 어떻게 할 것인가, 혹은 소학교(초등학교)의 통학구를 어떻게 나눌 것인가를 생각할 때는 주민들의 삶에 매우 영향을 크게 미치는 것이다.

그런데 최근에는 주택개발에 의하여 이러한 정내회의 구역에 변경이

---

2) 일본사회의 안정성과 관련하여 정내회의 존재 이외에도 지역에 밀착해 있는 파출소(일본어로는 고우반(交番)이라고 함)의 존재와 주민들이 방범활동에 직접 참여하는 것을 들기도 한다. 즉 퍼트남이 말하는 사회적 자본을 형성하는 제도적 기반이 정내회라는 긍정적 평가를 하기도 한다(나가다, 53).

3) 이하는 나가다(2017, 16-17)을 참고로 함.

생기기도 하고, 시정촌 합병에 의하여 구획이 넓어지기도 한다. 또 교통이나 통신의 발달로 인하여 현재의 시정촌의 구획이 너무 좁은 것은 아닌가 하는 문제를 제기하기도 한다.

그렇지만, 주민자치를 설계한다고 할 때는 그 구획을 어디까지로 하고, 그것이 상호중복되지 않으면서도 틈이 없이 구분하는 것은 가장 기본적인 요소라고 할 것이다.

다음은 주민자치가 지방자치와 다른 점은 세대를 단위로 하는 점이다. 여기서 주민자치의 기본 단위로 개인으로 하지 않고 세대로 하는 것은 어떤 이유가 있는 것일까? 일본 정내회의 경우에는 회비납부의 단위가 개인이 아니고 세대이며, 회의의 성립도 세대단위로 결정된다고 한다. 또 정내회의 주요한 자치내용 중에 쓰레기처리나 방재문제를 다룰 때, 개인단위가 아니라 세대단위로 다루기에 공동생활의 단위조직으로서 그 기본단위를 세대로 하는 것은 합리적이라고 할 수 있다.

물론 정내회가 세대단위로 한다고 해서, 개인이 정내회활동의 대상이 되지 않는다는 것은 아니라고 할 것이다. 정내회에는 운동회나 축제행사 시에 개인단위로 참여하도록 하고 있기에, 세대에 속하는 개인의 자유를 침해하는 것은 아니라고 할 것이다.

그런데 문제는 현대도시생활에서 가족형태가 다양화되어서 2세대 주택이나 1인가구의 경우 부모세대와 자녀세대를 하나의 세대로 간주할 것인가, 2개의 세대로 달리할 것인가의 문제가 생기기도 하는데, 이러한 문제는 기계적으로 다룰 것은 아니고, 개별 정내회가 자율적으로 정할 문제라고 할 것이다.

또 다른 문제는 정내회에 전 세대를 가입으로 하는 것을 원칙으로 한다는 것인데, 이것이 과연 현실적으로 가능한가이다. 일본 정내회에 가입률은 지역에 따라서 다르나, 20%대에서 70%대까지 편차가 있고, 가입률도 점점 낮아지고 있어, 결국 현실적으로는 전 세대가 가입하고 있지 않은 것이다.4) 개인에 따라서는 정내회가 주관하는 마츠리(축제)나 운동회에 참여하지 않을 자유가 있다거나, 회비를 내고 싶지 않기에 정내회를 탈퇴하고 싶은 경우도 있다. 일본의 최고재판소의 2005년의 판결에 의하면, 자치회(정내회)의 탈퇴는 개인의 자유라고 하여, 정내회에 가입하지 않아도 된다는 결정을 내렸다.

그런데 현실적으로는 지역에서 생활하면서, 정내회에 가입하지 않아도 정내회와 관계를 가지지 않고 살기는 어렵다는 것이다. 즉 건축기준법이나 도로교통법, 혹은 쓰레기 무단방치, 노상금지조례 등에서 법령이나 행정에 의한 규제를 받게 되어 있고, 쓰레기 당번이나 방화방재 순찰, 맨션의 소음이나 애완동물사육 문제 등에서 지역주민조직이 결정하고 실행하는 규정(rule)도 있는 것이다. 지역주민으로서 생활하면서 이러한 규제나 규정들과 무관하게 살기는 어렵고, 결과적으로 어떤 형태로든 정내회와 관련을 가지게 된다는 것이다. 그래서 최고재판소의 판결에서도 정내회의 탈퇴는 자유이지만, 그 구역에 거주하는 한 공익비의 부담은 면제되지 않는다는 결정을 내렸다고 한다.(나가다, 21-22)

다음으로 정내회가 다루는 문제를 보면, 구획에 관련된 모든 문제를 포괄적으로 다룬다는 것인데,5) 이것은 과연 근대적인 조직으로서 부적합한 것이 아닌가 하는 비판을 받기도 한다. 특히 정내회가 행정의 하청조직으로서 공적 사무를 담당하게 함으로써 사적 조직인 정내회가 공사혼동

4) 전 세대 가입을 강제하는 것이 최고재판소의 판결에 의하여 불가능하다면, 결국 정내회는 '임의가입제의 조직'이라고 해야 할 것이고, 이것은 결국 다른 지연단체와의 차이가 없게 되는 것은 아닌가 하는 문제제기를 하기도 한다. 즉 정내회다운 정내회의 모습은 강제가입이어야 하지 않느냐는 것인데, 정내회가 구획을 단위로 하는 지연조직이기에 구획안의 구성원을 전원 대상으로 하는 것은 바람직하지만, 이것이 정내회의 본질이라고 하기는 어렵다. 오히려 정내회의 본질은 지역형 조직으로서 지역생활에서 필연적으로 발생하는 '공유서비스'를 '자치관리' 하는 커뮤니티 관계 만들기를 지향하는 '지연적 자치조직'으로 보는 것이 합리적이라고 보여진다.

5) 참고로 프랑스의 아미앙시의 주구(住區)위원회의 경우는 주구위원회헌장에서 주민에 관한 모든 사항에 대해서 권능을 가진다는 조항을 가지고 있음(제1장 Ⅲ-4; 나가다, 23)

을 불러일으킨다는 비판을 하기도 한다. 즉 근대적 조직으로서 이렇게 공사혼동을 일으킬 정도로 지구의 모든 문제를 포괄적으로 다룰 수 있느냐는 것이다.

또 정내회가 다루는 문제 중에서 가장 비판을 받는 것은 정치적·종교적 활동을 다루는 점이다. 즉 이것은 개인의 인권을 침해하는 것이라는 것이다. 지역의 토착적 역사를 배경으로 하는 종교적 활동은 주민들의 가치관의 변화나 새롭게 주민들이 영입되는 상황에서, 관행으로서 지속하는 것이 바람직하냐는 것이다. 이 부분도 역시 정내회의 운영에서 민주적 운영절차에 따라서 해결해야 할 부분이라고 할 수 있다.

마지막으로 일본의 정내회가 과연 단체로서의 자치권능[6]을 가지고 있는가의 문제와 관련되는 것이 대표성의 문제이다.

일본의 정내회는 전원가입의 총회제를 채택하고 있기에 운영이 민주적으로 운영되고 있다고 한다면, 단체자치로서의 정통성을 가지는 것으로 보아야 하지 않을까 한다.[7] 일본의 정내회는 임원회(일본어로는 야구인가이(役員會)라고 함)의 결정을 실질적으로 주민의 의사를 대표하는 것으로 보는 데 무리가 없지 않나 한다.

일본 정내회의 역사와 문제점

일본 정내회의 5가지 객관적 특징 중에서 가장 본질적인 것은 무엇일까를 생각해 보면, 전 세대 가입성이라고 하는 세 번째 요소이다. 왜냐하면, 전 세대 가입성이 있기 때문에 5번째 요소인 지역대표성을 가지게 되기 때문이다. 만일 일본 정내회가 임의단체임에도 불구하고, 지역대표성을 가지게 되는 것으로 간주되는 이유는 바로 전 세대가 가입할 수 있도록

---

6) 단체자치권이라고 함.

7) 대의제민주주의에서는 의원(위원)이 선거로 선출되어지는가가 그 단체의 정통성을 가지는가를 결정하는 기준이 되고 있음.

개방되어 있다는 점에 있을 것이다.

그런데 이런 특성으로 인해서, 자칫 잘못 해석하면, 정내회라고 하는 공동체자치조직이 개인의 다양성을 억압하게 될 위험성이 있다. 만일 정내회가 전 세대 가입성이란 것을 지나치게 강조하여 그 권위를 가지고 운영 면에서 비민주적으로 운영하면서 구성원인 개성을 억압하는 결과를 초래한다면, 민주 정체(politeia)의 현대 헌법질서 속에서 일본 정내회는 그 존립의 가치를 확보하기 어려울 것이다.

정내회가 원래 일정한 지역구획을 기반으로 하는 지연조직이라고 할 때, 민주정체 이전의 시기에는 그 지역의 지주나 지역지배층의 조직이 있었을 것이고, 이들의 지배를 위한 지배자를 위한 집단이 되었을 것이다.

그런데, 일본 정내회의 경우 1912년 대정데모크라시 시대 이후 명망가층 이외의 사람들에게도 개방되었다는 것이 오늘날 정내회의 중요한 특성의 하나를 구성하게 된 것이다. 그리고 제2차 세계대전 중에는 전 국민이 '강제적이고 획일적으로' 참여하고 구성하도록 하였기에, 역사적으로 일본의 정내회는 전 세대로 구성된다는 특성을 가지게 된 것이다.

이러한 전 세대 가입성으로 인하여 2000년 이후 일본의 지방분권개혁 이후에 정내회가 다시 주목받게 되는 계기가 된다. 즉 중앙정부의 권한을 지방으로 분권하고, 지역이 주권을 가져야 한다는 지역분권 논의에서 정내회도 일정한 지역의 문제해결을 위한 자치권을 가지도록 해야 하고, 그 주민에게 하나의 권리로서 정내회의 자치에 참여하도록 해야 하는 것이 아닌가 하는 문제제기를 하게 된 것이다.

즉 단지 지역에 거주한다는 것만으로 지연단체인 정내회에 회비를 납부하고 의무를 부담해야 한다는 측면만을 볼 것이 아니라, 오히려 지역분권시대에 정내회를 일정한 지역구역에서의 자치권을 가지게 하고, 그 지역구역에 거주하는 주민에게 주권자로서의 권리를 인정해주어야 하지 않느냐는 것이다.

이렇게 되면, 민주적 정체(politeia)하에서 정내회의 운영을 얼마나 민주적으로 운영할 것인가가 논의의 중심이 되게 된다. 만일 지역주권개혁으로서 정내회에 자치권을 전국 획일적으로 인정해주었는데,[8] 그 운영이 비민주적으로 운영되는 관행이 여전히 잔존한다면, 이것은 민주적 헌법질서에 부합하지 않는 것이 되게 된다.

정내회도 헌법질서와 법령의 지배를 받는 것은 국가나 지방자치체나 동일하다고 할 때, 정내회 조직의 민주적 운영은 필요조건이 되어야 할 것이다.

만일 정내회의 운영을 회장에게 전권을 위임하는 독단적인 방식을 인정할 것인가의 문제를 생각할 수 있다. 현실적으로 풀뿌리 민주주의사회라고는 하지만, 풀뿌리의 사회에서 주민이 끈질기게 자기의 주장을 설득력 있게 전개하는 사람이 그렇게 많지 않다고 할 때, 민주적인 논의를 활성화시키는 것은 용이하지 않을 수 있다. 이렇게 되면, 일본사회 전체의 민주화의 성숙도 떨어지게 될 것이다.

또 정내회에서 이러한 민주적 운영방식이 채택되고 있지 않다면, 정내회의 객관적 특성 중에 하나인 '지역대표성'도 그 가치를 잃게 된다. 지역사회를 구성하는 주민들이 정내회의 의사결정에 참여하는 '주민에 의한 자치'의 기능이 정당성을 잃기 때문이다. 즉 지역대표성의 권한이 부여되지 않은 임원들이, 아무리 결정하더라도 이것은 지역의 의사로 간주하기 어려운 것이다.

비록 지역대표성의 정당성을 가진 정내회의 임원들이라고 할지라도, 구성원의 의사를 적절히 반영하지 않았다고 한다면, 경우에 따라서는 임원불신임을 제기할 수도 있는 것이다. 즉 혐오시설이나 공해발생의

8) 여기서 정내회에 대한 자치권을 어느 정도 어떤 방식으로 인정해 줄 것인가를 전국 획일적으로 정하기보다는 이것 역시 지방자치의 영역으로 두고, 지역의 자원이나 역사의 고유한 특성을 반영하여, 지역과 주민들에게 남겨진 과제로 해두는 것도 정내회의 다양성을 확보하는 길일 수도 있다(나가다, 43).

우려가 있는 공장이나 상업시설을 건설하려고 하는 기업이나 행정의 요청에 대해서 정내회의 임원들이 승인했다고 해도, 구성원 전체의 의사를 반영하는 민주적 절차를 거치지 않았다고 한다면, 반대하는 주민들의 철회요구가 일어나는 것이다.[9)]

즉 정내회의 경우에도 지방자치의 구성요소인 주민자치의 '민주적 참여'가 요구되는 것이고, 이것이 결여된 경우에는 정내회를 지역정부의 행정참여의 파트너로서 고려하기가 어렵게 될 수 있는 것이다.

일본 정내회의 새로운 역할로서의 공공성

지역에서 공동생활을 하는 경우에는 어떤 형태로든지 규제가 필요하고 규제를 미리 정해두는 규정(rule)만들기가 필요하다. 또 공동생활을 하는데 그러한 규제의 결정에 그 구성원인 주민이 참여하는가가 민주적 운영이란 관점에서 중요한 논점이고, 규제결정의 정보를 얼마나 공개하고 제공하는가는 참여를 위한 정보공개란 관점에서 중요한 논점이다.

규제를 어느 정도 할 것인가는 공동생활주택의 구조나 주변의 환경에 의하여 달라질 수 있는 것이지만, 공동생활에서 소음문제나 쓰레기수거문제, 조경관리문제 등 공동생활문제를 둘러싸고 이를 자치적으로 관리할 조직이 필요하게 된다.

예를 들면, 주택지의 쓰레기 수거처리장소가 고정되어 있음으로 인해서 특정한 세대에 피해가 집중될 수 있다. 이 경우, 해당되는 피해세대는

---

9) 이러한 문제는 정내회만이 아니라 지방자치단체에서도 일어날 수 있다. 즉 단체장이나 지방의회의원의 경우에도 법률에 기초한 선거로 공평하게 선출되었고, 법령에 의하여 공공적인 사무로서 업무를 집행하도록 위탁되어 있지만, 최근 선거율이 낮아져서 2~3할에 그치고 있고, 소수의견을 존중해야 한다는 민주주의의 원칙을 무시하게 되면, 다수의 횡포에 의한 의회운영을 하게 되는 셈이고, 대의민주주의는 그 정당성을 잃게 될 것이다. 이에 최근에는 주민들의 직접투표에 의한 직접민주주의의 요구가 일어나는 것이고, 그 참여의 숫자가 너무 커서, 규모의 한계를 극복하기 위한 직접민주주의로서 숙의민주주의의 기법들이 도입되고 있다. 한국의 공론조사위원회와 같은 방식이 이에 해당한다고 할 것이다.

정내회에 문제제기를 하여 쓰레기 수거처리장소를 윤번으로 하자고 제안할 수 있다. 이에 대해 부담의 공평화를 반대하는 주민이 생긴다고 하면, 정내회로서는 어떻게 할 것인가의 문제이다. 정내회가 공적 기관이 아니기에 강제력을 가지고 윤번제로 쓰레기 수거장소를 지정하여 운영할 수 없는 것이다. 이에 대해 최고재판소의 판결은 윤번제로 쓰레기 수거장소를 운영하는 것을 반대한 주민에 대해서는 쓰레기를 그 구역에서 배출하지 못하도록 판결을 내렸다.[10]

다시 말해 쾌적한 지역생활의 유지를 위해서는 주민전체가 협력하여 문제를 해결하고, 그 문제해결과정에 참여하고 협력하여야 하는 것이다. 이런 협역(狹域)구역의 지역문제에 대해서 정내회는 그 역량을 키워야 하는 역할이 기대되는 것이다. 즉 협역 구역에서의 근린민주주의의 성숙이 요구되고, 이를 위한 민주주의의 경험과 교육장으로서 정내회의 기능과 역할이 새롭게 부각되는 것이다.

또 다른 사례를 보면, 일본에서 토지의 매각을 하는 경우에도, 지역의 도시계획의 필요성에서 지역의 토지문제에 대한 공동의 관여나 공동의 관리를 인정하는 방향으로 논의가 전개되고 있다.(나가다, 47) 물론 근대사회에서는 사적 소유권에 관련된 문제라도 지역의 의사가 간여되어, 지역외의 사람들에게 토지를 매각하지 못하도록 하는 관행이 있었지만, 현대사회에서 이러한 간여는 사라졌다고 할 것이지만, 도시계획의 필요성으로 인하여 개인사유의 토지라고 해도 지역공동체가 일정한 간여를 하도록 인정하게 되었다는 점이다.

그리하여 행정의 시책사업을 하거나 마을만들기 조례를 만들거나 할 때, 지역사회의 총의가 무엇인가를 묻는 경우가 있는데, 이때 정내회에 그 의견을 묻도록 하고 있는 것이다. 이 점에서 정내회는 그 관할구역 주민들의 의사를 대외적으로 표명하는 권능을 인정하게 되는 셈이다.[11]

---

10) 1999년 4월 최고재판소 판결.

이 점에서 정내회에는 지역의 공동생활에 관한 문제를 스스로 의사결정 할 수 있는 권능이 부여되어 있어야 하고,[12] 민주적 절차에 따라서 조직운영이 이루어져야 한다. 만일 정내회가 그 관할구역의 지역문제를 스스로 해결하지 못하여 행정관료제에 의존하기만 한다면, 주민자치는 성립하지 못하게 되는 것이다.

즉 구역 내의 주민들의 의사가 달라서, 그것을 합의를 이끌어내거나 주민들의 참여를 이끌어내지 못하거나, 그러한 노력을 포기해 버린다면, 정내회는 주민자치기관으로서의 역할을 하지 못하고, 행정기관에 지역문제의 해결을 의존하게 되는 셈이다.

만일 주민들 간의 대립되는 의견을 양론병기형으로 정리하여 행정기관의 결정에 위탁해버린다면, 이것 역시도 지역문제의 해결을 지역에서 합의형성을 부정하게 되는 결과를 초래하게 되는 것이고, 정내회는 행정관료제에 친화적인 조직이라는 비판을 받지 않을 수 없게 될 것이다.

정내회로서는 지역에서 논의를 통하여 공통의 목표를 이끌어내도록 노력하고, 지역의 공공성의 문제를 주로 다루어서 결정할 수 있는 것은 결정할 수 있어야 한다. 그럼에도 불구하고 지역에서 의사결정을 하기 어려운 문제들에 대해서는 상위계층의 지방정부의 행정에 요구할 수 있을 것이다.

이 점에서 정내회는 대외적으로 정내회의 의사를 자율적으로 표명하는 단체자치요소가 불가피하게 요구되는 셈이다. 정내회의 의사를 대외적으로 표명할 때, 그 의사결정의 방식에는 회장이나 임원회(이사회)에 일임하는 방식도 있을 것이고, 정내회의 전 회원이 총회로 모여서 다수결로 결정하는 방식도 있을 수 있다. 그런데, 이러한 의사결정방식이 이루어지지 않는다고 하면, 정내회는 단체자치의 요소를 가지고 있지 않은 것이다.

11) 구미에서 주민조직의 활약상이 가장 두드러지는 분야가 도시계획의 실시나 변경에서 민의를 표명하는 것이라고 한다(나가다 편, 세계의 주민조직).

12) 이것이 곧 정내회의 단체자치적 요소이다.

요컨대, 정내회가 지역의 공공성 있는 지역문제를 다루는데, 지역대표성을 가지고 상위계층의 지방정부에 대해서 그 의견을 표명하는 정당성을 가지고 있을 때, 비로소 정내회는 행정과의 관계에서 거버넌스의 파트너로서 민주정체(democratic politeia) 속의 정당성을 가진 공공문제에 대한 새로운 참여자가 될 수 있을 것이다.

참고문헌

김병국. 2017. 일본 주민자치조직인 정내회의 과제와 방향: 삿포르시를 중심으로, 자치발전

김주원 · 곽현근 · 김병국 · 김순은 · 김중석 · 김찬동 · 김필두 · 박철 · 신윤창 · 전용대. 2019.『한국주민자치 이론과 실제』, 대영문화사

김찬동. 2019.『주민자치정책론』, 충남대학교출판문화원

______. 2017.『주민자치제도의 재설계』, 궁미디어

______. 2015.『주민자치의 이해』, 충남대학교 출판문화원

______. 2014. "주민자치의 제도설계: 일본의 주민자치회와 주민자치센터를 사례로",『한국지방자치학회보』 제26권 제1호, 한국지방자치학회

이나쓰구 히로아키. 2014.『일본 지방자치단체 거버넌스』, 한울

이형용 · 김찬동 · 박홍순 외. 2018.『거버넌스형 지방정부조직과 운영모색』, 도서출판 휴머니즘

한국지방자치학회. 2019.『신지방의회론』, 박영사

최창호 · 강형기. 2014.『지방자치학』, 삼영사

大森弥 · 大杉覚. 2019.『これからの地方自治の教科書』第一法規

小滝敏之. 2006.『住民自治の視点と道程』, 公人社

________. 2007.『市民社会と近隣自治』, 公人社

中田実. 2017.『地域分権時代の町内会自治会』, 自治体研究社

西尾勝. 2013.『自治分権再考』, ぎょうせい

6장
영국의 패리쉬 제도

김순은 대통령소속 자치분권위원회 위원장
서울대학교 행정대학원 교수(전)

6장 영국의 패리쉬 제도*

1. 들어가며

주민자치 조직의 명칭과 법적 지위

영국 주민자치의 명칭은 크게 패리쉬의회(parish council)1)와 근린공동체(neighborhood community)이다. 전자는 지방정부법(Parish Council Act of 1894)에 의하여 잉글랜드 지역에 설치된 선거에 기반을 둔 주민자치조직이며 후자는 2007년 제정된 '지방정부 · 보건참여법(Local Government and Public Involvement in Health Act 2007)'에 의하여 설치되어 지역발전을 위하여 적극적으로 권장되고 있다. 현재 패리쉬의회는 타운의회(타운을 담당), 마을의회(village council), 공동체의회(community council), 근린의회(neighborhood council), 시의회(시를 담당하는 경우)2)라고 부른다

원래 패리쉬는 성공회 교구로부터 유래되었으나 1894년 지방정부법

---

* 이 글은 필자가 그동안 작성했던 지방자치와 주민자치에 관한 논문들을 수정·보완한 것임. 주로 2012년 자치선진국 근린자치의 경험을 통해 본 충남에의 정책적 시사점, 2013년 주민자치활성화를 위한 주민자치조직의 대안, 2014년 사회적 자본의 관점에서 본 주민자치 시범실시 사례분석: 역촌동을 중심으로, 주민자치회의 현황과 발전과제 및 방향(2인 공저), 2016년 도시공동체의 주민자치와 사회자본: 입주자대표회의의 사례분석을 중심으로(2인 공저) 수정 또는 가감되었음.

1) 영국에서 패리쉬의회는 지방의회(local council)라고 부르며 카운티, 구역정부, 단일정부는 핵심 지방정부(principal authorities; Sandford, 2015) 명명됨. 패리쉬의회는 전국지방정부협의회(National Association of Local Councils)를 통하여 대변됨.

2) Salisbury, Truro, Ripon 등 8개의 패리쉬의회가 시의회를 띠고 있음.

에 의하여 농촌지역의 공무 감사권을 인수하고 비교회 관련 업무를 중심으로 주민자치기구로 전환되었다. 이때의 패리쉬를 시민패리쉬(civil parish)라고 명명되었다.

패리쉬의회는 후속 법률의 제정에 따라 발전하였으며 특히 2011년 지방주의법(Localism Act)에 의하여 더욱 발전되었다. 패리쉬의회는 주민에게 가장 가까운 주민자치조직으로서 주민직선에 의하여 구성되며 제한적인 과세권을 갖는다. 현재 1,600만 명의 잉글랜드 주민들이 패리쉬의회의 구역에 거주하고 있다. 패리쉬의회 중에는 타운이나 시의 구역을 담당하는 사례도 있으며 이때에는 타운의회 또는 시의회라고 칭한다. 현재 잉글랜드 지역에는 9,000개 패리쉬와 타운의회가 존재하며 여기에 봉사하는 지방의원의 수는 80,000여 명에 이른다. 총 예산의 규모는 1조 파운드에 이른다.

영국의 또 다른 주민자치조직으로는 2007년 지방정부·보건참여법(Local government and Public involvement in Health Act)에 규정된 근린 공동체(neighborhood community)가 있다. 영국에 있어서 근린 공동체는 다섯 가지의 특징을 지니고 있다. 첫째, 개인이나 집단의 정체성의 구축에 기여하며, 둘째, 3자와의 관계나 교류를 촉진하고, 셋째, 의료 및 교육 등 기본적 욕구를 충족시킬 수 있으며, 넷째, 보통의 만남이 이루어지며, 다섯째, 지리적 경계 및 사회적으로 구축되어진 의미나 가치를 지니고 있는 등의 특징을 지닌다.(Lowndes and Sullivan, 2008) 영국의 근린 공동체는 지리적 특성과 사회적 특성을 동시에 고려한 개념으로 파악되고 있다.

주민자치조직의 규모

▎패리쉬의 규모와 재원

2013년 기준으로 평균적인 패리쉬의 규모는 1,700명이며 패리쉬의원의 수는 9명이었다. 패리쉬의 인구 규모는 인구 100명 미만에서부터 100,000명에 이르는 서튼 콜드필드 타운 회의(Sutton Coldfield Town Council) 등 매우 다양하다.

앞에서 언급하였듯이 전국에 9,000여 개의 패리쉬가 설치되어 있고 패리쉬의회 의원의 총수는 80,000명이다. 주로 농촌지역에 소재한다. 인구의 규모는 500명 내외가 보통이다. 80%의 패리쉬의회는 2,500명 이하의 주민을 보유한다. 패리쉬의 평균적인 재정규모는 15,000파운드였다.(주장환·윤성욱, 2014) 전국 총예산의 규모는 1조 파운드이다. 패리쉬 재원은 자주재원과 의존재원으로 구성되며, 전자는 공공시설의 이용료와 임대수입으로 이루어지며 후자는 상급 지방정부의 의무적 지원이다. 자주재원의 비율은 20~30%이며 의존재원의 비율은 대략 70%를 차지한다.

패리쉬의회는 독자적인 과세권한은 없지만 상위 지방정부인 구역정부에 부가금의 징수를 요구할 수 있다. 즉 상위 지방정부가 지원하는 재원은 부가금(precept)으로서 패리쉬의회가 요구한 금액을 지방세에 추가하여 지역주민에게 부과한다. 통상 1~2만 원 정도의 지역주민부담금(community charge)을 지방세에 추가하여 징수한다. 징수된 금액을 패리쉬의회에 이전하는 방식이다.(소진광 외 3, 2011)

▌근린 공동체의 규모

'강하고 번영하는 공동체'(strong and prosperous communities)라는 백서에 따르며 근린 공동체의 규모는 인구의 수에 따라 세분하여 논의하였다. 이때의 공동체의 규모는 거버넌스의 형성을 위한 구분이었다. 인구 50~300명 규모의 블록, 수개의 블록으로 형성된 500~2,000명의 홈 근린 공동체, 인구 4,000~15,000명 규모의 전략적 근린 공동체, 인구 5,000~20,000명 규모의 공동체 관리를 위한 공동체 파트너십 등으로 구분하고 있다. 이 중에서 전략적 근린 공동체와 공동체 파트너십이 빈곤지역의 공공서비스의 개선을 위한 주체로 건의되었다. 여기에 해당하는 공동 서비스는 치안, 주택, 환경관리, 의료와 교육 등이다.(Department of Communities and Local Government, 2006)

패리쉬는 공동체 의회(community council)라는 명칭도 갖게 되었다. 종전에는 패리쉬의회라고 명명되었으나 이에 대하여 공동체 의회 또는 마을 의회(village council) 등의 명칭도 허용하여 주민자치의 중요성을 명시하였다. 중앙정부의 조례제정에 대한 승인권을 폐지하였다. 노동당 정부는 패리쉬의 강화를 통하여 지역재생을 모색하였다.

2. 설치근거

1555년 도로법, 1601년 구빈법에 의하여 도로행정과 구빈행정을 담당하는 기구로 발전하였다. 그 후 1894년 지방정부법에 따라 하위 지방정부인 구역정부 산하에 설치되었다. 패리쉬의회 중에서 타운을 담당하면 타운의회, 구역을 담당하면 구역의회라고도 호칭된다. 인구 300명 이상의 지역에서는 패리쉬의 설치가 의무사항이다. 1997년 지방정부 및 지방세법(Local Government and Rating Act)의 제정으로 주민들이 패리쉬의 설치를 요구할 수 있게 되었다.(이자성, 2012)

20세기 후반 영국 정부의 재정악화는 주민자치의 중요한 전환점이 되었다. 재정악화로 인한 공공서비스의 전달과정에 문제가 발생하자 근린 공동체를 통한 주민자치의 강화가 대안으로 논의되었다. 지방정부·보건참여법은 2006년 지방정부·공동체성이 발표한 백서인 '강하고 번영하는 공동체'(strong and prosperous communities)에 기초하고 있다. 2007년 지방정부·보건참여법에서는 패리쉬를 설립하는 권한이 중앙정부에서 지방정부로 이전되었으며 중앙정부의 조례제정 승인권도 폐지되었다.(김순은, 2013)

2011년 지방주의법(localism bill)의 제정으로 마을공동체의 권한이 더욱 강화되었다. 이 법에 기초하여 대중교통, 교통질서, 범죄예방에 관련한 새로운 역할이 패리쉬에 부여되었다.(전대욱, 2014)

3. 발전역사와 경위

패리쉬의 기원

영국의 패리쉬는 역사적으로 장원(manor)의 지역단체로서 종교활동과 행정활동이 구분되지 않았을 때에는 교구의 역할이 강했다. 점차 종교활동과 행정활동이 구분되기 시작하면서 지역주민의 자치조직으로 발전하기 시작하였다.

그 후 1555년 도로법, 1601년 구빈법에 의하여 도로행정과 구빈행정을 담당하는 기구로 발전하였다. 1888년 지방자치 개혁의 결과 패리쉬의 지방정부로서의 기능은 다소 축소되었다. 1894년 지방정부법에 따라 지방정부인 구역정부(농촌지역의 디스트릭트(district) 또는 도시지역의 버러우나 디스트릭트)의 하위단위로 규정되면서 패리쉬의 기능은 축소된 반면 구역정부의 역할은 강화되었다. 1965년 런던지역에 런던광역시가 탄생되면서 이 지역의 패리쉬는 폐지되고, 대도지역에서는 명목상의 패리쉬만 남았다. 패리쉬의회는 주로 농촌지역을 커버하며 도시지역에는 종교적 패리쉬가 대부분이다. 2007년 지방정부 및 보건참여법에 따라 런던광역시에도 패리쉬의회의 설치가 가능해졌다.

근린 공동체의 원리

영국에 있어서 근린 공동체가 일찍부터 설치되어 현재에까지 발전하고 있는 데에는 다양한 원리가 원용되고 있다. 첫째, 근린 공동체는 지역주민들의 참여가 용이하게 이루어질 수 있는 지리적 규모에 기초하여야 한다는 시민의 원리이다. 근린 공동체는 대규모의 정부보다도 가치관 등의 동질성이 존재하여 주민의 참여가 용이하다. 첫 번째의 원리에 기초하여 근린 공동체로의 분권이 권장된다.(community empowerment)

둘째, 주민의 참여가 용이하게 이루어지기 때문에 지역주민들이 근린 공동체의 거버넌스를 용이하게 파악하고 공공 서비스의 개선이나 의사결정에 적극적으로 참여할 수 있다는 사회적 원리이다. 두 번째의 원리에 기초하여 근린 공동체 파트너십이 형성된다. 지역주민들이 근린 공동체의 문제에 정통하고 있기 때문에 근린 공동체 수준에서의 지도자는 주민들에 대한 책임성을 높일 수 있다는 것이 정치적 원리이다. 세 번째 정치적 원리에 기초하여 근린 공동체 정부가 수립된다. 끝으로 근린 공동체 수준에서 시행되는 공공서비스의 효율성과 효과성을 높일 수 있다는 경제적 원리도 원용된다. 네 번째의 원리에 기초하여 근린 공동체 경영이 이루어진다. 최근 캐머런 정부가 제시한 공동체의 권리 및 도전은 이러한 원리를 기초로 한다는 점을 보여주는 대표적인 자료이다.(Lowndes and Sullivan, 2008)

현재 잉글랜드에 설치된 패리쉬의 수는 10,449개이며(Office of National Statistics, 2015) 그중 9,000여 개의 패리쉬에 의회가 설치되어 있다. 주로 농촌지역에 소재하며 패리쉬의 규모는 매우 다양하다. 인구규모로 보면 최소 35명(Walling ham Parish)부터 최대 71,758명(Weston-super-Mare Parish), 100,000명에 이르는 서튼 콜드필드 타운 의회(Sutton Coldfield Town Council)까지 다양하다. 패리쉬 분포를 인구규모로 보면 500명 이하의 패리쉬가 40%, 5,000명 이상이 10% 정도를 차지하고 있다.(주장환·윤성욱, 2014; 소진광 외3, 2011) 80% 이상의 패리쉬는 인구 2,500명 이하이다. 패리쉬에 거주하는 인구의 규모는 1,600만 명에 이른다.

1972년 지방정부법 이후의 발전

1972년 지방정부법은 잉글랜드 지역의 지방행정체제를 2층제로 획기적으로 전환하였다. 패리쉬의회의 법적 기초가 제도적으로 확립되었다. 1972년 지방정부법의 도입으로 대도시 지역에서도 패리쉬의회의 설치가 가능하게 되었다. 1972년 지방정부법이 지방정부의 통폐합으로 지방정부의 구역을 확대함과 동시에 풀뿌리 조직으로서 패리쉬의 존재의의를 확인하였다. 농촌지역에서 패리쉬의회의 법적 지위가 보장되고 소규모의 타운에서는 도시정부로 전환되었음에도 패리쉬의 지위를 계승하였다. 이 법에 따라 패리쉬의회는 지역개발을 계획하는 과정에 참여할 수 있는 권한을 부여받았다. 계획수립 주체는 반드시 해당 지역의 패리쉬의회에 관련 정보를 제공하고 자문을 받도록 되었다. 1972년 보장되었던 패리쉬의회의 기능은 점차 핵심 지방정부에 의하여 대체되었지만 고유기능은 현재까지 유지되고 있다. 1997년 노동당 정부가 출범하면서 지방정부의 계층을 축소하려는 반작용으로 패리쉬의회가 강화되는 제도 개편이 이루어졌다.(박상우 외 3, 2015; 최인수·전대욱, 2014)

영국은 패리쉬 이외에 1997년 노동당 정부의 출범 이후 공공부문과 민간부문 외에 봉사·공동체 부문(voluntary and community sector)이 공공서비스의 개선 및 집행과정에 참여하도록 권장되었다. 공공부문과 민간부문 및 봉사·공동체 부문 간에 체결된 거버넌스가 지역전략 파트너십(local strategic partnership)으로서 지역전략 파트너십이 형성된 지역이 노동당 정부하에서 중앙정부에 각종 개발자금을 신청할 수 있는 자격을 가졌다.

영국은 1997년 노동당 정부의 탄생 이후 도시의 마을공동체 단위에서의 빈곤과 열악한 공공서비스의 수준에 대한 문제점을 인식하였다. 정부의 정책 우선순위가 마을공동체 단위의 빈곤을 퇴치하고 공공서비스의 질적 향상을 추진하는 것이었다. 이를 위한 정책이 마을공동체를 위한 뉴딜정책(New Deal for Communities: NDC)이었다. 1998년 이후 10년간에 걸쳐 지구별로 3,500만 파운드에서 6,000만 파운드의 예산을 배정하여 총합계 20억 파운드의 예산을 투여하였다. NDC예산은 주로 실업, 건강, 범죄, 교육, 환경과 관련된 분야에 사용되었다. NDC예산의 집행과정에 무엇보다도 중요한 요소는 마을공동체의 참가와 주민의사의 반영이었다. 따라서 주민의 대표가 참석하여야 한다.

영국에 있어서 낙후 및 빈곤지역의 재생을 위하여 마을 재생기금을 마련하였다. 재생기금을 신청하기 위해서는 지역의 전략적 파트너십이 구성되어야 하며, 이 과정에 마을공동체의 의견이 매우 중요한 요소가 되었다. 빈곤지역 재생기금은 용도가 지정되어 있지 않았으나, 2001년 도입되어 주로 빈곤의 감소, 범죄의 퇴치, 의료 및 교육 서비스의 불공정을 시정하기 위한 목적으로 사용되었다.

2011년 지방주의법의 제정

2010년 캐머런 정부의 출범 이후 마을공동체 단위의 역할이 더욱 강화되었다. 2011년 지방주의법의 제정으로 마을공동체가 공동체의 발전을 위하여 폭넓은 권한과 예산을 부여받아 보다 효율적으로 마을공동체의 발전에 대처할 수 있게 되었다.

2011년 지방주의법에 따라 패리쉬의회는 공개입찰에 참여하는 권리(community right to bid)와 공공서비스에 전달과정에 도전할 수 있는 권리(community right to challenge)를 부여받았다. 공동체 가치를 지닌 재산이 시장에 나오면 패리쉬의회는 6월의 유예기간을 거쳐 공개입찰에 참여할 수 있는 권리가 전자에 해당하며 다른 지방정부보다 효율적으로 공공서비스를 전달할 수 있다고 판단되면 이를 공식적으로 제기할 수 있는 권리가 후자에 속한다.

이를 실현하기 위하여 공동체 가치를 지닌 재산(asset of community value)목록을 요구할 수 있다. 공동체 가치를 지닌 재산의 지정은 봉사조직이나 공동체

조직만이 가능하다. 패리쉬의회는 지정할 수 없다.

2011년 지방주의법의 제정으로 중앙-지방의 관계에 적용되는 상위법 위반무효의 원칙(ultra vires)이 배제되는 새로운 권한이 패리쉬의회에 부여되었다. 기능의 일반적 권한(general power of competence)이 일정한 요건을 갖춘 패리쉬의회에 부여되어 기능의 일반적 권한을 부여받은 패리시의회는 상위법에서 금지하는 않는 한 지역발전을 위한 정책의 결정과 집행에 관한 권한이 확대되었다.

기능의 일반적 권한을 부여받기 위해서는 3가지 요건을 충족하여야 한다. 첫째, 선출직 의원 2/3의 의결을 거쳐야 한다. 이때 의회에서 선출된 의원은 제외된다. 둘째, 패리쉬사무장은 일정한 자격요건을 갖추고 있어야 한다. 셋째, 지역발전을 위한 새로운 계획의 재정이 반드시 지역개발부담금(precept)으로 충당하여서는 안 되며 반드시 그 외의 재원으로 충당하여야 한다.

2011년 지방주의법은 주민자치조직으로서 패리쉬의회와 더불어 근린공동체를 규정하였다. 기존의 타운의회나 패리쉬의회 외에 근린 포럼(neighbourhood forum)을 규정하여 근린포럼을 통하여 공동체 발전 계획을 추진할 수 있는 길을 열었다. 근린포럼은 패리쉬의회가 없는 지역의 공동체 그룹을 의미한다.

4. 조직기구의 특성

주민총회와 패리쉬의회

잉글랜드 모든 지역이 패리쉬의회를 설치하여야 할 의무가 있는 것은 아니다. 종전에는 유권자가 300명 이상 되는 패리쉬는 직접선거에 의한 의원으로 구성하는 패리쉬의회를 설치할 수 있었다. 동시에 주민전체가 참여하는 주민총회가 설치되었다. 패리쉬의회가 설치된 경우에는 연 1회의 주민총회가 개최되어야 한다.

인구 300명 이하의 패리쉬에 의회 설치는 임의적이며 의회를 설치하지 않는 경우에는 주민총회를 최소한 연 2회 개최하여야 한다. 2007년 이후의 지방정부 · 보건참여법의 제정으로 패리쉬의 조직에 관한 사항이 크게 보완되었다.

2007년 지방정부 · 보건참여법에 따라 유권자 1,000명 이상의 패리쉬에는 의회의 설치가 의무화되었고 유권자 150명 이하의 패리쉬에는 기존에 설치된 경우를 제외하고는 의회의 설치가 불필요하다. 유권자의 수가 150명 이상 1,000명 이하의 패리쉬의 경우에는 해당 지방의회에게 위임하여 패리쉬의회의 설치를 결정하게 하였다. 현재 지방의원과 패리쉬 의원을 겸임하는 사례가 발견되고 있다.

인구 150명 미만의 지역에서는 패리쉬가 없기 때문에 의회의 역할을 주민총회가 수행한다. 150명 이상의 패리쉬는 주민직선으로 의회를 구성하게 된다. 패리쉬의회는 위원회와 소위원회 등으로 구성되며 통합 선거구에서 최소 5명의 의원으로 구성된다. 패리쉬의 규모가 큰 경우에는 선거구별로 선출한다. 패리쉬의 규모가 작아 의회를 구성하지 않는 경우에는 이웃 패리쉬와 합동으로 구성할 수 있다. 이를 통합의회(grouped, common, joint or combined council)라고 한다.

회기와 회의의 수

패리쉬의회의 정기회는 1회이며 임시회는 최소한 3회이다. 대부분의 패리쉬의회는 매월 1회의 회의를 개최하며 규모가 큰 패리쉬의회는 2주간 개최하기도 한다. 의사정족수는 의원의 1/3 또는 3인 중 많은 수여야 한다. 사안이 있을 때에는 적법한 절차를 거친 임시회가 수시로 소집된다. 정기회에서 의장과 부의장을 선출하며 의장은 공동체의 수장의 역할도 수행한다.(박상우 외3, 2015; 소진광 외3, 2011)

1997년 지방정부법에서 주민총회와 의회의 회기에 관한 규정을 두고 있다. 매년 1회 직접민주주의의 형태인 주민총회를 열어야 한다. 주민총회의 개최일시는 매년 3월 1일과 6월 1일 사이의 오후 6시 이후이다. 패리쉬에 등록된 유권자는 참석이 가능하다. 참석자들은 현안에 대한 질의, 발언, 결의제안, 투표 등의 행위가 가능하며 패리쉬의 의장, 의원, 패리쉬 사무장이 이에 응답하여야 한다. 패리쉬의회는 주민총회에서 논의된 사항을 다룰 수 있다. 주민총회의 의결이 법적 구속력을 가짐은 물론이다.(주장환·윤성욱, 2014)

패리쉬의 설치와 변경 및 폐지

1997년 지방정부 및 지방세법이 제정된 이후 구역정부나 단일정부(패리쉬의 상위정부)는 주민들의 청원이나 자체의 판단으로 패리쉬를 창설할 수 있다. 1997년 이후 패리쉬의 전통이 없었던 지역에서 패리쉬가 급증한 배경이 되었다. 2000년 이후 200여 개의 새로운 패리쉬의회가 구성되었다. 단일정부(unitary authorities)가 증가한 데에 대한 부수적 효과였다.

아울러 2007년 지방정부 · 보건참여법이 패리쉬의회의 신설과 근린공동체에 관하여 상세한 규정을 두고 있다. 지방정부 · 보건참여법은 패리쉬가 근린 공동체의 중요한 기구임을 명시하고 있다. 패리쉬의 창설, 변경 및 폐지할 수 있는 권한이 중앙정부로부터 구역정부, 단일정부 및 런던 버러우 등 지방정부로 이관된 점도 중요한 특징이다. 런던지역 내에도 패리쉬의 설치를 허가하였다.

주민들의 청원이나 핵심지방정부의 자율에 의하여 패리쉬의 설치가 이루어지며, 구역정부나 단일정부 등 핵심지방정부는 패리쉬의 경계, 지위, 선거제도 등에 관한 권고안을 제시하도록 되어 있다. 권고안은 지방정부경계위원회를 거쳐 장관의 승인으로 패리쉬의 설치가 이루어졌으나 2007년 이후 승인권이 지방정부로 이관되었다.(최인수·전대욱, 2014)

구역정부, 단일정부, 런던 버러우는 언제든지 행정구역 내의 거버넌스의 형태에 관한 것을 평가 및 검토할 수 있으며 이러한 연구와 평가는 10~15년 간격으로 수행된다. 주로 인구의 변화, 경계구역의 조정 필요성, 지역주민의 청원 등이 포함된다. 새로운 검토는 주로 주민들의 청원에 의하여 개시된다. 청원의 요건은 유권자 500명 미만의 지역에서는 37.5%, 500명에서 2,500명 수준에서는 187명의 서명이, 2,500명 이상의 지역에서는 7.5% 이상의 주민이 요구하여야 한다.

중앙정부는 이에 대한 가이드를 제시한다. 주로 패리쉬의 신설, 패리쉬의 명칭, 패리쉬의 분리, 기존 구역의 변경 · 폐지, 선거제도의 변경 · 통합 등에 관한 사항이 포함된다.

유권자 1,000명 이상의 지역에서는 반드시 패리쉬의회를 설치하여야 한다. 유권자 150명 이하의 지역에서는 패리쉬의회의 설치가 의무화되어 있지 않다. 그 사이의 경우에는 상위 지방정부는 패리쉬의회나 패리쉬총회를 권고할 수 있다.

핵심지방정부는 정기적으로 공동체의 거버넌스를 검토하고 분석한다. 이때 공동체의 거버넌스는 패리쉬의회를 포함하여 다양한 대안들이 포함된다. 지역위원회(area committee), 근린 관리기구(neighborhood management arrangement), 입주자 관리조직(tenant management organization), 지역 포럼(are forum), 거주자 및 입주자 결사체(residents and tenant's association), 공동체 결사체(community association) 등이 지침서에 포함된 대안들이다.

패리쉬 의원의 수당

패리쉬의회 의원의 수당은 원칙적으로 무보수이며 의원의 경우 60파운드, 위원장의 경우 170파운드 등의 수당을 지급하는 경우도 있다.

패리쉬의회의 선거와 임기

패리쉬의회의 의원은 통합선거구에서 주민의 직접선거로 선출한다. 5명 이상의 의원으로 구성되어야 하며 대규모 의회의 경우 소선거구를 사용한다. 패리쉬의회 선거는 구역정부의 선거와 연동되어 실시된다.

피선거권은 영국 또는 영연방 시민, 아일랜드 시민, 유럽연합의 시민에게 부여한다. 피선거권의 자격은 해당 지역의 유권자, 선거일 이전 12월 이상 소유자 또는 거주자, 주근무지가 해당 지역, 거주지가 해당 패리쉬로부터 4.8km 이내 중 하나의 요건을 충족하여야 한다.

후보자의 수가 정원에 미달하는 경우 무투표로 당선되며 선거는 실시되지 않는다. 만약 정원에 미달하는 경우 패리쉬의회가 나머지 의원을 선정할 수 있다. 이 경우 최소한 의사정족수가 충족되어야 하며 선거일로부터 35일 이내에 결정하여야 한다. 패리쉬의회가 이 기간 내에 결원을 보충하지 못할 경우 구역정부는 패리쉬의회를 해산할 수 있다. 의사정족수가 미달하는 경우에도 패리쉬의회를 해산하고 새로운 선거를 명할 수 있다.

패리쉬 의원의 임기는 4년이다. 임기 중에 결원이 생기는 경우 보궐선거나 의회결정(co-option)으로 충원한다. 보궐선거를 실시하는 것은 14일의 결원공고와 10인 이상의 유권자가 선거관리자에게 요구하는 경우이다. 선거의 요구가 부재한 경우 패리쉬의회에서 결원을 보충하며(Co-option) 의원의 수가 의사정족수를 충족하지 못하는 경우 구역정부가 임시로 선거 때까지 유효한 대체의원을 임명할 수 있다. 의원의 수가 2인 이하가 되는 경우 패리쉬의회는 해산된다.

패리쉬의회의 조직

패리쉬의회는 위원회와 소위원회로 구성된다. 위원회 외 소위원회에는 주민방청이 허용되어야 하며 적절한 절차와 회의록을 남겨야 한다. 패리쉬의회는 전문적인 자문을 구하기 위하여 자문그룹을 설치할 수 있다. 상임위원회의 의사정족수는 정수의 1/3이거나 3명 이상 중 큰 쪽이어야 한다.

의회 및 회의 소집통지는 개최일 3일 전에 지정된 장소에 고지되어야 한다. 의제가 공지되어 논의되었을 때 최종적인 의결은 다음 회의에서 이루어져야 한다.

5. 주민자치조직의 권한 및 기능

패리쉬의 권한

패리쉬는 크게 3가지 범위의 권한을 보유한다. 첫째, 공동체를 대표한다. 둘째, 지역의 수요에 부응하는 공공서비스를 제공한다. 셋째, 공동체의 삶의 질과 공동체 웰빙을 제고한다.

지역의 대표로서 카운티나 구역의회와 대등하게 주민의 의견을 수렴·전달한다. 중앙정부, 카운티, 구역의회와는 물론 전력, 가스, 철도 등의 회사와도 교섭을 행한다. 카운티, 구역의회가 패리쉬에 제안, 시책을 행하는 경우에는 모두 패리쉬의회와의 사전협의를 거쳐야 한다. 1972년 지방정부법의 제정에 따라 건설, 개발사업, 학교 관련 사업의 허가 시에는 반드시 패리쉬와 협의하도록 규정하고 있다. 물론 협의의 법적 구속력은 없지만 해당 지역의 의견수렴을 강제화하고 있다. 그 밖에 공동체의 계획수립, 공용지의 보호, 도로 등의 개설에 대한 동의권, 초등학교 교장선임에 관한 자문, 지역봉사기금의 수탁자에 지명 등의 권한을 갖기도 한다.

카운티와의 관련해서는 패리쉬 대표제가 운영되고 있다. 패리쉬는 카운티에 지역대표를 설치하고 카운티와 긴밀한 협의체제를 유지하고 있다. 이것은 카운티가 제공하는 서비스에 관한 의견소통의 장이다. 구역정부와 네트워크를 위하여 업무협력에 관한 헌장을 두고 있다.(최인수·전대욱, 2014)

패리쉬의회는 2007년, 2010년 지속가능한 공동체법(Sustainable Communities Act)에 따라 법률안 개정 제안권을 갖는다.

패리쉬의회의 기능과 과세권

패리쉬의회는 지역개발부담금을 부과할 수 있는 준자치단체이며 지역개발부담금의 규모에는 제한이 없다. 다만 지역개발부담금은 1894년 지방정부법 이후의 제도적 근거에 의거하여야 한다. 2012년 지방주의법에서 부여한 기능의 일반권한(General Power of Competence)이 부여되었다.

개발부담금은 패리쉬의회가 결정하여 카운티 또는 단일정부의 지방세 부과에 부가된다. 이때 카운티의회나 단일정부, 그리고 납세자는 납부를 거부할 수 없다. 1894년 지방정부법에서는 지방세(rate)를 부과할 권리가 있었으나 1990년 지방세 제도가 개편되면서 현재의 지방세(council tax)에 부가하는 개발부담금 제도로 변화되었다. 2014~2015년 기준으로 개발부담금 총액은 3억 8천9백만 파운드였으며 전체 지방세의 1.6%에 해당하는 금액이었다.(Sandford, 2015)

패리쉬의회는 개발부담금 외에 다양한 재정수입을 위하여 다양한 조치를 강구할 수 있다. 지역주민으로부터의 기부, 각종 보조금을 받을 수 있다. 복권허가증이 있는 경우 복권의 운영, 유권자의 승인하에 각종 공공출연금을 모금할 수 있다.

공공자선법(Charities Act of 2006)에 따라 패리쉬의회나 패리쉬의원은 지역의 공공자선을 위한 수탁인이 될 수 있다. 후자의 경우 의원은 수탁인의 역할과 명확히 구분하여야 한다.

비록 과세권한과 예산심의권이 없는 준지방정부이지만 예술 및 공예의 진흥, 시민농원(allotment), 공동묘지, 공원, 운동장, 수영장 등 레저시설 등의 유지관리, 패리쉬 경관의 설치, 산책 및 승마도로의 설치 및 정비, 소학교의 운영, 지역 자원봉사활동, 쓰레기 수거 등의 환경정비 및 공동체 활동에 대한 재정지원 등의 행정서비스를 제공한다. 때로는 관할하는 지방정부의 권한 일부를 위임받아 버스 정류장 쉼터, 신호등 정비, 산책길의 가로등, 주차장, 길가 정비 등의 기능을 수행한다. 이 중에서 시민농원은 모든 패리쉬의회가 지역주민에게 제공하여야 하는 의무이기도 하다.

구역의회 또는 단일정부에 대한 자문기구에 속하는 사항으로 구역 내의 발전계획, 구역 내의 묘지 지정, 하수도 관련 사무, 인도 등의 도로 등과 관련된 사무이다.

무보수이지만 패리쉬의회 의원들은 윤리강령을 준수하여야 하며 지역의 이익을 대표한다. 자원봉사자로 하여금 의회의 활동을 보조할 수 있다.(최인수 · 전대욱, 2014)

패리쉬의회 협의회

패리쉬의 활동을 효과적으로 수행하기 위하여 패리쉬의회 협의회를 설치하여 운영한다. 패리쉬의회 협의회는 회원들의 활동을 지원하기 위하여 다양한 기능을 수행한다. 여기에는 패리쉬 의원과 사무직원의 상호교류, 교육훈련 및 지원 등이 포함된다. 뿐만 아니라 패리쉬의 운영에 관한 법적 · 재정적 · 절차적 · 노동법적 가이드라인을 작성하여 배포한다. 지방정부와 다른 패리쉬와의 갈등이 발생할 때 중재자의 역할도 협의회에 부여되었다. 패리쉬가 직원을 채용할 때 후보를 검증하는 작업이나 대체직원을 지원하는 등의 업무도 수행한다. 우수한 패리쉬에 대한 우수패리쉬 인증제(Quality Council)를 실시하여 패리쉬 간 경쟁을 통한 성과제고에도 기여하고 있다.(최인수 · 전대욱, 2014)

근린공동체의 역할

2010년 캐머런 정부가 2011년 지방주의법을 제정한 이후 근린 공동체의 역할이 강화되었다. 캐머런 연합정부는 2011년 11월 지방주의법의 제정을 통하여 공동체의 권리를 강화한 점이 공동체 굿 거버넌스의 구축을 위한 것이라고 할 수 있다. 지역공동체는 공동체의 발전을 위하여 지역발전계획을 수립하고 주민투표를 거치면 도시계획에 앞서 지역발전을 위한 신축권을 부여받았다. 아울러 지역의 역사적 유산이 매물로 나오면 공동체가 직접 부동산 시장에 참여하여 매물을 구입할 수 있는 권리를 부여받았다. 필요하면 자금모금을 위하여 매매기간을 6개월 연장할 수 있다.

지방정부가 생산 · 제공하는 행정서비스에 대하여 보다 효과적 · 효율적으로 실행할 수 있다고 판단되면 지방정부에게 행정서비스의 생산 및 제공권을 이양할 것을 요청할 수 있다. 지역의 문제를 위한 개별적 예산도 포괄적인 예산으로 전환하여 공동체가 직접적으로 처리할 수 있는 공동체 예산제도를 도입하였다.

6. 주민자치조직의 행정

패리쉬의회의 행정은 패리쉬 사무장(parish clerk)이 담당한다. 유급의 사무장은 비서와 재정관(responsible financial officer)으로서 상근 또는 파트타임의 직을 수행한다. 패리쉬의 재정적 통제와 보고사무 등은 사무장의 책임에 속한다. 사무장에게는 일정한 자격요건이 요구되기도 한다. 예를 들면 지방정부행정자격증(Certificate of Local Council Administration) 등이 요구되기도 한다.

패리쉬의회를 적절히 감독하는 기관이나 조직은 현재로는 없다. 4년마다 실시되는 선거가 유일한 통제의 수단이다. 그러나 주민들은 패리쉬의회의 각종 활동에 대하여 의문이 있을 때에는 이를 제기할 수 있으며 불법의 경우 핵심지방정부의 감사관에게 감사를 청구할 수 있다는 것이 유권해석이다. 일반적으로 핵심지방정부 의회가 패리쉬의회를 감독하고 통제할 수는 없다.

규모가 큰 패리쉬의회는 감사관을 임명하여야 한다. 25,000파운드 이하의 패리쉬의회는 감사관은 임명하더라도 정기적인 연례감사는 받지 않는다. 2011년 지방주의법에 따라 각 패리쉬의회는 행정·재정의 투명성을 위한 장치를 마련하여야 한다.

7. 나가며

시사점

상기에서 영국의 주민자치에 관하여 논의하였다. 이를 토대로 향후 우리나라의 주민자치에 관한 시사점을 논의하면 아래와 같다. 시사점은 주민자치의 중요성, 주민자치의 정착을 위한 지원, 주민자치의 조직, 주민자치의 권한과 기능 재원으로 대분하여 논의할 수 있다. 상기의 분석을 토대로 할 때 주민자치는 순수형 주민자치와 행정형 주민자치로 대분할 수 있으며 필자는 순수형 주민자치의 실시가 현실적으로 적합한 것으로 사료된다.

❙ 주민자치의 중요성

상기 영국의 사례는 주민자치의 중요성을 확인하고 있다. 발전역사와 형태 등은 우리나라와 상이하지만 지방행정과 주민을 연결하는 주민자치가 종전보다 현재에 더욱 중요성이 커지고 있다. 최근에는 주민들의 의견수렴이나 고충처리의 접수뿐만 아니라 지방행정의 사무까지 위임받아 처리하는 사례도 증가하고 있다. 최근 영국의 지방주의법에 의한 공동체 자치의 강화는 우리나라에도 좋은 참고사례가 되고 있다.

❙ 주민자치의 지위와 지원 및 재원

주민자치의 근거는 영국의 사례와 같이 지방자치법에서 규정하는 것이 바람직하다. 순수형 주민자치의 경우에는 제한적인 범위 내의 과세권과 법인격이 필요할 것이다. 주민자치의 관점에서 입주자대표회의의 법적 지위와 성격에 대해서도 지방자치법에서 다루는 것을 적극적으로 검토할 필요가 있다.

주민자치를 지원하는 재정적 지원의 유무도 차이가 있다. 지방정부의 재정적 후원이 있는 국가와 순수하게 주민의 회비로 운영되는 사례도 있다. 우리나라의 경우에는 주민자치의 활성화 차원에서 최소한의 운영비 정도를 지방정부가 지원하고 사업비는 주민들의 회비나 영국의 지역개발부담금 형태로 재정으로 충당하는 제도의 출발이 바람직할 것으로 보인다.

초기에는 행정적 지원도 지방정부에서 행하는 것이 바람직할 것이다. 주민자치의 경험이 일천한 지역에는 지방행정의 행정적 지원이 처음 조직을 구성하고 운영하는 데 커다란 도움이 될 것이다.

❙ 주민자치의 조직

주민자치의 조직도 직능대표로 구성된 사례, 지역주민의 선거로 선출한 사례, 정당의 비례, 주민의 공개추첨에 따른 사례 등이 존재한다. 대표성에서는 주민의 선거가 바람직하겠으나 선거로 인한 경비의 소요도 적지 않을 것이다. 공동주택의 경우 입주자대표회의의 장을 주민들의 선거로 선출하고 있다는 점을 고려할 때 선거에 의한 주민자치의 조직도 충분히 가능하다.

지방자치법에서 주민자치의 대강을 규정하고 상세한 사항은 지방정부의 조례로 규정한다면 주민자치의 다양성을 확보할 수 있다. 주민자치회의 장, 위원장과 위원은 무보수 명예직을 원칙으로 한다.

또는 주민자치의 설치근거만을 지방자치법에서 규정하고 기타의 사항은 지방정부의 조례에 위임하여 주민자치의 기관구성을 다양화할 수도 있다.

주민자치의 규모는 도시부와 농촌지역을 분리하여 논의하면 좋을 것이다. 도시부에 있어서 동단위로 하는 안을 제안하며 농촌부에 있어서는 지리적 광역성을 고려하여 이단위나 면단위가 적절할 것이다. 공동주택의 경우에는 공동주택의 단지를 주민자치의 기구로 한정된 기능을 부여하는 것도 방안이 될 수 있다.

▌주민자치의 권한과 기능

가장 논란이 될 수 있는 부분이다. 주민자치의 권한과 기능도 국가마다 매우 상이하다. 지방행정과는 분리되어 지역의 행사와 청소 및 지역진흥 등에 한정하는 순수형 주민자치와 지방행정의 사무의 일부를 수행하는 지방행정형 주민자치도 있다. 순수형 주민자치로서 우선적으로 지역의 행사와 관심사를 자율적으로 해결하는 권한과 기능을 부여하고 주민자치의 발전상황을 고려하면서 행정사무의 위임을 단계적으로 하는 것이 바람직할 것이다. 지역의 주차장 관리와 쓰레기 분리수거 등의 업무가 주민자치기구가 수월하게 수행할 수 있는 영역이 될 것이다.

결론

❙ 주민자치에 대한 올바른 인식

우리나라의 주민자치회 시범실시 지역을 분석한 결과, 주민자치의 활성화는 우선 주민자치회에 대한 주민자치위원 및 주민들의 오해를 해소시키는 데에서 출발할 필요가 있다. 주민자치회는 예산의 지원이 없어도 지역공동체가 공동체의 문제를 지역주민의 의사에 부응하며 해결하는 주민자치의 조직이다. 물론 중앙정부 또는 지방정부의 재정적 후원이 있으면 더욱 활성화되겠지만 재정적 지원이 주민자치회의 전제가 되어서는 곤란하다. 향후 시범사업의 확대 및 정착 등을 고려할 때 이 점을 분명하게 인지시켜야 할 것이다.

❙ 주민자치회 모형 선택의 자율성 제고

2013년 7월 실시된 주민자치회 모형으로 협력형을 채택하였다. 법제처의 유권해석이 주요한 원인이 되었지만 앞의 사례분석을 보면 지역에 따라 매우 상이한 성과를 보이고 있다. 이를 감안할 때 협력형, 통합형, 주민조직형 중에서 지역의 자율에 따라 선택하는 방식도 매우 유용할 것으로 보인다.

만약 특별시·광역시에 소재하는 자치구의 성격을 준자치구로 개정할 경우 동의 주민자치회는 주민조직형으로 전환해도 무방할 것이다. 아울러 세종특별자치시와 같이 광역지방정부만 존재하는 경우 주민자치회의 활성화가 무엇보다도 요망된다.

참고문헌

김성호. 2011. "지난 20년 지방의회의 성과와 과제(특집)", 『지방행정』 690
김순은. 2011b. "지방의회 관련 제도의 20년의 변천과 과제", 『지방의회연구』 18
_____. 2012. "자치선진국 근린자치의 경험을 통해 본 충남에의 정책적 시사점", 충남발전연구원 워크숍
_____. 2013. "주민자치활성화를 위한 주민자치조직의 대안", 『지방자치』
_____. 2014a. "지방자치 20년 평가와 과제", 한국지방자치학회 특별학회 발표원고
_____. 2014b. "사회적 자본의 관점에서 본 주민자치 시범실시 사례분석: 역촌동을 중심으로", 『지방행정연구』 28(3), 3-34
김순은 · 권보경. 2016. "도시공동체의 주민자치와 사회자본: 입주자대표회의의 사례분석을 중심으로", 『지방행정연구』 30(1), 41-76
김순은 · 한상우. 2014. "주민자치회의 현황과 발전과제 및 방향", 한양대학교 지방자치연구소 국제학술대회 발표논문
박상우 · 백정미 · 변화영 · 임진영. 2015. "수원형 주민자치회 모델 개발", 수원시정연구원
소진광 · 곽현근 · 배준구 · 이종수. 2011. "읍면동 주민자치회 모델개발 연구", 한국지방자치학회
손희준. 2014. "지방재정의 평가와 과제", 제6회 한국지방자치학회 지방분권 포럼 발표논문
심대평. 2014. "지방자치, 새로운 토대구축이 필요하다", 지방자치실천포럼 발표원고
안전행정부. 2013. "읍면동 주민자치회 시범실시", 내부자료
육동일. 2010. "지방자치와 지방분권 20년의 성과와 발전방향", 한국지방자치학회 공명선거 2010 국민토론회
이용환 · 송상훈 · 이현우. 2013. "한국 지방자치의 활성화 방안", 경기개발연구원 이슈&진단, 97
이자성. 2012. "읍면동 주민자치회의 주요 쟁점 및 향후 과제", 『경남정책

Brief』, 103
전대욱. 2014. "선진형 지역공동체 정책적 지원방안 연구", 한국지방행정연구원
주장환 · 윤성욱. 2014. "주요 선진국 지방자치제도 및 지방의회 운영제도 사례 수집: 영국", 전국시 · 도의회의장협의회
최인수·전대욱. 2014. "지역공동체 활성화를 위한 선진형 행 · 재정적 지원체계 연구", 한국지방행정연구원
한국지방행정연구원. 2014. "주민자치회 시범사업 추진모델", 『지방자치』 72
Berry, J., P. Kent and T. Ken. 1993. *The Rebirth of Urban Democracy*, Washington, DC: Brookings
Lowndes, V. and H. Sullivan. 2008. How Low Can You Go? Rationales and Challenges for Neighborhood Governance, *Public Administration*, 86(1)
Powel, A. 2005. Where are the poor? The changing patterns of inequity and the impact of attempts to reduce it. In A. Giddens and P. Diamond, eds., *The New Egalitarianism*, London: Polity Press
Sandford, M. 2015. *Parish and Town Council: recent issues*, London: House of Commons
Treisman, D. 2000. Decentralization and the Quality of Government, https://www.imf.org/external/pubs/ft/seminar/2000/fiscal/treisman.pdf
八木橋慶一. 2008. イギリズ における「ネイバーフッド·ガバナンz」構築に向けた動き, 『阪南論集』 44(1)

7장
구 읍면동의 사회적 자본: 수원특례시를 중심으로

송경재 상지대학교 사회적경제학과 교수

7장 구 읍면동의 사회적 자본: 수원특례시를 중심으로*

1. 들어가며

사회적 자본(social capital)은 "사회조직의 특성으로 신뢰(trust), 규범(norm), 수평적 네트워크(horizontal network)로 이루어진 공공재(public goods)로 협력적 행동을 촉진하여 사회 효율성을 향상시키는 무형의 자산"이다.(Putnam, 1993; 2000) 사회적 자본 접근법이 사회과학에 접목된 것은 20세기 들어서부터이지만, 사회적 자본의 개념적 논의가 소개된 것은 19세기 초로 거슬러 올라간다. 사회적 자본이란 용어는 사용하지 않았지만, 알렉시스 드 토크빌(de Tocqueville, 2003)은 신생독립국가인 미국을 방문하면서 『미국의 민주주의』(*Democracy in America*)에서 건국 초기 미국 시민사회의 참여적 모습을 평가하고 이를 미국 민주주의의 동력으로 평가했다. 토크빌은 미국 시민사회와 자발적 결사체의 참여 활동에 감동하여 '결사체의 예술(art of association)'로 부르기도 했다. 이후 토크빌의 미국 민주주의와 시민참여, 자발적 결사체에 관한 관심은 이어져 20세기 후반 공동체와 결사체를 바탕으로 공동체 참여민주주의를 강조하는 '네오 토크빌리안(neo-Tocquevillian)'으로 계승되었다.(Lewis, 2010)

---

* 이 글은 2020년 수원시정연구원에서 수행한 "2020 시민과 함께하는 연구사업" 보고서를 바탕으로 작성하였다. 원 논문은 2021년 『GRI 연구논총』 제23권 제3호에 게재되었다.

사실 사회적 자본 연구가 본격화된 것은 사회학 분야였다. 그러나 이 개념은 보편적으로 사용되어 사회과학 전 영역으로 확장되어 오늘날 정치학을 위시로, 경제학 · 법학 · 사회학 · 행정학 · 교육학 등 다방면에서 연구가 활발하다. 사회과학 전반에 걸쳐 사회적 자본이 주목받는 이유는 사회적 자본이 정치 · 경제 · 문화 등 많은 영역에서 민주주의 참여와 발전, 교육적인 측면이 확인되었기 때문이다. 많은 사회적 자본 연구에 따르면, 사회적 자본 형성과 축적을 통한 지역과 국가의 발전, 시민사회의 성숙, 민주주의 공고화, 민주적 거버넌스 확립 등 긍정적인 현상이 발견된다. 일부에서는 지나치게 정치문화 중심적 접근이란 비판도 있지만, 사회적 자본의 형성을 통한 시민사회의 성숙과 민주주의 공고화는 이미 많은 사회과학자가 인정하고 있다. 그런 차원에서 정치학에서 사회적 자본을 도입한 퍼트남은 사회적 자본이 민주주의 강화의 핵심적인 요소이며 신뢰와 호혜성의 규범과 수평적 네트워크의 형성을 통한 시민참여의 활성화를 강조했다.(Putnam, 2000; 송경재, 2010, 125-150; Diamond, 1999, 227)

한편 지역연구와 관련하여 사회적 자본은 활발하게 연구가 진행 중이다. 초기 사회적 자본 연구는 국가 비교연구가 많았지만, 최근 지역단위에서의 사회적 자본 형성의 중요성이 강조되면서 전 세계적으로 지역연구에 접목하고 있다. 한국에서도 1991년에 지방자치제도가 부활한 이후, 지역과 관련한 연구가 활발하게 진행 중이다. 특히 2000년대 노무현 정부 들어 지역분권과 지역 균형발전에 관한 고민이 진행되면서 중앙집중적인 국가정치 시스템을 탈피하고 권한을 지역에 위임하여 균형적인 발전과 권력을 분산해야 한다는 논의가 활발하다.(김형기, 2019; 이재은, 2005) 이러한 지역분권, 균형발전 연구에서 사회적 자본 접근법이 활용되어 분석틀로 사용되고 있다.

지역연구에서 사회적 자본 접근법의 유용성은 이미 많은 연구자가 증명하고 있다. 무엇보다 지역사회적 자본이 낮은 차원에서의 자발적인 시민참여 강화와 지역 내 신뢰 구축이란 선순환 구조가 형성되어 지역 정치발전과 경제성장에 도움이 되기 때문이다. 최근에는 지방자치단체별로 진행되고 있는 마을이나 촌락을 중심으로 '마을 만들기 사업'과 2021년 32년 만에 지방자치법이 전면 개정되어 지역단위에서의 사회적 자본 형성에 관한 논의가 활발하다. 특히 사회적 자본 접근법은 지역 공동체 내의 문제해결만이 아닌, 국가적 문제해결에도 중요한 열쇠가 될 수 있다는 장점이 확인된다.(최길수 · 정영윤 · 방정희, 2013; 송경재, 2019)

이상 사회적 자본 접근법이 지역연구에 주목하고 있는 상황을 반영하여 이번 연구에서는 2022년 특례시로 승격한 수원시를 분석대상으로 하여 지역사회적 자본 특성과 지역 민주주의 성과에 관해 분석하고자 한다.

수원시는 고려시대인 940년(태조 23) 수주(水州)로 불리다가 수원으로 이름이 바뀌었으며, 1949년 8월 15일 수원시로 승격되었다. 1967년 6월 23일 경기도청이 수원으로 이전하면서, 경기도의 중심도시로 성장했다. 이후 수원시는 양적 · 질적으로 성장을 거듭하여, 2020년 12월 현재 인구 1,221,905명의 거대도시로 성장했다. 이후 지방자치법 제198조에 의거 2022년 1월 13일부터 기초자치단체의 법적 지위를 유지하면서 광역시에 준하는 행재정적 권한을 부여받을 수 있는 지방행정체계상 특례시가 되었다. 수원특례시는 2010년 이후 도시발전 축이 정립되면서 단계적으로 구도심권과 신도시 개발이 진행되고 있다. 그 결과, 수원특례시는 수도권 도시 중에서 인구가 꾸준히 증가하는 도시로 성장했다.

이 연구는 지역사회적 자본 접근법을 수원특례시에 적용하여, 지역 자긍심과 민주주의 성과 간의 인과성을 분석할 것이다. 연구는 지역사회적 자본의 형성과 축적이 민주주의에 미치는 선순환 효과를 인지하고 수원특례시를 분석 대상으로 연구를 진행한다. 첫째, 수원특례시 사회적 자본의 사회경제적 특성을 도출하고, 둘째, 수원특례시 지역사회적 자본의 구성요소별로 지역민으로서의 연대 의식을 측정할 수 있는 자긍심과 민주주의 성과(performance of democracy)에 어떤 인과성을 가졌는지 분석하고자 한다.

방법론은 이메일 설문조사를 통한 계량적 연구방법을 실시할 것이다. 설문조사 결과를 바탕으로 SPSS ver. 25를 활용하여 가설을 검증할 것이다. 수원특례시라는 한정된 지역 연구인 관계로 설문조사기관의 패널데이터 한계가 있어 연구는 다분히 탐색적 연구라는 한계가 있다. 그럼에도 지역사회적 자본을 구체적인 수원특례시라는 도시에 적용하여 분석한다는 점에서는 의미 있는 시도가 될 것이다.

2. 지역사회적 자본 선행연구 검토

사회과학계에서 사회적 자본연구가 주목받고 있는 것은 사회적 자본 접근법이 가지고 있는 다양한 효과와 연관되어 있다. 연구자들이 주목하는 것은 사회적 자본이 신뢰와 호혜성의 규범, 수평적 네트워크를 축적하여 민주주의 대표성과 책임성을 강화하는 시민참여의 선순환 효과가 확인되기 때문이다. 이러한 사회적 자본은 알몬드와 버바(Almond, & Verba, 1963)가 강조한 바람직한 시민문화의 형성에 도움이 된다는 점에서 중요하다. 그런 맥락에서 사회적 자본 논의는 민주주의 공고화, 결사체의 복원, 연대와 협력 강화, 참여적 시민문화 형성 가능한 거버넌스를 만드는데 유용하게 사용하고 있다.(Lim & Song, 2019, 419-442; Diamond, 1999) 그렇다면 왜 사회과학계에서 사회적 자본이 주목받고 있을까? 그 이유는 사회적 자본 연구자들이 현대 민주주의 위기의 요인을 시민참여 쇠퇴와 결사체의 해체, 사회구성원의 다원적 시민의식 하락, 신뢰와 호혜성의 규범 감소로 진단하고 있기 때문이다.(Putnam, 2000; Fukuyama, 1999)

지역 차원의 사회적 자본 연구 역시 민주주의 공고화를 위해서 자발적인 시민성의 회복과 참여의 중요성이 강조되면서 활발한 연구가 진행 중이다. 퍼트남(2000), 후쿠야마(Fukuyama, 1999), 루이스(Lewis, 2010) 등을 위시한 많은 사회적 자본 연구자들은 지역 차원에서도 강한 시민사회와 민주주의 공고화를 위해서는 사회적 자본의 세부 구성 요소들인 일반신뢰, 공적 신뢰, 호혜성의 규범과 수평적 네트워크의 형성이 필요하다고 강조한다.

사회적 자본이 소개된 초창기 연구는 주로 국가나 국제적 차원의 경제적 성과와 민주적 거버넌스 운영, 민주주의 이행 등에 한정되어 분석되었다. 그렇지만 사회적 자본 축적이 미치는 효과가 정치적 · 행정적인 분야를 넘어서 사회적 · 문화적 · 교육적 분야까지 확대되면서 광범위하게 적용되고 있다. 특히 최근에는 사회적 웰빙(social well-being) 차원에서 사회적 자본을 주목하는 등 다양한 층위에서 사회적 자본의 중요성이 부각되고 있다.(송경재, 2019; OECD, 2001; Wolcock & Narayan, 2000) 한국에서는 지역분권에 대한 중요성이 강조되면서 지방정부에서 지역사회적 자본의 다양한 층위에서 연구를 진행하고 있다.(고경훈·안영훈·김건위, 2012) 그리고 지역사회적 자본은 UN SDGs(Sustainable Development Goals)를 이루기 위한 과정에서 주요한 접근법으로 주목받고 있다.(Verbeek & Dill, 2017) 알려져 있다시피 SDGs는 향후 2030년까지 지구사회가 해결하고 지속적으로 발전하기 위한 아젠다를 제시한 것이다. 여기에 지역사회적 자본의 중요성이 다시 강조되고 있다.

지역사회적 자본 연구의 효시라고 할 수 있는 학자는 앞서 소개한 퍼트남(1993)이다. 그는 이탈리아 남부와 북부 사회적 자본을 비교하여 분석했다. 그는 이탈리아 남부와 북부 지역의 민주주의 성과와 경제적 효과에 관한 비교연구를 통해서 사회적 자본 차이가 시민문화의 차이를 만들었다고 평가했다. 그는 지역사회적 자본이 국가 차원과는 다르게 발전하면 시민의식, 참여행태, 민주주의 제도 만족도와 성과에서도 차이가 발생한다고 보았다. 그리고 퍼트남은 지역의 사회적 자본을 측정하기 위하여 이탈리아 지역사회 지표로 분석하고 경로의존성(path dependency) 문제까지 제기한 바 있다. 퍼트남의 지역연구는 국가 차원의 사회적 자본 연구와 함께 지역연구의 중요성을 확인해 주었다.

한편, 국가 내에서의 사회적 자본과 함께 지역 차원에서 비교 접근하는 방식의 중요성에 관한 연구도 활발하게 진행되고 있다. 대표적으로, 아일랜드(Ireland)의 국가경제사회포럼(National Economic and Social Forum; NESF, 2003)은 지역사회적 자본 연구의 중요성을 강조하고 있다. NESF는 지역사회적 자본의 형성은 단순한 연구 차원에만 머무르는 것이 아니라, 결국 국가정책과 연관되어야 함을 강조한다. NESF는 아일랜드의 지역사회적 자본 조사를 통해서 사회적 자본의 쇠퇴 위험성을 경고하고 시민참여와 민주주의의 후퇴에 대한 우려를 표명했다. 특히 18~29세의 젊은 세대와 65세 이상 세대가 도시보다는 지방에 살수록, 경제적 형편이 안 좋은 경우 사회적 자본이 쇠퇴하고 시민참여도 감소한다고 지적했다. 이에 NESF는 아일랜드에서의 지역사회적 자본이 단순히 국가나 지역 내에만 영향을 주는 것이 아니라 지역 간의 연계(linkage)와 협력과 네트워크 구축이 중요하다고 보았다. 이를 통해 지역사회적 자본의 축적은 시민적 덕성을 강화하고 지역민주주의가 발전한다고 보았다.(NESF, 2003: 4-6)

호주 5개 지역사회적 자본을 분석한 오닉스와 뷸렌(Onyx & Bullen, 2000: 23-42)은 선행 연구자들의 사회적 자본 개념을 지역에 적용했다. 그들은 콜먼(Coleman)과 퍼트남(Putnam) 등의 작업을 바탕으로 네트워크, 상호, 신뢰, 사회 규범, 공통 및 사회 기관에 참가하는 관점에서 지역사회적 자본을 분석했다. 분석 결과, 호주의 2개 농촌지역, 2개 대도시 지역 및 시드니의 1개 도심 지역 설문조사에서 호주 지역사회적 자본 지표 중에서 신뢰와 커뮤니티 시민참여 등이 강한 것으로 나타나 민주주의 성과와 인과성이 있는 것으로 나타났다.

그리고 세계은행(World Bank)의 지역사회적 자본과 민주주의 연구도 지역의 사회적 자본 형성에 의미있는 시사점을 제공해준다. 세계은행의 그루타어트와 반 바스트라이어(Grootaert & van Bastelaer, 2002)는 지역과 민주주의 발전을 위한 사회적 자본의 중요성을 확인했다. 이들은 10개 지역의 사례 비교연구에서 사회적 자본 형성이 지역과 민주주의 발전에 중요한 요인이 됨을 확인했다. 특히 세계은행은 지역사회적 자본 축적에 따라, 사회적 배제, 젠더, 아동 및 청소년, 범죄, 지역민주주의 거버넌스 등의 차이가 발생한다고 보았다.

한편, 지역사회적 자본 연구는 단순히 오프라인 연구에만 그치지 않는다. 오프라인과 함께 온라인에서 지역사회적 자본의 형성이 오프라인 시민참여와 민주주의 강화에 연계된다는 연구가 진행되고 있다. 대표적으로 미국 피츠버그(Pittsburgh) 사이버 커뮤니티(HomeNet) 연구에 따르면, 지역 인터넷 커뮤니티를 통한 사회적 자본 형성이 오프라인과 연계성이 있음을 확인했다.(Kraut et. al., 2002: 49-74) 연구자들은 지역 인터넷 커뮤니티 형성이 지역사회적 자본 형성에 도움이 되고 지역 오프라인 시민참여와 민주주의에도 긍정적인 기능이 있다고 분석했다.(송경재, 2015에서 재인용)

한국의 지역사회적 자본 연구는 지역사회 발전과 지역분권, 민주적 거버넌스, 연대감 증진 차원에서 연구가 활발하다. 역시 지역사회적 자본의 효과와 관련하여 다양한 성과가 있다는 점이 확인됨에 따라 정치학과 행정학, 경제학, 교육학 등 사회과학 전반에서 연구가 활발하다. (이재은, 2005; 김성권, 2005; 박희봉, 2009; 송경재, 2015; 진관훈, 2012; 김민지·임은옥, 2019) 최근에는 국가를 단위로 한 사회적 자본 연구에서 **표 7-1**과 같이 한 단계 다운시킨 지역 연구에 주목하고 있다.

표 7-1. 한국의 지역사회적 자본 선행 연구

지역	연구자(연도)	주요 연구 결과
서울특별시 4개 자치구	주용환 · 박종구 (2010)	• 사회적 자본의 형성 수준과 지방정부 효능감 수준은 지역에 따라 유의미한 차이를 확인 • 지방정부 효능감 수준을 지역사회적 자본의 형성 수준으로만 설명하기에는 한계도 있음
서울특별시	조권중 (2010)	• 서울특별시 사회적 자본 측정 지표 도출 • 서울특별시 사회적 자본의 특성과 시사점 제공 • 지역사회적 자본의 사회정치 효과에 관한 유의미한 결론
호남	박영민 (2012)	• 사회적 자본과 시민사회 논의를 중심으로 호남 시민사회가 추구해 나가야 할 역할과 과제를 제시 • 중앙집권적 정치구조와 시장중심적 사회구조를 호남지역 정체성과 사회공동체적 구조로 전환을 제시
제주	진관훈 (2012)	• 지방정부 수준의 사회적 자본 증대방안을 모색 • 제주시에 비해 상대적으로 농촌 특성이 있는 서귀포시의 사회적 자본 형성 정도가 높은 것으로 나타남
강릉시, 안산시, 성미산마을기업, 청주시, 푸른광주	고경훈 · 안영훈 · 김건위 (2012)	• 지역사회적 자본의 형성과 축적이 지역발전과 지역사회 참여 등에 긍정적인 기능 수행 • 분석 지역을 대상으로 사례 분석 • 지역공동체의 활성화, 지역사회적 기업 육성, 자율적 협의체와의 네트워크 형성에 지역사회적 자본 형성이 중요함을 강조
문래 · 양평 · 영등포 · 당산	송경재 (2015)	• 문래, 양평, 영등초, 당산 지역사회적 자본의 특성 분석 • 지역 사이버 커뮤니티를 중심으로 온라인 기반 사이버 커뮤니티가 온라인을 넘어 오프라인의 사회적 자본 형성에 기여
부산	김정희 (2015)	• 부산지역의 사회적 자본 측정의 중요성 제시 • 부산과 5개 광역시도 및 전국 평균을 비교하는 횡단연구와 종단연구를 결합
영남/호남	송경재 (2019)	• 영남과 호남지역의 사회적 자본의 특징을 비교분석 • 영남보다 호남이 사회적 자본 변인 중 신뢰가 강한 특성 • 호남지역의 시민참여 성격이 영남지역보다 강함 • 영남과 호남 사회적 자본의 시민참여 간의 정(+)의 인과성 존재
당진 · 수원 · 안동시	김민지 · 임은옥 (2019)	• 지역의 평생학습도시와 사회적 자본 형성 간의 관계를 분석 • 분석 결과, 평생학습도시의 사회적 자본 형성 가능성은 큰 것으로 파악 • 지역별 유형에서 지역사회 재생형(당진시), 이웃공동체 형성형(수원시), 학습 파트너형(안동시)으로 각각 분류
서울특별시 금천구	정현 · 정문기 (2019)	• 금천구 독산2동, 3동을 대상으로 지역사회적 자본 연구 • 독산2동에서는 네트워크 변인, 그리고 독산3동에서는 신뢰와 네트워크 변인이 주민참여 변인과 양(+)의 인과성이 있음을 확인 • 지역사회적 자본은 밀접한 지리적 근접성이 존재함에도 다른 형태로 발전

3. 변인과 가설 설정

이상 선행 연구자들의 논의를 바탕으로 사회적 자본을 측정할 수 있는 지표의 설정과 독립변인과 종속변인의 조작화(operationalization)가 필요하다. 지역사회적 자본을 분석한 많은 연구는 기본적으로 다양한 측정 변인을 사용하고 있다.

사회적 자본의 핵심 구성요소는 신뢰와 호혜성의 규범, 네트워크 3가지로 구분할 수 있다.(Norris, 2002; Lewis, 2010) 다수의 연구자는 사회적 자본을 측정하는 데 있어 인지적이고 심리적인 가치를 측정하는 방법을 제시하고 있다. 연구자들이 공통적으로 측정하고 있는 것은 사회적 자본의 다층적 차원의 접근과 함께 신뢰와 호혜성의 규범, 네트워크를 주요한 구분 변인으로 제시한다는 것이다. 그리고 사회적 자본의 성과 변인을 별도의 변인으로 측정한다. 이 연구에서도 세계은행, OECD, 미국 등의 선행 지역사회적 자본 연구자들의 측정 변인을 분석하여 한국적 적용 가능한 문항들을 차용하여 변인을 측정하고자 한다.

기존의 3개 영역의 사회적 자본 측정지표를 세분화한 후속 연구는 다양하다. 먼저, 세계은행은 사회적 자본을 측정하는 실증적인 도구를 개발하여 학자들에게 제공하고 있다. 세계은행은 2004년 사회적 자본 측정 도구(Measuring Social Capital)를 개발했다. 주요 측정지표는 신뢰, 호혜성의 규범, 네트워크를 기본 축으로 각각의 영역을 세부 측정했다. 세부영역은 집단 및 네트워크(Group and Network), 신뢰 및 유대(Trust and Solidarity), 집합행동 및 협동(Collective Action and Cooperation), 정보 및 의사소통(Information and Communication), 사회적 응집력 및 포섭(Social Cohesion and Inclusion), 권능 강화 및 정치행동(Empowerment and Political Action)이다.(Grootaert et al., 2004; 조권중, 2010, 41-42)

OECD 역시 사회적 자본 프로젝트를 진행하면서 기존 신뢰와 호혜성의 규범과 네트워크를 비롯하여 삶의 질, 지역 거주의 만족감과 자긍심,

건강한 노년, 이민자의 통합, 지속 가능한 발전 등의 이슈를 추가했다. 이를 위해서 OECD는 사회통계 전문가들로 구성된 시에나 그룹(Sienna Group)에서 사회적 자본 지표를 체계적으로 구축하였다. 범주는 사회참여(Social Participation) 사회적 지원(Social Support), 사회적 네트워크(Social Network), 시민참여(Civic Participation) 등으로 측정한다.(OECD, 2001)

미국은 다양한 차원에서 사회적 자본의 측정연구가 진행 중이다. 그 중에서 가장 주목받고 있는 것은 하버드대학교 퍼트남 교수가 주도하고 있는 사구아로(Saguaro) 세미나이다. 알려져 있다시피, 퍼트남은 사회적 자본 연구의 대가로서 미국 내에서 측정과 체계화를 위한 연구 프로젝트를 주도하고 있다. 그는 다양한 유형의 사회적 자본 하위 구성요소를 추출하여 100개가 넘는 설문조사 문항으로 구성했다. 이를 바탕으로 2000년부터 조사를 하고 있다. 핵심요소인 신뢰, 호혜성의 규범과 수평적 네트워크를 기반으로 세부 구성요인은 신뢰(일반신뢰와 공적 신뢰), 친구 관계의 다양성, 정치참여, 시민 리더십 및 관계 기관 참여, 비공식적 사회유대, 기부 및 자원봉사, 신앙활동, 지역공동체 활동과 자부심, 시민참여의 평등 등 8개 차원에서 다양한 형태를 조사하고 있다.

이상 선행연구에서 확인된 개념과 측정지표들을 바탕으로 본 수원특례시 사회적 자본을 측정하기 위한 변인은 다음과 같다. 연구에서 참조한 사회적 자본 측정 설문조사는 세계은행과 OECD, 미국, 일본, 세계가치조사와 국내 연구자들의 다양한 설문을 바탕으로 한국적 특성에 맞는 신뢰, 호혜성의 규범, 네트워크 변인을 추출하였다. 다만 사회적 자본의 다양한 측면을 설문조사에서 모두 포함해야 하는데 이메일 문항 수의 한계로 인해 중요 문항만을 대상으로 조사를 시행했다.

그리고 종속변수는 사회적 자본의 지역민으로서 자긍심과 민주주의 만족도를 측정했다. 퍼트남(1993)과 NESF(2003), 루이스(2010), 오닉스와 불렌(2000), NESF(2003) 등의 연구에서도 확인되지만, 지역민으로서 자긍심은 지역밀착형 사회적 자본의 형성과 연관성이 있다. 지역에 대한 사랑과 자긍심이 사회적 자본의 선순환이 가능한 요소이기 때문이다. 그리고 민주주의 만족도 역시 지역사회적 자본을 측정한 성과지표로써 많이 논의되고 있다.(Putnam, 2000; Fukuyama, 1999) 이 연구에서는 기존 사회적 자본을 측정하는 변인을 바탕으로 최길수·정영윤·방정희(2013), 조권중(2010) 등이 제시한 지역사회에 대한 자긍심과 민주주의 만족도를 파악하여 사회적 자본의 형성과 축적이 지역발전에 어떤 영향이 있는지를 측정할 것이다.

표 7-2. 측정지표와 설문 문항 개요

측정 지표		설문 문항
일반신뢰	타인 신뢰	길에서 마주치는 모르는 타인을 신뢰하십니까?
	학교나 직장동료 신뢰	학교나 직장동료를 신뢰하십니까?
	이웃 주민 신뢰	거주하는 이웃집 주민을 신뢰하십니까?
공적신뢰	중앙정부	(공적 신뢰) 중앙정부
	국회	(공적 신뢰) 국회
	수원시 정부	(공적 신뢰) 수원시 정부
	수원시 의회	(공적 신뢰) 수원시 의회
호혜성 규범	공공질서 준수	공공질서(줄서기, 교통신호 등)를 잘 준수한다고 생각하십니까?
	타인에 대해 안타까움 경험	모르는 사람이 어려움을 겪었을 때 안타까운 생각이 드신 경험이 있습니까?
	모르는 타인 도움	모르는 사람이 어려움을 당했을 때 도와준 경험이 있습니까?
네트워크	동네 이웃과 교류	거주하는 동네 이웃(또는 아파트 주민)과 교류한다.
	동네 이웃과 인사	거주하는 동네 사람과 만나면 인사를 한다.
	동네 문제에 관심	거주하는 동네 문제에 관심이 있다.
수원시민 자긍심	수원시민 자긍심	선생님께서는 수원시민으로서 자긍심에 대해 어떻게 생각하십니까?
민주주의 만족도	민주주의 만족도	한국의 민주주의 제도에 대해서 만족한다.

이상의 설문 문항을 바탕으로 다음과 같은 연구가설을 설정했다.

> 가설 1 : 수원시 지역사회적 자본은 신뢰, 호혜성 규범, 네트워크 변인별로 사회경제적 차이가 있을 것이다.
>
> 가설 2 : 수원시민으로서의 자긍심을 결정하는 사회적 자본 변인은 차이가 있을 것이다.
>
> 가설 3 : 수원시민의 민주주의 만족도를 결정하는 사회적 자본 변인은 차이가 있을 것이다.

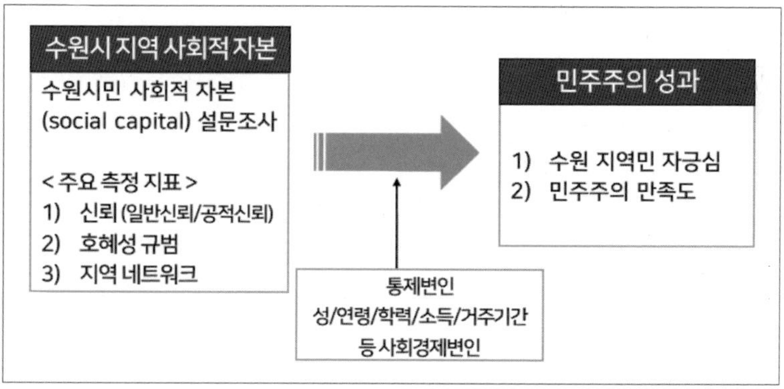

그림 7-1. 연구의 설계

4. 연구 분석

표본 개요

수원시민의 사회적 자본을 측정하기 위한 조사는 표준화된 설문지를 이용한 온라인 조사로 진행되었다. 온라인 설문조사는 전문 조사기관인 ㈜마크로밀 엠브레인에서 2020년 9월 24일부터 28일까지 5일간 진행되었다. 표본은 성별 할당은 준수되었으나, 연령별 할당은 조사기관의 패널 수 한계로 인해 60대 이상이 할당되지 못했다. 이는 50대를 추가로 조사해서 보완했다.[1] 설문조사 메일은 2,627통을 발송하여 응답 완료자는 237명으로 응답률은 9.02%이다. 이 표본 중에서 대상 초과와 불성실 데이터를 마이닝하여 최종 표본 221명을 추출하였다.

표본의 개요는 먼저 남성은 111명(50.2%), 여성은 110명(49.8%)로 추출되었다. 연령 역시 인구통계학적인 비중을 고려하여 18~29세는 45명(20.4%), 30대 45명(20.4%), 40대 43명(19.5%), 50대 50명(22.6%), 60대 이상 38명(17.2%)로 구성되었다. 학력은 대재와 대졸이 161명(72.9%)으로 가장 많았고 고졸이 36명(16.3%), 대학원 재학 이상 23명(10.4%)가 뒤를 이었다. 소득은 300만 원 미만 46명(20.8%), 301~600만 원이 100명(45.2%), 601~900만 원 45명(20.4%), 901만 원 이상 30명(13.6%)이다. 수원시 거주기간은 20년 이내는 134명(60.6%), 20년 이상은 87명(39.4%)로 집계되었다. 마지막으로 거주구별 비중은 장안구 51명(23.1%), 권선구 79명(35.7%), 팔달구 32명(14.5%), 그리고 영통구 59명(26.7%)이다.

요인 분석 및 신뢰성 분석

먼저 사회적 자본을 측정한 변인들에 대한 구조를 파악하기 위해 요인 분석을 실시하였다. 분석과정에서 공통성(communalities) 값이 0.5 이하는 분석에서 단계적으로 제외했다. 이 중에서 고유치(eigen value)가 유의미한 요인들은 모두 4개이며, 이들은 전체 분산의 65.478%를 설명하고 있다. 분석에서 추출된 4개 요인에 대해 공통적인 속성을 파악한 후 요인 1(F1)은 '일반신뢰', 요인 2(F2)는 '공적 신뢰', 요인3(F3)은 '호혜성 규범', 요인

1) 현재 전국 단위에서는 온라인 설문조사기관의 패널은 60대 비중이 할당되어 있으나 수원시만 한정할 경우 아직 60대 이상의 필요한 패널이 확보되지 못했다. 따라서 최대한 60대 패널을 확보하고(38명), 추가로 가까운 연령대인 50대로 보완하는 방법으로 조사했다. 이 점은 후술하겠지만 본 연구의 한계이기도 하다.

4(F4)은 '지역 네트워크'로 각각 명명했다.[2)]

요인 분석에서 신뢰를 일반신뢰와 공적 신뢰로 분리한 것은 선행 연구자들이 지적한 바와 같이, 신뢰의 두 측면을 반영한 것이다. 후쿠야마(Fukuyama, 1999), 조권중(2010), 임과 송(Lim & Song, 2019, 419-442) 연구에서 확인되듯이, 신뢰는 다층성을 가지며 보통 2개 이상의 영역으로 세분되는데 타인에 대한 보편적인 신뢰(일반신뢰)와 공적 기관에 대한 신뢰(공적 신뢰)로 구분한다. 이번 요인 분석 결과도 선행연구와 같이 일반신뢰와 공적 신뢰로 나누었다.

표 7-3. 요인 및 신뢰성 분석

구분	요인 (F)				크론바하 α
	일반신뢰	공적 신뢰	호혜성 규범	지역 네트워크	
길에서 마주치는 타인 신뢰	.823				.739
학교나 직장동료 신뢰	.732				
이웃 주민 신뢰	.729				
(공적 신뢰) 중앙정부		.784			.793
(공적 신뢰) 국회		.690			
(공적 신뢰) 수원시 정부		.825			
(공적 신뢰) 수원시 의회		.796			
공공질서 준수			.724		.539
타인에 대해 안타까움 경험			.691		
모르는 타인 도움			.643		
동네 이웃과 교류				.868	.818
동네 이웃과 인사				.806	
동네 문제에 관심				.777	
Eigen-value	1.859	2.507	1.749	2.399	
% variance	14.281	19.283	13.457	18.457	

2) 요인적재량은 일반적으로 0.4 이상이면 유의하고 0.5를 넘으면 중요한 변수이다(Van de Ven & Ferry 1980).

다음 추출된 요인별로 신뢰도를 확보하는 것이 필요조건이다. 이를 위해 신뢰성 측정 기법인 크론바하 알파(cronbach's α)를 조사했다. 일반신뢰 요인(F1)은 .739, 공적 신뢰(F2) .793, 호혜성 규범(F3) .539, 그리고 지역 네트워크 요인(F4) .818이 도출되어 4요인 모두 높은 신뢰성을 가지고 있다. 추출된 요인별 변수의 신뢰도가 높다는 것은 통계적으로 내적 일관성이 있는 요인 척도라고 볼 수 있다. 따라서 설문 문항 요인에 대한 타당도와 신뢰도가 있는 것으로 볼 수 있고 가설검정을 위한 실증분석 적용이 가능하다.

수원시 사회적 자본의 특징 분석: 사회경제 변인을 중심으로

먼저, 일반신뢰 요인을 사회경제 다변량 변인의 평균 차이를 비교한 일원분산분석(F검정)을 실시했다. 분석 결과, 일반신뢰 요인은 연령별·학력별·거주구별 차이가 존재하는 것으로 나타났다. 성별로는 남성과 여성 간 일반신뢰의 차이는 존재하지 않았다.(F=.030) 그러나 연령별로는 통계적인 차이가 존재한다.(F=2.732 $p<.05$) 고연령 집단일수록 일반신뢰 수준이 저연령 세대보다 높은 것으로 나타났다. 가장 일반신뢰가 높은 세대는 50대로 2.3733이었고 그 뒤를 60세 이상이 2.3509이다. 학력별로도 일반신뢰 형성의 차이가 존재한다.(F=2.361 $p<.1$) 통계적으로 낮은 수준이지만 대학원 재학 이상의 고학력자는 일반신뢰가 높은 것으로 나타났다. 한편 소득과 거주기간별로는 일반신뢰 요인에 영향이 없는 것으로 나타났다. 소득은 F=.714, 거주기간은 F=.485로 나타났다. 하지만 거주구는 일반신뢰와 통계적인 차이가 확인되었다.(F=2.305 $p<.1$) 장안구(2.3791)가 가장 높은 일반신뢰 수준을 보여주었고, 영통구(2.2542)로 다른 구에 비해 일반신뢰가 높음을 확인했다. 전통적인 구 도심권인 권선구와 팔달구는 평균값이 2.5에도 미달하여 평균 이하의 일반신뢰 수준에 머무르고 있다.

표 7-4. 일반신뢰 요인 F검정 요약

일반신뢰 요인		빈도	M	SD	F
성별	남성	111	2.2342	.59898	.030
	여성	110	2.2212	.51139	
연령별	만 18~29세	45	2.0519	.56834	2.732 (*)
	만 30~39세	45	2.2074	.65246	
	만 40~49세	43	2.1550	.58350	
	만 50~59세	50	2.3733	.44488	
	만 60세 이상	38	2.3509	.45814	
학력별	고졸 이하	37	2.2162	.52831	2.361 (†)
	대학교 재학/졸업	161	2.1967	.56822	
	대학원 재학 이상	23	2.4638	.46860	
소득별	300만 원 미만	46	2.1449	.63110	.714
	301~600만 원	100	2.2500	.52196	
	601~900만 원	45	2.2000	.54772	
	901만 원 이상	30	2.3222	.56381	
거주기간	20년 이내(2001~2020년)	134	2.2488	.54640	.485
	20년 이상(1959~2020년)	187	2.1954	.57185	
거주구	장안구	51	2.3791	.58886	2.305 (†)
	권선구	79	2.1646	.56708	
	팔달구	32	2.0938	.56311	
	영통구	59	2.2542	.48478	

†<.1, *<.05, **<.01, ***<.001

둘째, 공적 신뢰 요인을 분석했다. 공적 신뢰는 중앙정부와 지방정부, 국회와 지방의회에 대한 신뢰수준을 종합한 신뢰수준이다. 공적 신뢰에 영향이 있는 사회경제 변인은 성과 연령 변인인 것으로 나타났다. 성별로는 여성이 공적 신뢰가 높은 것으로 조사되었다.$^{(F=7.689\ p<.001)}$ 수원시에서는 여성$^{(2.3659)}$이 남성$^{(2.1509)}$에 비해 공적 기관에 대한 신뢰가 높은 것으로 집계되었다. 연령별로는 통계적인 차이가 존재하지만, 세부적인 차이가 존재했다.$^{(F=2.508\ p<.01)}$ 가장 높은 공적 신뢰를 세대 집단은 30대 2.4111이고 다음으로 높은 공적 신뢰를 보인 집단은 18~29세 2.3389, 50대 2.2950의 순으로 나타났다. 주로 20대와 30대가 공적 기관에 대한 신뢰가 고연령층

에 비해 높다는 것을 확인할 수 있다. 그렇지만 학력, 소득, 거주기간, 거주구 변인은 공적 신뢰 형성에 영향이 없는 것으로 나타났다. 학력은 F=.414, 소득 F=.526, 거주기간 F=.328, 거주구 F=.050으로 통계적인 유의성은 확인되지 않았다.

표 7-5. 공적 신뢰 요인 F검정 요약

공적 신뢰 요인		빈도	M	SD	F
성별	남성	111	2.1509	.61448	7.689 (**)
	여성	110	2.3659	.53510	
연령별	만 18~29세	45	2.3389	.58909	2.508 (**)
	만 30~39세	45	2.4111	.61735	
	만 40~49세	43	2.1221	.60840	
	만 50~59세	50	2.2950	.52656	
	만 60세 이상	38	2.0855	.53988	
학력별	고졸 이하	37	2.2095	.58486	.414
	대학교 재학/졸업	161	2.2795	.58455	
	대학원 재학 이상	23	2.1848	.60405	
소득별	300만 원 미만	46	2.2283	.59354	.526
	301~600만 원	100	2.2200	.57437	
	601~900만 원	45	2.3333	.60537	
	901만 원 이상	30	2.3167	.59064	
거주기간	20년 이내(2001~2020년)	134	2.2761	.57294	.328
	20년 이상(1959~2020년)	187	2.2299	.60547	
거주구	장안구	51	2.2745	.62501	.050
	권선구	79	2.2468	.59578	
	팔달구	32	2.2344	.51171	
	영통구	59	2.2712	.58591	

† 〈.1, *〈.05, **〈.01, ***〈.001

셋째, 호혜성 규범 요인의 F검정 결과는 앞의 신뢰요인과는 다른 결과가 도출되었다. 거주구별로 차이가 확인되지만 다른 변인들은 통계적인 유의성이 확인되지 않았다. 성별 변인은 남성 3.1411, 여성 3.1515로 F=.034로 통계적인 유의성이 없었다. 연령 변인 역시 통계적인 유의성이 확인되지 않았다.(F=.636) 그리고 학력과 소득, 거주기간 변인 모두 통계적인 차이가 확인되지 않았다. 다만 거주구 변인은 낮은 수준에서 통계적인 유의성이 확인되었다.(F=2.114 p<.1) 거주구 변인에서 영통구 3.2316, 장안구 3.1830으로 집계되어 상대적으로 다른 구에 비해 높은 호혜성 규범을 확인할 수 있다. 그렇지만 호혜성 규범 요인군의 평균을 잘 살펴보면 사회경제 변인별로 상당히 높은 수준임을 확인할 수 있다. 변인별로 세부적인 평균 차이는 통계적인 유의성은 없지만, 수원특례시의 호혜성 규범이 리커트 척도의 중앙인 2.5보다 높은 3.0포인트를 모두 넘는 것으로 나타났다. 이 결과로 수원특례시는 사회경제 변인별로 통계적인 차이는 없지만, 절대적인 수치에서는 상당히 높은 호혜성 규범 수준을 확인할 수 있다.

표 7-6. 호혜성 규범 요인 F검정 요약

호혜성 규범 요인		빈도	M	SD	F
성별	남성 여성	111 110	3.1411 3.1515	.61448 .53510	.034
연령별	만 18~29세 만 30~39세 만 40~49세 만 50~59세 만 60세 이상	45 45 43 50 38	3.0889 3.1259 3.1318 3.1667 3.2281	.43461 .42217 .39265 .41650 .43912	.636
학력별	고졸 이하 대학교 재학/졸업 대학원 재학 이상	37 161 23	3.0721 3.1491 3.2467	.39390 .41982 .45190	1.240
소득별	300만 원 미만 301~600만 원 601~900만 원 901만 원 이상	46 100 45 30	3.2174 3.1233 3.1778 3.0667	.37329 .43592 .38665 .47464	.985
거주기간	20년 이내(2001~2020년) 20년 이상(1959~2020년)	134 187	3.1692 3.1111	.41433 .42732	1.010

호혜성 규범 요인		빈도	M	SD	F
거주구	장안구 권선구 팔달구 영통구	51 79 32 59	3.1830 3.0591 3.1458 3.2316	.45857 .43612 .29253 .40709	2.114 (†)

† <.1, *<.05, **<.01, ***<.001

넷째, 지역 네트워크 요인의 F검정 결과, 성과 연령별 변인이 유의한 차이가 확인되었다. 성별 변인은 여성과 비교해서 남성이 통계적으로 유의한 차이가 확인된다.(F=4.6790 p<.05) 남성은 2.3844, 여성은 2.5818로 남성이 지역 네트워크에 더 영향력이 있는 것으로 확인되었다. 그리고 연령 변인도 통계적인 유의성이 확인된다.(F=6.096 p<.001) 가장 지역 네트워크 변인에 영향을 미치는 연령대는 60대 이상으로 2.7105이고 40대 2.6047, 50대 2.5800이었다. 가장 낮은 집단은 18~29세로 2.0815로 나타났다. 전반적으로 고연령일수록 지역 네트워크에 영향도가 강한 것으로 조사되었다. 하지만 학력, 소득, 거주기간, 거주구 변인은 지역 네트워크 변인에 영향이 약한 것으로 조사되었다. 학력은 F=.787, 소득변인 F=1.482, 거주기간 변인 F=.005, 거주구 변인 F=.499로 각 집단간 차이는 확인되지 않았다.

표 7-7. 지역 네트워크 요인 F검정 요약

지역 네트워크 요인		빈도	M	SD	F
성별	남성 여성	111 110	2.3844 2.5818	.66241 .69428	4.6790 (*)
연령별	만 18~29세 만 30~39세 만 40~49세 만 50~59세 만 60세 이상	45 45 43 50 38	2.0815 2.4667 2.6047 2.5800 2.7105	.82620 .62523 .67163 .56669 .53788	6.026 (***)

지역 네트워크 요인		빈도	M	SD	F
학력별	고졸 이하	37	2.4594	.67289	.787
	대학교 재학/졸업	161	2.4638	.70136	
	대학원 재학 이상	23	2.6522	.57277	
소득별	300만 원 미만	46	2.3188	.67753	1.482
	301~600만 원	100	2.4800	.72058	
	601~900만 원	45	2.6000	.63405	
	901만 원 이상	30	2.5667	.61991	
거주기간	20년 이내(2001~2020년)	134	2.4801	.69671	.005
	20년 이상(1959~2020년)	187	2.4866	.66822	
거주구	장안구	51	2.5359	.72443	.499
	권선구	79	2.5232	.69734	
	팔달구	32	2.4479	.66456	
	영통구	59	2.4011	.64855	

† <.1, *<.05, **<.01, ***<.001

마지막으로 살펴본 것은 지역사회적 자본의 평균값이다. 앞서 일원분산 분석에서도 확인한바, 수원지역 사회적 자본은 호혜성 규범 변인 평균이 다른 변인보다 큰 값을 보인다. 이를 비교하기 위해 요인별로 평균값을 도출하면 다음 그림 7-2와 같다.

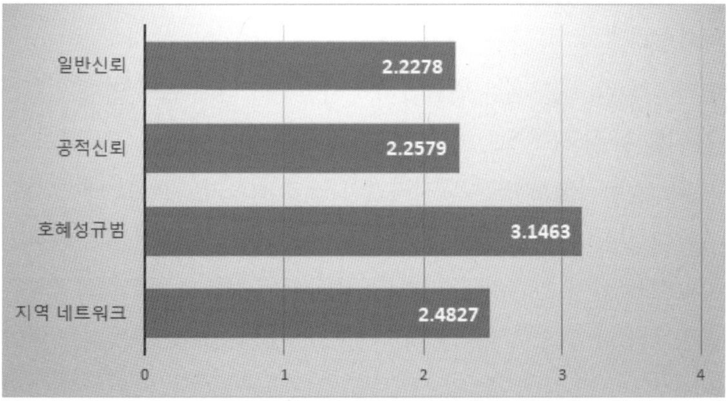

그림 7-2. 수원시 지역사회적 자본 평균값(중앙 2.5)

리커트 척도가 4척도로 측정했기 때문에 중앙이 2.5이기 때문에 2.5 이상 도출된 변인은 호혜성 규범 변인이 유일하다. 이는 수원시 지역민의 사회적 자본 중에서 일반신뢰, 공적 신뢰, 지역 네트워크 변인이 2.5보다 작은 값인 데 비해 매우 높은 수준이다. 이 결과는 수원시민들이 다른 사회적 자본 변인 중에서 호혜성 규범 변인이 매우 높은 수준임을 파악할 수 있다. 따라서 앞서 일원분산 분석에서 사회경제별 차이는 존재하지 않지만, 호혜성 규범이 성, 연령, 학력, 소득, 거주기간, 거주구 간 통계적 차이는 없지만 3.1463이라는 결과는 수원시 지역사회적 자본의 특성이라고 평가할 수 있다.

사회적 자본과 수원시민 자긍심과 민주주의

다음으로 검증할 가설은 수원시민의 사회적 자본 형성과 수원시민 자긍심, 민주주의 간의 인과성을 확인한다. 구체적으로 가설을 검증하기 위해서 사회적 자본의 각 변인이 수원시민의 민주주의, 수원시민 자긍심에 어떤 영향을 미치고 있는지를 살펴볼 것이다. 이를 검증하기 위한 통계 기법은 모든 변인을 투입(enter)한 최소자승법(OLS) 다중회귀분석을 실시하였다.

먼저 사회적 자본 세부 변인이 수원시민 자긍심에 어떤 영향을 주는지를 분석했다. NESF(2003)과 하버드대학교 사구아로 세미나 연구팀이 제시한 바와 같이 사회적 자본은 지역민의 연대와 협력, 지역에 대한 사랑과 자부심을 향상시킨다. 이를 종속변인으로 하여 설문에서는 수원시민으로서의 자긍심이 있는지를 리커트 척도로 측정했다. 우선 회귀방정식 모델은 적절한 것으로 나타났다.(F=6.209, p<.001) 자기상관(autocorrelation)을 파악할 수 있는 더빈-왓슨(Durbin-Watson; D-W)계수도 2.0에 근접하여 자기상관은 없었으며, 모델 설명력 조정된 R2=.299로 나타났다.

분석 결과, 첫째, 수원시민 자긍심에 영향을 미치는 사회적 자본 변인은 공적 신뢰 중에서 수원시 정부$^{(p<.05)}$와 수원시 의회 신뢰 변인$^{(p<.001)}$ 그리고 동네 문제에 관심 변인$^{(p<.05)}$인 것으로 나타났다. 수원시민으로서의 자긍심은 역시 수원시와 관련된 질문과의 인과성이 높음을 확인할 수 있다. 수원시민 자긍심은 수원시와 수원시 의회를 신뢰할수록, 그리고 동네 문제에 관심이 많을수록 강한 것으로 나타났다.

둘째, 사회경제 변인 중에서 채택된 변인은 학력$^{(p<.1)}$, 소득$^{(p<.05)}$, 거주기간 변인$^{(p<.001)}$이었다. 수원시민의 자긍심은 학력이 낮을수록, 소득이 높을수록, 그리고 거주기간이 길수록 강한 것으로 조사되었다. 이는 사회경제적 환경에 따라 수원시민으로서의 자긍심도 영향력이 있음을 확인할 수 있었다.

셋째, 종속변수에 대한 영향력을 나타내는 표준화 계수 β는 수원시 의회 신뢰가 가장 높은 .315로 나타났다. 그리고 사회경제 변인 중에서 거주기간 변인은 .233으로 두 번째 영향력이 있었다. 이 결과는 수원시 의회나 시 정부가 수원시민으로서의 자긍심에 중요한 영향력이 있고 거주기간과 동네 문제 관심 등도 자긍심 형성에 중요 변인임을 확인해 준다.

다음으로 수원시 사회적 자본이 민주주의 만족감에 어떤 영향이 있는지를 분석했다. 알려져 있다시피 이탈리아의 사회적 자본을 분석한 퍼트남은 사회적 자본의 형성이 민주주의 성과와 만족도에 중요하다고 증명했다.(Putnam, 1993) 그리고 OECD(2001)에서도 민주주의 만족도와 사회적 자본의 인과관계를 강조하고 있다. 연구에서는 이를 수원시에 적용하여 증명할 것이다. 종속변인은 민주주의 만족도, 독립변인은 사회적 자본 변인과 사회경제 변인을 일괄 투입했다. 우선 회귀방정식 모델의 적절성은 유의미한 것으로 나타났다.$^{(F=5.564,\ p<.001)}$ 그리고 자기상관(autocorrelation)의 확인은 D-W계수로 평가하였는데 2.0에 근접하여 자기상관은 없었다. 모델 설명력을 나타내는 조정된 $R2=.272$로 도출되었다.

분석 결과, 첫째, 사회적 자본 변인 중에서 민주주의 만족도에 영향을 미치는 변인은 이웃 주민 신뢰($p<.01$), 중앙정부 신뢰($p<.001$), 수원시 의회 신뢰($p<.05$) 변인으로 도출되었다. 그리고 호혜성의 규범과 지역 네트워크는 민주주의 만족도와 인과성이 확인되지 않았다. 마찬가지로 사회경제 변인 역시 통계적인 유의성이 확인되지 않았다. 이를 풀어서 설명하면, 수원시민의 민주주의 만족도는 이웃 주민 신뢰가 높을수록, 중앙정부와 수원시 의회 신뢰도가 높을수록 강한 것으로 나타났다.

둘째, 종속변수에 대한 영향력을 나타내는 표준화 계수 β는 회귀식의 변인별 비중을 파악한다는 점에서 중요하다. 표준화 계수 β가 가지는 의미는 독립변인이 1단위 변화할 때 종속변인이 변하는 비율을 나타낸다. 분석 결과는 정부 신뢰가 높을수록 .431단위만큼 종속변인인 민주주의 만족도에 비례적으로 증가하고 있음을 알려준다. 그리고 이웃 주민 신뢰도 .240, 수원시 의회 신뢰도 .206으로 상당히 높은 수준이다.

표 7-8. 사회적 자본과 수원시민 자긍심, 민주주의 만족도

구분	수원시민 자긍심				민주주의 만족도			
	B	표준β	t	Sig	B	표준β	t	Sig
(상수)	1.501		3.203	**	.680		1.198	
일반신뢰(F1)								
타인 신뢰	-.058	-.056	-.765		-.111	-.090	-1.202	
학교나 직장동료 신뢰	.058	.060	.805		.054	.047	.612	
이웃 주민 신뢰	-.011	-.011	-.128		.054	.240	2.752	**
공적 신뢰(F2)								
중앙정부	-.068	-.082	-1.068		.424	.431	5.496	***
국회	.036	.035	.485		-.011	-.009	-.120	
수원시 정부	.182	.193	2.122	*	-.102	-.191	-.985	
수원시 의회	.297	.315	3.667	***	.231	.206	2.355	*

구분	수원시민 자긍심				민주주의 만족도			
	B	표준β	t	Sig	B	표준β	t	Sig
호혜성 규범(F3)								
공공질서 준수	−.053	−.047	−.736		.082	.060	.928	
타인에 대해 안타까움 경험	−.023	−.018	−.265		−.033	−.022	−.318	
모르는 타인 도움	.010	.009	.128		−.027	−.019	−.278	
지역 네트워크(F4)								
동네 이웃과 교류	−.044	−.052	−.610		.042	.041	.475	
동네 이웃과 인사	−.017	−.020	−.239		−.038	−.038	−.442	
동네 문제에 관심	.157	.171	2.266	*	−.019	−.018	−.231	
사회경제 변인								
성별	.005	.003	.057		−.017	−.010	−.166	
연령 (5-point scale)	−.050	−.100	−1.524		−.020	−.033	−.500	
학력 (4-point scale)	−.149	−.114	−1.892	†	−.090	−.058	−.949	
소득 (4-point scale)	.113	.155	2.538	*	.050	.058	.931	
거주기간	.328	.233	3.964	***	−.079	−.047	−.791	
N *F* (*Sig*) *Adj* R^2	221 6.209 (***) .299				221 5.564 (***) .272			

† <.1, *<.05, **<.01, ***<.001

5. 나가며

지역사회적 자본은 지역 시민사회 발전과 민주주의, 그리고 경제발전 성과에서 매우 중요한 접근법이다. 노리스(Norris, 2002)가 강조한 바와 같이 사회적 자본은 지역 발전과 민주주의 공고화를 위한 공공재라고 할 수 있다. 그런 차원에서 사회적 자본은 지역사회의 정치 · 경제 · 사회·문화 발전에서 매우 중요하다.(Woolcock, 1998; Fukuyama, 1999)

연구 결과를 요약하면 첫째, 수원시 사회적 자본은 수원시의 특색에 맞는 형태로 발전하고 있었다. 무엇보다 수원시의 사회적 자본 형성에서 중요한 변인은 성과 연령, 거주구 차이였다. 다변량 변인의 평균 비교를 통한 F검정 결과 일반신뢰, 공적 신뢰, 지역 네트워크 변인에서 이들 변인이 중요한 차이가 존재함을 확인했다. 성별로는 여성이 사회적 자본 형성에 중요한 역할을 하고 있으며, 연령은 측정 변인별로 차이가 존재했다.

둘째, 수원시민 자긍심을 결정하는 지역사회적 자본의 변인은 더욱 지역적인 경향이 강함을 확인했다. 사회적 자본의 변인 중에서 공적 신뢰 특히 수원시 정부와 의회의 신뢰도가 중요하며 지역문제에 관심도가 큰 영향 변인이었다. 사회경제 변인은 거주기간이 매우 중요한 변인으로 채택되어 지역 자긍심은 지역적인 장점이 갖추어질 때 높아짐을 확인할 수 있었다.

셋째, 수원시의 지역사회적 자본이 민주주의 만족도에 영향을 미치는 변인은 주로 신뢰 변인이었다. 일반신뢰와 공적 신뢰로 구분했지만, 수원시민들은 신뢰의 형성에 따라 민주주의 만족도와 인과성이 있음을 확인했다. 그리고 지역 연구인 만큼 국가차원 연구와 다르게 지역 차원에서 지방의회는 매우 중요한 민주주의 만족도의 결정 변인이 되었다.

이상 분석 결과를 바탕으로 다양한 함의를 도출할 수 있다. 물론 이번 조사가 가지는 한계도 존재하지만, 수원시 사회적 자본의 특성을 처음 규명하고 이를 전국적인 차원으로 비교 분석했다는 점은 연구의 큰 성과라고 할 수 있다. 그렇다면 수원시가 가지고 있는 사회적 자본의 구체적인 함의를 종합하면 다음과 같다.

첫째, 수원시의 사회적 자본 특징을 결정하는 중요한 변인은 성과 연령, 거주구 변인이다. 이 결과는 수원시 사회적 자본의 특징이 주로 성별 차이와 연령대별 차이에서 다르게 나타나고 있음을 확인할 수 있다. 실제 여성은 남성과 비교하여 호혜성의 규범과 지역 네트워크 구축에서 중요한 역할을 하고 있다. 그러나 일반신뢰와 공적 신뢰는 큰 차이가 없었다. 수원시 여성은 지역적인 거주, 그리고 호혜성의 규범은

높지만, 일반신뢰와 타인 신뢰는 상대적으로 낮다는 것을 확인할 수 있다. 그리고 연령은 신뢰와 지역 네트워크에서 큰 영향이 있지만 주로 고연령층이 더 높았다. 이 결과는 남성(공적 신뢰)과 저연령층(일반신뢰)의 사회적 자본 수준이 상대적으로 낮음을 의미한다. 따라서 향후 수원지역의 사회적 자본을 향상하기 위해서는 남성과 저연령층을 대상으로 한 신뢰와 호혜성의 규범 확대, 지역 네트워크 강화를 위한 시민의식과 제도적인 노력이 필요함을 확인했다. 남성의 공적 신뢰 평균은 2.1509로 여성 평균 2.3659보다 낮았다.(p<.001) 특히 저연령일수록 일반신뢰 수준이 낮다는 것은(20대 2.0519 < 60대 이상 2.3509, p<.05) 미래의 사회적 자본의 축적과정에서 마이너스 요인이 될 것이기 때문에 이를 개선하기 위한 제도 정비와 시민의식 개선 등이 고려되어야 할 것이다.

둘째, 수원시민의 호혜성 규범은 다른 사회적 자본 변인보다 높은 것으로 나타났다. 다른 변인들은 요인 평균이 일반신뢰 2.2278, 공적 신뢰 2.2579, 지역 네트워크 2.4827인데 비해 3.1463으로 높았다. 이는 통계적인 차이는 사회경제 변인이 없지만 의미있는 수준이다. 수원시민의 높은 호혜성 규범은 지역사회적 자본 형성을 위한 토대가 될 수 있다. 무엇보다 호혜성의 규범은 시민교육을 통한 개선이 효과적이다. 이를 위해서 시민교육을 강화하고, 이미 존재하는 자원봉사활동의 체계화, 공중도덕이나 법질서 준수의식의 함양을 위한 캠페인을 진행하는 것이 필요하다. 특히 코로나 19(COVID-19)로 인한 비대면 상황의 장기화에 따라 장기적으로 시민교육은 비대면 온라인 교육체계를 강화하고 공적 교육기관에서의 호혜성의 규범을 강화하는 교육을 시행해야 한다.

셋째, 수원시민 자긍심에 영향을 미치는 결정하는 사회적 자본 변인은 공적 신뢰와 지역 네트워크가 가장 중요한 것으로 나타났다. 지역 차원에서의 자긍심인 관계로 공적 신뢰 변인 중에서 지방정부와 지방의회의 신뢰가 높을수록, 동네 문제에 관심이 많을수록 수원시민으로서의 자긍심이 높은 것으로 분석되었다. 이 결과는 수원시민 자긍심을 향상하기 위해서는 지방정부의 신뢰와 의회의 신뢰를 제고하는 것이 중요함을 확인해 준다. 과거 퍼트남(1993)의 연구 결과와 같이 이탈리아 북부 지역의 지방정부 신뢰도가 민주주의 만족, 지역 소속감과 인과성이 높다는 결과는 이번 연구에서도 확인되었다. 이 결과는 수원의 사회적 자본 형성이 지역 자긍심을 제고하고 다시 신뢰의 증진 등의 사회적 자본의 선순환이 가능하므로 주목해서 보아야 할 것이다. 지역 자긍심은 단기적인 것이 아니라 지역민들 사이에서 오랫동안 형성되는 것이란 점에서 수원시의 사회적 자본 형성에 긍정적인 선순환 요인이 될 것이다. 그러나 역으로 해석하면 거주기간이 길고 지방정부, 의회의 신뢰도가 중요한 변인임을 생각하면 거주기간이 짧은 고학력 저소득자들은 수원시민 자긍심이 낮을 수도 있다. 따라서 이들을 대상으로 하는 수원시나 의회 차원에서의 교육과 정책 마련도 고려해야 한다.

넷째, 수원시민의 사회적 자본이 민주주의 만족도에 미치는 영향은 주로 일반신뢰와 공적 신뢰가 중요한 변인인 것으로 나타났다. 이는 반대로 해석하면 민주주의 만족도를 높이기 위해서는 일반신뢰와 공적 신뢰가 중요하다는 것이다. 그렇지만 신뢰는 가치적이고 인지적이기 때문에 쉽게 제고하기 어렵다. OECD(2001), NESF(2003), 송경재(2019) 등의 연구에서도 신뢰의 감소는 장기적으로 지역발전의 장애로 지적한 바 있다. 마찬가지로 민주주의 역시 신뢰가 중요하다. 따라서 지역 내의 일반신뢰를 향상할 수 있는 다양한 지역 네트워크 프로그램의 개발과 공적 기관의 밀접한 대민 활동 강화를 통해 일반신뢰와 공적 신뢰를 단계적으로 향상해야 할 것이다. 특히 공적 신뢰는 단지 지방정부나 의회 차원에서 해결하기 힘든 부분도 있다. 그런데도 중앙정부와 국회 차원에서 하기 어려운 지역 밀착형 사업과 지역민의 신뢰 제고를 위한 다양한 시민교육 프로그램의 개발, 지역공동체 활성화 사업 등을 통해 장기적 성과를 기대해야 한다.

연구를 마치기에 앞서 본 연구의 한계를 지적하고자 한다. 첫째, 본 연구는 수원의 지역사회적 자본의 형성과 그 특징을 파악하기 위한 시도였지만 아직 시론적인 수준에 불과하다. 무엇보다 설문조사의 표본이 221명으로 적기 때문에 이 결과를 일반화할 수는 없다. 더 많은 숫자의 표본조사가 필요하다. 둘째, 사회적 자본의 다양한 측면을 이번 조사에서는 다루지 못한 한계도 있다. 사회적 자본은 속성별로 연계형과 결속형(bridging and bonding) 사회적 자본으로 구분할 수 있다.(Woolcock & Narayan, 2000; 조권중, 2010) 그렇지만 이번 연구에서는 이에 대해서까지 분석하지는 못했다. 이 부분은 추후 연구주제로 삼아 보다 적실성 있는 수원의 지역사회적 자본에 대한 분석을 시도하고자 한다.

참고문헌

고경훈 · 안영훈 · 김건위. 2012.『지방자치단체의 사회적 자본 측정 및 증진방안』, 한국지방행정연구원

김민지 · 임은옥. 2019. "평생학습도시를 통한 사회적 자본 형성 — 당진시, 수원시, 안동시 사례를 중심으로",『한국지방행정학보』, 16(2)

김성권. 2005. "경제통합지역에서 사회자본이 경제성장에 미치는 영향에 대한 연구",『무역학회지』, 30(5)

김정희. 2015. "부산지역 사회적 자본의 특징에 관한 연구 — 5개 광역시도와 비교 및 부산의 변화를 중심으로",『시민사회와 NGO』, 13(1)

김형기. 2019.『새로운 한국 모델 — 박정희 모델을 넘어』, 한울아카데미

박영민. 2010. "민주화 이후의 시민사회와 사회적 자본: 호남 시민사회 발전을 중심으로",『동북아연구』, 25(2)

박희봉. 2009.『사회자본: 불신에서 신뢰로, 갈등에서 협력으로』, 조명문화사.

송경재. 2010. "한국의 사회적 자본과 시민참여 2: 사회적 자본과 시민참여

동학의 변화", 『국가전략』, 16(4)
송경재. 2015. "사회적 자본과 지역 사이버 커뮤니티의 민주주의 — MYYD타운(문래, 양평, 영등포, 당산 이야기) 사례연구", 『기억과 전망』, 33
______. 2019. "한국의 지역사회적 자본과 시민참여: 영남과 호남지역 사회적 자본 비교분석", 『지역과 정치』, 2(2)
이재은. 2005. "내생적 지역균형발전과 주민참여형 분권사회의 구축", 경기시민사회포럼 세미나 자료집
정현 · 정문기. 2019. "사회적 자본이 주민참여에 미치는 영향: 서울특별시 금천구 독산2·3동을 중심으로", 『지방행정연구』, 33(1)
조권중. 2010. 『서울시 중장기 사회적 자본 증대방안 연구』, 서울시정개발연구원
주용환 · 박종구. 2010. "지역 사회자본 형성과 지방정부 효능감 관계 연구 — 서울시 4개 자치구 비교 분석을 중심으로", 『한국자치행정학보』, 24(1)
진관훈. 2012. "지방정부의 사회적 자본 증대 방안 연구", 『지방정부연구』, 16(3)
최길수 · 정영윤 · 방정희. 2013. 『지역단위의 사회적 자본 측정 및 관리방안에 관한 연구』, 대전발전연구원
Almond, G. A. & S. Verba. 1963. *The Civic Culture*, Boston: published by Little Brown & Co.
de Tocqueville, Alexis. 2003. *Democracy in America*, Indianapolis: published by Hackett
Diamond, Larry. 1999. *Developing Democracy: Toward Consolidation*, Baltimore and London: published by The Johns Hopkins University Press
Fukuyama, Francis. 1999. *The Great Disruption*, New York: published by Free Press
Grootaert, C. & Thierry van Bastelaer. 2002. *Understanding and Measuring Social Capital: A Multi-Disciplinary Tool for Practitioners*, Washington: published by World Bank
Grootaert, C., D. Narayan, V. Jones, & M. Woolcock. 2004. M*easuring*

Social Capital, published by World Bank
Kraut, Robert, Sara Kiesler, Bonka Boneva, Jonathon, Cummings, Vicki, Helgeson, & Anne Crawford. 2002. "Internet Paradox Revisited", *Journal of Social Issue*, 58(1)
Lewis, Jenny. 2010. *Connecting and Cooperating: Social Capital and Public Policy*, Sydney: published by UNSW Press.
Lim, Seong-Ho & Kyongjae, Song. 2019. "Social Capital and the Information Network Society in South Korea", *Korea Observer*, 50(3), 419-442
National Economic and Social Forum. 2003. The Policy Implications of Social Capital, *Forum Report* No. 28, Dublin Ireland: published by Government Publications
Norris, Pippa. 2002. *Democratic Phoenix: Reinventing Political Activism*, New York: published by Cambridge University Press
OECD. 2001. *The Well-Being of Nations, the Role of Human and Social Capital, Centre for Educational Research and Innovation*, Paris: published by OECD
Onyx, Jenny and Paul Bullen. 2000. "Measuring Social Capital in Five Communities", *The Journal of Applied Behavioral Science*, 36(1)
Putnam, Robert. 1993. *Making Democracy Work: Civic Traditions in Modern Italy*. Princeton: published by Princeton University Press
______. 2000. *Bowling Alone: The Collapse and Revival of American Community*. New York: published by Simon Schuster
Stolle, Dietlind & Thomas Rochon. 1998. "Are All Associations Alike?", *American Behavioral Scientist*, 42(1)
Van de Ven, A. H. & D. L. Ferry. 1980. *Measuring and Assessing Organization*, NY: published by John Wiley & Sons
Verbeek, Jos & Alexander Dill. 2017. *Social Capital as the social dimension of the UN SDG*. Washington: published by World Bank
Woolcock, M. 1998. "Social Capital and Economic Development:

Toward a Theoretical Synthesis and Policy Framework", *Theory and Society*, 27
Woolcock, M. & Narayan, D. 2000. "Social Capital: Implications for Development Theory, Research and Policy", *World Bank Research Observer*, 15(2)

8장
주민자치회 · 마을공동체와 읍면동

윤준희 자치경영컨설팅 이사

8장 주민자치회 · 마을공동체와 읍면동

1. 들어가며

정부는 1987년 헌법 개정에 따라 1988년 지방자치법을 개정하였다. 1988년 지방자치법은 주민참여와 주민통제의 측면에서 헌법개정 이전의 법률과 큰 차이가 없었다. 주민은 선거권을 행사함으로써 지방자치단체장과 지방의회에 대해 포괄적인 책임을 묻는 수준이었다. 다만, 1988년 이전의 자치권을 갖는 읍 · 면에 대해 자치권을 갖지 않는 행정기구로 하고, 시 · 군을 기초자치단체로 하는 체계로 변화되었다.

지방자치법 개정의 연혁을 살펴보면, 다음과 같다. 1994년 개정된 지방자치법은 주민의 권리 중 주민투표권을 인정하여, 결과적으로, 주민참여를 제도적으로 확대하였다. 1999년 개정된 지방자치법은 주민투표권을 확대하여 주민투표, 조례의 제정 · 개정 및 폐지 청구, 주민감사청구 등으로 주민참여제도를 확대하였다. 2005년 개정된 지방자치법은 주민투표권, 조례개폐청구권, 감사청구권 이외에 주민소송제도를 포함함으로써 주민참여제도를 더욱 확대하였으며, 지방재정법의 개정으로 주민참여예산제도를 도입하였다. 2006년 개정된 지방자치법은 주민소환제도를 도입하여 주민참여제도를 확대하였다. 2020년 12월 지방자치법 전부개정법률이 국회에서 의결되어 2022년 1월부터 시행될 예정이다.

정부는 지방자치법 개정과 더불어 주민자치위원회를 주민자치회로 전환하여 주민참여의 범위를 확대하였다. 주민의 참여수준을 단순한 공공서비스 공급대행에서 지역의 문제를 스스로 인식하고, 인식의 확산을 주도하며, 대안을 탐색하고, 결정하며, 실행하는 수준에 이르도록 제도를 개편하였다. 물론, 일선에서는 기존의 주민자치위원회와 새로운 주민자치회 사이의 차이가 무엇인지 혼선이 적잖이 있어 왔다. 2013년 전국의 31개 읍면동을 대상으로 실시한 주민자치회 전환 시범사업의 결과를 토대로 주민참여의 범위를 확대하는 것을 목적으로 한다.

기존의 주민자치위원회는 1999년 읍면동 기능전환과 더불어 읍면동 주민자치센터의 운영과 심의기능을 수행하는 읍면동장의 자문기구로 설치하였다. 주민자치위원회가 지향하는 목표점은 지역의 문제를 지역주민 스스로의 참여와 책임을 통해 해결하는 것임은 주민자치회와 다르지 않다. 다만, 그 접근방법에서 주민자치위원회의 권한과 책임의 범위가 주민자치회보다 상대적으로 작은 점이 가장 큰 차이일 것이다.

구체적으로, 1999년 읍면동 기능개편 당시의 분권과 자치에 대한 일반적인 인식 수준은 지금과 비교할 수 없을 만큼 낮은 수준에 머물러 있었다. 당시의 정부는 분권과 자치를 지향하는 가운데 주민참여를 확대하기 위한 방안으로 지역의 주민들 간의 사회적 상호관계를 확대하는 것에 우선순위를 두었던 것으로 추정된다. 당시의 일반적인 사회 상황에서 주민참여를 확대하기 위해서는 우선 파편화된 지역공동체 구성원들을 한곳으로 모으는 것이 시급한 과제가 된 것이다. 이때의 정책목표는 분권과 자치 수준의 제고임에 틀림없으나, 하위의 세부목표는 지역의 주민들 사이에서 사회적 상호작용의 확대가 우선하였다. 이를 위해, 주민들에게 무엇인가 함께 모여서 논의할 '거리'를 제공한 것이 '주민자치센터의 프로그램 운영'이었다. 지금까지 서로 잘 모르는 상태에서 지내던 주민들에게 공동의 목표를 제시하여 주민들 서로 간의 상호작용이 자발적으로 발생하도록 하였다.

이와 같은 정부의 전략적인 접근은 일면 성공하였다. 지금까지 도시화로 파편화된 지역사회의 구성원이 한곳에 모여서 무엇인가 공통의 관심사에 대해 상호 간 의견을 교환하고, 그 가운데에서 주민들의 공동체 의식이 향상되었음은 부인할 수 없다. 다만, 주민자치위원회의 활동이 주민자치센터를 활용한 사업장 운영으로 변질되는 한계가 발생하였다.

이에 따라, 주민의 자발적 참여와 주민자치위원회의 자율성과 결정권의 확대, 그리고 주민의 대표성 확대를 목적으로 행정안전부는 2013년부터 주민자치회로 전환을 추진하였다. 주민자치회로의 전환을 위해 협력형 모형과 통합형 모형, 주민주도형 모형 등 3개의 자치모형이 제시되었으나, 당시의 현행법령에 부합하는 협력형을 적용하여 주민자치회 전환 시범실시를 시행하였다. 주민자치회 전환 시범실시는 수년간 계속되었으며, 매년 시범실시에 대한 평가와 개선방안을 마련하여 익년도에 모형을 수정하는 방식으로 추진되었다. 이와 같은 노력의 결과로 현재의 주민자치회 제도가 마련되었으며, 이 제도는 현재도 계속해서 변화해 가는 중이다.

주민참여의 확대와 읍면동에서의 행정서비스 공급의 자율성을 확대하는 방향으로 변화하는 주민자치회는 궁극적으로, 대의민주주의 체제 내에서 직접민주주의를 병행하는 것을 지향한다. 직접민주주의가 가장 바람직한 정치체제인 것에 대해서는 이론의 여지가 없으나, 현실적으로 복잡·다양하며, 전문성을 요구하는 상황에서 모든 사람들이 생활환경의 모든 문제에 대해 직접 결정에 참여하는 것은 불가능하다. 이에 따라, 대리인을 선출하여 제한된 범위에서의 의사결정을 위임하는 대의민주주의 제도가 채택되었다. 다만, 대의민주주의제도에서 필연적으로 발생하는 의뢰인-대리인 문제, 즉 대리인의 이익과 의뢰인의 이익이 일치하지 않을 때 대리인의 의사결정이 의뢰인의 이익극대화와 다를 수 있는 최소한 생활환경 내에서 발생하는 문제에 대해서는 주민들이 직접 참여하여 의사결정에 이르는 방식의 접목을 요구하였다. 이와 같은 흐름에서 읍면동을 기반으로 하는 주민자치조직의 설치와 주민의 직접 참여에 의한 지역문제의 인식과 해결을 추진하게 되었다. 1987년 헌법개정에 따른 지방자치법 개정은 우리나라의 지방자치체제를 규율하고 있으며, 지방의회를 구성하는 대의민주주의를 지향하며, 읍면동 기능 개편 이후의 주민자치위원회와 주민자치위원회로부터 전환된 주민자치회는 주민들의 직접참여를 강조하는 직접민주주의를 지향하였다. 헌법과 지방자치법은 지방자치체제를 2계층제의 대의민주주의체제로 규정하되, 주민투표, 조례개폐청구, 감사청구, 주민소환 등 주민의 직접참여 범위를 확대하고 있다. 「지방자치분권 및 지방행정체제개편에 관한 특별법」은 주민의 자발적이고 직접적인 참여를 목적으로 주민자치(위원)회를 설치·운영하도록 규정하였다.

우리나라의 지방자치의 현재 상태는 대의민주주의를 지향하는 지방자치와 직접민주주의를 지향하는 지방자치가 충돌하고 있는 상태이다. 현행 헌법은 지방자치단체의 종류를 법률로 정하도록(헌법 제117조 제2항) 하고 있으며, 지방자치법은 지방자치단체의 종류를 광역자치단체(특별시, 광역시, 특별자치시, 도, 특별자치도)와 기초자치단체(시군구)로 구분하였다. 이에 따라, 대의민주주의를 지향하는 시각과 직접민주주의를 지향하는 시각은 최소단위의 자치단체에 관한 논의로 집약되었다.

여기에서 논의의 궁극적인 목적은 대의민주주의를 지향하는 시각과 직접민주주의를 지향하는 시각 사이에서 적절한 최소단위의 지방자치단체의 설치 및 권한배분(사무배분)에 관한 논의를 통해 대안을 제시하는 것이다. 시군구를 기초자치단체 설치하는 현재의 지방행정체제에서 직접민주주의를 접목할 수 있는 대안을 제시하는 것을 목적으로 하였다. 읍면동과 시군구, 그리고 시도로 구성되는 지방행정체제의 적절한 개편방안을 제시하는 것을 목적으로 하였다.

2. 이론적 고찰

기능배분의 원칙

기능배분의 일반적 원칙은 다음과 같이 요약할 수 있다. 첫째, 보충성의 원칙이다. 보충성의 원칙은 공공서비스 공급기능의 수직적 기능배분에서 하부행정기관에 우선적으로 기능을 배분하는 기능배분 원칙이다. 수직적 기능배분 체계에서 하위 행정기관에 우선적으로 기능을 배분하고, 하위 행정기관이 수행하는 것이 비효율적이거나, 적절치 않은 경우, 해당 기능을 상위 행정기관에 배분하는 기능배분 원칙이다. 물론, 읍면동의 상위 행정기구로서 시군구의 사무로 적절치 않거나, 시군구에서의 수행이 비효율적인 사무는 광역자치단체의 사무로 배분한다. 책임읍면동제에서 보충성의 원칙 적용은 주민편의와 행정효율의 측면에서 광역동에서 수행할 수 있는 사무를 먼저 읍면동에 배분하는 것이다. 또, 읍면동에서 수행하기가 어려운 사무를 기초자치단체에 배분하는 원칙이다.

둘째, 불경합의 원칙이다. 기초자치단체와 읍면동이 그 사무를 처리함에 있어서 서로 경합되지 않도록 그 사무의 소관과 처리의 권한·책임을 명료하게 규정하는 원칙으로, 권한·책임 명확화의 원칙이라고도 한다. 원칙적으로, 기초자치단체와 그 하위 행정구역의 사무는 모두 기초자치단체장이 소관하고 책임지는 것으로 규정한다. 다만, 기초자치단체장이 소속행정기관의 공무원에게 사무의 수행을 지정하여 위임한다.

셋째, 현지성의 원칙이다. 사무를 민주적으로 처리하기 위하여 가능한 한 사무를 주민과 가까운 읍면동에 많이 배분하는 원칙이다. 오스트롬

(Ostrom, 1990)은 제도설계의 원리 중 규칙의 변경가능성을 제시하였다. 구체적으로, 사용 및 제공규칙에 따른 실행규칙(operational rules)에 영향을 받는 사람들은 대부분 그 실행규칙을 수정하는 과정에 참여할 수 있어야 한다는 것이다. 읍면동 현장에서 사무를 민주적으로 처리하는 과정에서, 주민들이 사무처리 규칙을 스스로 변경할 수 있도록 하기 위해서는 행정집행이 이루어지는 현장 중심의 집행제도를 설계할 수 있어야 한다. 물론, 행정사무의 목적을 벗어나지 않는 범위 내에서 지역의 특성을 반영하여 사무를 처리하기 위한 집행절차의 결정 등에서는 현지성의 원칙을 적용한 사무배분이 바람직하다.

넷째, 종합성의 원칙이다. 이것은 주민편의를 위하여 읍면동에서 원스톱(one-stop)으로 공공서비스를 제공하는 것이다. 현재 우리나라의 행정체제에서 읍면동은 주민과 최일선에서 접하는 행정집행기관이다. 정책을 집행하는 것을 주요 목적으로 설치된 기관이다. 정책집행에 관한 논의는 첫째, 정책집행을 정책목표 달성을 위한 수단으로 보는 시각과 정치적 과정으로 이해하는 시각으로 구분할 수 있다. 먼저, 정책집행을 정책목표 달성을 위한 수단으로 보는 시각에서, 정책집행은 정책을 실행, 수행, 달성, 생산, 완성하는 것으로 정의한다.(Wildavsky, 1973) 이와 같은 시각에서, 집행과정은 자동적이며 기계적인 절차에 그치지 않는다. 정도의 차이는 있더라도 정책을 결정하거나 개선하는 정책단계(Lindblom, 1980)로서의 의미를 갖는다. 다음으로 정책집행을 정치적 과정으로 이해하는 시각에서 정책집행은 집행 현장에서 직접 서비스를 전달하는 일선 집행관료들에 의해 수행되는 복잡하고 동태적인 일련의 활동(Ripley & Franklin, 1982)으로 이해한다. 궁극적으로 정책집행의 목적은 정책목표를 달성하는 것이다. 이 과정에서 개방적이고 복잡한 절차를 스스로 구성하고, 현장에서 일선관료에 의해 동태적으로 서비스를 전달하는 것이다. 이에 따라, 읍면동에서의 정책집행, 즉 공공서비스의 전달은 읍면동에 소속한 집행관료에 의해 최선의 절차를 통해 주민의 입장에서 편리하도록 종합적으로 전달되어야 한다. 지방행정 체제에서의 기능배분 원칙으로서의 종합성의 원칙은 정책목표를 달성하기 위한 집행과정에서 사전에 정해진 절차를 이행하기보다는 현장의 특성을 반영하여, 서비스 수혜자의 입장에서 편리하도록 공공서비스를 전달하는 것이다.

다섯째, 경제성의 원칙이다. 일반적으로, 경제성은 투입대비 산출로 측정할 수 있는 경제적 효율성을 의미한다. 다만, 공공부문에서는 공공서비스를 공급하기 위해 투입한 재원과 인력을 측정할 수 있더라도, 그 산출을 정확하게 측정하는 데 한계가 있다. 이에 따라, 일반적인 개념에서의 투입대비 산출을 의미하는 경제성보다는 절차상의 효율성에 관한 원칙이다. 공공서비스의 전달을 위한 행정절차가 효율적으로 설계되어야 한다는 원칙이다. 결국, 사무의 능률적 처리를 위하여 읍면동의 능력을 고려하여 최소의 비용으로 최대의 효과를 도모할 수 있는 계층에 배분하는 원칙을 말한다.

공공서비스 전달체계의 주요 지향 가치

다음으로 공공서비스 전달체계의 설계에서 고려할 가치(value)로서 대응성, 능률성, 공평성, 책임성 등이다. 첫째, 대응성은 공공서비스를 전달하는 과정에서 수요자의 욕구를 반영하는 것을 의미한다. 대응성이 크다는 것은 서비스 수요자의 욕구에 즉시 반응하여 대응할 수 있다는 것이다. 반대로 대응성이 작다는 것은 공공서비스를 공급받는 시민의 입장에서 필요한 서비스를 필요한 시점에 필요한 만큼 공급받지 못하는 것을 의미한다. 던(Dunn, 1981)은 대응성을 특정 대상의 선호나 욕구 및 가치를 만족시켜주는 것으로 제시하였고, 스타링(Starling, 1998)은 국민들의 요구에 행정조직과 관료들이 신속하게 대응한 것으로 정의하였다. 대응성은 국민들과 행정조직 및 관료들 간의 반응 간 일치도(정우열, 2001; 이종수, 2000)이며,

대응성의 가치를 향상시키기 위해서는 행정가와 국민들 간의 상호작용의 질(quality)이 기반이 되어야 한다.(Hughes, 1994) 이와 같이 논의로부터 대응성은 행정기관 또는 공공서비스 전달체계에 대한 주민의 직접적인 통제가 가능하여, 주민의 욕구에 공공부문이 빠르게 반응하는 상태로 정리할 수 있다.

대응성을 확보하기 위한 기능배분 상태는 일선관료의 재량권을 크게 인정하는 것이다. 다만, 일선관료의 재량권을 크게 인정하는 경우, 공공서비스 공급의 형평성을 달성할 수 없는 한계가 발생하며, 일선관료의 기회주의적 업무처리 또는 지대추구가 발생할 위험이 함께 증가한다. 주민과 최근 접한 지점에서 공공서비스를 공급하는 일선관료들에게 재량권을 부여하여 현장에서 판단하고 공공서비스를 생산·공급하도록 하는 것은 공공서비스의 대응성을 제고하는 가장 이상적인 방법이다. 다만, 모든 일선관료는 도전적으로 바람직한 판단을 해야 하며, 시민들은 옆 동네와 다른 형태의 공공서비스에 대해 인정할 수 있어야 한다. 즉, 전국에서 동일한 수준의 행정서비스 공급이 발생하지 않는 것이 사회적으로 문제가 되지 않아야 하며, 관료는 개인의 승진, 권력 확대, 재산 형성보다 공동체의 안녕과 행복을 우선하여 판단하는 양심적인 인간이어야만 한다.

물론, 이와 같은 전제조건의 달성이 불가능한 것은 아니지만, 일반적이며 쉽게 달성할 수 있는 것도 아니다. 결국, 대응성은 공공서비스 공급의 형평성, 책임성, 능률성 등 다른 가치들과의 적절하게 조화될 수 있는 범위에서 결정되어야 한다. 지역의 주민들이 스스로 지역의 문제를 발굴하고 대안을 개발하여 참여를 통해 문제를 해결하는 체제로서 주민자치가 가장 이상적이라고 할 수 있다. 주민들 간의 상호신뢰와 존중으로 지역사회의 봉사자로서 지역의 문제해결에 참여하는 주민들은 지대추구라든가, 기회주의적 접근이라든가 하는 부정적인 태도보다, 주어진 권한을 활용하여 공공서비스 공급의 대응성을 제고할 수 있는 시스템으로 활용이 가능하다. 주민이 지역사회에서의 공공서비스 공급자이자 수요자가 되는 경우, 공공서비스의 대응성은 부작용을 최소화한 상태에서 확보될 수 있다.

둘째, 능률성이다. 능률성은 시장에서의 효율성 개념을 공공부문에 적용하는 것이다. 전술한 바와 같이, 공공부문은 그 특성상 투입대비 산출로써 효율성을 측정할 수 없다. 공공부문에서의 산출이 반드시 측정할 수 있는 형태로 생성되지 않기 때문이다. 예를 들어, 공공서비스 중 치안서비스에 대해 산출을 측정할 때, 용의자 검거율이 높은 경우에 산출이 크다고 평가할 수 있지만, 범죄 자체가 일어나지 않는 경우, 용의자 검거율로 치안서비스의 산출을 측정할 수 없는 한계가 발생한다. 이와 같이 공공서비스는 그 공급을 위해 투입되는 예산과 인력은 명확하게 측정이 가능하지만, 산출에 대해서는 명확한 측정이 불가능하다. 이에 따라, 공공부문에서 효율성을 측정하는 것은 불가능하며, 능률성으로 대체한다.

능률성은 궁극적으로 합리적인 투입에 관한 측정이다. 다만, 효율성의 측정에서 비용의 최소화와 일치하는 것은 아니다. 일반적으로 효율성을 제고하기 위해서는 산출을 극대화하거나 또는 투입을 최소화하는 방안이 제시된다. 동일한 투입에서 최대산출 또는 동일한 산출에서의 최소투입이 효율성 제고의 수단으로 제시되는 것이다. 이와 다르게, 공공서비스는 산출물에 대한 측정이 불가능하므로, 최소투입이 반드시 행정의 능률성을 제고한다고 볼 수 없다. 공공서비스는 반드시 적정한 수준의 산출이 있어야 하며, 현재도 필수적인 공공서비스에 있어서는 적정한 수준의 산출이 발생하고 있다. 이 상태에서 능률성을 제고하려는 목적으로 투입을 축소하는 것은 현재의 산출량을 보장하지 못하게 된다.

물론, 공공서비스는 현재의 산출량보다 적은 산출량이 발생하더라도

서비스의 종류에 따라서는 공급자와 수요자 모두가 알지 못할 수 있다. 상하수도, 교통안전 등과 같은 매일 접하는 공공서비스뿐만 아니라 치안서비스, 국방서비스 등에서 투입의 감소가 반드시 즉각적으로 서비스 산출에 반영되는 것은 아니다. 앞선 예에서와 같이, 치안서비스의 공급에서 능률성을 제고하기 위해 투입을 줄이는 것, 경찰관의 수를 감축한다든가, 장비의 교체를 미룬다든가 등의 관리전략은 단기적으로, 적은 투입에도 동일한 서비스가 공급되는 것으로 착각할 수 있다. 그러나 긴급한 상황에서 치안서비스의 공급, 공공부문의 대응에서 반드시 차이가 발생하게 된다. 이와 같이, 공공서비스의 공급에서 능률성은 단순히 투입과 산출에 관한 논의와 다른 맥락이다. 능률성은 산출물의 생산을 위해 투입한 자원이 생산품의 산출에 사용되었는가에 관한 논의이다. 공공서비스의 산출을 위해 투입한 자원이 다른 곳에 사용되기보다는 최대한 서비스의 생산에 투입되는 경우에 능률성이 좋은 것으로 판단한다. 전술한 예에서, 치안서비스를 생산하기 위해 투입한 자원이 관료제의 유지를 위해 사용되는 경우, 특히, 계층제적 조직구조로 직접 서비스 생산을 담당하는 경찰관보다, 경찰조직의 유지·관리를 위해 일하는 경찰관이 많은 경우, 능률성이 좋은 사례가 될 수 없다.

공공서비스 공급체계를 구성하는 계층과 기관 간의 기능배분에서 계층제의 최소화, 연계기능의 집적화를 통해 능률성을 제고할 수 있다. 시·군과 자치구 등 지방자치단체가 가장 능률적으로 처리할 수 있는 사무는 해당 시·군·자치구의 본청에서 담당하고, 읍면동이 가장 능률적으로 처리할 수 있는 사무는 읍면동이 담당하여야 한다. 특히, 읍면동 지역마다의 특수한 실정을 감안해야 하는 사무는 읍면동에 맡기는 것이 바람직하다.

셋째, 공평성이다. 공공서비스의 공급은 공평성 가치를 지향한다. 공공서비스는 공유재이며, 공유재의 특성인 비배제성을 특성으로 한다. 공공서비스의 공급에서 주민들은 이웃과 차별받지 않는 것이 원칙이다. 공평성은 모든 공공서비스가 필요한 주민에게 공정하게 배분되는 것을 의미한다. 물론, 공평성은 평등성의 개념과 또 다른 개념이다. 우리나라의 헌법에서 국민의 권리로서 평등권을 제시하고 있으나, 그것은 기본권으로서의 평등이며, 모든 것에 대한 동등한 대우를 의미하는 것은 아니다. 이와 다르게 공평성은 모든 국민에게 평등한 공공서비스의 공급이 아니라 필요로 하는 주민에게 필요한 만큼의 공공서비스를 필요한 시점에 차별 없이 공급하는 것을 의미한다.

공평성은 평등성과 차이가 있으며 형평성의 개념에 상대적으로 더 가깝다. 제헌헌법 서문에서도 형평을 강조한 것과 같이 모든 주민을 동일하게 대우하는 것보다 다른 것을 다르게 대우하는 것이 공평의 개념에 더욱 가깝다. 물론, 공공서비스에 대한 접근에 대해서는 평등성이 강조되어야 한다. 다만, 공공서비스에 대한 수요를 고려하여 평등하게 서비스를 공급하는 것이 공평성이다. 예를 들어, 사회복지서비스에서 누구에게나 서비스를 제공하는 것은 평등성을 확보한 것임에 틀림없으나, 공평성을 확보한 것으로 볼 수 없다. 이와 같은 경우에는 필요한 서비스를 필요한 사람에게 제공하는 데에는 성공하였으나, 필요하지 않은 사람에게까지 동일한 서비스를 제공하는 오류를 발생시킨다. 공평성은 필요한 공공서비스를 제공하는 데 있어서 어떠한 종류의 차별이 존재하지 않는 것이며, 필요하지 않은 공공서비스를 제공하는 것까지 포함하지 않는다.

행정체계 내에서의 공평성은 행정서비스를 공급할 수 있는 능력의 차이가 존재하지 않도록 합리적으로 자원이 배분된 상태를 의미한다. 모든 행정기관이 동일한 예산과 동일한 인력을 배분받는 것이 아니라, 공공서비스의 수요와 공공서비스를 자체적으로 공급할 수 있는 지역자원 등 지역의 특성을 고려하여 행정 · 재정 능력을 확보하는 것이다. 일선관료의 수준에서, 읍면동 간에 어떤 사무를 수행할 수 있는 행재정적 능력에 있어서 큰 격차가 존재하지 않아야 한다.

공평성을 확보하는 방안으로 크게 두 가지 대안이 제시될 수 있다. 먼저, 평균적인 공공서비스를 사회구성원 모두에게 공급하는 것이다. 공평성을 평등성과 유사한 개념으로 파악하는 입장에서 바람직한 방법이다. 평균적인 서비스를 모두에게 공급하는 경우, 적어도 공공서비스 공급에서 배제되는 사례는 발생하지 않는다. 다만, 필요 없는 서비스를 공급하게 되므로, 행정의 능률성을 확보할 수 없다. 다음으로, 공공서비스의 수요를 명확하게 파악하여 필요한 서비스를 필요한 시점에 필요한 주민에게 공급하는 것이다. 이 경우, 공공서비스의 종류별로 수요를 명확하게 파악해야 하는 전제가 있으나, 가장 공평한 서비스 공급이 가능한 방법이다. 서비스 공급을 위해 공공부문(Big Brother)이 개인정보를 어느 정도 수준까지 수집하고 관리하여야 하는가에 대한 기준 마련에 한계가 발생한다. 이에 따라, 첫째, 읍면동 간에 심각한 불균형을 초래할 수 있는 사무는 지방자치단체의 본청에서 직접 수행하는 것이 바람직하다. 둘째, 작은 단위에서 지역의 주민들, 서로 얼굴을 알아볼 수 있는 이웃들이 스스로 공공서비스를 생산하고 자율적으로 공급하거나 이용하는 체계는 공평성을 확보하는 현실적인 방안이 된다.

넷째, 책임성이다. 공급하기로 약속한 공공서비스는 반드시 공급하여야 한다는 개념이다. 공공서비스 전달체계에서 책임성을 강조하는 것은 공공서비스의 공급이 누락되는 것을 방지하는 데 목적이 있다. 이를 위해, 국가 또는 지방자치단체가 공급하는 공공서비스마다 누가 공급할 것인지 명확하게 구분하고, 서비스 공급에 대해 책임지도록 한다. 이에 따라, 책임성은 공공부문의 수직적 기능배분과 수평적 기능배분에서 지향하는 핵심가치이다.

공공부문의 조직구조에서는 책임성을 확보하기 위해, 명령 · 통제의 일원화를 지향한다. 수직적 계층구조하에서 책임성을 갖는 기관이 하부 행정기관의 공공서비스 공급에 대해 재량권의 배분을 포함한 명령·통제의 권한을 행사하고, 그에 대한 일체의 책임을 지는 구조이다. 또, 수평적 조직구조에서 공공서비스의 분야별로, 분업화하여 각각의 공공서비스의 공급을 책임지고 담당하는 기관을 설치하는 구조를 지향한다. 이에 따라, 하나의 공공서비스를 공급하는 것은 하나의 기관이 그 책임과 권한을 모두 소관하는 체계로 구성된다. 즉, 동일한 종류의 공공서비스 공급은 지방자치단체의 본청이나 읍면동 중 한쪽에서 관리하는 체계로 구성되는 것이 바람직하다. 공공서비스 공급에 관한 권한과 책임이 여러 기관에 중복되는 경우, 능률성을 확보하는 데 한계가 발생하는 것은 물론이고, 서비스 공급이 누락될 확률이 상대적으로 크게 발생할 위험이 있다.

이상에서 공공서비스 공급체계의 설계에서 지향할 가치체계로 대응성, 능률성, 공평성, 책임성 등을 제시하였다. 선행연구에서는 학자들에 따라 대응성, 능률성, 민주성, 효율성 등으로 구분하기도 한다. 다만, 우리의 논의에서는 민주성은 대응성에 포함되는 개념으로, 그리고 효율성은 능률성에 포함되는 개념으로 파악하였다. 또, 형평성과 평등성의 맥락에서 공평성을 제시하였으며, 기능 배분의 효율성과 중복성의 맥락에서 책임성을 제시하였다. 공공서비스를 공급하는 최하위의 행정기관으로서의 읍면동에서의 공공서비스 공급은 대응성, 능률성, 공평성, 책임성을 지향해야 한다.

지방행정체계

지방행정체계는 공공서비스를 공급하는 체계이며, 공공서비스 수요를 전달하는 체계이다. 공공서비스의 공급은 공공서비스를 공급할 것인가 하지 않을 것인가에 관한 정책 결정으로부터 시작한다. 정책결정 과정은 의제설정 과정과, 정책결정 과정, 정책집행 과정, 그리고 정책평가 과정 등 일련의 과정을 거친다. 이 가운데, 읍면동에서 담당해야 할 부분은 의제설정 과정과 정책집행 과정이며, 시군구 등 지방자치단체 또는 중앙정부가 담당해야 할 부분은 정책 결정과 정책평가와 피드백 과정이다.

첫째, 의제설정 과정은 개인 수준에서 지역사회에서 발생하는 특정한 현상을 문제로 인식하고, 이웃과 의견을 나누는 가운데 문제의식의 확산, 공중의제로 발전하며, 공식적인 절차를 통해 정책의제로 제시되는 과정이 일반적으로 전개된다. 먼저, 지역사회에서 반복적으로 발생하는 특정한 현상에 대해, 어느 한 주민이 바람직하지 않은 현상이라고 인식하는 것으로부터 의제설정 과정이 시작된다. 한 지역에서 반복적으로 발생하는 특정한 현상에 대해 문제상태로 인식한 주민이 이웃 주민과 교류하는 가운데, 이웃 주민들이 해당 문제의식에 공감하고, 동일한 문제의식을 가짐으로써 문제의식이 확산된다. 이 확산과정은 지속적으로 반복되며, 동일한 문제의식이 지역사회 구성원 대부분에게 공유되면, 공공의 의제로 발전한다. 공공의 의제가 공식적인 절차 즉, 민원, 청원 등의 절차에 따라 정책결정자들이 논의가 시작되면, 이때부터는 정책결정 과정으로 전환된다.

둘째, 정책결정 과정에서는 주민들은 공식적인 참여자로서의 지위를 갖지 못한다. 물론, 직접민주주의 체제에서는 정책결정 과정에서도 주민들이 공식적인 정책결정자의 지위를 갖는 것이 당연하다. 다만, 우리나라의 경우, 대의민주주의를 채택하고 있으므로, 정책 결정은 주민들이 선출한 선출직 공무원이 담당한다. 정책결정 과정에서는 대리인(Agency; 선출직공무원)에 의해 정책문제 해결을 위한 합리적이고 민주적인 논의를 통해 규칙(지방자치단체는 조례, 중앙정부는 법률)을 정함으로써 지속적인 해결을 추진한다. 다만, 정책결정 과정에서 주민(의뢰인)의 문제의식이 대리인의 이해관계와 상충하는 경우, 대리인은 무의사결정의 방법으로 문제의 해결을 회피하기도 한다.

궁극적으로, 정책결정 과정은 문제 해결을 위한 정책을 결정하여 제도화하는 과정이다. 이에 따라, 반드시 입법권을 확보한 주체에 의해 진행된다. 우리나라에서 정책 결정은 기초자치단체 이상의 수준에서만 진행되며, 읍면동에서는 정책 결정이 이루어지지 않는다. 읍면동은 헌법에서 규정한 자치단체가 아니므로, 자치입법권이 없고, 읍면동장을 선출하지도 않는다. 이에 따라 읍면동에서는 정책 결정이 일어나지 않는다.

셋째, 정책집행 과정에서는 제도화된 문제 해결 대안이 공권력의 형태로 발현된다. 정책집행 과정에서의 공권력은 문제 해결을 위한 제도화 수준에 따라 기초자치단체에 한정하여 집행되기도 하며, 광역자치단체 수준에서 집행되기도 하고, 또 국가 단위에서 집행되기도 한다. 예를 들어, 환경문제와 같이 문제의 발생과 영향력이 전국단위에 미치는 경우, 정책집행은 국가 수준에서 발생한다. 이와 다르게, 생활쓰레기 배출시간이나, 광고판의 정리 등과 같이 문제의 영향범위가 지역 수준에 미치는 경우, 기초자치단체의 수준에서 정책을 집행한다.

이와 같이 문제의 발생과 영향범위에 따라 정책을 집행하는 주체가 다르게 결정된다. 현행의 지방행정 체제 내에서 정책집행의 최소단위는 기초자치단체이며, 기초자치단체의 장과 광역자치단체의 장, 그리고 중앙정부 부처의 장은 각각 읍면동에 정책집행을 위임한다. 결국, 읍면동은 정책 결정에 관여하지 않으나, 정책을 집행하는 하부 행정기관으로서의 지위를 갖는다. 이에 따라, 정책집행은 정해진 절차와 기준에 따라 모든 읍면동에서 동일하게 이행된다. 읍면동의 지역적 특성을 고려하여 정책집행을 다르게 할 수 있는 재량권은 존재하지 않는 것을 원칙으로 한다.

이상에서와 같이 우리나라의 지방행정체계는 계층간 기능배분에 일정한 원칙이 있다. 구체적으로, 지방행정체계의 구축과 관련하여 고려하여야 할 요소는 다음과 같다. 첫째, 국가와 지방자치단체 간 행정권한의 배분이다. 국가(중앙정부) 이외의 고유한 법인격을 갖는 지방자치단체에 행정사무를 배분하는 것으로 권력분립적 기능을 담당하여야 한다. 중앙의 권력은 지방으로 분산함으로써 권력의 자원의 남용 등을 방지하여야 한다. 행정기관의 업무 내용에 따라 다수의 행정기관이 분담하여 처리하는 것이 단일행정기구에 의한 통합처리보다 행정효율성과 현지성을 제고할 수 있다. 행정능률과 주민편의를 위하여 지방자치단체가 자체의 조례로서 행정동을 따로 둘 수 있도록 규정하고 있다(지방자치법 제4조의 2, 제4항). 지방자치법은 지방자치단체가 원격지 주민의 편의와 특정지역의 개발 촉진을 위하여 출장소를 설치할 수 있도록 규정하고 있으며, 구체적인 기준은 시행령에 위임하고 있다.(지방자치법 제115조) 주민의 접근성을 제고함으로써 주민편의성을 향상시키는 것을 목적으로 하는 행정기관 설치의 원칙이다.

둘째, 하부행정기구이다. 읍은 조례에 근거하여 설치하며, 지방자치단체의 관할 구역 중 대부분이 도시의 형태를 갖추고 인구 2만 명 이상인 지역에 설치한다.(지방자치법 제7조 제3항) 시가지 구성지역 내 거주인구가 전체 인구의 40% 이상이며, 도시적 산업종사 가구가 전체 가구의 40% 이상인 경우에는 읍을 설치할 수 있다. 인구 2만 명 미만의 경우에는 군청 소재지의 면 또는 읍이 없는 도농복합 형태의 시에서 1개 면을 읍으로 설치할 수 있다. 면은 조례에 근거하여 설치하며, 각급 행정기관이 소재하고 면 행정 체제를 갖추어 독자적으로 발전할 수 있는 경우 설치한다. 인구감소 등 행정 여건이 변화하는 경우, 2개 이상의 면을 1개의 행정면으로 설치·운영할 수 있다. 동은 조례에 근거하여 설치하며, 대규모 지역개발사업 등 지역 여건 변동으로 불가피한 경우, 행정능률과 주민편의를 고려하여 설치한다.

읍면동 이외에 자치구가 아닌 구를 설치할 수 있다. 인구 50만 명 이상의 도시에서 기존의 행정체계로는 행정수요를 감당하기 어렵고, 분구 후 구당 평균 인구가 20만 명 이상인 경우, 일반구를 설치할 수 있다. 정부의 신도시 건설계획으로 급속한 인구증가가 예견되는 신도시 지역은 예외적으로 분구 후 평균인구 기준을 적용하지 않고 있다. 지방자치단체의 행정기구와 정원기준 등에 관한 규정은 구를 설치하지 않는 시는 본청에 6개 실·국을 설치할 수 있으며, 구를 설치한 시는 본청에 4개 실·국을 둘 수 있도록 규정하고 있다.

3. 주요 개선 논의사항: 책임읍면동제

지방행정체계의 구성과 계층 간 기능배분에서 기능배분의 원칙과 공공서비스 전달체계에서 지향하는 가치를 확보하는 다양한 대안들이 제시되고 있다. 지방행정체계에 관한 연구들이 궁극적으로 지향하는 연구의 방향은 공공서비스 전달체계가 지향하는 가치를 확보하는 가운데, 기능배분의 원칙을 지키는 공공서비스 전달체계로서의 지방행정체계를 설계하는 것이다. 지방행정체계에 관한 연구 중 행정계층에 관한 연구들은 기능배분의 원칙 중 책임성의 원칙을 강조하는 경향이 있으며, 책임성을 확보할 수 있는 계층별 책임과 권한의 범위, 기능배분 방안 등에 관심을 갖는다. 또, 지방행정체계에서 지방자치단체에게 주어진 법령상 사무와 지방자치단체의 조례로 제정한 자치사무를 효율적으로 수행할 수 있는 수평적 기능배분 방안에 관심을 갖기도 한다. 이와 같은 다양한 학문적·실무적 관심과 연구지향의 차이는 다양한 논의를 이끌어 내고 있다. 이 글에서는 지방행정체계의 다양한 대안 논의들 중, 1990년대 지방자치의 재개 이후, 지속적으로 학문적·실무적 연구 주제가 되어 왔던 읍면동 하부행정체계에 관한 책임읍면동제에 관해 논의하도록 한다.

책임읍면동제의 궁극적인 목적은 일선관료에게 적극적으로 권한을 위임하여, 행정효율성을 제고하고, 현장의 행정서비스를 일괄적으로 제공할 수 있는 체계를 구축하는 것이다. 책임읍면동으로 지정된 읍면동은 본래의 기능 이상의 기능을 수행하며, 그에 맞는 권한을 위임받는다. 책임읍면동은 시군구 본청 등 상위 행정기관의 기능을 위임받으므로, 당초의 읍면동보다 기능범위가 상대적으로 넓다.

책임읍면동은 상대적으로 많은 소관기능을 일괄 수행함으로써 규모의 경제효과의 발생에 따른 행정의 효율성을 제고하는 것을 궁극적인 목적으로 한다. 책임읍면동제는 읍면동 권한위임 확대를 통해 행정효율성을 증대하고, 자치현장에서 행정서비스를 일괄적으로 제공한다. 또, 행정서비스 공급체계에서 시민접근성을 제고하는 것을 목적한다. 따라서 주변의 관청에서 신속하게 행정서비스를 공급받을 수 있도록 함으로써 행정의 대응성을 제고한다. 책임읍면동제의 목적달성을 위해 책임읍면동의 관할 구역범위를 확대한다.

책임읍면동제는 과거에 추진했었던 대동제를 수정 · 보완하여 행정의 효율성 · 효과성 · 대응성 · 민주성을 강화하는 행정체제 모형이다. 책임읍면동제는 대동제의 주요 모형인 광역동 모형과 중심동 모형 중 중심동 모형에 기반을 둔다. 또 중심동 모형으로부터 대 읍·동 모형과 행정면 모형으로 구분한다. 먼저, 중심동 모형은 50만 명 이상의 대도시뿐만 아니라 기타 시 · 군에까지 적용대상을 확장하여 운영할 수 있다. 구체적으로, 대 읍 · 동 모형과 동일하게, 몇 개의 읍 · 동을 하나의 집단으로 묶고, 그 가운데 하나의 읍 또는 동의 관장기능을 확대하여 중심 역할을 수행하도록 한다. 대체로, 개별 동의 인구 및 면적을 고려하여 2~3개의 동을 하나의 집단으로 묶는다. 하나의 집단으로 묶인 읍 · 동 중 중심지역의 읍 또는 동을 책임읍 또는 책임동으로 지정하는 체제이다. 이렇게 구성된 책임읍 또는 책임동은 시 · 군의 본청 또는 일반구의 기능 중 일부 사무를 이관하여 기존의 사무와 통합수행함으로써 공공서비스 공급의 효율성을 제고하는 방식이다.

기초자치단체의 하위행정구역 중 면지역은 인구를 기준으로 인접한 2~3개의 면을 하나의 집단으로 묶어 기초자치단체의 하부행정기관으로 운영한다. 책임읍면동제 체제 내에서 면단위 지역에 대해서는 하나의 집단으로 묶은 2~3개 면 지역들 중 중심이 되는 행정면을 지정한다. 행정면에서 기존의 면 기능과 인근 면의 대부분의 기능을 함께 수행하고, 인근 면은 최소한의 민원처리 및 복지 · 문화 서비스를 제공한다.

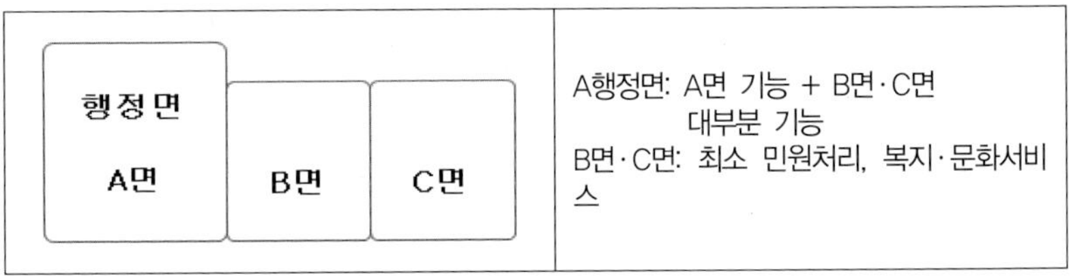

그림 8-1. 행정면 모형

대 읍 · 동이 기존 사무에 더하여 본청에서 위임된 사무를 처리하는 반면, 행정면은 본청 기능의 위임 없이 인근 면에서 이관된 사무를 처리한다는 점에서 차이가 있다.

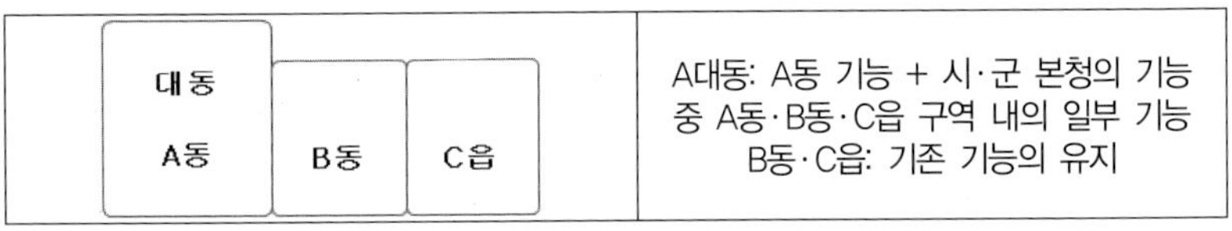

그림 8-2. 대읍동 모형

책임동의 기능을 배분할 때, 하부행정기관의 사무는 지방자치단체의 고유사무, 국가위임사무, 지방자치단체와 공통으로 수행하는 공통사무, 그리고 지역별 특화사무 등으로 분류하여야 한다. 책임동의 고유사무와 관련한 기능배분에서 행정의 현장성, 주민의 접근성, 공공서비스 공급의 대응성을 확보하는 것의 중요성이 강조되는 기능을 책임동의 기능으로 배분하여야 한다. 책임동의 고유사무와 관련한 기능은 사회복지, 민원, 국민안전, 선거 · 투표, 기관 유지 · 관리와 관련한 기능 등으로 분류하여야 한다.

사회복지기능의 고유사무와 관련하여, 기초생활수급자 · 차상위수급자 등에 대한 초기상담 및 접수, 자료입력 등의 기능을 책임동의 기능으로 배분하여야 한다. 민원기능의 고유사무와 관련하여, 주민등록, 인감증명 등의 발급민원을 비롯한 민원기능을 책임동의 기능으로 배분하여야 한다. 국민안전기능의 고유사무와 관련하여, 민방위대 편성, 주민신고, 인력동원, 재해조사 등의 기능을 책임동의 기능으로 배분하여야 한다. 선거 · 투표 기능의 고유사무와 관련하여, 선거인 및 부재자 명부작성, 선거벽보 및 공보 등의 기능을 책임동의 기능으로 배분하여야 한다. 기관유지기능의 고유사무와 관련하여, 회계관리, 청사관리, 주민자치센터, 체육대회, 새마을 등의 기능을 책임동의 기능으로 배분하여야 한다.

책임동의 국가위임사무와 관련한 기능은 환경관리, 국토관리, 방재관리, 일반행정, 식품위생 등의 기능으로 구분할 수 있다. 환경관리기능은 수질오염 관리, 행정처분, 폐기물 단속 등의 기능이다. 국토관리기능은 공원 및 녹지관리, 불법지 원상회복 및 지도 · 단속 기능이다. 방재관리기능은 소하천 · 공유수면 관리 및 단속, 소하천, 공유수면 점용허가 기능 등이다. 일반행정기능은 공동이용시설 관리, 옥외광고물 관리 등의 기능이다. 식품위생기능은 각종 영업 신고 · 관리에 관한 기능이다.

책임동의 공통사무, 즉 상위자치단체와 동일한 기능을 수행하는 것은 복지기능, 안전관리기능, 주민편의기능, 도시관리기능, 지역여건 반영기능 등이다. 복지기능은 사회복지서비스 신청, 접수, 조사, 서비스 제공 등 전 과정에서의 완결성을 확보한 기능이다. 안전관리기능은 주민안전관리, 재난예방 및 홍보 등의 기능이다. 주민편의기능은 일반음식점 등 영업신고, 부동산중개업의 신고, 정화조 매립 등 신고 등 주민의 생활편의와 관련한 인허가 기능이다. 도시관리기능은 도시공원 관리, 주정차 지도 등 도시공간에서의 현장관리 기능이다. 지역여건 반영 기능은 상하수도 요금감면 신청, 하천점용 허가 등 지역특성을 반영한 민원 기능이다.

책임동의 지역별 특화사무와 관련한 기능은 지역의 특성(예: 공동주택형, 산업단지형, 다문화형, 상업중심지형 등)에 따라 지역별로 상이한 기능을 배분할 수 있다. 공동주택 유형의 지역별 특화사무는 임대업 등록, 부동산거래 중개업 관련 인허가, 관리 기능이다. 산업단지 유형의 지역별 특화사무는 일자리센터 운영, 공장설립 등록, 지방산업단지 관리 등의 기능이다. 다문화 유형의 지역별 특화사무는 지역공동체 조성, 사회통합교육 운영, 외국인 정착관리 등의 기능이다. 상업중심지 유형의 지역별 특화사무는 지역물가관리, 가격표시제 운영, 위생우수업소 관리 등의 기능이다.

4. 현황분석과 시사점

기능배분 현황

지방자치법은 지방자치단체의 기능과 사무에 대한 기본원칙과 범위를 규정하고 있다. 지방자치법에서의 지방자치단체 사무의 기본원칙은 주민의 편의와 복리증진이다. 지방자치단체는 행정능률과 주민의 편의를 위하여 하부행정기관인 동을 설치하고, 동의 하부조직을 둘 수 있도록 규정하고 있다.(지방자치법 제4조의2, 제4항, 제5항)

지방자치법은 지방자치단체의 기능과 사무의 유형을 분류하여 규정하고 있다. 지방자치법에서의 지방자치단체의 사무는 지방자치단체의 구역·조직·행정관리 등에 관한 사무, 주민의 복지증진에 관한 사무, 농림·상공업 등 산업진흥에 관한 사무, 지역개발과 주민의 생활환경시설의 설치·관리에 관한 사무, 교육 · 체육 · 문화 · 예술의 진흥에 관한 사무, 지역민방위 및 지역소방에 관한 사무 등 6가지 유형으로 분류하고 있다.

2022년 1월 13일 시행예정인 지방자치법 전부 개정법률은 지방자치단체의 사무에 국제교류 및 협력사무를 포함하여 7개의 유형으로 분류하고 있다.

기타 개별법에서 규정하고 있는 읍면동의 사무는 2019년 7월 현재, 6개법률, 9개 대통령령(규정, 시행령), 13개 부령(시행규칙) 등 총 28개 법령에 근거한 99개 사무이다.

기초자치단체조례에서 규정하고 있는 읍면동의 사무 중 기초자치단체의 조례로서 제시되는 사례는 각 기초자치단체마다 차이가 있으나 대체로 주민등록업무, 민원서류 발급, 통 · 반 조직 운영, 자치회관사업, 지역자원 발굴 및 사회복지사업 추진, 마을공동체 형성 및 주민자치역량 강화, 복지기능 강화를 위한 상담 · 현장방문 등이다.

지방행정체제 동향

사회구성원의 다양한 이해관계 속에서 주민들의 요구를 충족시키기 위해서는 주민의견을 수렴하고 통합하는 과정이 긴요하다. 지방자치는 지역에서 수행할 수 있는 자치권을 위임받아 사회 내 갈등과 불평등을 극복하고, 실질적인 자유와 평화를 실현하는 국가원리로서 기능을 한다. 지역주민의 욕구를 적극적으로 수용하기 위해서는 지방자치단체의 통합

뿐만 아니라, 생활권별로 적절한 분화가 요구되기도 한다. 지방자치는 지역주민이 지방행정에 대한 참여를 용이하게 함으로써 지역주민 스스로 기본권을 행사할 수 있는 기회를 제공하고 있다.

지방자치는 행정환경의 복잡성이 증가하는 가운데 사회적 갈등이 증가하므로 국가의 부담이 증가하고 있으나, 지역적 특수성과 지역정보를 쉽게 알 수 있는 지역에서 지역정보를 활용하여 문제해결에 우선 투입됨으로써 행정의 효율성을 제고할 수 있다.

시사점

읍면동의 주요기능은 읍면동 조직의 유지 및 관리에 관한 사무, 주민자치회의 구성·관리, 또는 지역공동체와 관련한 사무, 기초자치단체장으로부터 위임받은 사무 등을 말한다. 법령상 읍면동의 직접기능으로 규정된 기능(타법령에 의한 위임사무 제외)는 법령상 민원기능을 중심으로 배분되어, 민원의 접수, 이송, 통보 등이며, 인허가권은 제한된다.

행정기관의 민원기능의 이행에 관한 권한과 책임은 기초자치단체의 본청 또는 중앙정부와 광역자치단체에 있으며, 민원의 접수와 이송, 민원결과의 통지의 중간기능을 수행한다. 행정동의 민원기능 수행과정에서 인허가 등에 관해 직접적인 책임성이 부과되는 사항은 없으며, 사실확인 등 인허가 민원 처리의 일부 절차에 대한 책임성만이 한정적으로 부과된다.

법령상 행정동의 직접기능으로 규정된 기능(타법령에 의한 위임사무 제외)은 상위의 중앙정부 또는 지방자치단체와 주민 사이의 중간에서 전달기능을 중심으로 규정된다. 법령상 행정동의 기능으로 규정된 기능은 타법에 의해 규정된 (재)위임사무로 구성된다.

책임읍면동제의 특징을 살펴보면, 첫째, 2015년 인접한 읍면동을 하나로 묶어 대표성을 가진 1개의 읍면동 사무소에 기초자치단체의 본청

업무의 상당부분을 위임한다는 것이다.

둘째, 읍면동의 인구 및 면적을 고려하여 2~3개의 읍면동을 하나의 집단으로 묶어 구역을 설정하고 중심지역의 읍면동을 선정하였다. 중심지역의 읍면동은 시군 본청 또는 일반구에서 이관되는 기능을 추가적으로 관장하도록 하였다.(행정자치부, 2015) 결국 책임읍면동은 기존 읍면동 수행사무에 더하여 본청 등에서 위임된 사무를 처리한다.

셋째, 복지 및 안전, 주민자치 강화, 현장행정 실현 등 책임읍면동 시범사업 취지에 적합한 사무를 중심으로 책임읍면동의 기능을 제시하였다. 일반적으로 책임읍면동에 배분되는 읍면동 고유사무는 약 204건이며, 사회복지, 민원사무, 국민안전, 선거투표, 기관유지 등의 기능이다. 구체적으로, 사회복지기능은 기초생활, 차상위 등 초기 상담 및 접수, 자료입력 등의 기능을 책임읍면동에 배분한다. 또, 민원기능은 주민등록, 인감증명 등의 발급민원을 비롯한 주요 민원 기능을 배분한다. 다음으로, 국민안전 기능은 민방위대 편성, 주민신고, 인력동원, 재해조사 등의 기능을 책임읍면동의 기능으로 배분한다. 그리고, 선거투표기능 선거인(투표인) 및 부재자명부 작성, 선거벽보 및 공보 등의 기능으로 배분한다. 기관유지기능은 회계관리, 청사관리, 통리반, 주민자치센터, 체육대회, 새마을 등의 기능을 배분한다.

책임읍면동에 배분되는 국가위임사무는 환경관리, 국토관리, 방재관리, 일반행정, 식품위생 기능 등이다. 환경관리기능은 수질오염관리, 행정처분, 폐기물 단속 등의 기능이다. 국토관리기능은 공원 및 녹지관리, 불법지 원상회복 및 지도·단속 등이다. 방재관리기능은 소하천·공유수면 관리 및 단속, 소하천·공유수면 점용허가 기능 등을 배분한다. 일반행정기능은 공중화장실 등 공동이용시설 관리, 옥외광고물 관리 등의 기능을 배분한다. 식품위생기능은 일반음식점 영업신고 등 각종 영업신고·관리에 관한 사항 등의 기능을 배분한다.

책임읍면동 공통 강화사무는 복지사무, 안전사무, 주민편의, 도시관리, 지역여건 반영 등의 기능이다. 복지기능은 신청-접수-조사-지급의 전 과정에 대한 완결처리 기능을 배분한다. 안전관리기능은 주민안전관리, 재난예방 및 홍보 등의 기능을 배분한다. 주민편의기능은 음식점 신고, 부동산중개업 신고, 정화조 신고 등 주민편의 인허가 기능을 배분한다. 도시관리기능은 도시공원 관리, 주정차 지도 등 주민생활 직결되는 도시 현장관리 기능을 배분한다. 지역여건 반영기능은 상하수도 요금 감면신청, 하천점용 허가 등 지역특성 반영 민원 등의 기능을 배분한다.

또, 책임읍면동에 배분되는 지역별 특화사무는 공동주택형, 산업단지형, 다문화형, 상업중심지형 등 지역유형에 따라 특화사무를 배분하는 것이다. 공동주택형 유형의 지역별 특화사무는 임대사업 등록, 부동산 거래·중개업 관련 사무 등을 배분한다. 산업단지형 유형의 지역별 특화사무는 일자리센터 운영, 공장설립 등록, 지방산업단지 관리 등을 배분한다. 다문화형 유형의 지역별 특화사무는 지역공동체 조성, 사회통합교육 운영, 외국인정착 관리 등의 사무를 배분한다. 상업중심지형 유형의 지역별 특화사무는 지역물가 관리, 가격표시제 운영, 위생 우수업소 관리 등의 사무를 배분한다.

행정체계 개편 및 기능배분 원칙

첫째, 주민편의성이다. 지역주민의 직접적인 통제가 가능하도록 주민참여가 효과적으로 이루어져야 한다. 사무를 민주적으로 처리하기 위하여 가능한한 사무를 주민과 가까운 읍면동에 많이 배분하여야 한다. 주민편의를 위하여 읍면동에서 서비스를 종합적으로 제공(one-stop service)하는 것을 원칙으로 한다.

둘째, 행정효율성이다. 기본적으로 같은 성질의 사무는 기초자치단체와 읍면동 간에 중복적으로 배분되지 않아야 한다 광역동 지역마다의 특수한 실정을 감안해야 하는 사무는 읍면동에 맡기는 것이 바람직하다. 사무의 능률적 처리를 위하여 읍면동의 능력을 고려하여 최소의 비용으로 최대의 효과를 도모할 수 있는 단체에 배분하여야 한다. 읍면동장의 권한을 강화하고, 책임을 명확히 하여야 한다.

셋째, 기능 동질성 기준을 적용하여야 한다. 다수의 상이한 기능이 존재할 경우에는 유사한 기능들 간 통합·배치하는 원칙이다. 통솔범위의 기준은 한 사람의 상관이 부하들을 효과적으로 지휘감독을 할 수 있는 능력적 한계이다. 보통 4명이 기본 단위가 된다.

5. 나가며

행정체제개편 대안: 읍면동 자치안

첫째, 읍면동 자치단체안이다. 이 안은 읍면동장을 선출하고, 의회를 구성하는 안이다. 읍면동 단위로 자치단체를 구성하고, 현재의 주민자치위원회를 의회로 개편한다. 주민자치위원은 모두 선거를 통해 선출한다. 지방자치법 개정법률에 따라 지방자치단체의 기관구성을 다양화하여 기관대립형뿐만 아니라 기관통합형으로도 구성할 수 있도록 하였다. 기관통합형 지방자치단체 기관구성 형태는 읍면동의 의회를 구성하고, 읍면동 의회의 다수당의 당수가 읍면동장을 겸임하는 방식이다. 기관대립형 지방자치단체 기관구성형태는 읍면동장을 선출하고, 별도로 읍면동의 의회를 구성하는 방식이다.

현행의 자치 2단계에서 자치 3단계로 확대하는 방안과 자치2단계를 유지하는 방안으로 세분하고 있다. 현행의 자치2단계를 유지하는 방안으로 읍면동 단위로 기초자치단체를 구성하고, 현재의 기초자치단체인 시 · 군 · 자치구를 행정계층으로 변경하는 것이다. 즉, 현재의 자치2계층, 행정3~4계층제를 유지하되, 현재의 행정계층인 읍면동을 자치계층으로 전환하고, 현재의 자치계층인 시 · 군 · 구를 행정계층으로 전환하는 것이다. 현행의 자치2단계를 자치3단계로 전환하는 방안은 읍면동을 자치계층으로 전환하는 것이며, 그 외의 변화를 두지 않는 대안이다.

위임사무의 수행비율과 자치사무의 수행비율로부터 현행의 시군구를 행정계층으로 전환한다. 시장 · 군수 · 자치구의 구청장은 중앙정부 또는 광역자치단체(시도)에서 직접 임명하도록 한다.

현재의 중앙정부와 지방자치단체의 사무배분은 약 7 : 3 수준을 10여년간 지속적으로 유지하고 있으며, 지방자치단체의 사무는 광역자치단체의 사무, 기초자치단체의 사무를 모두 합한 것이다. 또, 시군구의 사무 중 고유사무보다는 대부분이 중앙정부와의 공동사무 또는 공통사무로 배분된다. 따라서, 시 · 군 · 자치구의 자치사무는 매우 작은 부분이다. 결과적으로, 시 · 군 · 자치구의 사무는 기초자치단체의 고유사무의 처리보다는 기관위임사무, 위탁사무 등의 수행비율이 큰바, 행정계층으로 전환하는 것이 타당할 것이다.

기능개편 대안: 읍면동 자치단체화안

읍면동의 기능개편안으로 읍면동을 자치단체화하는 안을 제안한다. 읍면동을 자치단체로 전환하는 가운데, 읍면동의 기능으로 확대해야 할 기능은 안전 분야, 건설교통 분야, 사회복지 분야, 교육 분야, 환경 분야, 산업경제 분야 등 분야별로 구분할 수 있다. 안전 분야의 기능으로 지역응급 의료센터 지정기능을 읍면동의 기능으로 배분할 수 있다. 건설교통 분야의 기능으로 운임 · 요금의 기준과 요율 등에 관한 협의기능, 개발제한구역 주민지원사업, 공유수면 관리 등의 기능을 배분할 수 있다. 사회복지 분야의 기능으로 사회복지급여 처분 등의 이의신청 접수, 이의 신청 각하 등 처분 이의신청 접수, 이의신청 각하 등의 처분 통지 등의 기능을 배분할 수 있다. 교육 분야의 기능으로 구직 등록, 취업 상담, 알선 및 고용정보의 제공에 관한 사항 등을 배분할 수 있다. 환경 분야의 기능으로 먹는 물 공동시설의 위생관리계획의 수립, 자동차 공회전 제한 지역 관리, 구역 내 환경관리 등의 기능을 배분할 수 있다. 산업경제 분야의 기능으로 산업단지 인허가 간소화 절차를 위한 권한 확대, 벤처 창업기업 활성화 기반 조성 등의 기능을 배분할 수 있다.

구체적으로, 읍면동을 자치단체로 전환하는 대안에서의 읍면동의 기능 배분은 주로 사회복지기능을 중심으로 확대되고 있다.

참고문헌

이종수. 2000.『행정학사전』, 서울: 대영문화사

정우열. 2001. "인터넷 참여와 공공대응성 분석",『한국사회와 행정연구』 12(3)

Dunn, W. N. 1981. *Public Policy Analysis: An Introduction*, Prectice-Hall

Lindblom, C. E. 1980. *the Policy-making Process*, Prentice-Hall

Ostrom, Elinor. 1990. *Governing the Commons: The evolution of institutions for collective action*, New York: Cambridge University Press

Ripley, R. B. & Franklin, G. A. 1982. *Bureaucracy and policy inplementation*, Home Wood: Illinois: The Dorsey Press

Starling, G. 1998. *Managing the public sector*, New York: Harcourt Brace College

Wildavsky. 1973. *If planning is everything, maybe it's nothing*, Policy Sci 4

표. 읍면동의 기능 재배분: 기능확대 예시

<table>
<tr><th>분야</th><th>기능(사무)</th><th>비고</th></tr>
<tr><td>복지</td><td rowspan="2">• 복지상담실 운영
• 수급권자, 수급자, 부양의무자, 차상위계층 조사 수급자 수급여부 확인, 조건부수급자 생계급여 결정
• 사회보장에 대한 상담 및 시행
• 임산부 · 영유아 · 미숙아 등의 건강진단 경비 등 보조
• 여성, 어린이, 노인, 장애인, 건강 보호 · 증진 위한 시책 강구
• 국민기초생활보장수급자 변동사항 확인 및 통보
• 국민기초생활보장수급자 자녀 학자금 지급 및 • 학자금 지원실적 보고
• 저소득층 생활안전 점검
• 사례관리, 의료급여 관리사 설치</td><td rowspan="2">• 기초생활보장지원법의 목적 실현
• 유관 복지지원법과의 통합적 추진
• 1999년까지 읍면동이 주로 수행</td></tr>
<tr><td>국민기초생활
보장지원</td></tr>
<tr><td>임신부 지원/
영유아 지원</td><td>• 건강가정을 위한 지원으로 태아검진 및 출산 · 양육의 지원
• 가정폭력으로부터의 보호
• 위기가족 긴급지원
• 보육료신청서 접수 및 양육수당 지원
• 입양아동 사회복지서비스 제공
• 보육, 방과 후 서비스
• 요보호 아동에 대한 보호조치, 보호양육 신청 및 처리
• 어린이 놀이터 설치 기준 변경
• 기타 저소득 보육료 지원대상자 심의 및 책정
• 여성 자원봉사활동 지원
• 결함가정 및 저소득 아동보호 지원</td><td>• 모자보호를 위한 서비스 집중
• 저출산대책을 통합 지원
• 지역 현장의 서비스 기능 강화
• 주민근접성에 의한 맞춤형 서비스
• 아이 돌봄 서비스</td></tr>
<tr><td>청소년 지원</td><td>• 청소년 활동 · 학교교육 등 연계시책 시행
• 청소년 가출 등 예방, 복지적 지원 제공
• 청소년 활동 프로그램의 보급
• 소년소녀가장 및 가정위탁 보호대상자 책정
• 결식아동 석식 지원
• 청소년 공부방 관리
• 청소년 활동 및 체육시설, 청소년 쉼터 설치</td><td>• 청소년에 대한 교육기관과 연계성 강화
• 현장성과 대응성 제고</td></tr>
</table>

분야	기능(사무)	비고
노인 지원	• 부모 및 부양가족 실태조사 • 경로당 운영비 난방비 지급 • 경로연금지급 • 교통수당지급 • 독거노인에 대한 보호조치 • 노인에 대한 상담 및 구인구직 상담 • 실종노인 보호 신고 및 신상카드작성 • 고속도로 통행료 할인카드 발급 • 매장증명서 발급 등 • 경로당 신개축 및 편의시설 설치 지원 • 경로당 봉사활동비 지급 • 독거노인 지원 • 노인돌봄서비스 지원 • 노인사회활동 지원 • 노인봉사자 발굴모집 및 활동 지원 • 노인공동작업장 관리 지원	• 주민접근성 제고 • 서비스 지향성 실효성 강화 • 집행성 제고를 통한 서비스 완결성
한부모가족, 다문화 가족 지원	• 한부모 가족 복지 급여의 신청, 접수, 결과통지 • 청소년 한부모 및 다문화 가족에 대한 교육 지원 • 가족복지상담 및 생활정보제공 • 저소득 모부자 가정지원사업 • 외국인 등록사실증명 발급 • 외국인 체류지 변경 신고 및 송부 • 외국인 인감증명서 발급 • 외국인 등록사실 통보 • 외국인 전출전입 관리	• 현장성과 대응성 제고 • 서비스 지향성
장애인 지원	• 장애인 정보접근수단 제공/장애인정보화 지원 • 장애인 재활의료 제공 • 장애인 편의시설 조사 및 제공 등 • 장애인(동행자) 세제 · 이용료 · 운임 감면 등 • 장애인연금의 지급 신청 • 장애인활동지원급여 수급자격 갱신 신청 안내 및 접수 지원 • 장애수당 지급대상자 선정 • 장애인 활동지원등급 변경신청 및 접수 • 장애인 판정결과 관리 • 장애인 자동차 표지 발급 • 장애인 등 의견 수렴	• 주민접근성, 지역현장성 제고 • 서비스 지향성

분야	기능(사무)	비고
일반주민 대상 복지지원	• 국가건강검진 수검자 의료비 지원 • 영양취약 계층조사 및 보조금 지급 • 직접흡연 또는 간접흡연과 과다한 음주의 위해 교육 · 홍보 • 자원봉사자 모집 및 교육 • 자원봉사 마일리지 운영 • 자원봉사센터 운영 • 자원봉사자 행사 주관 및 참여 • 의료급여 대상자 자격상실 및 변경사항 통보 • 의료급여 증명서 발급 및 재사용 확인 • 자살예방상담 및 교육 등	• 효과성 제고 • 집행성 확대 • 지역현장성 제고 • 주민접근성

【별표: 읍면동 법령상 사무 현황】

표. 읍면동 법령상 사무 현황

<table>
<tr><th>법령명</th><th>법령상 사무(읍면동 기능배분)</th><th>소관부서</th><th>비고</th></tr>
<tr><td>민방위기본법</td><td>• 연합민방위대의 구성운영
• 민방위대 직권 편성
• 민방위대 편성결과 등 통보
• 민방위 기술지원대원 선발 알림
• 편성 등
• 민방위대의 지휘 · 감독
• 동원
• 민방위경보의 발령</td><td>행정안전부</td><td>법률</td></tr>
<tr><td>본인서명사실 확인 등에 관한 법률</td><td>• 본인서명사실확인서의 발급 신청</td><td>행정안전부</td><td>법률</td></tr>
<tr><td>지방자치법</td><td>• 하부행정기관의 장의 직무권한</td><td>행정안전부</td><td>법률</td></tr>
<tr><td>농업소득의 보전에 관한 법률</td><td>• 농업소득의 보전에 관한 법률</td><td>농림수산식품부</td><td>법률</td></tr>
<tr><td>수산직접지불제 시행에 관한 법률</td><td>• 조건불리지역의 선정 등
• 수산직불금 지급대상 어촌마을의 선정 등
• 수산직불금 지급대상 어촌마을의 선정 등
• 수산직불금 지급 약정신청서 제출 등
• 수산직불금 지급 약정신청서 제출 등
• 수사직불금 지급대상자 선정</td><td>해양수산부</td><td>법률</td></tr>
<tr><td>가족관계의 등록 등에 관한 법률</td><td>• 출생 · 사망의 동 경유 신고 등
• 사망신고</td><td>법무부</td><td>법률</td></tr>
<tr><td>군사기지 및 군사시설 보호법 시행령</td><td>• 출입 허가신청 접수
• 허가 여부 통지</td><td>국방부</td><td>대통령령</td></tr>
</table>

법령명	법령상 사무(읍면동 기능배분)	소관부서	비고
농산물의 생산자를 위한 직접지불제도 시행규정	• 조건불리지역 알림 및 공고 • 자격 유무 확인 및 약정신청서 제출 • 보조금 지급 대상자 선정 알림 • 조건불리보조금 지급대상자의 선정 • 사업신청서 제출 • 경관보전보조금 지급대상 알림 • 밭농업보조금의 지급대상자 등록 • 등록사항의 변경등록 등	농림축산식품부	대통령령
허베이스피리트호 유류오염사고 피해주민 지원 및 해양환경의 복원 등에 관한 특별법 시행령	• 피해사실확인서 접수	해양수산부	대통령령
도로명주소법 시행령	• 주소 변경 신청 접수	행정안전부	대통령령
민방위기본법 시행령	• 민방위대 편입지원서 접수 • 연합직장민방위대의 구성 • 민방위대 신규편입대상자 편입조치 • 민방위대 대원 명부 작성 등 • 지원된 예비군 등의 통제 • 민방위 대원의 교육훈련 • 민방위 대원의 교육훈련 • 교육훈련의 면제 • 동원의 방법 등 • 민방위 경보의 발령	행정안전부	대통령령
본인서명사실 확인 등에 관한 법률 시행령	• 고유식별정보의 처리	행정안전부	대통령령
수복지역 내 소유지 미복구토지의 복구등록과 보존등기 등에 관한 특별조치법 시행령	• 보증인의 위촉 추천	행정안전부	대통령령
인감증명법 시행령	• 후견등기기록의 확인	행정안전부	대통령령
주민등록법 시행령	• 주민등록표의 열람 또는 등·초본의 교부	행정안전부	대통령령

법령명	법령상 사무(읍면동 기능배분)	소관부서	비고
건축물대장의 기재 및 관리 등에 관한 규칙	• 건축물대장 등본 · 초본을 발급(열람) 신청 접수 및 발급	국토교통부	부령
공간정보의 구축 및 관리 등에 관한 법률 시행규칙	• 법 제75조에 따른 지적공부 및 부동산종합공부의 열람 · 발급 등 • 법 제76조의4에 따른 지적공부 및 부동산종합공부의 열람 · 발급 등	국토교통부	부령
자동차관리법 시행규칙	• 이륜자동차 사용신고 접수	국토교통부	부령
농어업재해대책법 시행규칙	• 재해발생 보고 접수 • 피해상황 내용 관리	농림축산식품부	부령
농어촌정비법 시행규칙	• 대상자 결정 및 알림	농림축산식품부	부령
농어업경영체 육성 및 지원에 관한 법률 시행규칙	• 등록신청서 이송 • 보조금 등 신청사항의 통보 접수 • 변경등록신청서 접수	농림축산식품부 해양수산부	부령
출입국관리법 시행규칙	• 외국인등록 사실증명 발급신청 접수	법무부	부령
장사 등에 관한 법률 시행규칙	사망진단서의 확인(날인)	보건복지부	부령
수산직접지불제 시행에 관한 법률 시행규칙	• 조건불리지역 선정 공고에 의견서 첨부 • 조건불리지역 수산직접지불 사업신청서 등의 작성 • 수산직불금 지급대상 어촌마을의 선정통보 등 • 수산직불금 지급 약정신청서 접수 및 보완요구 • 수산직불금 지급 약정신청서 접수 및 사실확인 • 관리협약의 체결을 위한 관리협약안 접수	해양수산부	부령

법령명	법령상 사무(읍면동 기능배분)	소관부서	비고
민방위기본법 시행규칙	• 민방위대에서 제외되는 자의 심사 결정 – 신청서 접수 • 민방위대에서 제외되는 자의 심사 결정 – 민방위대 편성제외 심사 대상자 명부 작성 • 민방위대에서 제외되는 자의 심사 결정 – 출석심사 및 심사 일시, 장소 등 통지 • 민방위대에서 제외되는 자의 심사 결정 – 민방위대 제외여부 결정 및 통보서 통보 • 민방위대 편성제외 신청서 접수 • 민방위기술지원대 편성 및 지침작성 통보 • 민방위기술지원대의 편성 • 민방위기술지원대의 편성 및 통보 • 민방위대 조직여부의 통보 • 편입신고 등 편입될 민방위대 편성 대상자 명부 작성 • 편성 및 이동 사항 등 – 직장민방위대상에게 통보 • 편성 및 이동 사항 등 – 통리 민방위대장에게 대원의 이동사항 통보 • 민방위대 현황 보고 • 현지 교육훈련 • 교육실시결과보고서 제출 • 동원 결과 보고 • 민방위대 동원 필요성의 보고 • 민방위 동원 사실의 보고 • 자발적 민방위사태 참여자에 대한 임무 부여의 방법 등	행정안전부	부령
자전거 이용 활성화에 관한 법률 시행규칙	• 자전거 등록증 발급	행정안전부	부령
주민등록법 시행규칙	• 주민등록표의 열람 또는 등초본의 교부 등	행정안전부	부령

법령명	법령상 사무(읍면동 기능배분)	소관부서	비고
행정안전부 소관 비상대비자원 관리법 시행규칙	• 인력자원조사 • 인력자원조사 결과보고 • 인력자원 연명부 • 인력자원 연명부 수정 보완 • 자격 면허 통보 접수 • 자격 면허 통보사항 연명부 작성 • 인력자원 연명부 작성에서의 주 특기결정 • 인력자원의 전출입 관리 • 중점관리대상인력 명부 작성 • 중점관리대상 인력 지정사항 통지 • 중점관리대상 인력 연명부 변경사항 반영 수정보완 • 중점관리대상 인력 지정 해제 및 해제사실의 통보 • 중점관리대상 인력의 지정순위 결정	행정안전부	부령

9장
읍면동 민주화를 위한 주민조직의 협력 네트워크 구축방안

김필두 건국대학교 행정대학원 겸임교수
이현출 건국대학교 정치외교학과 교수

9장 읍면동 민주화를 위한 주민조직의 협력 네트워크 구축방안

1. 들어가며

『강한 시민사회 강한 민주주의』의 저자인 미국의 사회학자 벤자민 바버(2014)는 『시장들이 세상을 통치한다면』(*If Mayors Ruled the World*)이라는 저서를 통하여 '무능한 국가' 대신에 '유능한 도시'가 전면에 나서야 한다고 주장하였다. 교통통신의 발달로 세계는 거의 하나의 생활권을 형성하고 있다. 서울에서 1만km 이상 떨어져 있고 비행기로 13시간 이상 가야 하는 미국의 뉴욕에서 벌어지고 있는 정치, 경제, 사회, 문화 등 다양한 분야의 소식을 실시간으로 서울의 안방에 앉아서 확인할 수 있다. 항공모함급 국가는 빠르게 변화하는 환경에 신속하게 대응하기가 어렵고 소형쾌속정인 도시(지방)가 환경변화에 쉽게 대응하고 쉽게 적응할 수 있게 된다. 예를 들면, 미국은 보편적인 환경 기준치를 준수하는 데 헌신적이지 않으나 로스앤젤레스는 자체 정책을 실시하여 불과 5년 만에 거대한 항만에서 탄소 배출 에너지 사용량을 최대 40%나 감축했다.(벤자민 R. 바버 지음/조은경·최은정 옮김, 2014)

환경문제만이 아니다. 신종 질병과 노동력 이동, 테러, 전쟁 등 세계가 직면한 난제들은 대부분 국경을 초월한다. 교통통신기술의 발달로 세계는 이미 '지구촌'이라 불릴 만큼 작아졌는데도 국민국가들이 주름잡고 있는 세계는 전 지구적 문제들을 해결하기 위하여 그다지 영향력을 발휘하지 못하고 있다. 그것은 국민국가가 민족과 국경에 기반을 둔 '주권'이라는 낡은 틀에 묶여 있기 때문이다. 따라서 국가의 역할은 희미해지고 지방의 역할은 강력해지게 된다. 이러한 지방에 힘을 실어 주는 것이 지방분권 혹은 자치분권이다. 이러한 지방분권을 통하여 지방이 힘을 가지게 될 때 지방자치는 실질화하게 된다.

현재, 한국에서 지방자치의 기본적인 계층구조는 시도 등과 같은 광역과 시군구 같은 기초 등 2가지이다. 최근 주민주권주의의 실현을 위한 주민자치회의 위상과 권한을 강화하고, 주민자치회 활동의 실질화를 지원하기 위한 주민자치회 관련 입법화에 관한 논의가 국회와 학계에서 활발하게 진행되고 있다. 또한, 정부는 주민생활과 밀접한 공공서비스를 주민의 접근성과 편의성 등을 고려하여 주민에게 가장 가까이에 있는 읍면동을 중심으로 제공하는 다양한 정책들을 마련하고 있다. 이 모든 논의의 중심에 읍면동이 자리 잡고 있기 때문에 읍면동의 역할이 부각되고 있다. 이와 같은 자치분권의 확대, 시민사회의 성장, 민주성과 대응성의 강조, 고객(주민)지향적 현장행정의 강화 및 주민참여의 확대 등과 같은 지방자치 환경의 변화에 따라서 읍면동을 자치계층화하자는 의견이 제시되고, 읍면동 자치를 위하여 읍면동 민주화가 필수적인 요소라는 주장이 제기되고 있다.

다원화되고 분권화된 사회에서는 어느 한 주체가 일방적으로 정책이나 사업을 추진해 나가기 어렵다. 따라서 정책이나 사업을 둘러싼 다양한 행위자들을 참여시켜 이해관계를 조정하고 상호 협력적으로 문제를 해결해 나가는 노력들이 필요하다. 읍면동 민주화는 읍면동의 주요 문제를 지역사회의 다양한 행위자들과 이해관계자들이 참여하고 협력하여 해결해 나가는 기제라고 할 수 있다. 이 글은 읍면동 민주화를 효율적으로 추진하기 위하여 읍면동에서 활동하는 다양한 주민조직들의 협력 네트워크를 주민자치회를 중심으로 구축하는 방안을 제시하는 것을 연구의 목적으로 삼고 있다.

2. 읍면동 민주화를 위한 주민조직 네트워크의 이론적 기반

네트워크 이론

▌개념

사회과학에서 네트워크 개념이 도입된 것은 1970년대 이후 조직 간 관계에 대한 연구에서 중요한 분석 방법으로서 활용되면서부터라고 할 수 있다.

네트워크 개념은 불확실하고 복잡한 환경 속에서 사회문제를 해결하기 위하여 매우 다양하게 사용되고 있다. 이들 개념들은 교환 또는 관계에서 상호작용의 패턴과 독립된 단위들 사이의 자원흐름이라는 두 가지 하위요소로 구성되어 있다.

첫째, 네트워크 구성들 간의 상호작용은 법적으로 분리된 개인이나 집단들이 의무, 기대, 명성 등을 바탕으로 해서 가치 있는 행동이라는 공통된 목적인 규범을 달성하기 위하여 서로를 이해하고 의존하는 비계층적이고 비정형적인 활동을 말한다. 둘째, 네트워크 구성원들 간의 자원 흐름은 사회활동에서 필요한 자원을 공급하고 사용하는 시간, 돈, 기술 등과 같은 자원의 유통과 관련이 있다. 자원 유통은 다양한 메커니즘을 사용해 자원 공급자로부터 자원을 얻어 조직의 미리 결정된 목표를 구현하는 과정이다. 효율적으로 공동체를 구성하고 유지하기 위해서는 공동체가 가지고 있는 다양한 자원을 활용할 수 있는 능력이 필요하다. 이것은 필요한 자원을 적시에 비용 효율적으로 확보하는 문제를 다루는

데, 자원 유통은 획득한 자원을 적절하게 사용함으로써 동일한 유형의 자원을 최적의 비용으로 적시에 사용할 수 있도록 지원하여 적절한 유형의 자원을 보유하는 것이 필요하다.

일부 학자들은 네트워크 조직의 개념을 상황적응이론과 전략적 선택이론 등을 활용하여 설명하였다. 상황적응이론은 환경변화에 적합한 조직설계를 강조하는 것이고, 전략적 선택이론은 변화하는 환경에 적응하고 주어진 사업을 효율적으로 수행하기에 적합한 조직으로 재설계해야 한다고 주장하는 것이다. 네트워크 조직은 조직이 타성에 빠지지 않도록 하고, 융통성을 가지고 변화하는 환경에 적응하고 주어진 업무를 수행해 나가도록 설계하는 데 도움을 준다. 모든 문제들을 다루기 위한 틀에 박힌 고정된 관계집합인 관료제와 달리 네트워크 조직은 개별적인 단일 과제 또는 개별문제를 다루기 위하여 통합적인 내외적 연계의 집합으로 구성된다. 더욱이 그것은 문제들, 행위자들 그리고 자원들의 상호작용에 의하여 만들어진다. 네트워크 조직은 새로운 과업들, 개별문제들 그리고 변화하는 환경에 적응하기 위하여 반복적으로 재설계될 수 있다. 따라서 네트워크 조직은 특정한 새로운 조직유형이다.

파월(Powell, 1990)은 경제조직의 세 가지 유형인 시장, 계층제 그리고 네트워크를 비교하면서, 네트워크 조직은 시장과 계층제 간의 혼합조직이 아니라 새로운 조직유형으로 보고, 그것의 특성 또는 구성요소를 제시하고 있다.

표 9-1. 세 가지 경제조직 유형 비교

특 성	시 장	계층제	네트워크
규범적 토대	계약 - 소유권	고용관계	보충적 강점
의사소통 수단	가격	루틴(routines)	관계적
갈등해결 방법	흥정-법적 강제에 호소	행정조치-감독	상호성규범-명성관심

특 성	시 장	계층제	네트워크
신축성 정도	고	저	중
행위자들 간의 헌신 정도	저	높은 중간	높은 중간
분위기	정확성 또는 의심	공식적, 관료적	개방지향적, 상호이익
행위자의 선호와 선택	독립적	종속적	상호의존적
형태 혼합	거래계약	비공식조직 시장적 특징: 이익 중심	다양한 행위자들 공식규칙

*자료: 파월(Powell, 1990)

네트워크란 행위자들을 연결하는 관계를 말한다. 행위자들이란 사람, 대상 또는 사업(일), 조직 또는 시스템 등을 말하고, 관계란 행위자들 간의 상호작용을 말한다. 네트워크 조직에서 행위자들 사이의 관계를 네트워크구조라고 한다.(배응환, 2001) 조직간 관계란 특정조직과 직간접적으로 연관을 맺고 있는 다른 조직과의 관계를 말하는 것으로 이해당사자간 관계, 조직집합, 조직네트워크 등이다, 다수의 연구자들은 네트워크를 행위자들간의 연결과 경계라고 표현하고 있다. 네트워크에는 공공부문과 민간부문의 행위자들이 포함되고, 네트워크 내 행위자들간의 연결, 의사전달과 정보공유, 전문성 확보, 신뢰성 확보, 다른 네트워크와의 교류 등을 위한 통로로서의 기능을 수행한다. 하나의 네트워크 경계는 공공기관들에 의해 결정되는 것이 아니라 기능적 적합성과 구조적인 틀 안에서 이루어지는 상호작용의 과정 속에서 결정된다. 그러므로 네트워크 개념은 미시수준에서 개인들 사이의 관계, 중간수준에서 조직과 조직 간의 관계, 거시수준에서 국가 혹은 지방자치단체와 시민사회 혹은 지역사회 간의 관계 속에서 이루어진다. 따라서 네트워크는 각각의 관계 차원에 따라서 다르게 구성되고 다르게 분석될 수 있다.

❙ 네트워크의 구성요소

네트워크의 구성요소들은 행위자들의 구성, 공동목적, 행위자들의 역량, 상호작용 등이다.

첫째, 행위자의 구성이란 네트워크 조직에 어떠한 행위자들이 참여하여 상호 연결되어 있는가를 말한다. 여기서 행위자들이란 단일한 방법으로 그의 이해나 목표를 추구할 수 있는 사회적 실체를 의미하는데 네트워크 조직에 참여하는 행위자들은 자율성을 가진 독립적인 실체라는 것이다. 행위자들의 상호연결이란 일정한 과업환경에 관련을 갖고 있는 행위자들이 공동의 목표를 달성하기 위하여 분화하면서 통합하고 있는 것을 말한다.

둘째, 공동 목적이란 네트워크 조직을 구성하는 행위자들이 자신들이 소속되어 있는 지역사회의 당면과제나 문제들을 해결하는 데 참여하려는 동기인 정책이해관계를 가지고 있음을 의미한다. 행위자들은 조직차원의 이해관계나 구성원 개개인들 차원의 이해관계에 민감하게 반응을 보이면서 정책결과가 자신들에게 이익이 되거나 또는 손실의 최소화가 되도록 정책과정에 참여하고 영향력을 행사하려고 하는 것이다. 한편 행위자들은 사적 이익만이 아니라 공익을 추구하는 존재이기도 하다.

셋째, 행위자들의 역량이란 행위자들이 사회적 가치를 배분하는 데 사용할 수 있는 영향력을 의미한다. 네트워크 조직에서 행위자들은 공동목적을 달성하기 위하여 그들이 가지고 있는 자원들을 효율적으로 동원하고 이용할 수 있는 역량을 갖추고 있어야 한다. 공동체 활동에서 행위자들의 역량은 공동체가 동원하고 확보할 수 있는 인적 · 물적 자원들과 이들 자원들을 사용할 수 있는 자유재량권을 의미한다. 학자들은 지역사회의 반전에 필요한 자원으로 토지, 노동, 돈 등을 들고 있다. 그러나 정부 간 관계 분석에서 공공부문 조직의 요구에 사용할 수 있는 자원들로 권위, 돈, 정당성, 정보, 조직 등을 들고 있다. 지역사회 네트워크를 통하여 지역사회 자원 간의 효율적이고 기능적인 연계를 통해 효율성을 높일 수 있다. 자원 간의 중복 또는 공백을 줄이고 제한된 자원을 가장 적절한 방법으로 배분하여 활용할 수 있는 중요한 방법이 지역사회 네트워크인 것이다.(정남숙, 2014)

넷째, 상호작용이란 네트워크 개념의 본질적 특성에서 연유하는 것으로 행위자들은 상호이해와 권력자원을 토대로 공통의 목적을 달성하기 위하여 대화하고 소통하는 것을 의미다. 행위자들 간에 교류가 이루어지는 것을 설명하는 이론으로 자원의존이론이 있다. 네트워크 조직은 국가와 지방자치단체 등과 같은 공공부문들과 다양한 민간부문들로 구성될 수 있기 때문에 조직간 상호작용이 중요하다. 네트워크 조직은 독립적으로 존재하고 활동하는 다양한 자율적 조직들로 구성되어 있다. 이 네트워크 조직의 참여자들이 지역사회의 당면한 과제나 문제점을 효율적으로 해결하기 위하여 공동으로 활동하기 위해서는 권위나 법에 의지하기보다는 각각의 참여자들의 존재와 가치를 인정하고 상호 대등한 입장에서 의사결정과정에 참여하여 자신들의 의견과 주장을 내세울 수 있는 사회적 조정과 다수에 의한 수평적인 통제가 보다 효과적이라고 할 수 있다.

▌네트워크 조직의 유형

일반적으로 조직 연구와 관련해 네트워크 개념은 네트워크 분석(network analysis)의 측면에서 집단이나 사회 조직에 대한 연구와 조직 내의 개인을 대상으로 하는 연구로 분류할 수 있다.(Marsden, 1990) 여기에서는 조직연구에서 사용되고 있는 네트워크 개념에 초점을 맞추어 네트워크 거버넌스에 대한 부분을 포함하여 네트워크의 유형을 아래와 같은 세 가지의 유형으로 분류하였다.

첫째, 조직 간 관계유형으로서 네트워크이다. 여기에 대한 연구는 1960년대와 1970년대에 새롭게 등장한 조직 간 관계 이론(inter-organization theory)에서부터 출발하였다. 이러한 연구는 조직들 간의 관계 및 상호의존성과 이러한 관계 속에서 개별조직이 취하는 전략에 초점을 맞추고 있으며 조직 간의 관계를 파악하는 수단으로서 네트워크를 활용하는 것이다. 개별 조직은 네트워크의 한 참여자로서 다른 조직과의 자원 교환의 과정을 통해 그 조직을 지속시켜 나갈 수 있다. 또한 자원 교환의 과정 속에서 조직들 간의 관계 양상이 결정되고 이들 간의 관계는 지속적인 협력과 전략적인 행동을 통해 네트워크 내에서 역동적으로 변화해나가는 과정을 겪게 된다. 조직 간 관계유형으로서 조직 네트워크의 가장 핵심적인 내용은 바로 자원의존이론(resource dependency theory)이다.

자원의존이론(resource dependence theory)은 기본적으로 한 조직이 생존하고 성장하기 위한 필요조건으로서 외부 환경과의 상호의존성(interdependence)을 중시한다. 전통적인 관리적 접근들은 주로 조직 내부 효율성 및 효과성 제고를 통해 조직 목표달성 및 조직이 원하는 성과달성이 가능하다는 입장을 견지한다. 반면에 자원의존이론은 열린 체제(open system)로서의 조직을 강조하며 조직이 외부로부터 어떻게 필요한 자원을 얻을 수 있을지에 관심을 갖는다. 한 조직의 성공과 생존을 위해서 내부요소(internal managerial factors)에 대한 관리의 필요성을 인정하면서도, 환경적 요소로서의 외부요소(external factors)의 중요성을 강조한다. 실제로 현대 조직이 내부 관리의 효율성 및 효과성 제고만을 통해 조직이 지속적으로 유지되는 것은 사실상 불가능하다. 자원의존이론은 조직의 기능성 제고 및 조직 목표의 달성을 위해 조직이 외부 환경으로부터 가치 있는 자원을 확보할 수 있는 능력을 가지고 있어야 한다고 주장한다.(Gollmar, 2008)

둘째, 조직 내 구성원들 간의 관계유형을 탐색하고자 하는 사회적 네트워크(social network)를 살펴볼 수 있다. 사회적 네트워크 연구는 분석의 단위로서 조직 내의 구성원인 개인에 초점을 맞추고 있다. 사회적 네트워크는 "신뢰할 만한 행동규범에 따라 유지되는 개인들 간 교환관계의 집합체"로서 인식된다는 점에서 조직을 분석 단위로 상정하고 있는 조직 간 관계 이론에서의 네트워크 개념과는 차이점을 보이고 있다. 사회적 네트워크의 연구는 조직 내 네트워크 분석을 통해 조직 구성원들 간의 상호관계, 특히 권력관계 측면을 연구하는 경향이 강하다. 이러한 연구에서는 사회적 네트워크의 중심성(centrality) 개념과 권력(power)의 연관성을 강조하고 있으며, 네트워크의 정도(degree)와 긴밀성(closeness), 중간성(betweenness) 등의 하위 개념을 통해 네트워크의 중심성을 측정하고 있다. 사회적 네트워크 연구는 또한 조직 내 개인 간에 교환되는 자원의 종류에 따라 네트워크의 유형을 분류하고 있다. 따라서 재화나 서비스의 교환, 정보의 교환, 호감의 교환 등에 따른 세 가지 유형의 사회적 네트워크를 제시하고 있다.(김준기 외, 2006)

셋째, 거버넌스 유형으로서의 네트워크 거버넌스이다. 앞선 두 가지 유형이 주로 연결망 분석이라고 규정하고 있는 구체적인 네트워크는 상대적으로 추상적인 차원의 논의를 진행하며 효과적인 조직운영의 원리를 네트워크의 개념을 통해 발견하고자 하는 규범적 성격의 연구 경향을 보이고 있다. 네트워크 거버넌스는 현대사회에서 폭발적으로 증대되고 있는 다수의 행위자가 연계된 정책문제에 대한 조정의 문제를 해결하기 위한 사회적 기제로서 그 긍정적인 측면을 주목할 필요가 있다.

네트워크 거버넌스의 등장은 앞서 언급한 바와 같이 보다 효과적인 조직 운영의 관점에서 대두되었다고 할 수 있으며, 이러한 이유에서 네트워크 거버넌스의 활용과 그에 따른 효과성의 문제가 중요한 이슈로 대두되고 있다. 이와 관련한 연구 경향은 크게 두 가지로 나누어 살펴볼 수 있다. 첫째는 네트워크 거버넌스의 활용이 조직 효과성의 증대와 실질적인 관련이 있느냐에 대한 것이다. 둘째는 네트워크 거버넌스의 채택 이후 효과적인 네트워크 관리를 하기 위한 관리자의 전략적 행위는 무엇인가에 대한 것이다. 전자의 연구 경향에서는 기존의 관료제와 같은 계층적 거버넌스나 시장적 거버넌스와의 비교를 통해서 네트워크 거버넌스의 효과성을 살펴보고자 하는 노력들이 주를 이루고 있다. 그러나 이러한 거버넌스 방식의 차이에 따른 효과성을 실증적으로 분석하고자 하는 연구는 그 수가 미미하다. 실제 관료들의 행동 양태를 거버넌스 유형에 따라 분류하여 어떠한 형태의 거버넌스 방식이 더 많은 영향을 미치고 있는지 비교 연구한 학자도 있다. 후자의 연구 경향과 관련해서는 주로 네트워크 관리자들의 전략적 행태와 관련한 연구들이 활발히 논의되고 있다. 네트워크 관리자들이 네트워크의 설립 운영과 관련해 나타내는 행동 유형에 대하여 맥과이이어(McGuire, 2002)는 활성화(activation), 구성(framing), 동원과 합성 등의 네 가지로 나누어 설명하고 있다.(김준기 외, 2006)

▎주민자치회 중심의 주민조직 협력네트워크의 구축

본 연구에서 제기하고 분석하고 있는 거버넌스에 대한 논의는 지역사회의 새로운 정치적 · 사회적 · 문화적 환경변화에 적절하게 대응하고 지역사회의 발전과 주민의 복리증진이라는 과제를 수행하기 위한 주체가 되는 지역공동체의 효율적인 운영방식을 모색하기 위해서 시작하였다. 이러한 점을 고려해 볼 때, 네트워크 거버넌스의 효과성에 대한 분석과 효과적인 네트워크 관리는 지역공동체의 주축이 되는 주민자치회의 입장에서는 매우 중요한 의미를 지닌다.

네트워크를 둘러싸고 있는 다중적 고객집단 그룹에 대한 문제와 함께 세 가지 수준을 네트워크의 효과성을 평가하기 위한 차원으로 분류하였다. 그 세 가지 수준은 각각 지역공동체, 네트워크, 개별 참여 집단 등이다. 첫째, 지역공동체 수준에서의 네트워크 효과성은 네트워크를 통해 서비스 전달이 이루어지게 되는 해당 지역공동체가 실제로 적정한 서비스의 혜택을 받고 있는지, 그리고 서비스의 전달이 효과적으로 이루어지고 있는지에 대한 기준을 통하여 판단될 수 있는 부분이다. 둘째, 네트워크 수준에서의 효과성은 네트워크라는 조직유형이 구성되고 계속적으로 유지되어 나갈 수 있는 구조적인 차원에서의 효과성 문제이다. 네트워크의 지역공동체에 대한 외부적 효과성이 아무리 크더라도 네트워크의 구성과 유지의 비용이 너무 커서 개별 구성원들이 네트워크에 잔류할 수 없다면 네트워크의 효과성이 낮은 것으로 판단하는 학자도 있다. 셋째, 개별 참여 집단의 문제이다. 비록 네트워크가 공동의 협력을 통한 특정한 목적의 달성을 위하여 구축되었지만, 네트워크에 참여하고 있는 개별 조직들은 참여를 통해 발생하는 사적 이익의 정도가 중요한 참여 동기로 작용하게 된다. 그런 의미에서 네트워크에 참여하는 개별 집단의 성과수준이 네트워크 전체의 성과 수준을 나타내는 것이라고도 볼 수 있다.

네트워크의 효과성은 단순히 네트워크를 도입하였다고 해서 달성되는 것은 아니며, 네트워크가 원활히 구성되고 운영될 수 있도록 관리할 수 있는 능력이 갖추어져야 네트워크의 효과성을 달성할 수 있다.

오툴과 마이어(O'Toole & Meier, 2001)는 네트워크 관리 수준과 관련하여 텍사스 주의 공립학교들을 대상으로 한 실증연구를 통하여 학교가 갖고 있는 자원들, 예를 들면, 교사의 경력 수준, 학생 수, 학교시설, 학부모 조직, 학교지원 조직 등을 효율적으로 활용하는 능력은 네트워크 관리 수준이 높은 학교일수록 더욱 높다는 것이다. 그리고 그들은 반대로 학교의 제약요인에 대해서는 학교 운영의 효과성에 미치는 영향을 축소시킬 수 있는 완충의 기능을 네트워크가 가능하게 하는 것으로 분석하고 있다. 이상의 주장은 네트워크 거버넌스에 대한 입장에서 네트워크 관리의 중요성을 지적하고 있다는 점에서 그 차이를 확인할 수 있다. 이들은 협력적 거버넌스, 협상적 정부 등과 같은 표현을 통하여 최근의 사회현상이 과거의 계층제에 따른 정부의 역할보다는 협동과 공동 협력을 강조하는 경향으로 전환되고 있음을 지적하고 있다. 그러나, 무임승차자의 문제, 공유지의 비극 등이 이런 협력적 공동 활동의 실현을 저해하게 된다. 따라서 협력적 네트워크를 도입한다고 해서 모든 문제가 해결되는 것이 아니며, 공동 활동의 제약요인들에 대한 관리라는 측면에서 네트워크 관리가 중요하다. 나아가서 구체적인 네트워크 관리 전략에 대해 언급하고 있는데, 이들은 게임 관리라는 표현을 사용하면서 다수의 구성원이 포함되는 네트워크 내의 상호작용을 효과적으로 관리할 수 있는 몇 가지 전략적 활동을 제안할 수 있다.

이상의 논의를 바탕으로 해서 지역공동체의 주축이 되어 지역공동체의 관리라는 역할을 수행하는 주민자치회는 지역공동체에 참여하고 있는 개별조직들의 네트워크를 효율적으로 조직화하고 관리하여야 한다.

이를 위하여 주민자치회는 지역공동체에 참여하고 있는 개별조직들이 실제로 적정한 서비스의 혜택을 받고 있는지와 개별조직들에게 서비스가 효율적으로 전달되고 있는지에 대한 기준을 설정하고 지역공동체에 참여하고 있는 모든 개별 조직에게 공정하게 적용하여야 한다. 지역공동체 구축을 위한 네트워크의 구성과 유지에 필요한 비용이 개별 단체들이 감당할 수 있는 능력의 범위 안에서 책정되어야 한다. 또한, 네트워크에 참여하는 개별 집단의 성과수준이 네트워크 전체의 성과수준을 나타내는 척도가 된다. 이러한 의미에서 네트워크에 참여하고 있는 개별 조직들에게 일방적인 희생과 봉사만을 강요할 것이 아니라 참여를 통하여 개별조직들에게도 사적 이익이 발생할 수 있도록 배려하여야 한다. 네트워크를 효율적으로 관리하기 위하여 네트워크를 구성하고 있는 참여조직이나 구성원들의 역량을 함양하기 위한 교육과정과 프로그램을 마련해야 한다. 또한, 무임승차자의 문제, 공유지의 비극 등과 같이 협력적 공동 활동의 실현을 저해하는 요인들을 파악하여 적절한 해결방안을 제시하여야 한다.

자원의존이론

❙ 자원의존이론의 개념

읍면동 내에서 주민의 대표조직인 주민자치회와 다양한 지역사회단체 간의 협력은 자원의존이론(Resource Dependence Theory)으로 설명할 수 있다. 어떤 조직도 자체적으로 필요한 모든 자원*을 스스로 자급자족할 수 없으므로, 필요한 자원과 서비스를 다른 조직과 끊임없이 거래하고 협력을 통하여 확보하여야 한다.(Behn, 2010, 434) 자원의존이론은 조직간 의존관계에 관심을 가지고, 조직간 관계를 자원의 관점으로 보았다.(Pfeffer & Salancik, 2003) 자원의존이론의 입장에서는 모든 조직이 각각 자원을 보유하고 있으며, 그들이 보유한 자원을 통하여 자율성을 확대하는 성향을 보이고 있기 때문에, 대부분의 조직들은 생존에 필요한 자원을 외부에서 획득하고 내부역량을 안정적으로 확보하려고 한다.(오단이, 2013, 274) 자원이 부족한 조직은 필요한 자원을 획득하기 위해 그 자원을 확보한 다른 개체나 조직들과 의존관계를 형성한다. 자원의존이론에서는 조직이 다른 조직에 대한 의존을 최소한으로 줄이고 다른 조직의 스스로에 대한 의존을 최대화하여, 적극적으로 환경을 창조할 수 있다고 본다.(박상희 외, 2012, 46)

❙ 자원의존이론에 근거한 협력

자원의존이론에 근거한 협력은 조직의 가치를 극대화하고 시너지를 창출하는 데 초점을 맞추는데, 한 조직이 다른 조직을 보완할 수 있는 자원을 보유할 때 조직 간의 결합가치가 높아진다. 조직은 외부 환경의 불안정한 변화 속에서 자원을 안정적으로 확보하고 결합가치를 극대화하기 위해 협력·연합·합병 등을 하게 된다(Drees & Heugens, 2013, 1,667-1,668). 조직 간 협력과정은 조직 간 자원공유의 관점으로 이해할 수 있고, 조직 간의

---

* 이때 자원은 매우 광범위한 개념으로, 물질적인 것뿐만 아니라 정보, 인맥, 정당성 등과 같은 보이지 않는 것도 포괄한다(박상희 외, 2012, 46).

목표는 충돌하는 것이 아니라 연계되며, 조직 간의 관계는 신뢰를 바탕으로 형성된다. 이때, 공공부문에서의 협력은 공조직의 특성상 조직의 생존을 위한 협력이라기보다는 상생을 위한 협력이라고 볼 수 있다.

협력을 위해서는 공공문제 해결과 관련된 상호작용이 필요하고, 내부 및 외부 구성원의 직접적인 참여를 통한 공식적인 집합행동이 필요하다고 하였다. 협력의 성공을 위한 정부와 행정의 역할은 시민사회의 실질적인 권한과 파트너십을 강화하고 참여를 실천할 수 있도록 지원하는 조언자 역할이라고 보고, 참여에 대한 지속적인 평가가 필요하다.

조직 간의 상호의존성이 필요하고, 목표달성을 위한 상대 조직의 자원에 대한 필요성이 높을수록 협력이 강해진다고 할 수 있다. 협력의 성공을 위해서는 관련 조직들이 네트워크를 형성하고, 상대 조직을 존중하는 관계의 기술이 필요하며, 갈등과 의견대립을 관리하는 갈등관리 역량이 필요하다고 보고 있다. 협력네트워크의 가장 큰 장점은 자신이 가지지 못한 자원을 상대방이 가지고 있을 경우에 서로 자원을 교환할 수 있다는 것이다.(Agranoff et al, 2003)

▌자원의존이론의 구성요소

자원의존이론에서는 제도적 관점(institutional approach), 조직적 관점(organizational approach), 환경적 관점(environmental approach)을 포괄한다. 조직이 가진 내부 역량, 외부 자원, 법적 · 제도적으로 지원되는 자원에 따라 조직의 지속가능성이 결정될 수 있는 것이다. 즉, 조직이 외부자원을 획득하고 내부역량을 확보하며, 외부환경과 상호작용하면서 존속한다고 보고 있다. 주민자치회와 지역사회단체 간의 협력을 증진시키기 위해서는 자원의존이론에서 논의하듯이 외부로부터의 적극적인 자원 지원을 유도하여야 한다.(Pfeffer & Salancik, 2003) 불확실한 환경 속에서 주민자치회가 소유한 자원만으로는 환경변화에 적극적으로 대응할 수 없기 때문이다.

첫째, 제도 요인을 보면, 조직은 생존을 위해 자원과 정당성을 필요로 하므로, 제도적 환경 내에서 다른 조직의 규범과 요구사항을 따르게 된다.(Pfeffer & Salancik, 2003) 조직 간 협력을 달성하기 위해서는 조직 내부의 의사소통 및 전달체계가 확립되어 제도화되어야 하는데, 의사전달체계가 수평적으로 제도화되어 있는 조직은 타 조직과 협력이 증가할 가능성이 높다.(Krause & Ellarm, 1997, 25)

둘째, 내부 역량을 보면, 조직은 외부환경으로부터 획득한 자원을 내부역량으로 대체하려고 하고, 조직간 협력이 형성되기 위해서는 조직 내부에 협력 인프라 구축이 우선시되어야 한다. 협력 기반이란, 조직이 타 조직과의 협업을 성공적으로 달성하기 위하여 갖추어야 할 요건이라고 할 수 있다. 자원의존이론에서 조직 내 협력 기반은 외부환경 자원과 상호의존적이다.(김정인 외, 2014: 557)

셋째, 외부 환경을 보면, 외부환경으로부터의 자원 지원이 있어야 조직이 생존할 수 있고, 조직은 환경에 대해 능동적인 대응전략을 마련함으로써 자율성을 확보할 수 있다. 조직은 환경과 단절되어 스스로 자생할 수 없고, 환경의 적극적인 지원을 필요로 하며, 이러한 자원 지원이 존재할 때 조직은 환경변화에 보다 적극적으로 대응하고 생존할 수 있다.(김정인 외, 2014, 599) 조직 간에는 신뢰를 바탕으로 관계가 형성되고, 신뢰가 협력의 중요한 구성요소가 된다.(Sundaramurthy et al, 2003, 398)

3. 읍면동 주민조직 실태 분석

주민과 주민조직

주민의 개념

주민은 '지방자치단체의 구역 내에 주소를 가진 자'(지방자치법 제12조)를 말한다. 이때, 인종 · 국적 · 성별 · 연령 및 능력의 여하를 불문하며 자연인뿐만 아니라 법인도 주민에 포함된다. 일반적으로 시민 개념이 보다 광의적으로 사용되고 주민은 한정된 공간 속에서 사용된다.(서순복, 2002, 233) 주민은 공민과도 구별된다. 참정권을 갖는 공민은 법인 · 외국인이 제외된다.

그 지역 내에 주소를 가지고 있는 이상 본인의 의사에 상관없이, 어떠한 행정행위나 등록과 같은 공증행위를 요함이 없이 법률상 주민의 자격을 가지는 것이 원칙이다. 주민의 요건인 주소는 1인당 1개소임을 원칙으로 한다. 다만 그것은 자연인에 있어서는 생활의 근거가 되는 곳을 의미하고, 법인에 있어서는 그 주된 사무소의 소재지나 본점의 소재지를 의미한다.

▎주민의 지위

주민은 단순한 지방자치단체의 구성원에 그치지 않고 지방자치단체의 주체가 되기도 한다. 주민의 지위는 지방자치단체의 주체적 지위와 지방자치단체의 구성원으로서의 지위로 대별할 수 있다. 주체적 지위에 있는 주민은 주민 전체로서 지방자치단체의 통치권의 주체가 된다. 주민은 자치단체의 기관을 구성하여 현실적으로 선거권 · 피선거권, 청원권, 소청권 등 이른바 참정권을 행사하는 것이다. 구성원적 지위에 있는 주민은 개개인으로서 지방자치단체의 구성원이 된다. 구성원적 지위에는 첫째 주민이 지방자치단체의 활동으로부터 혜택을 받는 것으로 지방자치단체의 재산 및 공공시설을 이용하고, 각종 서비스의 제공을 향수하는 수익자로서의 지위, 둘째 지방자치단체의 구성원으로서 일정한 의무를 부담하는 의무부담자로서의 지위, 셋째 지방자치단체의 구성원으로서 그 통치권의 대상이 되기 때문에 지방자치단체의 권능에 복종하는 피통치자로서의 지위 등이 있다.

▌주민의 권리와 의무

주민은 여러 가지 권리 · 의무를 가진다. 첫째, 주민은 지방자치단체의 주체 또는 구성원으로서 선거권 · 피선거권 · 공무담임권, 주민투표권 · 조례제정청구권 · 청원권 · 소청권 · 주민감사청구권 · 행정참여권, 공공시설 이용권, 행정서비스 향수권, 납세자 불복권 및 배상 · 보상청구권 등을 가진다. 선거권 · 피선거권 · 공무담임권 · 주민투표권 · 주민청구권 · 청원권 등은 참정권에 해당하고, 공공시설 이용권과 행정서비스 향수권은 수익권에 해당하며, 납세자 불복권 및 배상 · 보상청구권 등은 쟁송권에 해당한다.

둘째, 주민은 비용분담과 법규준수의 의무 및 선거 · 투표의 의무 등을 가진다. 주민은 법률이 정하는 바에 따라 그 소속 지방자치단체의 존립과 자치사무의 수행에 필요한 비용을 자신의 수익 또는 능력에 따라 부담하여야 한다. 비용분담의 형태는 지방세 · 사용료 · 수수료 · 분담금 등이다. 주민은 법령이나 조례 · 규칙이 정하는 바에 따라서 작위의무(예: 신고이행) · 부작위의무(예: 진입금지) 또는 수인의무(예: 장부검사를 받음)를 진다. 그 분야는 사회안전의 유지에서부터 주민복지의 향상에 이르기까지 공공생활의 거의 모든 분야에 걸친다. 법규 준수의무의 불이행에 대하여 행정상의 벌칙이 적용된다.

주민조직

지역민주주의를 실현하고 지역주민의 적극적인 참여를 통한 지역공동체를 구축하기 위해서는 지역중심의 주민공동체 조직이 필요하다. 그 이유는 주민조직을 통해서만이 지역의 문화 · 복지 시설과 프로그램을 주민 스스로가 운영하는 것이 가능하기 때문이다.

▍주민조직의 개념

주민공동체는 상호 동일한 정체성, 이념, 혹은 목적을 가지고 있는 집단이라고 할 수 있다. 오늘날 우리 사회가 안고 있는 각종 사회문제들의 발생 원인을 합리적인 사회제도의 미비에서 찾을 수 있지만 사회 전반에 걸친 지나친 개인주의의 팽배에서도 그 원인을 찾게 된다. 따라서 현재 직면하고 있는 사회문제 해결을 위해서는 제도의 개선 노력에 더하여 사회구성원의 공동체 의식 함양을 위한 노력이 중요함을 강조하게 된다. 고대 그리스인에게 있어서 시민성이란 공동체의 이익에 반하는 개인의 권리와 자유를 의미하는 것은 아니었으며 오히려 공동체의 유지 발전을 위한 의사결정과정에서의 의무와 참여 기회에 관한 것이었다.(Greenberg, 1983, 27)

▍주민조직의 구성요소

주민공동체란 지역을 기본적인 단위로 하여 지역주민들이 공동의 이해관계를 가지고 함께 살아가는 일종의 근린 집단적 성격을 가진 것이라고 할 수 있다. 첫째는 '지역성'이라는 측면에서 사람들이 공동생활을 영위하고 있는 지역이라는 범주를 상정하고 그 안에서의 생활체계를 주민공동체의 구성 요소로 삼았다. 둘째는 '공동성'이라는 측면에서 사람들이 더불어 생활해 나가는 것을 주민공동체의 구성요소로 보았다.

그러나 1910년대부터 지역성과 공동성을 바탕으로 한 지역공동체가 붕괴됨에 따라서 매키버(MacIver)는 공동성 대신에 커뮤니티 의식이라는 개념을 사용하였다. 주민공동체에는 지역공동체의 토대가 되는 지역성과 커뮤니티 의식이 있어야 한다고 주장하고 있는데, 여기서 지역성이라는 것은 ① 사회적 유사성, ② 공통된 사회적 표현, ③ 공통된 전통, ④ 공통된 습관, ⑤ 공속감 등을 말하는 것이다. 커뮤니티 의식은 ① 우리의식(we-feeling), ② 역할의식(role-feeling), ③ 의존의식(depended-feeling) 등을 의미

한다.(MacIver, 1920)

맥밀런과 차비스(McMillan & Chavis, 1986)는 전체적인 커뮤니티 의식의 특성에 초점을 두고 이론을 전개하였는데, 커뮤니티 의식의 구성요소로 구성원 감정(membership), 상호영향의식(influence), 욕구의 통합과 충족(integration and fulfillment of needs), 정서적 연계(emotional connection)의 4가지를 제안하였다.(McMillan & Chavis, 1986) 구성원 감정(membership)은 소속해 있다는 느낌이나 개별적인 것을 공유하고 있는 감정을 말한다. 상호영향의식은 구성원이 집단에 중요하다는 느낌과 집단이 구성원에게 중요하다는 느낌을 포함한다. 욕구의 통합과 충족은 구성원들의 욕구가 그 집단의 구성원 자격을 가지게 됨에 따라 받게 되는 자원을 통하여 충족되는 감정이라고 하였다. 정서적 연계(emotional connection)는 구성원들이 역사와 장소, 시간 및 경험을 공유하고 있고 또 공유하게 될 것이라는 믿음 또는 헌신이라고 하였다.(장준호·이인혁, 2001)

▍주민조직의 역할

① 제3자 정부와 비영리섹터의 실패

NGO 등 제3자 정부에게 정부의 기능을 위임(혹은 합동으로 수행)하는 방식으로 미국형 복지국가의 체제가 구축되었다. 그 근거로 자원봉사(비영리)섹터의 실패(불비)를 들고 있다. 지금까지 공공서비스론에서는 '시장의 실패'로 정보가 공공서비스의 공급을 담당하여야 한다는 논리가 지배하였으나, 현재는 계약의 실패나 정부의 실패를 보완하기 위하여 NGO가 공공서비스의 공급을 책임져야 한다는 논리가 지배적이다. 그러나 미국의 건국 역사를 보아도 본래 공공서비스의 공급주체는 NGO였는데, 자금 부족, 서비스 편중 등으로 어려움을 겪게 되자 지방자치단체에서 NGO를 대신하여 공공서비스를 공급하기 시작하였기 때문에, 다시 NGO가 공공서비스의 공급주체로서 지방자치단체와 협력관계를 적극적으로 모색하는 것은 당연하다는 것이다.

② 주민과 지방자치단체를 연결하는 중개조직

피터스(B. Guy Peters)는 NGO가 시민과 정부의 중간에 서서 정부의 손이 미치지 않는 공공서비스의 공급을 담당하고 있다고 설명하였다. 그의 이론에 의하면, 여기에는 정부가 시민생활에 지나치게 간섭하는 것을 방지하는 완충작용도 포함되어 있다고 한다.(B.Guy Peters, 1998)

③ 지역사회의 수호신

NGO는 시민들의 협동적인 활동을 대표하는 동시에 지방자치단체로부터 독립되고 시민의 광범위한 참여를 얻어 낼 수 있어서 지역사회의 다양한 욕구를 책임질 수 있으며 필요한 서비스를 공급할 수 있기 때문에 지역사회의 수호신이라고 불린다.(久住剛, 2000) 이러한 NGO의 기능은 지역사회에 정치적인 안정성을 가져다준다는 평가를 받고 있다. 왜냐하면, 정치적인 관점에서 지방자치단체의 단일한 채널만 가지고는 다양화, 복잡화된 주민의 욕구에 적절하게 대응할 수 없기 때문에 지방자치단체로부터 독립되고 자율성을 가진 NGO의 존재가 불가피하다는 것이다. 즉, 공공서비스의 공급은 그 효율 면에서뿐만 아니라 정치적인 관점에서도 지방자치단체와 지역사회를 대표하는 NGO가 공동으로 담당해야 한다는 것이다.

④ 계약체제

이것은 지방자치단체가 계약을 통하여 NGO에게 공공서비스 제공을 위탁하여 공공목적을 달성하려는 스타일이다. 즉 NGO-지방자치단체의 동반 관계를 기정사실로 받아들이는 것을 계약체제라고 한다. 이 계약체제는 첫째, 활동주체(지방자치단체와 NGO)는 각각 독자적인 행동규범을 가질 것, 둘째, 활동주체 상호 간에 영향을 주고 받은 사실이 있을 것, 셋째, 상호 의존적 관계에 있을 것 등을 전제로 하고 금전적 혹은 권력적인 측면에서의 강자가 우위를 차지하고 있다.

▎읍면동 단위 주민조직의 현황

읍면동 단위에서의 주민조직들은 특정한 부류의 사람들이 만나서 만든 폐쇄적인 조직이 대부분이고, 지역사회 전체의 이익보다는 특정집단의 이익을 위하여 활동하는 사례들이 많다. 이들 중 행정지원단체를 제외하고는 대체적으로 시군구나 읍면동과 상시적인 협력관계를 유지하지 않는 독자적인 활동을 전개하고 있다.

표 9-2. 읍면동 주민조직 실태

구 분	단체명
지역사회단체	청년회, 4-H, 노인회, 지역발전추진회, 아파트입주대표자협의회 등
지역봉사단체	로타리클럽, 라이온스클럽, JC, 적십자봉사회, YMCA, YWCA, 환경보존회, 자율방범대, 의용소방대, 사랑의 나눔회, 도덕회복운동위원회, 청소년선도위원회, 녹색어머니회, 사회복지협의회 등
학교관련단체	동창회, 어머니회, 육성회, 장학회, 학교운영위원회 등
직능인단체	의사회, 약사회, 변호사회, 요식업협회, 이용사협회, 공인중개사협회, 상가번영회 등
행정지원단체	새마을협의회, 새마을부녀회, 읍면동정자문위원회, 방범위원회, 바르게살기위원회, 자유총연맹, 방위협의회, 통·리장협의회, 읍면동개발위원회, 읍면동체육회, 청소년지도자협의회 등
동호인단체	친목회, 조기축구회, 테니스클럽, 배드민턴동호회, 어머니합창단, 서도회, 청소년동아리 등

4. 읍면동 주민조직의 협력적 네트워크 구축방안

협력관계의 의의와 필요성

오늘날 비영리·공익활동 분야는 이미 행정의 전유물이 아니기 때문에 주민조직도 이 분야에 독자적인 서비스 영역을 확보하고 서비스를 제공하는 등 사회적으로 중요한 역할을 수행하고 있다. 그런 점에서 지방자치단체와 주민조직이 상호 존중하고 대등한 입장에서 협력·협조하여 풍요로운 사회의 실현에 기여할 수 있어야 한다.

따라서 협력관계라는 것은 비영리·공익활동 분야에 있어서 공통의 과제영역에 관하여 행정과 주민조직이 목적의식을 공유하고 상호 대등한 입장에서 상대방의 특성을 인식·존중하여 협력·협조해 나가는 관계를 말한다.(自治省非營利活動硏究會, 1997)

행정 내부에서의 독단적인 결정으로 정책을 만들고 이를 집행하는 단계에서 반대운동에 직면하게 되어 사업이 지연되고 불필요한 에너지를 소모하게 된다. 따라서 정책을 수립하고 결정하는 단계에서 시민과 행정이 서로 협력하고 철저한 논의과정을 거쳐서 정책을 결정하는 것이 향후 사업을 추진할 때에도 시민의 자립이나 지방자치단체와 시민간의 신뢰관계의 지속이라는 측면에서도 바람직하다. 이것은 처음에 고생할 것이냐, 나중에 고생할 것이냐의 차이지만, 시민의 입장에서 보면 계획단계에서 에너지를 집중시키는 것이 보다 바람직하다.

협력관계의 형성 요인

지방자치단체와 주민조직 간의 협력관계가 성립되려면 다음과 같은 형성요인이 필요하다.(B. Guy Peters, 1998)

첫째, 2개 이상의 주민조직이 참여하여야 한다. 지방자치단체의 사업에 지방자치단체와 적어도 1개 이상의 민간단체가 참여하여야 한다. 지방자치단체와 주민조직은 각각 서로 다른 가치기준과 행동규범을 가지고 있다는 점을 유념하여 협력관계를 형성하여야 할 것이다.

둘째, 각각의 참여부문은 각자 행동의 자유와 주체성을 가져야 한다. 지방자치단체와 주민조직은 서로 독립적으로 존재하기 때문에 상대방의 독립성을 존중해 주고 대등한 입장에 있다는 것을 재확인하는 것이 필요하다. 각각의 참여 부문이 주체성을 가진다는 것은 각각의 부문이 독립된 의사결정을 하는 자율성을 확보하고 있다는 것을 의미한다. 동시에 사업을 공동으로 수행할 때에도 각각의 주체성을 기반으로 해서 상호협의를 통하여 상대방을 납득시킨 후에 행동으로 옮겨가야 할 것이다.

셋째, 계속적 또는 공동으로 활동하여야 한다. 공동의 활동이라는 것은 일회성의 '거래관계'가 아니고 계속해서 '공공관계'를 형성하고 활동을 계속해 나가는 것을 말한다. 지방자치단체와 주민조직이 항상 협력하여 활동하는 것은 아니다. 주민조직의 의지로 독립적으로 활동하는 경우도 있고(경쟁경합), 자치단체의 대체 · 하청자로 활동하는 경우도 있다. 따라서 협력관계가 형성되기 위해서는 상호간 협력 · 협조하여 활동하는 것이 필요하다.

넷째, 각각의 집단은 어느 정도의 자원을 공동활동에 제공하여야 한다. 각각의 집단은 자금, 물자. 정보 등의 자원을 가지고 있어야 하며, 이를 공동활동을 위하여 제공하여야 한다.

다섯째, 책임을 공유하여야 한다.(공동책임) 각각의 참여집단은 활동결과에 대한 책임을 공유한다. 이것은 한편이 다른 한편에 대하여 지시 혹은 명령을 내리는 일방적인 관계가 아니고 쌍방이 공동행동의 책임을 지는 것을 말한다.

여섯째, 비영리 · 공익활동 분야에 속하는 활동영역을 가져야 한다. 주민조직의 활동목적이 개인의 영리나 개인의 정치적 야망의 달성을 위한 것이 아니고 지역사회의 발전과 주민복리증진을 위한 비영리적인 것이어야 하고 공익을 목적으로 하는 활동 분야를 가져야 한다.

일곱째, 공통된 과제영역을 가져야 한다. 똑같은 비영리 · 공익활동 분야라고 하더라도 지방자치단체의 독자영역이나 주민조직의 독자 영역이라면 협력관계가 성립될 수 없다. 다만, 과거에는 지방자치단체의 정책대상이라고 할 수 없었던 분야도 정책판단에 따라서 지방자치단체의 정책이 될 수 있기 때문에 공통과제가 무엇인가는 그다지 엄격하게 구분할 필요는 없다. 주민조직이 독자적인 영역을 구축하고 활동하는 경우에는 협력관계가 성립되지 않지만, 주민조직이 사회적인 활동을 활발하게 전개하는 것이 사회전체의 이익을 가져온다는 의미에서 느슨한 협력관계를 구축할 수도 있다.

여덟째, 목적의식을 공유하여야 한다. 목적의식의 공유는 협력관계를 구축하는 데 가장 중요한 요건이 된다. 지금까지 자치단체와 주민조직은 서로 협력하여 목표를 달성했던 경험이 적기 때문에 목표의식을 공유한다는 것 자체가 어려울 것이다. 따라서 이것이 협력관계의 형성에 전제조건이 된다면, 시간이 걸리더라도 목표에 대한 합의에 도달할 수 있도록 함께 노력하여야 할 것이다. 특히 주민조직은 조직의 존립목적이나 목표를 명확하게 하여야 하며 동시에 조직의 운영 측면에 있어서의 자립성을 높여야 할 것이다.

아홉째, 상대방의 특성을 인식하고 존중하여야 한다. 구체적으로는 지방자치단체와 주민조직은 사고방식, 경험, 행동원리 등에서 차이가 나기 때문에 양자의 공통점이나 차이점을 확인하고 서로가 양보할 수 있는 부분과 양보할 수 없는 부분을 인식하는 것이 필요하다.

주민자치회 중심 주민조직의 협력 네트워크 구축방안

▌협력네트워크 구축의 기본 방향

네트워크란 일반적으로 사람, 대상, 사업 등이 연결되어 있는 관계망이라고 정의할 수 있다. 다양한 이해당사자들로 구성된 네트워크에는 상호의존적이고 수평적인 관계가 형성되지만 때로는 갈등하고, 때로는 협력하는 자율적인(operationally autonomous) 행위자들이 존재한다.

협력네트워크 구축의 첫 번째 기본방향은 다양한 행위자(개인, 공공단체, 관료, 민간조직) 간의 상호작용을 통하여 형성된 행위자 주체들 간의 구조화된 관계를 구축하는 것이다. 이러한 행위자 중심의 네트워크는 '구조(structure)'와 '역할(action)'로 구성된다. 협력 네트워크의 구조를 설계할 때에는 밀도(density), 구조적 틈새(structural hole), 집중도(centralization) 등을 고려하여야 한다. 밀도란 한 네트워크에서 행위자들 사이의 연결된 정도를 의미한다. 밀도는 포괄성(inclusiveness)과 연결정도(degree)를 말한다. 구조적 틈새란 한 사람이 다른 사람들과의 연계에서 중복되지 않고 그 행위자를 통해서만 다른 사람들이 연계되는 위치이다. 구조적 틈새에 자리 잡은 행위자의 이익은 정보 확보의 우월성과 정보 통제 효과이다. 구조적 틈새와 관련하여 구조의 자율성, 네트워크 제약 및 공개성 등을 측정할 수 있다. 중심성은 각 행위자가 '중심'에 근접한 정도이다. 중심성은 행위자들 간의 관계의 방향이 존재할 경우 내향중심성(in-centrality)과 외향중심성(out-centrality)으로 구분된다. 집중도는 한 네트워크 전체가 한 가지 '중심'으로 집중되는 정도를 표현하는 지표이다. 협력적 네트워크의 역할은 구성원 간의 갈등이나 불화, 상호 견제나 소모성 경쟁관계 등을 조정하고 네트워크 구성원이 상생할 수 있는 상호협력 관계를 이끌어내는 것이다. 즉 협력네트워크는 갈등의 조정, 구성원의 역량 제고, 정부와의 연결고리, 역할 배분, 정보제공, 소통과 교류의 장 마련 등의 역할을 수행하여야 한다.

둘째, 행위자 네트워크의 성공적인 협력 요인의 도출이다. 협력을 위해서는 정책이나 제도가 필요하며, 사람들의 행태를 조정하고 변화하여 협력에 이르기 위해서는 ① 적절한 인센티브와 벌칙을 만드는 것이다. 보상과 처벌 또는 유인과 제재 등의 유인기제(inducement)를 통하여 행태를 조정하고 변화시키는 것이다. ② 규칙(rules)을 만드는 것이다. 규칙은 어떤 방식으로 행동하고 어떤 방식으로는 행동하는 것을 금지하는 명령과 같으며 어떤 행위의 형용과 자격을 정하는 것이다. ③ 권리(rights) 관계를 통하여 행태를 조정하고 변화시키는 것이다. 이것은 정부의 권력을 이용할 수 있는 권리를 변화시킴으로써 사람들의 행태를 조정하고 변화시킬 수 있다. ④ 권력(power)을 이용하는 것이다. 권력을 통하여 의사결정과정을 변화시킴으로써 분쟁의 내용을 변화시키려는 전략이다. 협력의 조건으로서 규칙과 절차의 명확화를 제시한다. 그는 합의에 이르게 하는 과정에서 또 다른 중요한 조건으로 죄수의 딜레마에 대한 분석가들처럼 규칙과 절차의 명확성을 강조하였다. 이러한 명확화는 협상 과정에 대한 신뢰와 선택 대안에 대한 정확한 계산을 가능하게 하여 상호 신뢰분위기를 조성하는 데 도움이 된다. 개인의 인식과 태도가 사회적 구조와 관련이 있음을 알 수 있었다. 개인의 인식과 태도가 다른 행위자에게 공격적이거나 위협을 준다면 사회적 구조는 갈등 상황에 이르게 된다. 하지만, 공감을 형성하고 있거나, 동등한 입장으로서 능력을 발휘하게 되면 협력의 상황에 이르게 된다. 뿐만 아니라 행위자 네트워크의 대표적인 협력 성공 요인으로서 제도적 지원, 보상체계, 교육·훈련, 역할의 명확성 등을 들 수 있다. 이는 자치단체 간의 협력에 관한 주요 성공조건과 관련된 기존 연구들을 통하여 알 수 있다. 자치단체 간 협력의 조건으로는 제도적 장치나 협력기구의 운영, 경제적 이익발생이나 보상기대 등이 있다.(Agranoff, 2001)

▍주민자치회 중심 주민조직 협력네트워크 시스템의 구축방안

협력 네트워크 구조의 유형은 중앙중심형 네트워크, 탈중심적 네트워크, 혼합형 네트워크 등으로 구분할 수 있다.(김필두·류영아, 2015)

중앙중심형 네트워크는 하나의 조직을 중심으로 관련된 여러 조직들이 연계되는 모형이다. 중심 조직에는 정보와 자원이 집중되기 때문에 강한 영향력을 행사할 수 있다. 한국의 경우, 공공부문에서 이러한 중앙중심형 네트워크가 많이 발견되고 있다. 중앙중심형 네트워크의 장점은 중심조직과 주변조직의 역할을 비교적 명확하게 분담할 수 있어서 사업을 효율적으로 추진할 수 있으며, 사업 추진 후에 책임 소재를 비교적 명확하게 밝힐 수 있다는 점이다. 중앙중심형 네트워크의 단점은 중심조직과 주변 조직이 상하적인 권력 관계에 놓이기 쉽고, 중앙조직과 주변조직 간의 자원과 정보의 보유량에 차이가 크고 그 차이를 좁히기가 어렵다는 점이다.

탈중심적 네트워크는 여러 기관이나 단체들이 상하적인 위계관계를 형성하지 않고 수평적인 형태로 구성된 네트워크 모형이다. 탈중심적 네트워크, 시스템에서는 네트워킹을 연계된 기관이나 단체 어느 곳에서나 주도할 수 있고 여러 기관이나 단체가 동시에 주도할 수도 있다. 탈중심적 네트워크는 선진화된 민간조직이나 특정한 목적을 가진 프로젝트에서 많이 발견된다. 탈중심적 네트워크의 장점은 중앙 조직과 주변 조직이 고정되어 있지 않아서 네트워킹 관련 조직 간의 수평적인 평등한 관계가 형성될 수 있으며, 사업이나 주제별로 네트워크를 구축할 수 있기 때문에 다양한 형태의 창의적인 네트워크 구축이 가능하다는 점이다. 탈중심적 네트워크의 단점은 공동의 사업을 추진할 때 민주적인 의사결정과정이 수시로 요구되므로 사업의 진행 속도가 느릴 수 있다는 점과 다수의 기관이나 단체들이 동시에 움직여야 하기 때문에 업무의 추진력이 약화될 수 있으며, 사업 추진 후에 결과 등에 대한 책임 소재가 불분명해지는 경우가 많다는 점이다.

혼합형 네트워크는 중앙집중형 네트워크와 탈중심적 네트워크를 혼합한 모형이다. 독자적인 의사결정 구조를 가진 조직들이 모여서 공동의 사업을 추진하려는 경우에 혼합형 네트워크가 활용된다. 공동의 사업을 수행하는 과정에서 연계된 여러 기관이나 단체들로부터 인력이나 재원을 지원받을 수 있으므로 자원의 집적을 통하여 사업 추진의 시너지 효과를 높일 수 있다. 공공부문과 민간부문 사이에 형성되는 네트워크의 대부분이 혼합형 네트워크이다. 혼합형 네트워크의 장점은 중앙중심형 네트워크와 탈중심적 네트워크의 장점을 살릴 수 있다는 점과 다양한 협력 파트너 간의 협의와 조정을 통하여 복잡한 이해관계가 걸린 사업을 효율적으로 추진할 수 있다는 점이다. 혼합형 네트워크의 단점은 중앙중심형 네트워크의 탈중심적 네트워크의 단점들이 동시에 나타날 수 있다는 점과 협력 파트너 간의 갈등 해소나 이견 조정에 필요한 경우, 많은 시간이 소요되어 사업의 추진을 지연시킬 수 있다는 점이다.(이석희 외, 2008)

본 연구에서는 혼합형 네트워크 모델을 채택하였다. 주민자치회가 분과위원회를 중심으로 사업을 추진하게 되므로 분과위원회가 독자적인 조직 체계를 형성하고 분과위원회별로 개별적인 협력 네트워크를 형성하는 탈중심적 네트워크 모델이 적용된다. 다만, 이들 분과위원회별 협력 네트워크는 주민자치회 조직의 큰 틀 안에서 활동하게 되므로 주민자치회를 정점으로 중앙중심형 네트워크를 형성하게 된다.

중앙중심형 네트워크의 중심 조직은 주민자치회를 운영하는 주민자치위원회가 될 것이고, 탈중심적 네트워크는 주민자치회의 각 분과위원회가 될 것이다. 여기서는 주민자치회 시범실시과정에서 주민자치회의 핵심 사업으로 예시한 지역복지, 안심마을, 마을기업, 평생교육, 다문화어울림, 생활문화 등을 중심으로 각각의 분과위원회를 구성하고 분과위원회별로 각각 개별적인 네트워크를 구축하여 독자적으로 운영하게 된다.

*자료: 김필두·류영아, 2015

그림 9-1. 주민자치회 중심 주민조직의 협력 네트워크 구조

▌협력 네트워크 참여자의 구성방안

주민자치와 관련된 협력 네트워크의 참여자는 주민자치회와 그 산하 분과위원회, 공무원 조직(시군구, 읍면동), 금융기관, 사기업, 종교단체, 아파트입주자단체, 학부모단체, 지역상인단체, 직능단체, NGO, 개인으로서의 주민 등이 있다. 협력 네트워크의 참여자들은 단체를 대표하거나 개인자격으로 주민자치회의 각 분과단위로 구성된 협력네트워크에 참여하게 된다.

우선 주민자치 관련 협력네트워크를 주도할 조직이나 단체의 선정이 필요하다. 읍면동 단위에서 주민자치와 관련된 협력 네트워크를 구축할 때, 고려해야 할 조직이나 단체로는 읍면동 행정조직, 통리장협의회, 아파트입주자대표회의, 아파트부녀회, 이(里)개발위원회, 영농회, 작목반, 새마을부녀회, 주민자치위원회, NGO단체 등이 있다. 여기서 읍면동 공무원 조직은 주민자치를 측면에서 지원한다는 입장에서 협력네트워크의 주체가 될 수는 없다. 또한 NGO단체들은 대개의 경우 시군구 이상의 단위에서 구성하여 활동하고 있지 읍면동 단위에는 구성되어 있지 않다. 물론 NGO단체들이 읍면동 단위에서 활동은 하지만, 주된 활동 범위가 시군구 이상의 단위이다. 따라서 읍면동 단위의 주민자치 관련 협력 네트워크의 주도자로 NGO단체는 적합하지 않다. 결국 주민자치 관련 네트워크를 이끌어 가고 모임 등을 주관할 읍면동 단위의 조직이나 단체로는 순수 주민들의 조직인 아파트 입주자대표회의, 아파트부녀회, 상가번영회, 이통장협의회, 직능단체연합회, 주민자치위원회 등이 있으며, 농어촌지역의 경우는 어촌계, 영농회, 작목반 등이 있다. 따라서 주민자치 관련 지역공동체의 협력 네트워크를 주관할 수 있는 단체는 주민자치회가 적당할 것이다.

표 9-3. 읍면동 주민자치조직의 비교

자치조직명	구역설정	구성원	내부조직	주요활동	행정과의 관계
아파트입주자 대표회의	단지단위이므로 구역제한이 없음	해당 아파트 거주자	회장: 1인 이사: 2인 이상 감사: 1인	아파트의 하자보수 등 유지관리, 안전관리	시군구에서 정한 규약 내에서 활동
아파트부녀회	아파트 단지 단위	해당 아파트 거주 여성	회장, 총무, 회계	아파트주민 권익보호, 복지증진, 이웃돕기 등 다양한 자치활동	관계 없음
이통장협의회	읍면동 단위	읍면동 산하 리장 통장	회장, 총무, 회계 등	시군구 및 읍면동 협조사항, 민원사항	담당공무원이 반드시 참석하여 안건 제시
이개발위원회	읍면 산하의 리	이 거주 주민 전체	위원장, 사업위원, 감사위원	민원사항, 자체개발 사업, 읍면 요구사항	읍면장의 자문 역할
영농회	특별한 규정이 없음	농어민,농산물 생산자단체	조합장 이사 감사	농업생산품의 공동생산, 공동출하, 농사교육 및 정보교환 등	영농회별 지역 보조금 지급
작목반	특별한 규정이 없음	동일한 작물을 재배하는 농어민	회장 총무 감사	단체구입과 판매, 공동생산과 출하	영농조합법인으로 등록되면 정부보조금 지급

자치조직명	구역설정	구성원	내부조직	주요활동	행정과의 관계
직능단체협의회	읍면동 단위	읍면동 관내직능단체 대표	회장 총무 감사	봉사활동, 사회활동, 취미교양활동	읍면동 행사 등을 적극 지원
주민자치위원회	읍면동 단위	관내 거주 주민 전체	위원장 총무 감사 분과위원장	주민자치, 문화여가, 지역복지, 주민편익, 시민교육, 지역사회 진흥활동	읍면동장이 자치위원 위촉 시군구별로 자치활동에 대한 행재정 지원

*자료: 김필두·류영아, 2015

읍면동 단위에서 가장 대표적인 주민조직은 주민자치회이다. 이러한 주민자치회가 읍면동 민주화와 주민자치에 관련된 다양한 지역공동체들의 협력 네트워크를 주관하는 단체가 되면, 주민자치회를 중심으로 협력 네트워크를 구축하여야 한다.

1차적으로 주민자치회를 정점으로 주민자치회 산하의 분과위원회로 협력 네트워크를 구축한다. 이 네트워크는 중앙중심형 네트워크가 될 것이다.

2차적으로는 각각의 분과위원회를 중심으로 읍면동 행정조직, 금융기관, 사기업체, 통리장협의회, 아파트입주자대표회의, 아파트부녀회, 리개발위원회, 영농회, 작목반, 새마을부녀회, 주민자치위원회, NGO단체 등이 참여하는 협력 네트워크를 구축하여야 한다. 이 네트워크는 탈중심적 네트워크가 될 것이다. 각각의 참여 조직 혹은 단체, 개인 등은 자신의 관심 분야, 전문성 등을 고려하여 참여할 네트워크를 선택할 수 있다. 참여자들 중에서 가장 중요한 역할을 하는 것은 주민자치회 위원이다. 이상의 논의를 바탕으로 주민자치관련 협력 네트워크의 참여자를 구성해 보면 다음의 표와 같다.

표 9-4. 주민자회 중심 주민조직의 협력 네트워크 참여자의 구성(안)

분과위원회	공무원 조직	직능단체	공공기관	기타
지역복지 분과위원회	보건소/보건지소 사회복지관 노인복지관/경로당	의사회/약사회 노인회 여성단체 장애인협회	지역사회복지협의회 경로당지원센터	아파트입대위, 부녀회, 이통장협의회, 금융기관(은행, 새마을금고 등), 학교, 어린이집, 예능학원, 체육관, 병원, 요양원, 상가연합회, 사기업체
안심마을 분과위원회	파출소/지구대 예비군중대 소방서	자율방범대 해병전우회	방재연구소 119구조대	
마을기업 분과위원회	창업지원센터	요식업협회 바리스타협회 관련업종협회 영농회/작목반	연구기관 대학산학연구센터 창업보육센터 은행/마을금고	
평생교육 분과위원회	평생학습센터	학원연합회	학교 도서관/박물관	
다문화어울림 분과위원회	다문화지원센터	다문화봉사대	다문화가족지원센터 외국인인력지원센터	
생활문화 분과위원회	문화관광과 문화팀 관광팀 체육팀	관광협회 문화예술인협회 요식업협회 조기축구회	문화원 체육회	

▎일본 미타카시(三鷹市)의 사례: 미타카 네트워크 대학

① 미타카 네트워크 대학의 개요

일본 미타카시의 '미타카 네트워크 대학'은 학교 교육 법상의 일반 '대학'이 아니고, 주민자치를 통하여 미타카시를 활성화시키기 위한 지역 공동체 시스템으로서의 네트워크 조직이다. 미타카 네트워크 대학은 미타카시를 살기 좋은 마을로 만들기 위하여 2005년 10월에 17개의 미타카시 소재 대학, 69개의 비영리법인과 일반기업 및 금융기관, 2명의 주민(개인) 등이 힘을 모아서 설립하고 공동으로 운영하는 민·학·산·공 네트워크 조직이다. '미타카 네트워크 대학'은 설립 당시 시민, 공무원, 기업가, 지역사회 활동가 등을 대상으로 하는 설문조사를 실시하여 '미타카 네트워크 대학'의 역할을 결정하였다. 또한, 설문조사결과에 따라서 '미타카 네트워크 대학'이 정식으로 출범하기 전에 '지역사회보호 연속 강좌', '천문학 연속 강좌', 'SOHO 벤처 컬리지', '지역사회 연구' 등과 같은 프레 개강 강좌를 약 50회 개최하여 총 1,500명 이상의 미타카 시민이 수강하였다.

'미타카 네트워크 대학'은 교육 · 학습기능, 연구 · 개발 기능, 창구 네트워크 기능의 세 가지 기능을 가지고 있으며, 각각의 기능마다 10여 가지 가지 사업을 전개하고 있다.

• 교육 · 학습 기능

민 · 학 · 산 · 공의 협동에 의해 미타카 네트워크 대학의 정회원 · 찬조회원인 교육 · 연구기관, 기업, NPO 등으로부터 강사를 초청하여 지역케어, 협동의 마을 만들기 사업, 문화·교양 특별 강좌 등으로 구분하여 다수의 교양 · 학습 강좌를 개설하고 폭 넓은 세대의 지역주민들이 수강하고 있다.

• 연구 · 개발 기능

지역 산업의 활성화와 신산업 창출을 위한 실증 실험 등 협동의 방식으로 연구·개발 노력을 지원한다. 마을기업을 위한 세미나 개최, 지역사회단체, 커뮤니티 비즈니스, NPO 활동 등에 대해서도 지원하고 있다.

• 창구 네트워크 기능

다양한 학습 방법, 일하는 방법, 강좌 기획방법 등을 지원하는 중간지원 조직의 기능을 수행한다. 민 · 학 · 산 · 공의 새로운 만남과 매칭을 위한 연구회의 개최나 전문가와 시민이 교류할 수 있는 살롱 등도 마련한다. e러닝의 활용에 대해서도 검토하고 있다.(www.city.mitaka.tokyo.jp/c_service/.../001560.htm)

*자료: www.city.mitaka.tokyo.jp/c_service/.../001560.htm

그림 9-2. 미타카시 네트워크 대학의 협력 네트워크 구조

② **미타카 네트워크 대학의 시사점**

일본 미타카시(三鷹市)의 '미타카 네트워크 대학'으로부터 얻을 수 있는 시사점으로는 첫째, "살기 좋은 미타카시 만들기"라는 공동의 비전과 목표를 가지지역 내의 고등교육기관(대학)이 중심이 되어 개인으로서의 일반 시민을 포함한 민·학·산·공 등 모든 부분의 다양한 조직들이 네트워크에 참여했다는 점이다. 협력 네트워크에는 가능한한 많은 조직들이 참여하는 것이 바람직하다.

둘째, '미타카 네트워크 대학'의 운영방향을 모든 주민들의 의견을 들어서 결정했다는 점이다. 마을을 위하고 주민을 위한 조직이라면 당연히 주체이나 대상자(수혜자)인 주민의 의견을 듣는 것이 필요하다.

셋째, 지역주민에 대한 홍보이다. '미타카 네트워크 대학'이 정식을 출범하기 전에 '미타카 네트워크 대학'을 널리 홍보하기 위하여 주민들에게 '미타카 네트워크 대학'에서 듣고 싶은 강좌가 무엇인지를 조사하고 그 결과를 반영하여 프레 강좌를 개최하였다. 프레 강좌에 1,500여 명이 수강생으로 참여하여 충분한 홍보효과를 얻은 셈이다.

넷째, 네트워크 조직만 만든 것이 아니고, 주민들의 의견을 반영하여 '미타카 네트워크 대학'이 수행해야 하는 3가지 주요 기능을 결정하고, 각각의 기능별로 10가지 사업을 선정하여 운영하였다.

5. 협력 네트워크 구축의 성공을 위한 제언

첫째, 협력 네트워크의 제도화이다. 협력 네트워크의 성공적인 구축과 운영을 위해서는 협력 네트워크의 제도화가 필요하다. 공식적인 네트워크가 잘 작동하기 위해서는 이를 뒷받침할 수 있는 공식적인 제도들을 충분하게 갖추어야 할 것이다. 주민자치 관련 네트워크의 실효성을 확보하기 위하여 민 · 관 · 학 · 정 · 기업이 함께 참여하고 실천하는 프로그램으로서의 구성과 운영이 필요하다. 단순히 협의체만 구성하는 것으로는 부족하며 지역공동체의 원활한 활동을 위한 민간단체에 대한 지원 등을 포함한 통합한 조례제정을 통하여 제도화하는 것이 필요하다.

둘째, 네트워크에 대한 참여조직의 확보와 지원이 필요하다. 협력 네트워크가 성공적으로 구축되고 운영되기 위해서는 능동적이고 자발적인 참여의지와 해당 분야에 대한 전문성 등을 갖춘 조직이나 단체들이 적극적으로 네트워크 활동에 참여하는 것이 필요하다. 그런데, 금융기관이나 사기업체(특히 대기업)들은 광역자치단체인 시도나 기초자치단체인 시군구에 재정적인 지원을 포함한 인적 · 물적 지원을 하고 있으며, 읍면동 단위에서는 지원하기를 꺼리고 있다. 그 이유는 지원의 효과가 읍면동보다는 시도 혹은 시군구가 크게 나타나고, 지원에 대한 반대급부(홍보효과, 조세감면 특혜 등)가 읍면동보다는 시도 혹은 시군구가 크게 나타나기 때문이라고 인터뷰에 응한 주민자치위원들은 추측하고 있었다. 읍면동 단위원의 주민자치 네트워크에 대기업이나 금융기관 등이 참여할 수 있도록 하기 위해서는 읍면동보다는 시도 혹은 시군구가 지원받기를 사양하거나 읍면동에 지원하도록 유도하는 제도적 장치의 모색이 필요하다.

셋째, 민과 관이 공유하는 목표의 설정이 필요하다. 네트워크가 수평성을 유지하면서 잘 작동하기 위해서는 단순히 참여자들간에 형식적으로 평등한 네트워크 형태를 구성하는 것만으로 되는 것이 아니라, 네트워크 관리자로서의 주민자치위원회의 역할이 필요하다. 네트워크의 성패는 네트워크 관리자인 주민자치위원회가 네트워크 관리의 문제를 어떻게 잘 처리하는지 여부에 달려 있다. 주민자치위원회가 네트워크를 통하여 공공서비스를 제공하거나 공공문제를 해결하기 위해서는 ① 다양한 파트너들이 목적을 공유할 수 있도록 적절한 조치를 취하고, ② 다양한 파트너들에 대한 적절한 감독 수행, ③ 파트너들 사이의 원만한 의사소통 유지, ④ 다양한 파트너들의 활동 조정(coordinate), ⑤ 파트너들 간의 경쟁과 협력의 균형 유지, ⑥ 개별 파트너의 정보와 능력 부족 보완을 위해 노력, ⑦ 네트워크를 효과적으로 관리하기 위한 내부역량을 갖추는 것이 필요하다.

넷째, 주민자치회에 대한 신뢰를 확보하여야 한다. 주민자치회 중심의 협력 네트워크가 성공적으로 구축되고 운영되기 위해서는 주민자치 협력 네트워크를 주도하고 있는 주민자치위원회에 대한 협력 네트워크 참여조직이나 단체의 신뢰가 필요하다. 주민자치위원회가 지역사회로부터 신뢰를 얻을 수 있기 위해서는 주민자치회의 의사결정 과정에 대한 개선이 필요하다. 주민자치위원회 활동이 단체장이나 지방의회, 읍면동장 등의 압력 없이 자율적으로 이루어져야 한다. 주민자치회 위원의 대표성을 인정해야 신뢰가 확보된다. 주민자치회 위원의 신뢰를 높이기 위한 주민자치회 위원의 역량 강화에 노력하여야 할 것이다. 주민자치회 위원의 역량을 강화하기 위해서 가장 필수적인 것은 주민자치 관련 교육이다. 그러나 설문조사 결과 주민자치 교육이 미흡한 것으로 나타나고 있어서 주민자치 교육을 강화할 필요가 있다.

참고문헌

김정인 · 오영균. 2014. "산업인력양성에 관한 부처 간 협업 인식: 자원의존모형을 중심으로", 『한국행정논집』 26(3)

김준기 · 이민호. 2006. "한국의 네트워크 거버넌스에 관한 연구", 『행정논총』 제44권 1호, 서울대학교

김필두 · 류영아. 2015. "주민자치회 정착을 위한 협력네트워크 구축방안", 한국지방행정연구원

박상희 · 김병섭. 2012. "공공기관 임원의 인사에 관한 연구: 자원의존이론의 관점에서", 『한국행정연구』 21(1)

배응환. 2001. "환경변화, 제도변화 그리고 정책변화 — 신제도주의 접근방법을 중심으로", 『행정논총』 39권 2호, 서울대학교 한국행정연구소

벤자민 R. 바버 지음/조은경 · 최은정 옮김. 2014. 『뜨는 도시 지는 국가』, 21세기북스

서순복. 2002. "지방자치시대 주민참여의 실태 평가와 대안 모색", 『한국사회와 행정연구』 13(1)

오단이. 2013. "자원의존이론과 신제도주의 관점에서 바라본 한국 사회적기업의 형성 및 성장에 관한 사례연구", 『사회복지정책』 40(3)

이석희 · 김상지. 2008. "협력적 지방정부 운영: 지역인적자원개발 통합거버넌스 체계 구축 방안 — 네트워크 구축 관점에서", 『한국정부학회 학술발표

논문집』 2008권 2호

장준호·이인혁. 2001. "주민자치활동과 커뮤니티 의식 수준 간의 관련성 연구", 『한국도시지리학회지』 4(2)

정남숙. 2014. "노인 여가복지서비스의 지역사회 네트워크 활성화에 관한 연구: 서대문구 노인여가복지시설을 중심으로", 명지대학교 행정학과 박사 논문

Agranoff, Robert & Michael McGuire. 2003. *Collaborative Public Management: New Strategies for Local Governments*, Washington D. C.: Georgetown University Press.

B.Guy Peters. 1998. "With a Little Help From Our Friends': Public-Private Partnerships as institutions and Instruments" in *Partnerships in Urban Governance*, New York: St. Martin's Press

Drees, Johannes. M. & Heugens, Pursey P. M. A. R. 2013. Synthesizing and Extending Resource Dependence Theory: A Meta-Analysis, *Journal of Management* 39(6)

Gollmar, W. G. 2008. Capacity building and nonprofit organizational effectiveness

Greenberg, E. S. 1983. *The American Political System*, Boston: Little Brown&Co.

Krause, D. R. & Ellarm, L. M. 1997. Critical Elements of Supplier Development, *European Journal of Purchasing and Supply Management* 3(1)

O'Tool Jr., Laurence J. and Kenneth J. Meier. 1999. "Modeling the Impact of Public Management: Implications of Structural Context", *Journal of Public Administration Research and Theory*, 9(4)

Powell, Walter W. 1990. Neither Market nor Hierarchy: Network forms of organization, Research in Organizational Behavior

R. M. MacIver. 1920. *Community: A Sociological Study*, London: Macmillan

Rhodes, R. A. W. 1997. *Understanding Governance: Policy Networks,*

Governance, Reflexivity and Accountability, Buckingham: Open University Press

Sundaramurthy, C. & Lewis, M. 2003. Control and Collaboration: Paradoxes of Governance, *Academy of Management Review* 28(3)

久住 剛. 2000. "創造的なNPO-自治体政府間パートナーミップ形成へ向けて", 『都市問題』

自治省非營利活動研究會. 1997. 地域づくりのための民間非營利活動に對する地方公共團體のかかわりの在り方に關する研究會報告書

10장
읍면동장 시민추천제와 직선제:
시민추천제 소개와 과제 그리고 직선제 가능성 검토를 중심으로

김흥주 대전세종연구원 책임연구위원

10장 읍면동장 시민추천제와 직선제:
시민추천제 소개와 과제 그리고 직선제 가능성 검토를 중심으로*

1. 들어가며

우리나라 지방자치의 역사를 보면 지방의 정책과정에 주민참여가 부족하였으며, 무엇보다 관(官) 중심으로 이루어지다보니 지방자치에서 주민이 소외되는 결과를 보여 왔던 게 사실이다. '국민주권의 촛불민주주의 실현' 의지를 담은 문재인 정부 출범은 100대 국정과제 중 풀뿌리 민주주의를 강조, 자치분권 실현을 추진하기 위한 로드맵 수립에 기여하였다. 이는 국정과제 74번에 해당하는 획기적인 자치분권의 추진과 주민참여의 실질화를 통한 주민참여형 자치권을 확대하기 위함이다. 2018년 9월 11일에 대통령 소속 자치분권위원회는 국무회의의 의결을 거쳐서 '자치분권종합계획'을 확정 · 발표했으며 6대 추진전략(6대 전략 ① 주민주권 구현, ② 중앙권한의 획기적 지방이양, ③ 재정분권의 강력한 추진, ④ 중앙-지방 및 자치단체 간 협력강화, ⑤ 자치단체의 자율성과 책임성 확대, ⑥ 지방행정체제 개편과 지방선거제도 개선 중 ①에 해당) 33개의 추진과제를 제시하여 구체화하였으며 이듬해 2019년 3월에 자치분권시행계획(안)을 통해 주요사안에 대한 실행계획안을 마련한 바 있다.

세종특별자치시는 정책과정에서 주민의 참여확대로 주민중심의 지방자치 운영체계를 확립하고, 이를 통해 풀뿌리 민주주의를 정착하려는

* 이 글은 2020년 한국행정논집에서 발행한 "읍면동장 시민추천제 정책진단 및 제언: 세종특별자치시 사례를 중심으로" 연구논문을 수정 · 보완하여 재구성하였다.

시도를 하고 있으며 12개 주요 과제를 통해 세종형 주민자치 기본모델을 선제적으로 제시하였다.[1] 그중에서 풀뿌리 민주주의를 구현하기 위한 추진방안으로 주목할 만한 것은 읍면동장 시민추천제의 도입 부분이다. 이는 세종시가 자치분권 중심도시로 거듭나기 위해 기존에 단체장이 가지고 있던 읍면동장의 임명권을 시민과 공유해 그 권한을 돌려주는데 지향점이 있다고 판단된다. 그러나 읍면동장 시민추천제가 당초의 도입 취지와 다르게 소신을 바탕으로 한 행정운영보다는 지역주민에 선정되기 위해 인기를 위한 처신에 몰두한다면 아무리 좋은 취지로 제도를 만들었다 하더라도 부정적인 효과가 나타날 수 있다는 점을 상기해야 할 것이다.[2] 세종시 역시 조치원읍을 필두로 각 지역에 읍면동장 시민추천제가 시범실시된 바 있으나 이러한 우려의 상황이 나타나기도 하였다. 읍면동장 시민추천제는 기존에 본청에서 읍면동으로 이어지는 획일적이고 수직적인 행정전달체계에서 벗어나, 주민의 의견을 수렴하고 주민들이 직접시정에 참여해 중요한 마을의 의제에 대해 결정·집행· 평가하는 체제를 마련하고자 설계되었다. 따라서 풀뿌리 주민자치의 실현을 위해 읍면동장 시민추천제를 세종시에 확산시키기에 앞서 검토해야 할 것은 현재 제도가 가지는 한계점 등을 중심으로 한 상황을 진단하고 이를 토대로 읍면동장 시민추천제의 발전적인 방향을 모색하는 것이다.

본 연구의 목적은 첫째, 읍면동의 역사 및 법 · 제도를 소개하고 둘째, 2018년 8월부터 본격적으로 시행된 세종시의 읍면동장 시민추천제의

1) 김홍주 · 곽현근 · 임승빈(2018)은 '세종형 풀뿌리 주민자치 제도화 방안'에 대한 연구를 수행했으며, 무엇보다 12개 과제를 중심으로 세종형 주민자치 기본모형을 제시한 바 있다.

2) 그동안 임명직 읍면동장을 중심으로 한 읍면동 행정은 세종시의 업무를 뒷받침하는 실행조직, 하부 행정기관으로서의 역할에 집중하다 보니 지역주민의 불편사항 개선, 권장사항에 있어서 본청과 협의 혹은 건의를 통해서 해결해 왔다. 따라서 읍면동의 현실과 괴리된 부분이 나타나거나 실질적 해결 사안에 있어서 인식의 경중에서 시각차가 존재했다는 평가가 제기된다.(세종시 읍면동장 시민추천제, '기대와 우려' 엇갈려, 시사저널 2018년 8월 6일자)

운영성과에 대한 객관적 평가 및 진단을 통해 쟁점사항의 검토와 직선제 가능성을 타진하며, 마지막으로 개방형 직위 도입과 비교해 시민추천제에 대한 발전방안을 제시하는 데 있다.

2. 읍면동의 역사 및 법제도

하부행정기관의 개념 및 유형

지방자치단체는 보통지방자치단체와 특별지방자치단체(지방공공조합)3)로 구분되며, 이중 보통지방자치단체는 상급지방자치단체(특별시·광역시·도), 하급지방자치단체(시·군·자치구)로 구분되며 의결기관과 집행기관으로 구성된다.(표 10-1 참고)

표 10-1. 집행기관과 의결기관

구분	주요 기관
의결기관	지방의회
집행기관	지방자치단체장
	보조기관(부지사, 부시장, 부군수, 부구청장, 행정기구)
	소속행정기관(직속기관, 사업소, 출장소, 합의제 행정기관)
	하부행정기관(읍, 면, 동)
	외곽기관(지방공사 및 공단)

여기서 하부행정기관은 지방자치단체의 공공사무를 지역적 · 기능적으로 분담 처리하기 위해 설치된 행정기관으로 지방자치단체가 법인격을 가지는 데 반해, 법인격을 가지지 않으며 일반적으로 지방자치단체의 지휘 및 감독을 받게 되는 특성을 가진다.(최창호, 2006; 금창호·권오철, 2008) 일반적으로

3) 특별지방자치단체는 보통지방자치단체인 특별시·광역시·도, 시군구에 비해 단체의 조직 권능에 있어 특수한 성격을 가진 지방자치단체로, 현행법상으로 지방자치단체조합 등에 해당한다.

하부행정기관은 지역 및 기능을 기준으로 구분하며 먼저, 지역을 기준으로 설치되는 것은 일반구, 읍면동으로 관할구역 내 종합적인 사무처리를 위한 기관이며, 기능을 기준으로 하는 것은 농업기술센터, 보건소, 소방서 등 특수한 전문분야의 행정사무를 처리하기 위한 특별행정기관으로 구분할 수 있다.[4)]

지방자치법 제117조, 제120조에 따르면 일반행정기관인 일반구(자치구가 아닌), 읍면동만을 하부행정기관으로 분류하고 있어 소방기관, 교육훈련기관, 보건진료기관 등은 동법 제113조에 직속기관으로 분리하여 규정하고 있다. 따라서 현행 법제에 근거하면 하부행정기관은 지역적 기준을 중심으로 지방자치단체의 행정사무 보조 및 처리를 하는 기관으로 간주되어진다.

표 10-2. 하부행정기관의 유형

구분	주요기관
일반행정기관(지역기준)	일반구(행정시)/읍/면/동
특별행정기관(기능기준)	소방기관, 교육훈련기관, 보건진료기관, 시험연구기관, 중소기업지도기관

읍면동 기능전환 이후의 정책변화와 주요기능

▎읍면동 기능전환 이후 정책변화

대한민국 건국 초기의 읍면동제를 살펴보면, 1949년 지방자치법의 제정 · 공포를 통해 도-시 · 읍면 2층제가 실시되었으며 읍면은 주민직선으로 지방의원을 선출했고, 읍면장은 지방의회에서 선출하도록 하였다(김홍환, 2018a).[5)] 그리고 1956년(1995년에는 동장선거 시행) 제2기 지방선거에서 기초단체장

4) 소방서, 보건소는 지방자치단체 소속의 특별지방행정기관이며, 세무서, 경찰서, 지방검찰청 지청 등은 중앙행정기관 소속의 특별지방행정기관에 해당된다.

5) 동은 6 · 25 전쟁 이후 미군정에 들어와서 "종래의 행정기구를 그대로 유지한다"라는

인 시·읍면장을 임명제에서 직선제로 바꾸어 지방의원선거와 더불어 시행하게 된다. 1958년 제4차 지방자치법이 개정되면서 시·읍·면장의 직선제는 폐지되었고 임명제로 전환된 바 있으며, 1960년에 다시 읍면장을 주민직선제로 환원하였다. 특히 읍면동의 변천은 1961년에 중대한 국면을 맞게 되는데 이는 5·16군사정변으로 인해 「지방자치에 관한 임시조치법」을 제정, 법인격을 박탈해 하부행정기구화 한 것이다. 이때부터 읍면동은 시군의 하부행정기구로 행정계층상 지위를 갖게 되었다.[6]

1987년 6·10 민주화 운동과 더불어 이듬해 1988년 지방자치 실시를 위해 지방자치법을 개정하면서 지방자치단체의 종류는 광역자치단체로서 특별시·직할시·도, 기초자치단체로서 시군구로 하여, 읍면동은 시군구의 하부행정기구가 되었으며 1991년 광역 및 기초의회 선거(1991년 3월 시·군·자치구 의원선거, 6월에는 시·도 의원선거 실시)로 지방자치의 공식적 부활, 1995년 5월에 제4대 지방선거에서 지방자치단체장(광역, 기초)과 지방의회의원(광역, 기초)의 동시선거가 시행되는 변화를 거쳤다. 이렇듯 읍면동은 시군구의 일선행정기관이 되면서 읍면동장은 자치권한을 상실하고 시군구청장이 임명권을 행사하게 되는 과정을 거치게 되었다. 1999년 지방행정개혁의 일환으로 주민중심의 행정서비스 체계 구축, 지역 중심의 커뮤니티 형성을 위한 읍면동 기능 개편 사업이 논의되었으며 당초안은 읍면동을 폐지하고 해당 공간에 주민자치센터를 설치하는 것이었으나 협의 조정 이후 기능 및 인력의 축소로 존치하는 것으로 결정하였다. 여기서 축소된 기능은 세원관리, 단속규제, 민간협력, 특별지방행정기관보조, 기관유지

미군정 포고에 의하여 1917년의 정회제가 1947년 4월 동회로 명칭이 변경된 것이다.

6) 단체장을 직선제로 하는 완전한 민선 지방자치제의 기틀이 마련된 바 있다. 이에 따라 1960년 12월 19일에 시·읍면회의 의원선거가, 12월 26일에 시·읍면장 선거가 차례로 실시되었다. 그러나 1961년 5·16일 이후, 비상사태하에서 대통령에게 지방의회 의원선거를 연기 또는 정지할 수 있는 권한이 부여되었다. 지방자치가 부활한 1991년까지 약 30년 동안 중앙정부의 일선행정기구였으며 지방자치 재실시 이후부터는 기초자치단체 일선행정기구로 남아있게 되었다.

이며 이때 여유시설과 공간에 주민자치센터가 설치되었다.[7)]

2007년에 들어 1999년 읍면동 기능개편 이후 조직개편으로 과소동을 대동으로 전환하기 위해 동 통폐합 사업을,[8)] 2010년 10월 1일 「지방행정체제개편에 관한 특별법」을 제정해, 이에 근거 읍면동의 주민자치기능을 강화하기 위해 주민자치위원회를 주민자치회로 개편하기 위한 사업을 추진하게 된다. 이후 지방행정체제개편추진위원회를 거쳐 지방자치발전위원회를 통해 읍면동 주민자치회의 도입방안을 추진하고, 행정안전부(당시 행정자치부)는 2013년 7월에 전국 31개 지역에 시범실시, 그리고 2015년에 49개를 시범실시해 전국확산을 기하였으나 완결되지 못하고 추후 혁신읍면동 사업으로 전환되었다. 이와 유사한 시기에 2014~2015년의 2년간 시범실시를 거쳐 2016년 2월 확정된 읍면동 복지허브화사업, 2015년 4월 행정안전부에서 제시한 책임읍동제가 고안되었으며 이는 복지허브화 사업과 유사하여 통합에 대한 논의도 있었다.[9)]

행정안전부는 보건복지, 행정혁신, 주민자치 및 마을공동체의 역량강화 등을 포괄한 종합적인 차원에서 읍면동의 기능을 개선하기 위해 2017년 9월 읍면동 조직기능 개편, 자치기능 강화, 자치공간 확보를 위한 수행체계를 마련하기 위한 사업으로 혁신읍면동 사업을 제안하였으나 본 사업은 관련 예산이 야당의 반대로 205억 원이 전액 삭감되어

---

7) 교통통신발달, 인구감소, 행정전산화 등 행정변화에 따라 읍면동 폐지 및 주민중심의 비행정적 자치기구 전환을 고려, 당초 최일선의 행정계층인 읍면동을 폐지하려 했으나 이듬해 2000년에 전국 시장·군수·구청장협의회, 지방공무원들의 반대로 당초 결정안이 철회됨에 따라 결국 기능 및 인력을 축소해 존치하는 방향으로 결정된 것이다.

8) 정책의 추진논거로 교통통신발달, IT기술 발전을 통한 행정여건 및 생활환경의 변화로 새로운 행정수요에 대응하기 위한 지자체의 경쟁력 제고, 균형발전을 도모하기 위한 것으로 제시되었다. 따라서 동 통폐합은 일부 자치단체에 의해서 자율적으로 시행되었는데, 이를 전국적으로 확산하기 위해서 행정안전부(당시, 안전행정부)가 2007년 7월 인구 2만 명 미만, 면적 3㎢ 미만의 소규모 동(인구, 면적 모두 지침보다 작은 동)에 한해 인구 2만~2만 5천 명, 면적 3~5㎢ 규모로의 통폐합을 검토할 것을 지방자치단체에 시달하고 2008년 5월 '지방자치단체 조직개편 지침'을 시달하였다.

9) 연합뉴스, 2017. 1. 4. "분란만 만들고, 행자부 책임읍면동제 유야무야"

기존의 사업자체가 유명무실해졌다고 평가할 수 있다. 이후 2019년 3월 지방자치법 전부개정안(원안폐기), 2020년 7월 21대 국회에서 지방자치법 전부개정안이 국회에 제출되는 일련의 과정을 거치게 되었다. 표 10-3은 하부행정기관 관련 정책변화를 보여주며 다음과 같이 제시된다.

표 10-3. 시읍면 자치 및 하부행정기관 관련 정책변화

연도(경과)	주요내용
1949년 지방자치법 제정·공포	• 1952년 4월 25일 시·읍면회의 의원선거 실시 • 1956년 제2기 지방선거에는 기초자치단체의 장인 시읍면장을 임명제에서 직선제로 바꾸어 지방의원 선거와 더불어 실시함 • 1958년 제4차 지방자치법이 개정되어 시읍면장의 직선제는 폐지되고 다시 임명제로 환원됨
1960년 4·19 혁명 이후	• 민주당 정부가 들어서고 지방자치법이 개정되면서 지방의회와 단체장을 직선제로 하는 완전한 민선 지방자치단체의 기틀이 마련됨 • 1960년 12월 19일에 시·읍면의회 의원선거가, 12월 26일에 시읍면장 선거가 차례로 실시됨
1961년 5·16 군사정변 이후	• 비상사태하 대통령에게 지방의회 의원선거를 연기 또는 정지할 권한을 부여함 • 「지방자치에 관한 임시조치법」 • 지방의회 성립시까지 시읍면장을 임명제로 실시함
1991년 이후	• 광역 및 기초의회 의원선거 공식 부활 • 1991년 3월에 시·군·자치구 의원선거가, 6월에는 시도 의원선거가 실시됨 • 1995년 5월에 지방자치단체장(광역, 기초)과 지방의회 위원(광역, 기초)을 동시에 뽑는 4대 지방선거가 실시됨 • 다만, 시군구의 일선 행정기관이 된 읍면동장은 자치권한을 상실하고 시군구청장이 임명권을 행사하게 되었음
1999년	• 읍면동 기능전환 조직관리지침 – 자치단체의 종류는 특별시·광역시·도(광역), 시군구(기초) 2종(지방자치법) – 특별시·광역시·도의 경우 정부직할, 시는 도의 관할, 군은 광역시·도의 관할, 자치구는 특별시와 광역시의 관할구역에 둠 – 특별시, 광역시가 아닌 인구 50만 이상 시에는 일반구(자치구가 아님)를 둘 수 있고, 군에는 읍면을, 시와 구(자치구 포함)에는 동을, 읍면에는 리를 둠(지방자치법) ※ 구청장(일반구): 일반직 지방공무원으로 시장이 임명/읍면동장: 별정직 지방공무원으로 시장, 군수 및 자치구의 구청장이 임명(지방자치법 개정 1994. 3. 16.) – 기능전환 시범실시(기능 개편): 다수기능 본청이관, 이관 이후 남은 공간에 지역 편익, 지역 중심의 커뮤니티 형성(주민자치센터 설치)/(당초) 읍면동 폐지

연도(경과)	주요내용
	※ 21세기 환경변화에 맞춰 현행 읍면동 제도(행정구역, 사무소, 읍면동 장제)를 유지하면서 쇠퇴된 기능과 과다인력 정비, 생활민원, 복지기능중심으로 전환하는 등 기능 및 인력의 축소와 재조정 논의 – 기능전환 확대시행 지침 및 기능전환 시범실시 지침을 시달(2000. 3. 6.)
2007년 7월	• 동 통폐합 – 새로운 행정수요에 대응 – 지방자치단체의 경쟁력 제고와 균형발전도모 – 인구 2만 명 미만, 면적 3㎢ 미만의 소규모 동 통합해 인구 2만~2만 5천 명, 면적 3~5㎢ 규모로의 통폐합 검토
2010년 10월	• 주민자치회 설치/「지방행정체제 개편에 관한 특별법」 제정 – 지역주민 중심의 근린자치 활성화 – 행정과 주민 간 협력을 통한 행정서비스 개선 – 지역공동체 의식 및 민주적 참여의식 고양 – 주민자치위원회를 주민자치회로 전환, 기능 재정 보장
2014년~2015년 2년 간 시범사업, 2016년 2월 확정	• 복지허브화 – 복지사각지대 해소, 주민맞춤형 통합서비스 제공 – 사회복지 공무원 확대(3명 이상 배치, 사례관리사, 방문간호사) – 방문상담·서비스, 통합사례 관리 등
2015년 4월	• 책임읍동제 실시 '대통령령 개정' – 자치단체의 종류는 특별시·광역시·특별자치시·도(광역), 시군구(기초) 2종 – 하부행정기관: 일반구(50만 이상 시), 읍면동 – 책임읍면동제 도입 실시(시행방안 발표회 2015. 4. 14.) – 본청 본래 기능 집중, 주민밀착형 기능을 읍면동에 이관 – 주민편익 확대(행정계층 축소로 비용 절감) – 주민참여 기반확대(읍면동 기능 강화에 따른 주민자치 확대) ※ 7개 자치단체를 중심으로 시행(시흥시는 대야+신천 2개동, 세종시는 아름+도담 2개동, 조치원읍, 연서, 전동, 전의, 소정면 1읍+4면 , 부천시 소사구청 폐지와 9개동을 3개의 대동으로 전환, 남양주시는 와부읍+조안면, 화도읍+수동면, 호평동+평내동 등 16개 읍면동 중 8개 대읍 대동 지정, 전주시는 5개 면(일반성면+이반성면+지수면+사봉면+진성면)을 1개의 행정면으로, 군포시는 3개동(군포1동, 군포2동, 대야동)을 1개 대동으로, 원주시는 2개동(단구동+반곡관설동)을 1개 대동으로 구성함)
2017년 9월	• 혁신읍면동 사업 – 보건복지, 행정혁신, 주민자치, 마을공동체 역량강화를 위한 종합적 시각의 기능개선 필요성 대두 – 행정안전부는 2017년 9월 읍면동 조직기능 개편, 자치기능 강화, 자치공간 확보를 위한 수행체계를 마련하기 위한 사업으로 제시함 ① 읍면동의 기능 개선/복지건강서비스 강화, 효율적 공간 개선, 스마트 행정 구현 등 ② 마을자치 활성화/주민대표기구 활성화(주민자치회), 마을계획 이행지원(골목길 정원 만들기 등 마을의제 수립 후 마을총회 결정), 지역특화 마을 조성(도시재생, 마을일자리, 복지사각지대 발굴 등)

연도(경과)	주요내용
	③ 혁신읍면동 사업추진체계 전담기구 및 인력/행정안전부 내 혁신읍면동 추진단 설치, 시도 본청 내 전담인력 배치, 시군구 본청 내 혁신읍면동 추진팀 설치, 읍면동에 사회복지, 방문간호, 마을자치 지원인력 충원 및 재배치
2018년 11월 (2019. 3. 29. 국회 제출: 기한만료폐기)	• 지방자치법 개정법률(안) – 주민의 권리 명확화, 조례 제정, 개폐청구제도 개선, 주민직접참여 제도 개선, 주민자치회 근거 마련 및 활성화 등 – 이 중에서 지방자치법 제26조에 따라 주민자치회 근거 마련 및 활성화에서 읍면동 단위의 풀뿌리 주민자치 강화를 위한 근거조항 마련(지방자치법 전부개정안 통과 시 주민자치회 조항 삭제)
21대 국회 지방자치법 전부개정안 통과	

읍면동의 주요기능과 역할

기존 읍면동사무소의 주요 역할 및 기능은 일선 행정업무를 종합적으로 수행할 뿐만 아니라, 지방행정시책 전달, 현장출장업무, 지도단속 등 현장 위주의 행정을 수행하며 비행정단위인 통리반을 관할하는 역할을 수행하여 왔다.

그러나 읍면동 기능전환 이후 기존의 단속규제, 민간협력, 본청 및 특별행정기관 보조, 기관유지 기능 중 제 증명발급 · 민원신고 처리 등 민원기능, 주민등록 · 인감관리 · 민방위 · 재난관리 등의 주민관리 및 보호기능, 생활보호 · 장애인복지 · 노인 · 부녀 · 아동복지 등의 사회복지기능을 중심으로 읍면동사무소에 존치하고 나머지 기능은 시군구 본청으로 이관되었으며, 그에 따라 인력 역시 시군구 본청으로 이관되어 평균 10명 내외 정도가 읍면동사무소에 남겨지게 되었다. 조직 개편 당시 읍의 평균 인력이 45명, 면은 22명, 그리고 동이 19명이었는데, 각기 읍면은 19명, 동은 14명으로 축소했으며 8개의 세부 기능 중 5개 기능은 본청으로 이관하고 3개의 기능(민원, 주민관리 및 보호기능, 사회복지기능)만 존치한 것이다.(김홍환, 2018b) 그리고 읍면동 기능 개편을 통해 확보된 공간에 대해 주민 여가 지원(교육 · 취미 등)을 위해 교육 · 취미 등의 프로그램을 운영하기 위해

기능전환 전 기능	민원기능(재증명, 민원신고처리) 주민관리 및 보호기능(주민등록 인감관리, 민방위 재난관리) 사회복지 기능(생활보호, 장애인복지, 노인 · 부녀 · 아동복지) 세원 관리, 고지서 전달(지방세, 과태료) 단속, 규제(불법건축물 단속, 주정차) 민간협력(자생단체 관리, 적십자회 모금) 본청 및 특별행정기관 보조기능(산업, 도시, 건설, 환경, 위생, 건축, 통계, 병무) 기관 유지(예산, 청사관리, 서무)

⬇

기능전환 후 기능	행정기능 (읍면동사무소)	민원기능(민원신고처리, 재증명발급) 주민관리 및 보호기능(민방위 재난관리, 주민등록 인감관리) 사회복지기능
	주민자치기능 (주민자치센터)	주민편익기능(회의실, 놀이방, 예식장) 문화활동 지원(영상 및 음악감상실, 도서관, 전시회, 취미교실) 여가활동 조성(레크리에이션, 동호회) 각종 주민단체활동 지원(노인회, 부인회, 청년회) 소비자보호 운동(도농자매결연, 물물교환) 생활안전 확보(방범, 교통, 청소년지도, 소방) 지역 안전관리기능(하수구, 맨홀 점검, 축대)

*자료: 조석주(2005, 97) 재구성

그림 10-1. 읍면동 기능전환 전후의 기능변화

주민자치센터를 설치하고 이 프로그램의 운영사항을 심의하기 위해 주민자치위원회를 구성하게 되었다. 따라서 현행 읍면동은 보조행정 계층으로 비권력적 성격의 대민행정, 주민복리에 관한 사무가 주를 이루었다고 할 것이다.

3. 읍면동장 개방형 직위 및 시민추천제 도입현황

타 지역의 읍면동장 개방형 직위 및 시민추천제 도입현황

▎서울특별시 독산4동 추진경과 및 실적

① 서울특별시 독산 4동 개방형 동장제도 도입 추진경과

표 10-4는 독산 4동 개방형 동장제도의 추진경과를 보여주며 다음과 같이 제시된다. 서울시는 동주민센터의 개편계획에 따라 마을공동체 중심의 찾아가는 동주민센터로 전환을 추진한 바 있다. 새롭게 변화된 찾아가는 동주민센터의 원활한 운영을 위하여 전문지식과 경험을 갖춘 전문인력의 충원 필요성에 따라 도입되었다.(김필두·최인수, 2018)

표 10-4. 독산 4동 개방형 동장제도 추진경과

날짜	주요내용
2015년 2월 6일	독산 4동장을 개방형 직위로 지정 · 운영계획을 수립함
2015년 6월 2일	서울특별시 금천구 정원규칙 및 행정기구 설치 조례 및 시행규칙 공포 제42조 ②에서 동장은 「지방자치단체의 개방형 직위 및 공모직위의 운영 등에 관한 규정」에 따라 개방형 직위로서 제1항의 규정에도 불구 임기제지방행정사무관(개방형)으로 임용할 수 있음(신설 2015.6.2.)
2015년 7월 6일	개방형 직위 지정 및 공모 채용계획을 수립 및 실행함 응시인원 6인, 적격자 없음 판명
2015년 10월 23일	개방형 직위 지정 및 재공모 계획을 수립 및 실행함 채용과정: 채용재공고 → 서류전형(응시인원 13명과 서류전형 합격자 6명) → 면접시험(응시인원 5명, 합격자 2명) → 인사위원회 임용후보자 순위선정 → 최종합격자 공고
2016년 1월 1일	임용 및 업무 개시
2018년 1월 1일	의원면직(2년 임기만료)

② 추진성과

표 10-5는 독산 4동 개방형 동장제도의 추진성과를 보여주며 다음과 같이 제시된다.

표 10-5. 독산 4동 개방형 동장제도 추진실적

날짜	주요성과
2016~2018년	출산장려정책으로 축하 금줄치기 사업 추진(금줄치기, 축하메시지 전달, 축하공연, 마더박스 전달)
2016년 4월 18일 ~ 4월 30일	마을사진전 개최(마을에서 개선이 필요한 곳에 다양한 사진 전시, 사진전을 통한 동네 의제 발굴, 주민주도 마을계획 수립 후 실행)
2016년 5월 ~ 2018년	재활용정거장 지속운영(정해진 요일과 시간에 재활용품 배출, 재활용정거장 운영)
2016년 10월 17일	세계적인 석학과 혁신행정에 대한 논의(에치오 만치니 교수와 골목대담)
2016년 10월 24일 ~ 10월 28일	이웃이 행복한 마을축제(마을사진전, 마을밥상, 금줄치기, 영화상영, 음식만들기, 클린캠페인 등)
2016년 12월 20일	마을음악회 개최
2017년 7월 18일 ~ 8월 4일	놀러와! 우리동네 '젤잼' 골목놀이터 운영
2017년 7월 25일	'마더박스' 증정(엄마와 아기를 위한 첫 선물)
2016년 5월 ~ 2018년	재활용정거장 지속 운영(정해진 요일과 시간에 재활용품 배출, 재활용정거장 운영)

▍광주광역시 광산구 시민추천제 도입 개요 및 추진과정

① 광산형 동장 시민추천제 개요

광주광역시 광산구는 동장주민추천제를 2014년 하반기부터 시행했으며 이는 최일선의 기관장을 주민이 직접 선출하는 직접민주주의를 실현시킬 수 있는 민주적 인사시스템으로 고려된다. 다음 아래의 표 10-6은 광주광역시 광산구의 동장 주민추천제의 추진 시기 및 방법, 그리고 추진절차에 대한 개요를 보여주고 있다.

표 10-6. 광산형 동장 주민추천제 개요

구분	주요내용
추진시기	2014년 하반기 ~ 현재까지(총 7회)
운영대상	대동제(수완), 전략동(송정1, 첨단1, 우산), 일반동(도산, 운남)
운영방법	① 투표방식: 주민투표인단을 모집을 통한 투표방식 ② 심의방식: 동장추천협의회 구성을 통한 심의방식
추진절차	주민투표인단 모집(공고) → 동장 희망자 공모 → 주민투표인단 확정(기관·사회단체 대표, 각 계층주민 등) → 동장추천 주민회의 운영(복수추천) → 동장인사발령
동장추천 주민회의 세부절차	의제설명 → 후보발표 → 질의응답 → 주민투표 → 개표 및 투표결과 발표 → 최종 추천 후보자 소감 발표

② 추진현황 및 운영방식

광주광역시의 동장시민추천제는 「광주광역시 광산구 조직 역량강화를 위한 인사관리 규정」 제23조 ~ 제27조, 「광주광역시 광산구 주민참여 기본조례」 제16조에 근거해서 추진되었다. 추진현황을 살펴보면 2016년 6월 기준 7개 동이 시행 중이며 이 중 송정1동의 경우 동장추천 심의협의회를 통한 심의방식을 택하여 선정하고 있으며 나머지 6개 지역은 주민투표인단을 통해 투표방식으로 선정하도록 하였다. 그 현황을 살펴보면 수완동(2014년 기준 336명 중 191명 참여), 첨단 1동(140명 중 110명 참여), 도산동(288명 중 206명 참여), 운남동(180명 중 71명 참여), 우산동(100명 중 83명 참여), 수완동(2016년 기준 995명 중 320명 참여)의 경우 투표방식을 통한 선정방식 채택하도록 하였다. 그리고 송정1동은 동장추천심의협의회 19명이 참여해 선정하는 방식을 채택하고 있다. 따라서 주민투표 방식과 심의협의회 방식은 수완동 대 송정1동의 사례를 중심으로 비교해서 설명하면 다음 표 10-7과 같이 나타난다.

표 10-7. 주민투표 혹은 심의협의회 선정 방식 비교

구분	주민투표방식(수완동)	심의협의회방식(송정1동)
추진절차	후보 확정 → 추진위 구성 → 주민투표인단 선정 → 주민선택제(투표) 실시 → 의결/임용	심의위원 선정 → 후보 확정 → 심의협의회 운영 → 의결/임용
절차별 주요내용	• 후보 확정: 승진배수 범위 내 승진후보자, 전보대상자 중 신청자 모집추진위 구성: 주민대표(주민자치위원장, 통장단장, 적십자봉사회장, 지역사회보장협의체 부위원장, 새마을부녀회장, 입주자 대표협의회장) 및 공무원 대표 • 투표인단 선정: 추진위에서 주민의 대표성 등을 고려해 선정함 주민자치위원, 통장, 새마을협의회, 적십자회, 아파트자치회, 경로당협의회, 지역사회보장협의체, 학교운영위, 학교장, 병원장, 아파트관리소장, 생활체육단체, 독서회, 금융기관장, 자영업대표 등 • 투표 실시: 후보자 정견 발표 → 패널질의 응답 → 현장무기명 투표	• 심의위원: 관내 주요기관 및 사회단체의 대표, 임원 중심으로 약 20명 선정 송정파출소장, 경로당협의회장, 주민자치위원장, 통장단장, 새마을협의회장, 새마을부녀회장, 바르게살기여성위원장, 주민자치위원, 안전지킴이대원, 광산구자유총연맹여성회장, 송정농협 상임이사 등 • 후보 확정: 전보 대상자 중 본인 희망자 심의협의회 운영: 동장후보자 발표 → 질의응답/인터뷰 → 평가결과 집계

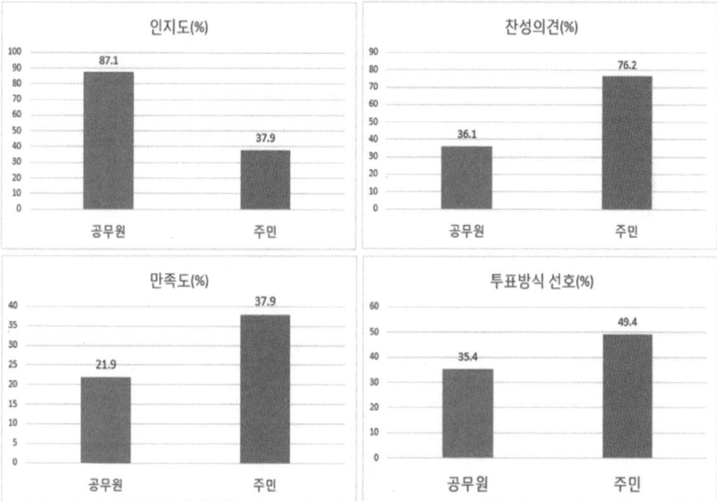

그림 10-2. 광주 광산구의 시민추천제 인식

세종시의 자치분권 과제 및 세종형 주민자치 생태계 모형

▍세종시의 자치분권 과제

표 10-8은 세종시의 자치분권 5대 12개 과제를 보여주고 있으며 다음과 같이 제시된다.

표 10-8. 5대 분야 12개 과제별 주요내용

구분	분야	주요시책	주요내용
5대 분야	1. 마을조직	① 읍면동장 시민추천제 도입	• 공무원 대상 공모직위 선발, 제도 마련 후 시민추천제 운영
		② 읍면동 주민자치회 설치 및 리 단위 마을회의 신설	• 전 읍면동 대상 주민자치회 실시 (2022년) • 이(里)개발위원회를 마을회의로 전환 (2019년)
		③ 참여연령 만 16세로 확대	• 읍면동장 추천제, 마을총회 등에 참여연령 만 16세로 확대
	2. 마을입법	④ 시민참여기본조례 제정	• 주요정책 결정과 시행, 평가과정 등에 다양한 주민 참여 방안 마련
		⑤ 읍면동 조례 · 규칙제안권 부여	• 주민자치회, 주민총회를 통해 읍면동별로 다르게 정할 수 있는 제안권 부여
	3. 마을재정	⑥ 자치분권특별회계설치	• 읍면동 자치사업, 마을공동체 사업 지원
		⑦ 읍면동 주민세율 조정권 부여	• 해당 읍면동에 적용하는 주민세율 변경 건의(주민총회 등) 후, 시 조례에 반영
	4. 마을계획	⑧ 시민주도 마을계획 수립	• 일반 시민으로 구성된 마을계획단을 통한 마을 현안사업 발굴 및 마을계획
		⑨ 마을공동체 지원	• 자치교육, 마을계획가 양성, 공동체 사업컨설팅 · 지원 등 중간지원기구 역할 수행 • 마을공동체 공모사업 확대
		⑩ 시민주권대학운영	• 주민자치 과정, 마을공동체 심화과정 운영
	5. 마을경제	⑪ 사회적 경제 지원센터 운영	• 사회적 경제 조직의 자립 지원(사회적 투자기금의 활용)
		⑫ 사회투자기금 신설	• 사회적 경제조직에 저금리 융자를 지원하는 기금 신설

▍세종형 주민자치회 생태계 모형 운영모형

그림 10-2는 곽현근(2015)의 연구를 바탕으로 재구성되었는데, 읍면동 주민자치 자율계정의 경우 마을계획사업, 주민제안사업, 자치역량강화사업을 중심으로 읍면동 주민자치회와 행정이 협력적 제도의 틀에서 이루어진다. 마을계획사업은 주민세 환원사업으로 주민의 능동적 제안을 통하여 주민자치회가 직접 운영하는 사업이다.

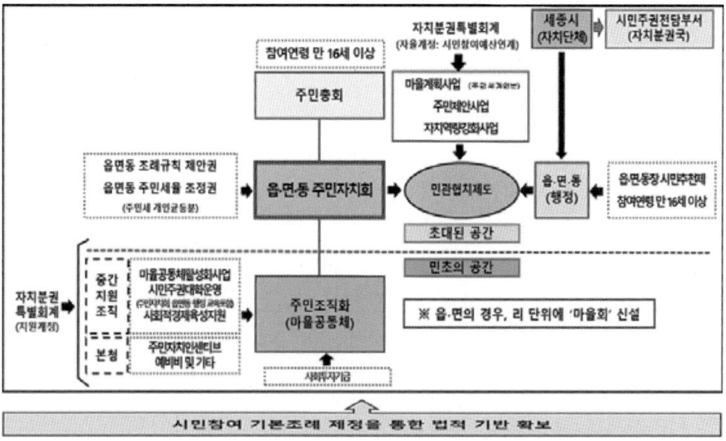

※본청사업 중 주민자치인센티브의 경우 주민자치회에도 지원됨.

그림 10-3. 세종형 주민자치회 생태계 모형

세종시의 읍면동장 시민추천제 주요내용 및 실시 현황

▍읍면동장 시민추천제 주요내용

① 시민추천제와 개방형 직위 비교

시민중심의 지방자치, 주민이 스스로 판단 결정하는 실질적인 주민자치의 실현 필요성이 대두되었고, 그러한 관점에서 공공서비스를 지역과 주민의 관점에서 설계하기 위해서 최일선의 읍면동장 역할의 중요성이 강조된다. 따라서 지역사회에 대한 관심과 역량이 우수한 인재가 읍면동장에 부임할 수 있도록 인사운영체계 및 제도의 혁신차원에서 읍면동장 시민추천제가 고려되고 있다.

세종시는 시민추천제의 운영성과에 따라 관련 제도를 마련한 이후 민간개방직(개방형 공모제)으로 전환을 검토한 바 있다. 그러나 현재 시민추천제의 안착과 발전을 중심으로 확산되었다.

그림 10-4는 세종시에서 처음 고안한 시민추천제와 개방형 공모제를 비교한 것으로 소개하면 다음과 같다.[10)]

구분	시민추천제		개방형 직위공모제
시행시기	• 2018년 하반기 ~ 2020년		• 2021 ~ 2022년
대 상 자	• 시 공무원 4급 또는 5급	⬌	• 공무원(5 · 6급) 및 민간경력자
선정방식	• 주민 면접 또는 투표 방식		• 개방형 직위 임용절차에 따라 임명

그림 10-4. 시민추천제와 개방형 직위공모제 비교

② 시민추천제 및 개방형 제도 방식 주요내용

현재 제시되는 시민추천제 방식은 공무원대상의 직위공모, 주민면접 및 투표로 추천되는 방식으로 상세한 내용은 표 10-9와 같이 제시된다.

표 10-9. 시민추천제 주요내용(당초 계획안)

구분	주요내용
추신시기	2018년 하반기 ~ 2020년까지
대상지역	읍면 1개소, 동1개소 시범운영 / ※운영성과에 따라 확대
공모대상	시(市) 4급 또는 5급 공무원(책임읍동 및 면동 전보 가능 직렬) ※승진 인사 제외(짧은 시간에 인성, 업무능력을 판단해 승진대상자를 결정하는 것은 다소 무리)

10) 현재 세종시의 경우 모든 읍면동 지역에서 시민추천제를 시행하고 있으며, 개방형 직위는 향후 검토하는 수준에 머무름.

구분	주요내용
근무기간	책임감 제고 및 가시적인 성과 창출을 위해서 임기를 2년으로 보장
검증방식	① 면접방식: 시민추천심의위원회 면접방식(시의원 주민 20~30명 구성) ② 투표방식: 주민대표 투표인단 모집(주민 200~300명)을 통한 투표
추진체계	직위공모: 읍면동장 직위공모 ➡ 검증 방식 결정: 주민대표 투표인단 ➡ 공모자 검증: 정견발표, 질의응답 ➡ 주민 추천: 무기명 투표 검증 방식 결정: 주민 추천 심의위원회 ➡ 공모자 검증: 발표 및 심의 (면접 · 토론) ➡ 주민 추천: 평정표 작성 ➡ 결과 통보: 다득표자 고득점자 ➡ 결과 활용: 전보 인사 시 참고

이와 더불어 제시되는 개방형 직위공모제 방식은 개방형 임용 절차에 따른 공개모집을 채용하는 방식으로 상세한 내용은 다음과 같이 표 10-10으로 제시된다.

표 10-10. 개방형 직위공모제 주요내용(당초 계획안)

구분	주요내용
추진 시기	2021~2022년까지
근거 법령	「지방공무원법」 제29조의 4(개방형직위), 행정안전부 예규 제84호
대상 지역	내부 공모제 운영성과에 따라 면 · 동 중 1~2개소 시행
공모 대상	공무원(6급 또는 5급*) 및 민간경력자(마을공동체, 복지분야 등) *행안부 예규 제84호에 따라 근무경력 충족 필요(관련분야 6급 3년 이상, 5급 1년 이상)
근무 기간	책임감 제고 및 가시적인 성과 창출을 위해서 임기를 2년으로 보장
추진 체계	계획수립: 개방형 직위 채용계획 ➡ 인사위: 채용계획 사전심의 의결 ➡ 공고: 모집 공고 ➡ 선발위: 후보자 선 발 ➡ 인사위: 우선순위 결 정 ➡ 임용권자: 임 용

▌시범실시 지역 현황

① 조치원읍 현황 및 선정사유(계획수립 시기 7월 17일)

세종시의 읍면동장 시민추천제가 가장 먼저 도입된 지역은 조치원읍으로 2018년도 8월에 시행되었다.

- (관할구역) 조치원읍 + (연서·전동·전의·소정면)
- (기구·정원) 읍장(4급), 4개과, 13담당, 67명
- (사무) 기존 읍면동 사무 + 본청 위임사무 215개
- (선정사유) 책임읍으로 1읍·4면을 관할하고 주민밀착형 시 위임사무를 처리하고 있는 '주민 중심의 자치모델'로서, 주민 주도·참여형 청춘조치원 사업의 성공 추진 등으로 주민자치 여건과 의식이 성숙해 있어 시범실시에 적합한 지역임.

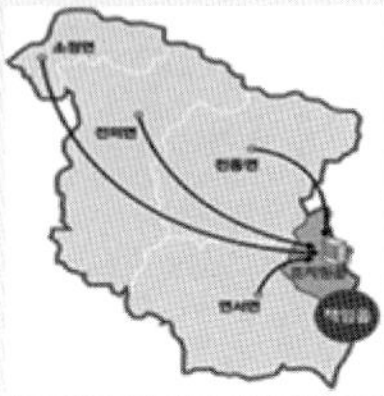

공모대상 및 검증방식은 지방서기관 또는 지방기술서기관(행정기구 및 정원조례 시행규칙), '읍장 추천 주민심의위원회' 면접(심의) 방식으로 하였다. 그리고 면접·토의를 통해 대상자 추천(읍 운영계획서, 개인약력 등 사전 제공), 평정표(리더십, 사회성, 추진력, 의사전달력 등)에 의한 배점을 부여하였다. 그리고 심의위원회 구성은 조치원읍 및 관할 면 주민대표(20명, 시의원 포함)가 포함되며, 책임읍 위임사무 중 관할 면 개발과 관련된 사무(주민숙원사업 등)가 많아 면 주민도 포함되도록 하였다.

주민대표 추천(~7. 18.)	➡	심의위원회 구성(~7. 20.)	➡	심의위원회 개최(~7. 24.)
• 조치원읍 15명(시의원 포함) • 관할 면(4개) 11명		• 적격 심사 후 20명 구성 • 읍장추천 주민위원회 구성		• 읍 운영계획 설명(공모자) • 면접·심사 및 평가
조치원읍 ↔ 관할 면		조치원읍		자치행정과

그림 10-5. 조치원읍 심의위원회 운영체계

② 한솔동, 도담동 현황 및 선정사유(계획수립 시기 11월 27일)

세종시는 주민자치의 여건이 성숙한 지역 및 동장 전보대상 지역의

경우 우선적으로 실시를 검토한다. 이 중에서 면장, 동장은 가급적 2년 이내 근무 후 다른 직위로 전보(2018년 인사운영계획) 조치하도록 하였다. 조치원읍장 시범실시 과정에서 나타난 미흡한 점 개선·보완을 추진하였다. 추가된 사안으로 주민참여 활성화를 위한 심의위원 공개모집, 시민참여기본조례 시행(2018.11.12.)으로 심의위원에 16세 이상 학생 참여 등에 해당된다.

구 분	기 존		개 선
심의위원 구성	주민대표 20명	➡	최대 주민 50명까지 참여 확대
심의위원 모집	관 주도(직권)로 심의위원(주민) 선출		심의위원(주민) 공개 모집 (지원자가 많을 경우 무작위 추첨)
심의위원 구성	성인 위주 참여		일정비율(10% 이상) 16세 이상 학생 참여 의무
심의 진행방식	심의위원 모두 질의 가능 (심의시간이 길어져 비효율 초래)		패널(질의자 10명 정도) 선정 진행

그림 10-6. 심의위원회 선정 개선(안)

대상지역은 동장이 2년 이상 재직한 지역으로 한솔동 및 도담동(동장 2년 이상 재직, 2019년 1월 1일 기준)을 대상으로 하였다. 이 중 한솔동장은 2017년 1월 2일에 2년의 임기가 마무리되었으며, 도담동장 역시 2016년 12월 14일에 임기 2년을 마무리하였다.

한솔동		도담동
• 2.78㎢(가람동 포함) / 22통 180반	행정구역	• 4.8㎢(어진동 포함) / 35통 201반
• 6,253세대 19,398명('18년 10월 말)	인구현황	• 12,915세대 32,322명('18년 10월 말)
• 2016~2018년까지 3년간 읍면동 주민자치센터 운영 평가 1위 달성	선정사유	• 2016~2017년까지 2년간 읍면동 주민자치센터 운영 평가 2위 달성

그림 10-7. 한솔동·도담동 현황 및 선정사유

공모자격은 현직 5급 공무원(지원자가 2명 미만일 경우 재공고 가능)을 대상으로 하되 해당 직렬은 한솔동의 경우 행정 · 사회복지 · 환경 직렬, 도담동은 행정·사회복지 직렬로 하며 임기는 2019년 상반기 정기인사 시(2019년 1월) 2년을 보장하였다. 검증방식으로는 '동장 추천 주민심의위원회' 면접(심의) 방식으로 주민심의위원회 면접(심의) · 평가를 거쳐 최고득점자 1명을 추천하도록 하였다. 그리고 심의위원은 해당 동에 주소지를 두고 있는 16세 이상 주민을 대상으로 공개모집한 후(지역구 시의원은 당연직) 20~50명으로 구성하였다.

심의위원 공개모집(~12.7)		심의위원회 구성(~12.10)		심의위원회 개최(12.12~13)
• 동별 공개모집 실시 • 향후 희망자가 많을 경우 무작위 추첨	➡	• 공개모집 후 20~50명 구성 • 시의원(당연직) 및 16세 이상 학생(10% 이상) 포함	➡	• 동 운영계획 설명(공모자) • 면접·심사 및 평가
한솔동·도담동		한솔동·도담동		자치분권과

그림 10-8. 한솔동·도담동 심의위원회 운영체계

③ 연서면, 전의면 현황 및 선정사유(계획수립 시기 12월 24일)

2018년도 하반기 공로연수 운영계획에 따라 면장 인사이동이 예상되는 연서면과 전의면부터 시행을 고려하였다. 동 지역 시행방식과 동일하게 실시하되, 심의위원회 구성은 중 · 고등학생 인구가 적은 면지역 특성을 감안하여 추진하였다.(16세 이상 자율참여) 그리고 면장 공로연수 예정인 2018년 12월 31일자에 해당하는 연서면 및 전의면을 대상지역에 한하였다.

연서면		전의면
• 54.95㎢ / 26개 행정리 128반	행정구역	• 57.73㎢ / 33개 행정리 104반
• 3,890세대 7,777명(2018년 11월 말)	인구현황	• 3,095세대 6,102명(2018년 11월 말)

그림 10-9. 연서면·전의면 현황

공모자격은 현직 5급 공무원(지원자가 2명 미만일 경우 재공고 가능)으로 하고 연서면의 경우 행정 · 복지 · 농업 · 시설을 기능직렬로, 전의면은 행정 · 복지 · 농업 · 녹지를 기능직렬로 하며, 이는 세종특별자치시 행정기구 및 정원 조례 시행규칙에 근거하여 시행하였으며 임기는 2019년 상반기 정기인사 시(2019년 1월)를 기점으로 2년을 보장한다. 검증방식으로는 '면장 추천 주민심의위원회' 면접(심의) 방식으로 주민심의위원회 면접(심의) · 평가를 거쳐 최고득점자 1명을 추천하도록 하였다. 심의위원은 해당 면에 주소지를 두고 있는 16세 이상 주민을 대상으로 공개모집한 후(지역구 시의원은 당연직) 20~50명으로 구성하도록 하였다.

심의위원 공개모집(~12. 20.)	➡	심의위원회 구성(~12. 21.)	➡	심의위원회 개최(12. 24.)
• 면별 공개모집 실시 • 신청자가 많을 경우 공개 추첨		• 공개모집 후 20~50명 구성 • 시의원은 당연직으로 포함		• 면 운영계획 설명(공모자) • 면접·심사 및 평가
연서면 · 전의면		연서면 · 전의면		자치분권과

그림 10-10. 연서면·전의면 심의위원회 운영체계

④ 고운동 현황 및 선정사유(계획수립 시기 1월 31일)

고운동의 경우 공정성 강화를 위해 주민심의위원 구성 및 심의진행 방식을 개선하였다. 첫째, 주민심의위원 구성 시 당연직 위원에 지역을 잘 아는 지역대표(2명) 및 학생대표(2명) 포함 → 패널 역할을 부여하였다. 둘째, 패널들의 질의 · 응답 시 사적인 질문 배제[11], 주민심의위원들로부터 사전에 질문지를 배포 · 입수하여 공통 현안질문 위주로 심의를 진행하도록 하였다. 셋째, 주민심의위원과 동장 후보자 간 사전접촉[12] 등을 방지하기 위해 주민심의위원회 먼저 구성 후 동장 후보자 공모를 실시하였다.

11) 공정성을 저해하는 행위를 할 경우 위원장 직권으로 현장에서 퇴장 조치 및 평가 제외하였다.

12) 기존같이 주민심의위원 모집과 동장후보자 공모를 동시에 실시할 경우 동장후보자가 공모한 후에 지인(知人) 등을 주민심의위원으로 신청토록 유도할 우려가 있다.

구분	기존	개선
당연직 위원	시의원	지역대표 및 학생대표 4명 추가 (통장협의회장, 주민자치위원장, 학생대표 2)
주민심의위원	동장 후보자 공모와 동시에 모집 및 구성	동장후보자 공모전에 사전 POOL 구성 후 심사 전 선정
질의응답 방식	패널들의 개별 질문 중심	일반 심의위원들의 공통질문 위주 (질의서 사전 입수 후 패널들이 질의)
공정성 저해 시 패널티	없음	현장 퇴장 조치 및 평가 제외

그림 10-11. 고운동 개선(안)

대상지역은 동장이 2년 이상 재직한(동장 2017. 2. 6. 임용) 고운동으로 하고 현직 5급 공무원 자격의 행정·사회복지 직렬에 따라 2019년 상반기 인사 시(2019. 2. 27. 예정) 임기 2년을 보장한다. 그리고 검증방식은 '동장 추천 주민심의위원회' 면접(심의) 방식으로 주민심의위원회 면접(심의)·평가를 거쳐 최고득점자 1명을 추천하도록 하였다. 심의위원은 당 동에 주소지를 두고 있는 16세 이상 주민을 대상으로 공개 모집한 후(지역구 시의원 2명, 지역대표 2명, 학생대표 2명 당연직 포함) 20~50명으로 구성한다.

심의위원 공개모집(~2.11)	심의위원회 구성(~2.13)	심의위원회 개최(2.18)
•주민 공개 모집 실시 •16세 이상 학생 10% 이상 의무(추천) 참여	•사전 POOL 구성 후 추첨으로 최대 50명까지 구성 •시의원·지역대표·학생대표는 당연직으로 구성	•동 운영계획 설명(공모자) •면접·심사 및 평가
고운동	고운동	자치분권과

그림 10-12. 고운동 심의위원회 운영체계

⑤ 세종시의 읍면동장 시민추천제 도입현황

세종시의 읍면동장 시민추천제는 총 20개 읍면동 중 18개 읍면동이 시행(90%)을 완료(2018. 8.~2020. 6.)하였다. 시행 읍면동은 조치원읍(2회), 도담동(2회), 한솔동, 연서면, 전의면, 고운동, 연동면, 아름동, 장군면, 종촌동, 금남면, 연기면, 보람동, 소정면, 대평동, 부강면, 새롬동, 다정동이며 전동면, 소담동의 경우 2020년 말에 시행 예정에 있다. 표 10-11은 현재까지 읍면동장 시민추천제 시행현황을 보여주며 다음과 같이 제시된다.

표 10-11. 시민추천제 도입현황

읍면동	시행일	심의위원 구성	읍면동	시행일	심의위원 구성
조치원읍	2018년 8월	지역대표(20명)	금남면	2020년 1월	이장협의회, 주민자치위원회 등(48명)
	2019년 12월	이장협의회, 학생, 주민자치위원회 등(47명)			
한솔동	2018년 12월	공개모집(41명)	연기면	2020년 6월	이장협의회, 주민자치위원회 등(25명)
도담동	2018년 12월	공개모집(47명)	보람동	2020년 6월	통장협의회, 학생, 주민자치위원회 등(23명)
	2019년 9월	주민자치회(25명)			
연서면	2018년 12월	공개모집/무작위(46명)	소정면	2020년 6월	이장협의회, 주민자치위원회 등(33명)
전의면	2018년 12월	공개모집/무작위(43명)	대평동	2020년 6월	통장협의회, 학생, 주민자치위원회 등(25명)
고운동	2019년 2월	공개모집/무작위(45명)	부강면	2020년 6월	이장협의회, 주민자치위원회 등(47명)
연동면	2019년 9월	이장협의회, 주민자치위원회 등(39명)	새롬동	2020년 6월	통장협의회, 학생, 주민자치위원회 등(26명)
아름동	2019년 12월	통장협의회, 학생, 주민자치위원회 등(33명)	다정동	2020년 6월	통장협의회, 학생, 주민자치위원회 등(25명)
장군면	2019년 12월	이장협의회, 주민자치회(39명)	소담동	2020년 말 20개 읍면동 모두 실시	
종촌동	2019년 12월	통장협의회, 학생, 주민자치위원회 등(30명)	전동면		

4. 세종시의 읍면동장 시민추천제 진단 및 개선방안

조사설계

본 연구는 현재 읍면동장 시민추천제가 보다 바람직한 방향으로 나아가기 위하여 담당공무원, 주민자치회 위원, 지역주민 총 345명을 대상으로 평가 설문을 회수하여 분석하였다. 조사의 주요내용은 시민추천제의 인식 등 전반적 이해, 시민추천제의 진단 및 평가, 시민추천제의 찬반 등을 중심으로 2019년 4월 10일에서 2019년 5월 2일까지 조사를 실시하였다. 아울러 발전방안을 모색하기 위해 전문가 조사를 병행실시 했으며 2019년 5월 27일에서 5월 31일까지 진행하였다.

표 10-12. 조사대상 및 주요내용

<table>
<tr><th>구분</th><th colspan="2">주요내용</th></tr>
<tr><td rowspan="13">전반적 인식
및
진단</td><td>1. 기존 임명방식과 시민추천제 방식 차이</td><td rowspan="2">5점
척도</td></tr>
<tr><td>2. 읍면동장 시민추천제에 대한 전반적 이해</td></tr>
<tr><td colspan="2">3. 읍면동장 시민추천제에 진단 및 평가</td></tr>
<tr><td>3-1. 주민확대 기여</td><td rowspan="9">5점
척도</td></tr>
<tr><td>3-2. 주민과 행정의 소통 및 협력증진</td></tr>
<tr><td>3-3. 실질적 주민자치 기능</td></tr>
<tr><td>3-4. 지역발전에 기여</td></tr>
<tr><td>3-5. 읍면동 현실에 맞는 행정구현</td></tr>
<tr><td>3-6. 지역주민을 위한 소신행정 가능</td></tr>
<tr><td>3-7. 능력과 추진력 위주로 주민의 선택을 받는 제도</td></tr>
<tr><td>3-8. 주민과 협치를 통한 공정하고 투명한 인사제도 확립</td></tr>
<tr><td>3-9. 전시성이 있는 비효율적 인사제도</td></tr>
<tr><td>4. 읍면동장 시민추천제 찬반의견 및 그 이유</td><td>개방형 질문</td></tr>
<tr><td>조사대상</td><td colspan="2">공무원 150명(회수 92명: 회수율 61.3%), 지역주민 400명
(회수 253명: 회수율 63.2%)</td></tr>
<tr><td>조사기간</td><td colspan="2">2019. 4. 10. ~ 2019. 5. 2.</td></tr>
</table>

전문가 조사대상은 담당공무원, 학계, 주민자치위원 13명을 대상으로 진행하였다. 주요내용은 공정한 읍면동장 시민추천제를 위해 필요한 방안, 시민추천제를 통한 읍면동장 적정임기, 읍면동장 선출방식, 현 제도의 문제점 및 추가적 제언 등을 중심으로 구성하여 조사하였다.

표 10-13. 조사대상 및 주요내용(전문가)

<table>
<tr><th>구분</th><th colspan="3">주요내용</th></tr>
<tr><td>조사대상</td><td colspan="3">담당공무원, 학계, 주민자치위원 등 전문가 13명</td></tr>
<tr><td>조사기간</td><td colspan="3">2019. 5. 27. ~ 2019. 5. 31.</td></tr>
<tr><td rowspan="3">전문가 그룹</td><td>제1그룹</td><td>세종시 주민자치 담당 공무원</td><td>5명</td></tr>
<tr><td>제2그룹</td><td>주민자치 분야 학계전문가(대학교수, 박사급 연구원)</td><td>4명</td></tr>
<tr><td>제3그룹</td><td>주민자치위원</td><td>4명</td></tr>
<tr><td>조사 내용</td><td>향후 발전과제</td><td colspan="2">1. 공정한 읍면동장 시민추천제를 위해 필요한 방안
1-1. 읍면동장 시민추천제 주민심의위원회 구성방식
2. 시민추천제를 통해 선출된 읍면동장 적정임기
3. 읍면동장 시민추천제를 활성화시키기 위해 고려되는 것
4. 읍면동장 선출방식
5. 현 제도의 문제점 및 추가적 제언</td></tr>
</table>

조사결과 분석

▌인구사회학적 특성

설문에 참여한 대상자들에 대한 인구·사회학적 특징을 보여주고 있으며 인구·사회학적 특성을 위하여 신분, 성별, 연령, 지역주민을 대상으로는 거주지역, 공직자를 대상으로는 직급, 근무지역 등을 대상으로 나누어 살펴보았으며 다음과 같이 제시된다.

표 10-14. 인구·사회학적 특성

구분		빈도(%)	구분		빈도(%)
신분	지역주민	253(73.3)	직급(공무원)	4급 이상	3(3.3)
	공무원	92(26.7)		5급(담당급)	26(28.3)
	합계	345(100.0)		5급(읍면동장)	1(1.2)
성별	남	163(47.2)		6급 이하	61(66.3)
	여	181(52.5)		무응답	1(1.1)
	무응답	1(0.3)		합계	92(100.0)
	합계	345(100.0)	근무지역(공무원)	본청	70(76.1)
연령	10~20대	37(10.7)		실시·읍·면지역	7(7.6)
	30대	69(20.0)		실시 동지역	5(5.4)
	40대	109(31.6)		미실시 면지역	5(5.4)
	50대	91(26.4)		미실시 동지역	5(5.4)
	60대	33(9.6)		무응답	0(0.0)
	70대 이상	5(1.4)		합계	92(100.0)
	무응답	1(0.3)			
	합계	345(100.0)			
거주지역(지역주민)	실시·읍·면지역	51(20.2)			
	실시 동지역	62(24.5)			
	미실시 면지역	21(8.3)			
	미실시 동지역	118(46.6)			
	무응답	1(0.4)			
	합계	253(100.0)			

▍참여의사 및 인지도

시민추천제에 대한 인지도는 공무원이 97.8%로 높으며 참여의사에 있어서는 주민이 64.3%로 높게 나타나고 있다.

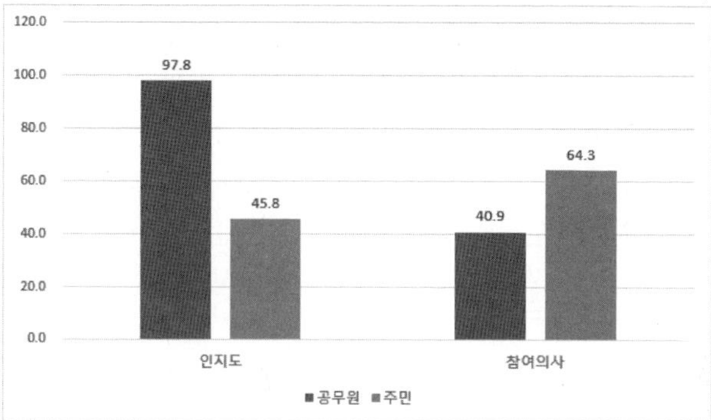

그림 10-13. 참여의사 및 인지도(단위 %)

▍진단 및 평가

지역주민, 공무원을 대상으로 다음의 9가지 항목(① 주민참여 확대기여, ② 소통 및 협력 증진, ③ 실질적 주민자치, ④ 지역발전 기여, ⑤ 소신행정 가능, ⑥ 현실행정 구현, ⑦ 능력위주 제도, ⑧ 공정투명한 인사제도, ⑨ 효율적 인사제도)을 평가한 결과, '소통 및 협력 증진'이 3.65, '주민참여 확대기여'가 3.64로 가장 긍정적 평가로 나타났으며, '효율적 인사제도'가 2.92로 가장 부정적 평가를 받은 것으로 나타났다. 연구 결과로 볼 때, '효율적 인사제도'를 제외하고 모두 긍정적 평가가 우세하게 나타났다. 집단별 인식 차이를 살펴본 결과 공무원 대상 분석 결과, '현실행정 구현', '능력위주의 제도', '효율적 인사제도'에서, 지역주민 대상 분석 결과, '효율적 인사제도'에서 부정적 평가가 우세하게 나타났다. 지역주민과 공무원의 집단별 인식 차이가 있는지 살펴보기 위해서 T-Test를 실시한 결과, '주민참여 확대기여', '소통 및 협력 증진', '효율적 인사제도'

가 통계적으로 p<0.01 수준에서 유의미한 차이가 있었음을 보여주고 있으며 '현실행정 구현'이 통계적으로 p<0.05 수준에서 유의한 차이를 보여주고 있다.

표 10-15. 시민추천제 진단 및 평가

구분		지역주민		공무원		합계		F	유의확률
주요항목	평가	평균	N	평균	N	평균	N		
주민참여 확대기여	긍정	3.71	247	3.47	92	3.64	339	14.838	.000**
소통 및 협력 증진	긍정	3.75	247	3.41	92	3.65	339	8.778	.003**
실질적 주민자치	긍정	3.50	246	3.09	91	3.39	337	0.013	.910
지역발전 기여	긍정	3.62	243	3.11	91	3.48	334	0.357	.551
소신행정 가능	긍정	3.57	247	3.05	92	3.41	339	0.012	.913
현실행정 구현	긍정	3.48	248	2.91	92	3.32	340	4.204	.041*
능력위주 제도	긍정	3.55	247	2.86	92	3.36	339	0.809	.369
공정투명한 인사제도	긍정	3.33	247	3.08	92	3.26	339	1.145	.285
효율적 인사제도	부정	2.94	247	2.85	89	2.92	336	7.262	.007**

**p<0.01, *p<0.05

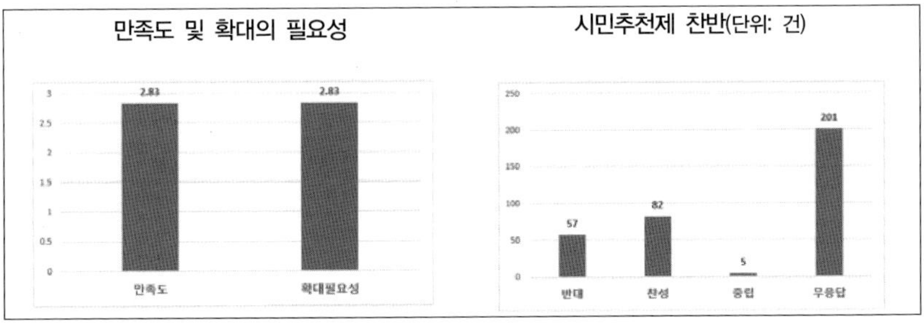

그림 10-14. 시민추천제 만족도 및 확대의 필요성, 찬반의견

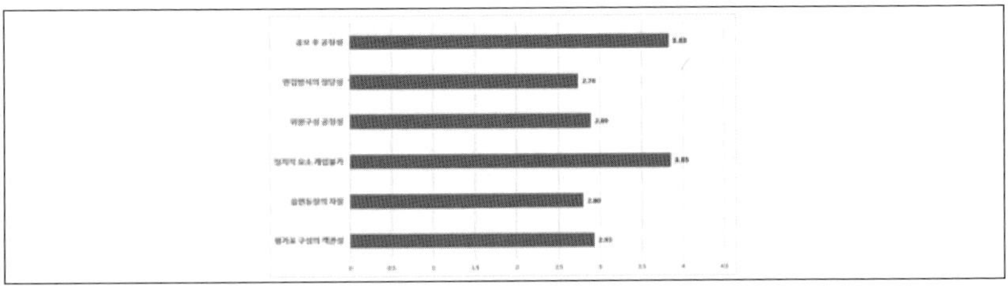

그림 10-15. 심의위원 선정방식의 공정성 및 심의방식 평가

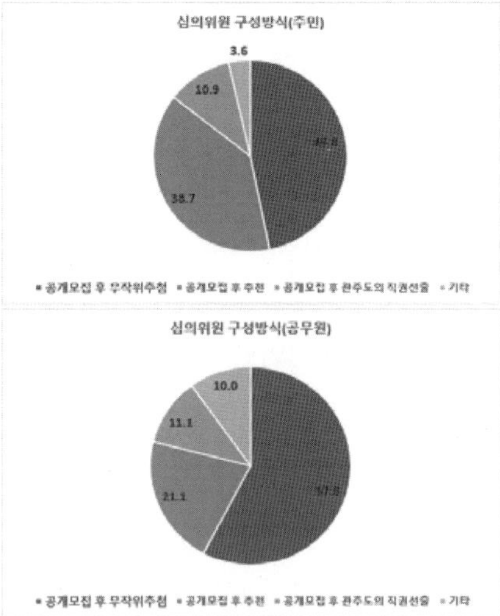

그림 10-16. 주민심의위원 구성 방법(단위:%)

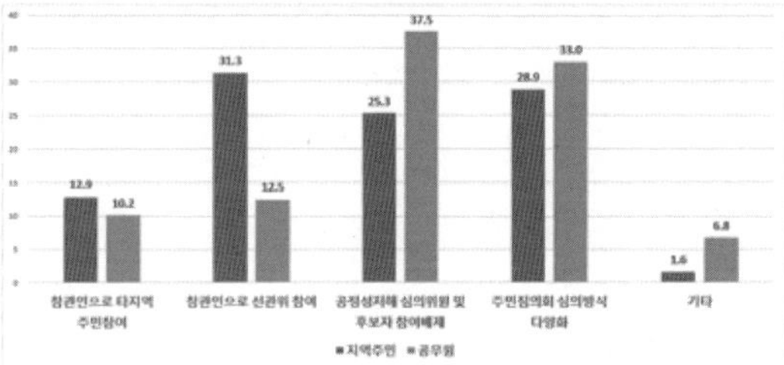

그림 10-17. 주민심의위원 구성 시 필요사항(단위: %)

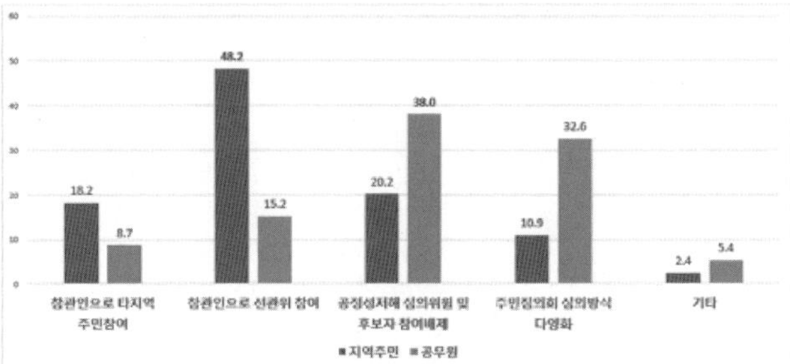

그림 10-18. 시민추천제가 나가야 할 방향(단위: %)

▎전문가 조사를 통한 발전방안 도출

본 연구의 정책적 제언을 위해 전문가 조사를 실시하였으며, 각기 쟁점이 될 만한 항목에 대해 주요 의견들을 중심으로 표 10-16에서와 같이 정리하였다. 먼저, 공정한 읍면동장 시민추천제를 위해서 필요한 것은 심의위원에 대한 무작위 선발, 사회적 특성을 고려한 배분이 중요함을 지적하였으며 무엇보다 공정성을 저해하는 요소는 원칙적으로 배제하는 것을 제시한다. 둘째, 주민심의위원의 구성방식은 현행 방식의 공개모집 후 무작위 추첨 방식을 따르되, 보완하는 방식을 견지해야 할 것으로 판단된다. 셋째, 읍면동장의 적정임기는 2년으로 제시하였으며 무엇보다 성과에 따라 1회에 한해 연임이 가능할 수 있도록 규정할 필요성을 제기한다. 넷째, 시민추천제를 활성화하기 위해서는 시민추천 읍면동장에 대한 인센티브, 그리고 시민추천제 지역에 대한 인센티브를 고려해서 설계할 필요성을 지적하였다. 다섯째, 읍면동장의 선출방식은 현행 방식을 고수(보완발전)하되, 단계적으로 민간영역까지 읍면동장의 직위를 개방하는 방식을 취할 수 있다는 것을 각기 전문가들을 중심으로 제시하였다. 마지막으로 추가적 제언을 통해 읍면동장 시민추천제의 개선방안을 제시하였다

표 10-16. 향후 발전방향: 전문가조사 결과

구분	우선순위	정책방향
공정한 읍면동장 시민추천제를 위해 필요한 것	제1순위	• 심의위원 무작위 선발, 사회적 특성 고려(공정성 저해 배제)
	제2순위	• 무작위 선발 및 투표방식, 시민배심원단 및 심의기구 설치 운영, 전문성 확보 및 초기 정착 노력, 선관위 절차적 참여, 주민에 대한 철저한 교육과 홍보 노력
주민심의위원 구성방안	제1순위	• 공개 모집 후 무작위 추첨에 따른 보완 방식
	제2순위	• 무작위 선정 후 주민참석 방식

구분	우선순위	정책방향
읍면동장 적정임기	제1순위	• 2년
	제2순위	• 4년
시민추천제 활성화를 위해 고려되는 사항	제1순위	• 시민추천 읍면동장에 대한 인센티브 부여
	제2순위	• 읍면동 시민추천제 실시지역에 인센티브 부여
읍면동장 선출방식	제1순위	• 현행 시민추천제 방식 유지
	제2순위	• 단계적 검토, 민간인까지 동장직위 개방 고려
현행제도의 문제점		① 지방의회와 주민의 혼란과 오해의 소지를 줌 ② 주민들의 제도에 대한 인식 미흡(교육부재) ③ 공직자 등 집행기관의 사전 준비 미흡 ④ 읍면동장 지원자의 업무과중 및 높은 부담 가능성 ⑤ 시민에 의해 추천된 읍면동장에 대한 주민영향력 증대, 소신행정에 부정적 영향 우려 ⑥ 공정성과 투명성 저해 우려, 읍면동장과 주민의 영합 가능성 ⑦ 사전적으로 민관협치제도가 성숙되어야 하는 제약
추가적 제언		① 유인체계(공약사업예산 우선배정, 승진가산점) 확보 ② 불공정한 경쟁을 방지하기 위한 제도적 장치 마련(예: 읍면동장 지원자의 연고, 지연 등 원칙적 배제 등) ③ 새로운 제도에 대한 주민교육, 설명회, 홍보 강화 ④ 주민과 협력, 견제, 감시, 갈등 조정을 할 수 있는 기구 마련 ⑤ 읍면동장의 업무 영역 명확화 ⑥ 심의위원 구성에 대한 철저한 사전 준비(투명성 확보) ⑦ 축제처럼 하나의 중요행사로 인식해(주민이 모여 동정에 대한 정견질문 등) 시행착오와 경험축적을 통해 점진적 발전 고려 ⑧ 주민총회 기능의 실질화 모색(읍면동장 선출권 부여 등)

5. 시사점, 방향과 과제

우리나라의 지방자치 역사는 관(官) 중심으로 이루어지다 보니 정책과정에서 주민참여가 부족했으며, 그 결과 주민이 소외되는 결과를 가져온게 사실이다. 읍면동장 시민추천제의 필요성은 직접민주주의 실천, 숙의민주주의의 활성화, 민관협치의 활성화, 그리고 주민이 읍면동에 시책사업을 검증하고 필요한 의견을 제시해 지역별 특성을 고려한 맞춤형 정책이나 아이디어를 제공할 수 있다는 점에 있을 것이다. 현재 세종시는 정책과정에서 주민의 참여를 확대하고 주민중심의 지방자치 운영체계를 확립해, 풀뿌리 민주주의를 정착시키려 노력하고 있으며 그중에서 본 연구는 읍면동장 시민추천제를 중심으로 다루었다.

읍면동장 시민추천제는 단체장이 가지고 있던 임명권을 시민과 공유함으로써 읍면동 단위에 풀뿌리 주민자치를 현실화시키기 위한 방안 중 하나일 것이다. 따라서 현재 추진 중인 제도가 성공적으로 정착해 확산되기 위해서는 현 제도가 가지는 상황을 진단하고, 그에 따른 발전방향을 모색해야 할 필요성이 제기된다. 이에 본 연구는 세종시의 특성에 적합한 읍면동장 시민추천제를 시행하기 위한 방안을 모색하기 위해 현행제도의 평가 및 진단, 그리고 전문가 조사를 통해 제도의 발전방안을 모색하였으며 이를 통한 정책적 제언을 다음과 같이 제시하였다.

첫째, 주민자치 실질화를 위해 읍면동장의 권한 및 역할 강화와 주민자치회에 대한 지원이 병행되어 이루어져야 할 것이다. 지역주민이 선택한 읍면동장이 지역사회와 시민을 위해 소신 있게 일할 수 있는 권한과 역할을 부여해야 할 것이다. 그리고 이와 더불어 주민자치의 활성화를 위해 주민자치회, 주민총회 등 운영에 필요한 사무를 지원(행정인력, 간사제도)하는 체계를 만들 필요성이 있을 것이다.[13)]

둘째, 공정성 강화 노력으로 공개모집 후 무작위 추첨에 따른 보완방식 검토가 요구된다. 읍면동장 시민추천제의 공정성을 기하기 위해

13) 세종시는 주민자치 지원을 위해 「세종특별자치시 행정기구 및 정원 조례」 제44조 제2항(신설, 2020. 7. 15.), 「세종특별자치시 행정기구 및 정원 조례 시행규칙」 제37조 제4항 13호를 제정(신설, 2020. 7. 30.)하였다. 또한 주민자치회 운영을 위한 간사제도가 있으나 실질적 지원에 한계가 있기에 이에 대한 개선안을 마련할 필요성이 있을 것이다.

주민심의위원회에 대해 '무작위선발 추첨+인구사회학적 배경(경력, 연령, 전문성, 지역대표성 등)을 고려해 배정하는 것이 중요할 수 있을 것이다. 그리고 이와 함께 공정성을 저해하는 요소는 원칙적으로 배제하는 방침을 설정할 필요성도 있다.[14] 아울러 심의위원이 특정 직능단체 위주로 구성될 가능성을 배제해야 할 것이다. 특정 직능단체 위주로 심의위원이 구성될 가능성을 방지하기 위한 차원에서 특정 직능단체 등에 대한 할당을 고려해 초과 신청이 없도록 하는 방안을 고려할 수 있을 것이다.

셋째, 적정임기로 2년 임기의 1회에 한해 연임을 검토할 수 있다. 적정임기로 2년을 제시하는 것은 단체장의 임기가 4년임을 고려할 때, 중간에 한 번씩 교체의 타당성이 있을 것이라는 게 중론이다. 그리고 이는 인사전보 기준, 환류, 전문성, 경쟁력을 제고할 수 있는 적정기한으로 판단되며 4년마다 시행되는 지방선거의 정치적 영향을 받을 가능성 배제 등이 주요 이유로 제시될 수 있을 것이다. 그러나 무엇보다도 1회에 한해 연임할 수 있는 제도적 장치가 마련되어야 할 필요성이 있을 것으로 보인다.

넷째, 시민추천 읍면동장, 시민추천제 지역에 대한 인센티브 부여를 검토하는 것이다. 시민추천 읍면동장에 대한 인센티브 부여가 매우 중요하게 제시될 수 있을 것으로 보인다. 사실상 승진 및 공약사업에 대한 예산배정권, 특별수당, 읍면동장을 거친 이의 경우 선호부서 우선 배치 등에 대한 인센티브는 유능한 직원이 지원할 수 있는 유인이 될 수 있을 것이다.[15]

---

14) 무작위 추첨으로 인한 전문성, 다양성의 결여에 대한 보완으로 지역사회에 충분한 정보제공 및 교육을 실시하여, 그에 따른 토론을 통해 충분히 지식습득의 기회를 제공할 수 있을 것이다. 그 예로서, 심의위원회 공개모집 → 심의위원회 구성 → 심의위원회 토론 → 심의위원회 개최의 과정을 만들어 갈 수 있을 것으로 보인다. 아울러 추진과정에서 공정성을 기하기 위한 추가적 논의로서 '시민추천배심원단 및 심의기구 설치운영', '무작위 선발과 투표방식', '선관위의 절차적 참여', '주민들에 대한 교육과 홍보', '주민심의 위원회에 시장 참석', '평정표 작성 시 왜곡된 결과방지', '읍면 지역에 한해 향피제도 도입' 등이 제시된다.

다섯째, 읍면동장 선출방식으로 가장 주요하게 지적되는 것은 현행의 시민추천제 방식으로 추진하는 것을 고려해야 할 것으로 보인다. 왜냐하면 외부로 개방하게 되면 공직사회의 사기 저하가 될 우려가 있으며, 주민자치회의 기능을 강화시키는 현시점에서 읍면동장이 민간인에게 개방될 경우 읍면동장과 주민자치회장의 위상과 역할의 중복 가능성이 농후할 것이다. 이에 현재 운영되고 있는 읍면동장 시민추천제에 대한 평가 등을 통해 면밀히 성과와 문제점을 파악하고 분석하는 것이 중요할 것이며 그에 따른 제도의 적용이 고민되어야 할 것으로 보인다. 그리고 지역적 여건이 성숙된 이후에 단계적인 제도 검토가 논의될 필요가 있을 것이다.

여섯째, 새로운 제도에 대한 교육, 설명회, 홍보강화, 사전준비 노력이 요구된다. 즉, 새로운 제도 도입에 대한 교육, 설명회, 홍보강화가 병행되어야 할 것으로 판단된다. 특히, 새로운 제도가 시행되었을 시, 기존의 제도와의 차이, 그 효과에 대해 주민에 대한 사전교육 중심으로 이루어져야 할 것이다.

일곱째, 업무의 명확화와 견제 · 감시 · 조정을 위한 협력기구 설치·운영 검토도 고려할 수 있을 것이다. 읍면동장 시민추천제의 실시로 인해 읍면동 차원에서 지원자 탈락의 후유증, 민원 대응으로 업무과중, 민원으로 인한 갈등조정 역할부담 등의 한계점이 나타날 수 있다. 이에 마을자치에 대한 업무증가로 인한 과로, 주민과의 마찰가능성을 최소화하기 위한 업무 영역을 명확화할 필요가 있을 것이며, 동시에 임명직

15) 세종시의 행정사무 중 주민자치회가 위탁하거나 읍면동과 협력해 추진하기로 한 특정 사무에 대한 독자적 결정과 집행권을 보장하는 방안도 제시될 수 있을 것이다. 현재 참여예산제 방식으로 읍면동에 환원하는 주민세 개인분 등에 대해 주민자치회가 조금 더 자유롭고 유연하게 집행할 수 있도록 해줄 필요성이 있다. 특히, 주민자치회 등과 협치할 수 있는 협력적 제도의 틀을 확대해 줄 필요성이 있기에, 행정의 사무기능 강화 측면보다는 주민자치의 본래적 의미라는 차원에서 주민자치회 기능 강화, 마을계획 수립권한 등의 근본적 요소가 포함되어야 할 것이다.

읍면동장과는 달리 시민추천제의 경우 지역주민의 영향력을 배제할 수 없으므로, 소신행정이 어려울 수 있다는 점에서 읍면동장의 견제·감시 · 조정 기구 등을 설치 · 운영해 볼 필요성도 제기해볼 만하다.

여덟째, 읍면동장 시민추천제가 발전적인 방향으로 나가기 위해서는 무엇보다 시행착오와 경험 축적을 통한 점진적 발전 측면에서 접근해야 할 것이다. 따라서 제도가 정착되기 전 초기단계에는 엄격한 기준에 의하여 이루어지는 것도 중요하나, 무엇보다 본 제도가 하나의 이벤트처럼 여겨져 친숙하고 즐거운 경험을 제공할 수 있는 장이 될 필요성이 있을 것이다. 이러한 경험 축적을 통해 시행착오를 겪으면서 제도가 점진적으로 발전해 나갈 수 있을 것으로 보이며, 그 목표 및 지향점이 어디냐에 대한 지역사회의 합의가 전제되어야 할 것이다.

마지막으로, 읍면동장 직선제는 읍면동을 자치계층화 해야 가능할 것으로 판단된다. 이를 위해 지방자치법을 개정하는 방향이 논의되어야 할 것이다. 그리고 예산편성권, 4년의 임기보장 등에 대한 논의가 본격적으로 병행되어야 할 것으로 판단된다. 그러나 고민할 것은 읍면동이 자치단체화되었을 때, 또 다른 대의제적 요소가 가미될 수 있다는 점을 인식해야 할 것이다. 따라서 풀뿌리 주민자치가 '대의제 민주성의 결핍'을 보완하는 측면에 그 당위성이 있다는 점은 향후 더 심도 있게 고민해야 할 사항이다.

참고문헌

금창호 · 권오철. 2008. "50만 이상 시 하부행정기관의 효과분석과 개선대책", 『한국정책과학학회보』 12(4)

김필두 · 최인수. 2018. "세종특별자치시의 읍면동장 시민추천제 확대 및 개방형직위 도입방안", 한국지방행정연구원 이슈리포트(ISSUE REPORT).
김순은. 2016. "패리쉬의회는 준자치단체로 지역개발부담금 부과", 『월간 주민자치』 59
김홍환. 2018a. "읍면동 정책에 대한 평가", 『지방정부연구』 22(1)
______. 2018b. "읍면동 정책에 대한 경로의존성 분석", 『한국사회와 행정연구』 29(2)
김흥주. 2019. "읍면동장 시민추천제 개선과 발전방향 연구", 대전세종연구원 연구보고서
김흥주 · 강인호. 2020. "세종형 주민자치회 평가와 향후 발전과제: 부강면 주민자치회 시범실시 사례 중심으로", 『한국정책과학학회보』 24(2)
김흥주 · 곽현근 · 임승빈. 2018. "세종형 풀뿌리 주민자치 제도화 방향", 세종특별자치시 연구용역보고서
시사저널. 2018. 8. 6. "세종시 읍면동장 시민추천제, 기대와 우려 엇갈려"
연합뉴스. 2017. 1. 4. "분란만 만들고, 행자부 책임읍면동제 유야무야"
조석주. 2005. "읍면동 기능전환정책의 평가", 한국지방자치학회 학술대회
Somerville, P. 2011. "Multiscalarity and Neighbourhood Governance", *Public Policy and Administration* 26(10)

11장
지방자치 30년 주민자치의 해법은 읍면 자치 부활

조성호 경기연구원 선임연구위원

11장 지방자치 30년 주민자치의 해법은 읍면 자치 부활

1. 주민주권을 위한 주민자치제도의 개혁과제*

올해로 지방자치가 부활한 지 30년이 되었지만, 주민들은 지방자치를 피부로 느끼지 못하고 있으며 주민주권의 구현은 30년째 표류하고 있다. 국민의 정부 이후에 주민자치 강화를 위해 주민자치위원회를 도입하고, 최근에는 전국적으로 118개 시군구, 626개 읍면동에서 주민자치위원회를 대체할 주민자치회 제도를 시범실시 중이다. 하지만 주민자치회는 "주민도 없고 자치도 없다"는 비판에 직면하고 있다. 즉, 주민자치회는 ① 설치 및 운영 관련 법률의 부재, ② 모델의 적정성 문제, ③ 기능과 업무 모호성, ④ 위원의 위상과 역량의 문제, ⑤ 다양성 부족의 문제를 나타내고 있다. 이에 풀뿌리 자치와 주민주권 구현을 저해하는 주민자치회 제도 자체의 근본적인 재검토가 필요한 시점이다.

첫째, 주민자치회 설치 및 운영 관련 법률의 부재이다. 주민자치회가 주민의 대표기구로서 인정받기 위해서는 이에 대한 법적 권한과 지위를 명확히 설정할 필요가 있다. 현재 시범 운영되고 있는 주민자치회는 「지방자치분권 및 지방행정체제개편에 관한 특별법」(지방분권법)의 규정에 근거하고 있으나, 전국적 확대 시행을 위해서는 법적 근거를 더욱 명확히

* 이 글은 조성호 외(2021), 경기도형 주민총회 도입방안(경기연구원 정책과제)을 참고하여 작성하였음.

표 11-1. 지방분권법상의 주민자치회 설치

제27조(주민자치회의 설치) 풀뿌리 자치의 활성화와 민주적 참여의식 고양을 위하여 읍면동에 해당 행정구역의 주민으로 구성되는 주민자치회를 둘 수 있다.

설정할 필요가 있다.

둘째, 주민자치회 모델의 적정성 문제이다. 현재 시행 중인 주민자치회의 모델은 협력형이지만, 당초 지방행정체제개편 추진위원회의 근린자치분과 위원회에서는 협력형 모델 이외에도 통합형, 주민조직형 등 3개 모델을 제시하였다. 공무원과 주민들의 선호도 조사에 따라 주민자치회 모델은 협력형이 선정되어 시범시행되었다.

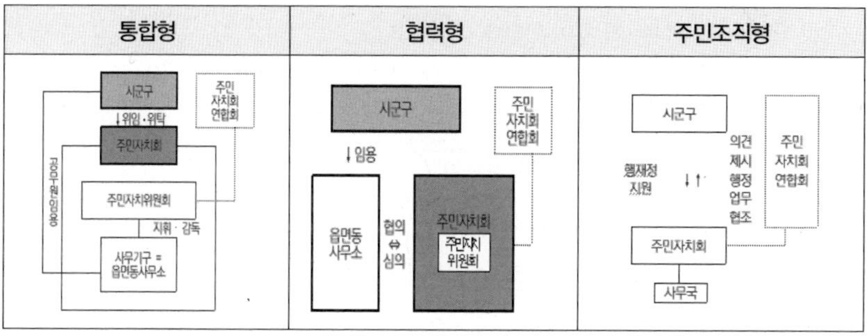

*자료: 지방행정체제 개편추진위원회(2012), 읍면동 주민자치회 모델안

그림 11-1. 주민자치회의 기본 유형

그러나 통합형이나 주민조직형에 대한 시범실시 없이 협력형만을 가지고 시범실시 결과만 가지고 판단하는 것은 문제가 있다.(김필두, 2014) 단순히 선호도 조사 결과만 가지고 협력형이 타 유형에 비하여 적합하다고 판단하기는 어려울 것으로 분석된다.

셋째, 주민자치회의 기능과 업무의 모호성이다. 주민자치회가 풀뿌리 민주주의 구현을 위한 주민참여기구로 역할을 다하기 위해서는 주민자치회의 기능과 업무에 대한 보다 명확한 규정이 필요하다.(하혜영, 2019) 지방분권법 제28조 제2항(주민자치회의 기능)에서 주민자치회는 자치단체가 위임 또는 위탁하는 사무의 처리에 관한 기능이 있다. 이에 따라, 주민자치회가 수행할 수 있는 지자체의 위수탁 사무의 영역을 확정하는 것이 필요하다. 주민자치의 핵심은 지역 내 마을 의제를 적극적으로 발굴하고 이를 해결할 수 있는 대안을 개발하는 것이 중요하기 때문에, 향후 주민자치회는 '주민자치사무'의 개발과 수행에 더욱 집중할 필요가 있다.

표 11-2. 지방분권법상의 주민자치회 기능

제28조(주민자치회의 기능) ① 제27조에 따라 주민자치회가 설치되는 경우 관계 법령, 조례 또는 규칙으로 정하는 바에 따라 자치단체 사무의 일부를 주민자치회에 위임 또는 위탁할 수 있다.
② 주민자치회는 다음 각 호의 업무를 수행한다.
1. 주민자치회 구역 내의 주민화합 및 발전을 위한 사항
2. 자치단체가 위임 또는 위탁하는 사무의 처리에 관한 사항
3. 그 밖에 관계 법령, 조례 또는 규칙으로 위임 또는 위탁한 사항

한편, 지역에는 주민자치회 외에 다양한 지역의 자생적 참여기구들이 있는데, 유사 단체와의 통합 및 업무 조정의 문제가 해결될 필요가 있다.(하혜영, 2019) 향후 주민자치회가 주민을 대표하는 조직으로서 주민참여를 유도하려면 읍면동 단위에 기반을 두고 있는 기타 주민참여기구의 기능과 역할을 재조정하는 작업이 선행되어야 한다. 주민자치회의 성공을 위해서는 주민의 대의기관인 지방의회와의 관계 설정에 대해서도 논의가 필요하다. 지방의회는 헌법과 지방자치법에 따라 주민의 대표성을 가진 기관이기 때문에 주민자치회와의 관계 설정에 있어 면밀한 검토가 요구된다.(채원호, 2020)

넷째, 주민자치회 위원의 위상과 역량의 문제이다. 주민자치회는 주거 단위의 근린 자치의 활성화를 위한 주민자치 조직인 동시에, 시군구

사무의 위임 위탁 혹은 법령에 따른 사무의 위임 · 위탁 등을 담당하는 일선 행정(지원) 조직으로서의 이중적인 특성을 가진다.(김필두, 2014) 단순하게 읍면동의 자문기관 역할만을 수행하고 있는 현재의 주민자치위원회보다는 2~3배 이상의 많은 역할이 주민자치회에 부여되고 있다. 이러한 역할들을 성공적으로 수행하기 위해서는 역할에 어울리는 위상과 권한의 부여가 필수적이다. 시범사업 중인 협력형 표준조례에는 주민자치회는 읍면동장과 대등한 위치에서 읍면동의 행정업무 일부를 협의하여 처리할 수 있는 지위를 가지는 것으로 규정되어 있다.(김필두, 2014)

그러나 현실적으로 읍면동장과 대등한 위치를 차지할 수 있는 권한이 주민자치회에는 부여되지 않았다. 읍면동장과 읍면동의 업무를 협의 심의하지만, 궁극적인 집행권은 읍면동장이 가지고 있다. 그리고 주민자치회의 위원 구성은 다양성이 부족하며, 주민자치회를 지원하는 인력도 부족하다. 주민자치회의 위원은 주민자치회를 견인할 수 있는 역량이 요구되며, 동시에 대표성과 전문성이 필요하지만, 주민들의 관심이 부족하여 위원 구성의 다양성을 살리기가 어려운 실정이다.(이병렬 외, 2015)

다섯째, 주민자치회의 다양성 부족이다. 주민자치회의 조례는 시범실시와 관련하여 행정안전부의 표준조례안[1]에 근거하여 제시됨에 따라 지역마다 달리 정하거나 자율성을 반영할 여지가 없다. 동 표준조례안에 의하면 제1장 총칙에서 목적, 정의, 운영원칙, 설치, 기능 등을 규정하고 있어 조례에서 다시 규정할 필요가 없다.(김수연, 2019) 나아가 제5조 기능의 경우에도 법률에서 규정하고 있는 사무의 구체화 수준이어서 자치단체에서 읍면동 단위로 달리 정할 만한 수준의 사무 내용이라고 보기가 어려운 실정이다.

1) 매년 행정안전부는 지방자치법 전부개정안에 맞추어 주민자치회 시범실시 및 설치·운영에 관한 표준조례 개정안을 공지함.

표 11-3. 행정안전부의 주민자치회 설치 및 운영에 관한 표준조례안

제5조(기능) 주민자치회는 「지방자치분권 및 지방행정체제 개편에 관한 특별법」(이하 '특별법'이라 한다.) 제28조에 따라 다음 각호의 업무를 수행한다. 1. 주민자치 업무: 주민총회 개최, 자치(마을)계획 수립, 마을 축제, 마을신문·소식지 발간, 공동체 형성, 기타 각종 교육 활동, 행사 등 순수 근린자치 영역에서 수행하는 주민자치업무 2. 협의업무: 읍면(또는 동, 읍면) 행정기능 중 주민생활과 밀접한 관련이 있는 업무에 대한 협의 3. 수탁업무: 시군구 및 읍면동(또는 동, 읍면) 행정기능 중 주민자치센터의 운영 등 주민의 권리·의무와 직접 관련되지 아니하는 업무의 수탁 처리

이에 따라, 주민자치회의 실효성 제고를 위해 지역 특성별로 다양한 주민자치회의 구성 방식을 마련할 필요가 있다.(김필두 외, 2018) 지역의 특성을 보면 대도시, 중소도시, 도농복합도시, 농촌지역 등으로 구분될 수 있지만, 현행 주민자치회는 행정안전부의 주민자치회 설치 및 운영에 관한 표준(안)에 따라 획일적인 주민자치회가 구성된다.

한편, 2020년 12월 중앙정부는 주민의 삶의 질을 직접 결정하고 향상시킬 수 있도록 지방자치법을 개정하였다. 개정된 지방자치법은 첫째 획기적인 주민주권 구현, 둘째 자치단체 역량 강화 및 자치권 확대, 셋째, 국가-지방 간 협력관계 정립 및 행정 능률성 제고, 넷째 자치단체 책임성과 투명성 제고를 목표로 한다. 이 중 획기적인 주민주권 구현의 경우, ① 목적 규정 개정, ② 주민참여권 강화, ③ 주민조례발안제, ④ 주민감사청구제, ⑤ 자치단체의 기관구성 형태 다양화로 개정되었다.

구체적으로 살펴보면, 첫째, 목적규정의 개정이다. 생활현장을 중심으로 발현되고 있는 주민들의 성숙한 참여욕구를 목적조항에 반영하고, 제도적 보장 및 확대 도모를 위해 개정되었다. 즉, 지방자치에 주민들의 참여를 촉진할 수 있도록 주민참여 원리를 강화하였다.

표 11-4. 목적규정 개정(지방자치법 제1조)

제1조(목적) 이 법은 지방자치단체의 종류와 조직 및 운영, 주민의 지방자치행정 참여에 관한 사항과 국가와 지방자치단체 사이의 기본적인 관계를 정함으로써 지방자치행정을 민주적이고 능률적으로 수행하고, 지방을 균형 있게 발전시키며, 대한민국을 민주적으로 발전시키려는 것을 목적으로 한다.

둘째, 주민참여권의 강화이다. 주민의 지방자치의 3요소(주민 · 구역 · 자치권) 중 하나로 지방자치는 주민의 참여와 의견을 바탕으로 이루어진다. 기존 지방자치법상 주민의 권리는 ① 공공시설 이용권, ② 행정의 혜택을 받을 권리, ③ 참정권으로 제한적이고 피동적으로 규정되어 있다. 이러한 주민참여권의 강화를 위해, 개정된 지방자치법에서는 주민이 법령으로 정하는 바에 따라 주민생활과 관계있는 지방자치 결정·집행 과정에 참여할 수 있도록 규정하였다.

표 11-5. 주민참여권 강화(지방자치법 제13조)

제13조(주민의 권리) ① 주민은 법령으로 정하는 바에 따라 소속 지방자치단체의 재산과 공공시설을 이용할 권리와 그 지방자치단체로부터 균등하게 행정의 혜택을 받을 권리를 가진다.

셋째, 주민조례 발안제의 강화이다. 기존에는 단체장이 조례규칙심의회를 통해 주민의 청구안을 심사하면, 주민의견이 의회에 제출되지 못하고 사전단계부터 지연될 가능성이 높다. 그리고 청구요건이 엄격해 청구가 활성화되기 어렵고, 지자체별 인구 편차에 대한 고려가 부족해 청구요건의 불균형을 초래하였다. 주민조례 제·개·폐 청구제도가 1999년 첫 도입되었으나, 연평균 13건 청구로 활용이 저조하였다. 이에 개정된 지방자치법에서는 주민이 일정 수 이상 주민의 연서로 의회에 조례 등을 직접 청구할 수 있는 별도 법률(주민조례발안에 관한 법률)제정 근거를 마련하였다.

표 11-6. 주민조례 발안제의 주요내용(주민조례에 관한 법률)

• 청구절차 간소화: 단체장을 경유하지 않고 청구인이 지방의회에 직접 조례안 발의, 청구된 조례안은 지방의회에 직접 심사하며 심사절차에 관한 사항은 조례로 자율 결정함. • 청구요건 완화: 광역–기초 2단계로 구분된 청구 서명요건을 인구규모별로 세분화하고, 법률에는 상한만 규정하며 세부요건은 조례로 위임, 청구권자 연령을 19세에서 18세로 인하함. • 이행력 강화: 조례안에 대해 1년 이내 심의·의결 의무화(필요시 1년 연장 가능), 의원임기 만료 시 자동폐기되지 않고 차기 의회에 한하여 계속 심사 등을 수행함.

넷째, 주민감사청구제의 강화이다. 기존의 자치단체 감사청구 요건은 현실 수준을 미반영하였다. 2018년 6월 자치단체가 법 기준에 따라 조례로 정한 주민감사 청구요건은 시도 평균 238명, 50만 이상 대도시 평균 185명, 시군구 평균 164.5명이다. 관련 제도와의 연계성 확보 및 감사청구 활성화를 위해 감사청구 요건을 완화할 필요가 있었다.(공무원 비위 징계시효 3년 등을 고려) 이에 따라, 개정된 지방자치법에서는 주민감사 청구기준의 하향 조정 및 청구기간을 연장하였다.

표 11-7. 주민감사청구제(지방자치법 제21조)의 주요내용

(주민감사 청구인 수 상한기준 하향 조정) – 시도(500명 → 300명), 50만 이상 대도시(300명 → 200명), 시군구(200명 → 150명) (청구연령 하향 조정) 주민감사 청구인 연령 조정, 19세 → 18세 (주민감사 청구기간 연장) 사무처리가 있었던 날이나 끝난 날부터, 2년 → 3년

다섯째, 자치단체 기관구성 형태 다양화이다. 기존의 단일한 기관구성으로는 지방행정 환경변화와 지역여건 및 주민의사에 부응하는 유연한 대응에 한계가 있었다. 이에 지방자치법 제4조(지방의회 및 집행기관 구성의 특례)를 신설하였다.

표 11-8. 자치단체 기관구성 형태의 다양화(지방자치법 제4조)의 주요내용

• 새로운 행정환경에 탄력적으로 대응할 수 있도록, 자치단체가 의사결정·집행구조를 자율적으로 선택하는 기관구성 형태 • 다양화 제도 마련 – 특별법을 기관구성 유형, 단체장 선임방식, 변경절차 등 구체적 필요사항 규정 – 기관구성 유형: ① 단체장 중심형(현행), ② 단체장 권한 분산형, ③ 의회중심형(책임행정관형)

이와 같이 획기적 주민주권을 위해 주민참여 강화를 목적으로 하는 지방자치법 개정을 했음에도 불구하고, 주민주권을 구현할 주민자치기구인 현행 주민자치회는 주민자치를 어렵게 하고 있다. 즉, 주민자치회는 설치 및 운영관련 법률이 부재하고, 주민자치회 모델의 적정성 문제를 드러내고 있다. 그리고 주민자치회의 기능과 업무가 애매모호하고, 주민자치회 위원의 위상이 명확하지 않아 주민자치회의 실효성은 부족한 상황이다. 이제 주민주권 강화를 위한 획기적 대안을 마련할 시점이다.

따라서 주민들의 ① 정치 접근성 확대, ② 민주의식 강화, ③ 자율적인 자치입법권 보장, ④ 자기 결정권 강화를 위하여, 읍면을 자치단체화하여 주민자치회를 대체하는 읍면 자치의 부활이 시급하다. 대신에 선진국처럼 시는 기초자치단체 지위를 유지하도록 하여 동의 기초자치단체화는 하지 않으며, 군은 도의 행정계층화하는 방안이다. 읍면 자치의 부활은 ① 주민의 결정권 및 영향력을 강화해 주민들의 정치 접근성을 확대하며, ② 읍면 내 주민의 역할을 확대하여 주민들의 민주의식 및 참여의식을 강화한다. ③ 읍면의 자치단체화는 유권자인 주민들이 의결기관인 주민총회를 통해 조례 제·개정을 제안할 수 있어, 진정한 지방자치를 실현할 수 있는 기회를 제공한다. ④ 읍면의 자치단체화는 지역의 고유사무를 직접 처리함으로써 주민의 자기결정권을 강화한다.

2. 주민자치의 해법으로서 읍면 자치단체화 필요성

주민의 정치 접근성 확대

우리나라 기초자치단체는 다른 나라의 기초정부와 비교해 인구 규모가 크기 때문에 주민들의 적극적 주민자치가 어려운 환경이다. 선진국의 경우, 최소정부의 인구 규모는 우리나라와 비교하여 대단히 적은 편이다. 예를 들면, 프랑스 380명(Commune), 스위스 3,236명(Gemminde), 독일 6,850명(Gemminde), 미국 9,064명(Municipality) 등이다.

표 11-9. 2017년 외국 선진국의 기초정부 평균 인구수

구분		기초자치정부 수	평균인구(명)
대한민국	자치구	69	328,000
	시	74	308,000
	도농 복합형태의 시	51	242,000
	군	85	55,000
프랑스(Commune)		36,600	380
독일(Gemeinnde)		12,013	6,850
스위스(Kommun)		2,596	3,236
미국(Municipality)		19,429	9,064

*자료: 장수찬(2018), "주민자치회 입법의 필요성과 일상의 민주주의 효과", 『주민자치 활성화를 위한 법제도 개선방안 토론회 자료집』, 대통령소속 자치분권위원회

우리나라의 기초자치단체 단위가 지나치게 크기 때문에, 지역주민의 정부에 대한 접근성, 공공정책 결정 과정에 참여가 쉽지 않은 게 현실이다.(장수찬, 2018) 주민들의 미세한 정책선호가 전달되고 반영되기 어려우며, 주민들이 정책 이슈에 대한 주도성 혹은 이니셔티브를 확보하는 것이 불가능하며, 따라서 참여를 통해서 획득되는 정치적 효능감(political efficacy)이 낮은 편이다. 주민자치는 주민에 근접할수록 주민의 결정권과 영향력은 커지며, 소규모 단위일수록 풀뿌리 자치에 근접한다.(이기우 외, 2021)

우리나라의 경우, 통·반·리 단위의 주민자치보다는 평균 주민수 15,000명 이상인 읍면이 비교적 적절한 마을 자치의 규모이다.(신용인, 2013) 우리나라가 선진국 수준의 마을 자치를 실현하기 위해서는 무엇보다도 분권 선진국처럼 마을인 읍면에 지역사단으로서 자치단체의 지위를 인정할 필요가 있다. 읍면을 해당 지역의 주민 전체를 구성원으로 하는 지역사단으로서 법인격을 인정하는 것이 필요하다.

주민의 민주의식 강화

현행 주민자치위원회 내지 주민자치회는 주민자치(neighborhood)의 기능을 전혀 가지지 못하고 있다.(장수찬, 2018) 자치위원회가 문화 여가, 주민자치, 지역복지 등에 관여하고 있지만, 지극히 주변적인 사업들을 다루고 있다. 주민의 권한이 작은 주민자치위원회 내지 주민자치를 폐지하고 읍면 자치단체화(주민총회 포함)를 통해 자치단체 내 주민의 역할을 확대할 필요가 있다. 읍면 자치단체화를 통하여 주민의 자치 의식과 책임감을 크게 증대시키고, 지역발전과 주민생활 향상에 크게 기여할 필요가 있다.

읍면 자치단체화는 주민의 민주주의 의식과 참여의식 강화로 진정한 주민자치가 실시되고 이로 인한 생활 자치의 실현이 가능하다.(안영훈, 2014) 주민들은 주민총회에서 마을의 주요 안건을 투표를 통하여 결정하여 주민의 자치 의식을 강화시키고 지역공동체를 활성화시켜야 한다. 지역의 경제적·사회적 배경을 잘 아는 주민들이 주민총회의 의원으로 구성되어 지역의 행정을 맡음으로써, 주민 의사가 제대로 반영된 행정이 가능하고 지역발전을 활성화시키며 진정한 주민자치, 지방자치가 실현될 수 있다.

읍면이 기초자치단체가 됨으로써 그동안 논의의 대상이었던 기초자치단체의 규모 문제를 해결할 수 있다. 전반적으로 읍면 자치단체화는 행정의 주민참여가 강화될 것이다. 즉, 읍면 자치단체는 중대한 자원을 배분할 권한을 가진 기초정부로 격상되어야 한다.(장수찬, 2018) 읍면이 중대한 자원을 배분할 권한을 가진 정치적 단위가 되어야, 주민들의 공적 참여가 본격화되고 민주주의 학습이 발생할 수 있다.

주민들의 자율적인 자치입법권 보장

읍면의 자치단체화는 유권자인 주민들이 의결기관인 주민총회 내지 의회를 통해 조례 제·개정을 제안할 수 있어 진정한 지방자치를 실현할 수 있는 기회를 제공한다. 주민참여 입법과정은 읍면의 정책을 스스로 결정하고 스스로 집행함으로써 실질적 주민자치를 달성할 수 있다.

지방자치의 선진국인 스위스, 핀란드는 주민들에게 직접 법안을 만들 수 있는 권한을 부여하여, 진정한 주민자치를 해오고 있다. 스위스는 1891년 헌법 개정안을 통하여 기초자치단체인 게마인데 내에서도 총회를 통하여 주민의 입법권을 보장하며(하혜영, 2019), 핀란드는 정부가 운영하는 국민발안 온라인 플랫폼 사이트 '시민주도의(www.kansalaisaloite.fi)'라는 웹사이트를 통해, 법안을 제안할 수 있다.(하혜영, 2019)

따라서 주민들의 자치입법권 보장을 통하여 의회 중심의 대의제 민주주의를 보완하고 '주민의, 주민을 위한, 주민에 의한' 민주주의를 구현하여 주민들의 정치적 기반을 강화시킬 필요가 있다. 낮은 지방 선거율과 지방의원의 주민대표기능 수행이 미흡한 상황 속에서, 읍면의 자치단체화는 주민들이 입법과정에 참여하여 일상생활에 직접 영향을 미치는 사안에 관하여 주민들이 직접 결정할 수 있는 폭넓은 기회를 제공할 수 있다.

주민의 자기결정권 강화

현재의 주민자치회는 주민이 참여하지만, 시군구의 하급기관인 읍면의 한 구성부분일 뿐이어서 자치권이 없다. 주민자치회는 일정한 사무에 관해서 의결권을 갖는다고 하더라도 그 권리와 의무는 결국 소속 자치단체인 시·군·자치구에 속하게 된다.

지방자치는 본질적으로 주민의 지방자치로서, 주민들의 자기결정과 자기책임이 있어야 한다.(이기우 외, 2021) 자치대상인 자치사무에 대해 자치주체인 주민이 스스로 결정할 수 있어야 한다. 읍면의 자치단체화는 지역의 고유사무를 직접 처리함으로써 주민의 자기결정권을 강화시킬 수 있다. 그리고 주민들은 읍면의 고유사무를 직접 처리함에 따라 헌법의 보충성의 원칙과 전권한성의 원칙에 부합할 수 있다.

3. 읍면의 자치단체화 방안[2)]

읍면의 기관구성

자치단체 기관구성의 유형은 입법기관인 지방의회와 집행기관인 단체

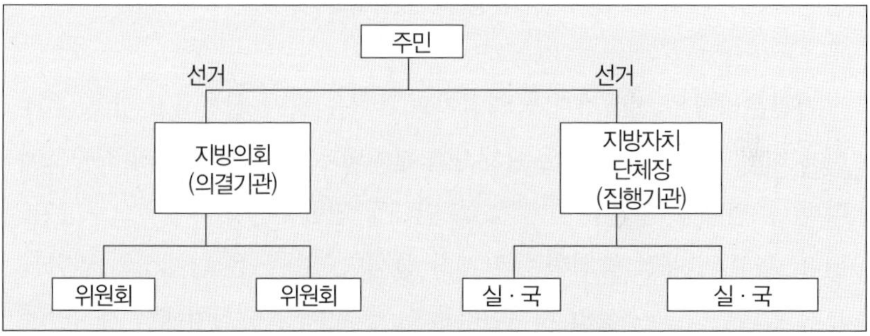

*자료: 조성호 외(2017), "연정 강화를 위한 지방자치제도 개선방안"

그림 11-2. 기관분리형 기관구성의 기본모형

2) 읍면의 자치단체화 방안은 조성호 외(2021), 경기도형 주민총회 도입방안을 수정하여 작성하였음.

장의 분리 여부에 따라 기관분리형과 기관통합형으로 구분된다.(최진혁, 2012) 기관분리형은 주민이 자치단체장과 지방의원을 직접 선출하고 이들이 상호 독립적 역할을 수행하면서 견제와 균형을 이루는 형태이다.(김병국 외, 2011)

기관통합형은 하나의 자치단체 내의 집행부와 입법부 기능을 지방의회가 통합하여 수행하는 형태이다.(김병국 외, 2011)

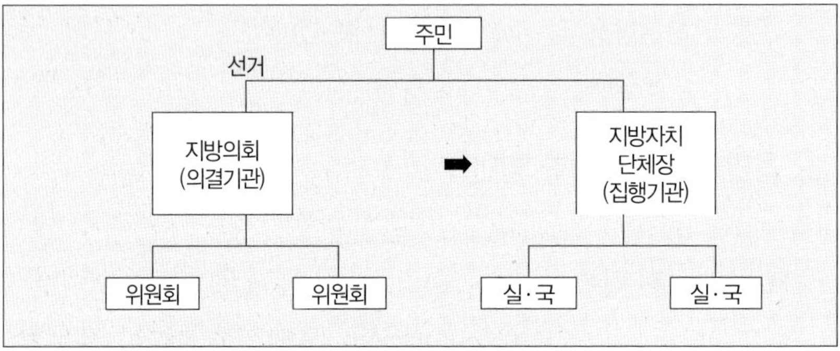

*자료: 조성호 외(2017), "연정 강화를 위한 지방자치제도 개선방안"

그림 11-3. 기관통합형 기관구성의 기본모형

기관분리형은 집행기관과 의결기관(지방의회)을 각각 설치하고 상호 견제하게 하는 구조이며(이행준, 2016), 단체장에 부여되는 권한 및 책임의 집중도에 따라 ① 단체장 중심형(강시장-의회형), ② 단체장 권한분산형(약시장-의회형)으로 분류된다. 우선, 단체장 중심형은 단체장 중심형(강시장-의회형)은 단체장의 권한을 크게 강화한 기관구성의 형태이다.(임승빈, 2017) 단체장 중심형에서 자치단체장은 자치단체의 행정적 수장인 동시에 단일 정치 수장으로서 자치단체를 대표하는 의례적 기능을 수행한다. 그리고 자치단체장은 집행기관에 대한 인사·조직·지휘·감독·조사 권한 등을 가짐에 따라 막강한 권한·책임을 가진다.

이러한 단체장 중심형은 명확한 리더십의 제공을 통한 행정 효율성 및 안정성을 제고하고 책임소재가 명확하다. 그러나 단체장 중심형은 ① 단체장-의회 간의 갈등으로 집행 지연 발생 또는 행정 비효율이 발생할 가능성이 존재하며, ② 단체장이 정치적 문제에 봉착할 때 행정 안정성 확보가 미약하다.

표 11-10. 단체장 중심형(강시장형)의 특징

구분	주요 특징
특징	• 단체장 중심형(강시장-의회형)은 단체장의 권한을 크게 강화한 기관구성 • 자치단체장은 자치단체의 행정적 수장인 동시에 단일 정치 수장으로서 자치단체를 대표하는 의례적 기능을 수행함 • 자치단체장은 집행기관에 대한 인사·조직·지휘·감독·조사 권한 등을 가짐에 따라 막강한 권한·책임을 가짐
장점	단체장 중심형은 명확한 리더십의 제공을 통한 행정 효율성 및 안정성을 제고하고 책임소재가 명확함
단점	단체장 중심형은 ① 단체장-의회 간의 갈등으로 집행 지연 발생 또는 행정 비효율이 발생할 가능성이 존재하며, ② 단체장이 정치적 문제에 봉착할 때 행정 안정성 확보가 미약함

*자료: 김지수 외(2020). "자치단체 기관구성 형태 최신 외국사례 연구"를 수정하여 작성함.

다음으로, 단체장 분산형은 단체장 분산형(약시장형)은 자치단체장으로의 권력 집중을 막고 집행기관과 의결기관의 협력관계를 유지하고자 하는 특징이 있다.(김병국 외, 2011) 지방의회가 고위 공직자에 대한 인사권과 행정 운영에 대한 감독권을 가지는 등 자치단체장에게 집중된 권한을 의회에 분산하여 운영한다.(박종화 외, 2013) 그리고 단체장 분산형은 시민에 대한 의견 수렴의 기회가 확대되어 시민의 정치참여 기회를 확대한다.(김지수 외, 2020) 그러나 단체장 분산형은 단체장의 행정통제 능력이 낮아 효율성이 저하할 가능성이 존재하며, 지역 토호 세력이나 재력가들의 조작 및 통제 가능성이 있다.

표 11-11. 단체장 분산형(약시장형)의 특징

구분	주요 특징
특징	• 단체장 분산형(약시장형)은 자치단체장으로의 권력 집중을 막고 집행기관과 의결기관의 협력관계를 유지하고자 하는 특징이 있음 • 지방의회가 고위 공직자에 대한 인사권과 행정 운영에 대한 감독권을 가지는 등 자치단체장에게 집중된 권한을 의회에 분산하여 운영함
장점	단체장 분산형은 시민에 대한 의견수렴의 기회가 확대되어 시민의 정치참여 기회를 확대함
단점	단체장 분산형은 단체장의 행정통제 능력이 낮아 효율성이 저하할 가능성이 존재하며, 지역 토호 세력이나 재력가들의 조작 및 통제 가능성이 있음

*자료: 김지수 외(2020). "자치단체 기관구성 형태 최신 외국 사례 연구"를 수정하여 작성함.

기관통합형은 입법기관과 집행기관의 통합 정도에 따라 ① 의회 중심형, ② 책임행정관형, ③ 위원회형 등 3가지로 분류하고 있다.(박종화 외, 2013) 기관통합형은 기관분리형과 비교할 때, 입법기관과 집행기관 간의 통합수준에 따라 다양한 기관구성 형태를 가지고 있다.

우선으로, 의회 중심형은 시민이 지방의회만을 선출하고 지방의회가 자치단체장을 임명해 집행부를 운영하는 방식을 말한다.(김지수 외, 2020) 내각은 선거로 선출된 의원으로 구성되며, 내각은 수석행정관 및 기타 고위공무원을 임명하여 집행부를 구성한다.

의회 중심형은 내각 중심의 정책결정을 통해 위원회형에 비해 비교적 명확하고 정책결정이 빠르지만, 의회 중심형은 시민이 직접 시장을 선출할 수 없어 의회에 의존할 수밖에 없다.

표 11-12. 의회 중심형의 특징

구분	주요 특징
특징	• 의회 중심형은 시민이 지방의회만을 선출하고 지방의회가 자치단체장을 임명해 집행부를 운영하는 방식임 • 내각은 선거로 선출된 의원으로 구성되며, 내각은 수석행정관 및 기타 고위공무원을 임명하여 집행부를 구성함
장점	의회 중심형은 내각 중심의 정책 결정을 통해 위원회형에 비해 비교적 명확하고 정책 결정이 빠름
단점	의회 중심형은 시민이 직접 시장을 선출할 수 없어, 의회에 의존할 수밖에 없음

*자료: 김지수 외(2020). "자치단체 기관구성 형태 최신 외국사례 연구"를 수정하여 작성함.

둘째, 책임행정관형은 시민이 지방의회만을 선출하고 지방의회가 책임행정관을 임명해 집행부를 운영하는 방식을 말한다(김지수 외, 2020). 책임행정관형은 의회가 의결 및 집행기관에 대한 권한 및 책임을 모두 가지고, 의회 의장이 단체장을 겸임하는 방식으로, 의원으로 구성된 내각(cabinet)을 운영한다.(김병국 외, 2011)

표 11-13. 책임행정관형의 특징

구분	주요 특징
특징	책임행정관형은 의회가 의결 및 집행기관에 대한 권한 및 책임을 모두 가지고, 의회 의장이 단체장을 겸임하는 방식으로, 의원으로 구성된 내각(cabinet)을 운영함
장점	① 책임행정관은 행정 운영의 효율성 및 전문성이 강하며, ② 의회와 갈등 발생 가능성이 작아 효율성을 제고함
단점	책임행정관형은 ① 지방의회의 임면에 따른 책임행정관의 정치적 편향이 발생할 수 있으며, ② 지방의회 견제 기능이 약함

*자료: 김지수 외(2020). "자치단체 기관구성 형태 최신 외국사례 연구"를 수정하여 작성함.

책임행정관형은 ① 책임행정관을 통하여 행정 운영의 효율성 및 전문성이 강하며, ② 의회와 갈등 발생 가능성이 작아 효율성을 제고한다. 그러나 책임행정관형은 ① 지방의회의 임면에 따른 책임행정관의 정치적 편향이 발생할 수 있으며, ② 지방의회의 견제기능이 약하다.

마지막으로, 위원회형은 소수의 집행위원을 선출하여 집행위원회를 만들고 집행위원회가 지방의회의 기능을 수행하는 방식을 말한다.(이종수, 2010) 자치단체의 권한과 책임을 위원회에 집중시켜 운영하는 기관구성 형태로, 시민이 직선으로 선출한 지방의회의원이 집행부서의 수장 역할을 수행한다.(김지수 외, 2020) 위원회형은 ① 시민의 시정에 대한 이해 및 참여가 쉬우며, ② 민주정치, 책임정치 구현이 가능하다. 그러나 위원회형은 ① 의원 수가 적어, 다양한 이익집단 및 지역의 입장을 대표하는 데 한계가 있으며, ② 특정사안의 책임이 개별위원이 아닌 위원회 전체에 있어 책임소재가 불명확하다.

표 11-14. 위원회형의 특징

구분	주요 특징
특징	• 위원회형은 소수의 집행위원을 선출하여 집행위원회를 만들고 집행위원회가 지방의회의 기능을 수행하는 방식을 말함 • 자치단체의 권한과 책임을 위원회에 집중시켜 운영하는 기관구성 형태로, 시민이 직선으로 선출한 지방의회의원이 집행부서의 수장 역할을 수행함
장점	위원회형은 ① 시민의 시정에 대한 이해 및 참여가 쉬우며, ② 민주정치, 책임정치 구현이 가능함
단점	위원회형은 ① 의원 수가 적어, 다양한 이익집단 및 지역의 입장을 대표하는 데 한계가 있으며, ② 특정사안의 책임이 개별위원이 아닌 위원회 전체에 있어 책임 소재 불명확함

*자료: 김지수 외(2020). "자치단체 기관구성 형태 최신 외국사례 연구"를 수정하여 작성함.

한편, 외국 기초자치단체의 기관구성을 검토하면, 직접민주주의 방식의 주민자치를 시행하는 지방정부들은 주민 대다수가 모여 마을의 현안을 직접 토론하는 주민총회와, 주민총회에서 결정된 안을 집행하는 집행부(위원회)로 구성된 위원회 기관구성이 많다. 위원회형 기관구성은 입법기관과 집행기관이 하나이기 때문에, 양 기관의 마찰이나 이로 인한 행정의 낭비나 지연이 없어 행정을 보다 안정적으로 수행할 수 있다. 그리고 위원들이 직접 행정을 담당하기 때문에, 행정에 주민의 의사를 더욱 정확히 반영할 수 있으며, 다양한 사람의 의사를 모아 정책결정과 집행을 수행하므로 정책과정 전반에 거쳐 신중히 처리할 수 있다는 장점이 있다.

외국의 대표적인 위원회형 기관구성은 미국의 타운미팅(Town Meeting)과 스위스의 게마인데(Gemeinde)가 있다. 우선, 미국의 타운미팅은 ① 의결기관인 주민총회, ② 3~9명의 선출직으로 구성된 집행기관인 집행위원회로 구성된다. 집행위원회가 임명해 구성하는 행정부서(공직자로서 타운 매니저 또는 위원회), 행정수장으로서 지위를 부여한 타운 매니저가 임명해 구성하는 행정부서로 나누어진다. 다음으로, 스위스의 게마인데는 집행기관인 게마인데 집행부(Gemeinderat)와 의결기관인 게마인데총회(Gemeinde versammlung)로 구성된다.

게마인데는 ① 유권자 전체로 구성된 의결기관인 게마인데 총회와 ② 게마인데의 단체장과 각 행정부서의 부서장 등으로 구성된 집행기관인 게마인데 라트로 구성된다.

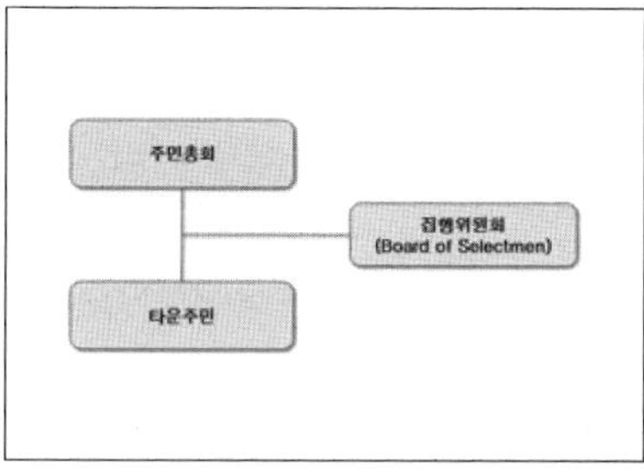

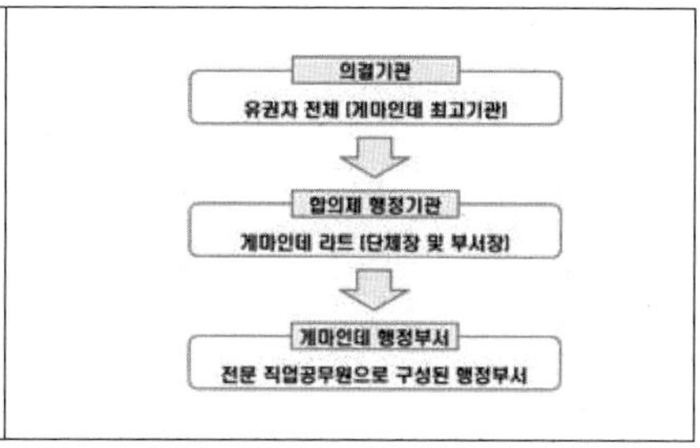

*자료: 이기우 외(2021). “스위스의 지방분권과 자치”, 서울특별시

그림 11-4. 미국의 타운미팅 기관구성

그림 11-5. 스위스 게마인데 기관구성

스위스와 미국의 기초자치단체 유형은 ① 주민들이 직접 참여하여 마을의 주요 안건을 처리하면서도 ② 집행부를 설치하여 다수 주민의 의견을 반영하여 실행할 수 있는 시스템을 구축한다. 두 가지 유형은 다양한 사람들이 제시하는 의견들을 원활하게 수렴할 수 있도록 하는 행정의 편의성을 제공한다. 즉, 직접민주주의를 실행함에 따라 발생할 수 있는 합의안의 부재를 감소시켜 줄 수 있는 기관구성이다.

이러한 미국의 타운미팅과 스위스의 게마인데의 기관구성을 벤치마킹하여, 우리나라의 읍면 기관구성 방안을 제시하면 다음과 같다. 첫째, 읍면의 기관구성은 미국의 타운미팅(Town Meeting)과 스위스 게마인데의 기관구성인 위원회형 기관구성을 채택한다. 위원회형은 집행기관과 의결기관의 통합한 기관구성으로서 주민이 직선으로 선출한 위원으로 위원회를 구성한다. 둘째, 읍면의 집행부는 5~7명 정도의 행정위원들로 구성된 위원회형 기관구성을 취하며, 정책방향은 5~7명이 합의하여 결정하는 합의제 형태를 취한다. 집행부의 장(長)은 5~7명의 행정위원들이 일정한 기간을 나누어 맡으며, 집행부의 장은 주민총회 의장도 함께 겸직한다.

읍면의 기능 및 사무

스위스 게마인데의 기능 및 사무는 ① 전기에너지공급, 상하수도, 폐수처리, 쓰레기처리, ② 건축 · 건축허가, 게마인데 도로건설 · 관리, ③ 초중학교의 건물 · 체육관의 건축 · 유지보수 등으로 분류할 수 있다.

표 11-15. 외국 기초자치단체(읍면 수준)의 기능 및 사무

구분	기능 및 사무
스위스의 게마인데	전기에너지 공급, 상하수도, 폐수처리, 쓰레기처리 등 건축·건축허가, 게마인데 도로 건설·관리 등 초중학교의 건물·체육관의 건축·유지보수 아동·가족 육성, 노인 돌봄, 유해물질 박멸 등 게마인데 경제 육성, 대중교통 분담금 등 자치단체의 조세·징수세율 등 자치재정 관련 사무 게마인데 조직 및 총회 운영 등
미국의 타운미팅	고속도로 건설과 보수 상수도 관리, 도로 및 하수도 정비, 가로등 및 쓰레기 수거 서비스 공원 및 여가시설 개발

미국 타운미팅의 기능 및 사무는 ① 고속도로 건설과 보수, ② 상수도 관리, ③ 도로 및 하수도 정비, 가로등 및 쓰레기 수거 서비스, ④ 공원 및 여가시설 개발 등으로 분류할 수 있다.

이러한 스위스 게마인데와 미국의 타운미팅의 사례를 고려하면, 우리

표 11-16. 읍면의 기능 및 사무

기능	사무
자치행정	읍면의 조직운영 및 경기도형 주민총회 운영 등
조세	읍면의 조세·징수세율 등 자치재정 관련 사무
에너지·환경	읍면의 상하수도, 폐수처리, 쓰레기처리 등
건축·건설	읍면의 공공시설 건축 및 도로관리 등
교육	읍면의 초중학교의 건물·체육관의 건축·유지보수
복지	읍면의 아동·가족 육성, 노인 돌봄

나라의 읍면 기능 및 사무는 ① 자치행정, ② 조세, ③ 에너지 · 환경, ④ 건축 · 건설, ⑤ 교육, ⑥ 복지 등 총 7개 분야로 나눌 수 있다.

읍면의 재정

외국 기초자치단체의 세입 구성은 ① 자치단체가 직접 과세하는 지방세와 ② 중앙정부 및 광역 정부가 교부하는 국가보조금(교부세)으로 주로 구성된다. 예를 들어, 2016년 독일 게마인데의 지방세입 구성은 ① 자체세수(64.1%), ② 보조금(21.7%), ③ 수수료(14.2%) 등으로 구성되며, 2018~2019년 영국의 기초자치단체의 세입예산은 ① 보조금(51%), ② 지방세(20%), ③ 이익잉여금(12%), ④ 주택임대 수입(5%) 등으로 구성된다.

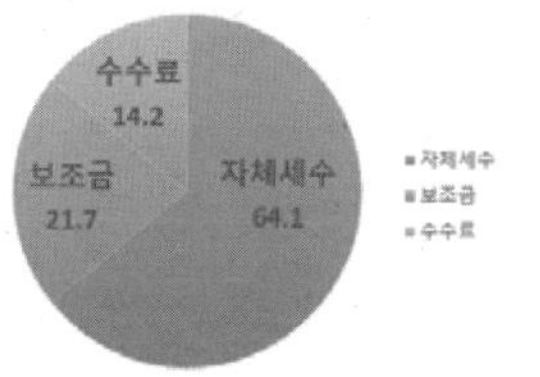

*자료: Statistisches Jahrbuch Deutscher Gemeinden(2016)

그림 11-6. 2016년 독일 게마인데 지방세입 구성

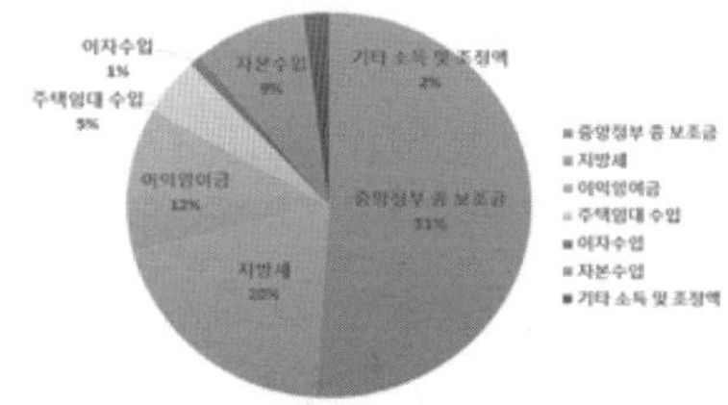

*자료: Local Government Financial Statistics England(2019)

그림 11-7. 2018~2019년 영국 자치단체의 세입예산

분권 선진국처럼 읍면에서 주민총회를 원활하게 운영하기 위해서는 독자적인 재원인 지방세(직접세) 재원이 필요하다. 이를 위해서는 독립된 읍 · 면세를 도입하는 방식이 바람직하지만, 세원 발굴에 한계가 있다. 이에 따라, 현재 시 · 군 · 자치구세의 세원인 재산세 · 주민세 등을 읍면과 공유하는 방법을 생각할 수 있다. 이 경우에도 세율과 징수율은 주민총회

나 지방의회에서 결정하도록 하여, 재정 자율성과 재정 책임성을 보장하는 것이 바람직하다.

4. 읍면의 자치단체화를 위한 법제화 방안

군의 행정계층화

우리나라 군의 규모는 다른 선진 국가에 비해 상대적으로 크다고 할 수 있다. 제1공화국 당시 시읍면 단위의 자치체로 출범하였으나, 1961년 군사정권 수립 이후, 효율성을 강조하여 보다 큰 규모의 시군 단위 자치체로 이행하였다가 다시 현재와 같은 시군구 체제로 전환하였다.

군은 규모의 경제에는 도움이 되는 측면이 있으나 근린차원의 주민참여가 활성화되지 못하는 근본적 문제를 내포하고 있다.(안영훈 외, 2014) 즉, 자치구역이 클 경우 주민이 참여하기 어렵고, 행정객체로 전락할 가능성이 크다. 따라서 우리나라는 주민들의 참여를 확대를 통한 주민자치의 효율성을 확대하기 위하여, 자치단체인 군을 행정계층화하고, 읍면을 자치단체화를 할 필요가 있다. 즉, 기초자치는 군(82개)보다 작은 하위단위인 읍(230)면(1,182)에서 시행되는 것이 바람직하다.

표 11-17. 2020년 전국 행정구역 현황

구분	시	군	구	읍	면	동
계	75	82	69	230	1,182	2,079

*자료: 행정안전부(2020). "지방자치단체 행정구역 및 인구현황"

읍면 자치단체화 및 주민총회 설립

군을 행정계층화 하고 읍면을 자치단체화 하기 위해서는 지방자치법 제2조 및 제3조를 개정하여, 기초자치단체의 종류를 변경하는 것이 필요하다. 즉, 현행 광역 단위 — 시군구 기초자치단체에서 광역 단위 — 시·구·읍·면 기초자치단체로 계층화하는 것이 필요하다.

읍면을 자치단체화 하기 위한 전략을 제시하면, 단기적으로는 읍면 단위에 기초자치 기능을 부여하여, 읍면을 명실상부한 기초자치단체로 전환해야 할 필요가 있다. 읍면을 기초자치단체로 전환하기 위해서는 현행 헌법에 명시한 의회를 두어야 한다. 그리고 읍면의 주요 안건을 심의·의결하기 위하여 주민총회를 설치하여 1년에 2번 이상 개최할 수 있도록 지방자치법에 명시할 필요가 있다. 단, 읍면 의회는 소규모(5~7명)로 한정하고, 의원의 자격 또한 명예직 및 무소속으로 제한할 필요가 있다.

장기적으로는 헌법개정을 통해 읍면에 의회 혹은 주민총회를 둘 수 있도록 할 필요가 있다. 즉, 스위스처럼 소규모 읍면에는 주민총회를 설치하고, 인구 규모가 큰 읍면에는 의회를 두도록 하는 것이 바람직하다.

표 11-18. 읍면 자치단체화를 위한 지방자치법 개정(안)

제1장 총강(總綱) 제1절 총칙 **제2조(자치단체의 종류)** ① 자치단체는 다음의 두 가지 종류로 구분한다. 1. 특별시, 광역시, 특별자치시, 도, 특별자치도 2. 시, 구, 읍, 면 **제32-1조(지방의회의 의원 정수)** ① 읍면 의회의 의원정수는 5~7명으로 한다. **제32-2조(지방의회의 의원 자격)** ① 읍면의 의회 의원은 명예직으로 한다. ② 읍면의 의회 의원은 정당에 속하지 않는다.

참고문헌

김수연. 2019. "주민자치회에 관한 입법의 주요 쟁점", 『한국지방자치법학연구』 제61호 제19권 제1호

김지수 · 이재용. 2020. 『자치단체 기관구성 형태 최신 외국사례 연구』, 한국지방행정연구원

김필두. 2014. "주민자치회 시범실시에 대한 성과 분석", 『지방행정연구』 제28권 제3호

_____. 2018. "읍 · 면 주민자치회의 지위와 역할 강화 방안", 『지방자치 정책 Brief』, 한국지방행정연구원

김흥주 · 곽현근 · 임승빈. 2018. 『세종형 풀뿌리 주민자치 제도화 방안』, 세종특별자치시 연구용역보고서

박종화 · 윤대식 · 이종열. 2013. 『도시행정론』, 서울: 대영문화사

설선미 · 오재일. 2016. "자치단체의 주민자치회 운영실태에 관한 연구: 광주광역시 3개 동을 중심으로", 『한국지방자치학회보』

소진광 외. 2011, "읍면동 주민자치회 설치방안연구", 『읍면동 주민자치회 설치 방안 마련을 위한 토론회 자료』, 지방행정체제 개편추진위위원회.

안영훈. 2014. 『읍면자치 도입방안 연구』, 한국지방행정연구원

이기우 외. 2021. 『스위스의 지방분권과 자치』, 서울특별시

이종수. 2010. 『지방정부 기관구성의 다양화와 책임성 제고』, 한국행정학회 컨퍼런스 자료집

장교식. 2018. "주민자치회의 활성화를 위한 법제적 검토", 『토지공법연구』 제84집

장수찬. 2018. "주민자치회 입법의 필요성과 일상의 민주주의 효과", 『주민자치 활성화를 위한 법제도 개선방안 토론회 자료집』, 대통령소속 자치분권위원회

조성호 외. 2017. 『연정 강화를 위한 지방자치제도 개선방안』, 경기연구원

_________. 2021. 『경기도형 주민총회 도입방안』, 경기연구원

지방행정체제 개편추진위원회. 2012. 읍면동 주민자치회 모델안

최상현. 2016. 『주민자치위원회 운영 실태와 개선방안에 관한 연구』, 한국지

행정연구원
최진혁. 2012. “우리나라 지방정부 기관구성의 시론적 접근”, 『서울행정학회 학술대회 발표논문집』
하혜영. 2019. “주민조례발안제도 현황과 향후과제”, 『이슈와 논점』 제1597호, 국회입법조사처
한국지방자치학회. 2011. 『읍면동 주민자치회 모델개발 연구』, 대통령 직속 지방행정체제 개편추진위원회 보고서
행정안전부. 2020. 『지방자치단체 행정구역 및 인구』

찾아보기

ㅎ